따라 하며 배우는

언리얼 엔진 5 입문

따라 하며 배우는 언리얼 엔진 5 입문

머티리얼과 블루프린트 기초부터 물리 기반 애니메이션 적용까지

초판 1쇄 발행 2024년 1월 25일
초판 2쇄 발행 2024년 10월 25일

지은이 쇼다 츠야노 / **옮긴이** 김성훈 / **펴낸이** 전태호
펴낸곳 한빛미디어(주) / **주소** 서울시 서울시 서대문구 연희로2길 62 한빛미디어(주) IT출판2부
전화 02-325-5544 / **팩스** 02-336-7124
등록 1999년 6월 24일 제25100-2017-000058호 / **ISBN** 979-11-6921-191-8 93000

총괄 송경석 / **책임편집** 박민아 / **기획** 이채윤 / **진행** 김민경
디자인 윤혜원 / **전산편집** 이소연
영업 김형진, 장경환, 조유미 / **마케팅** 박상용, 한종진, 이행은, 김선아, 고광일, 성화정, 김한솔 / **제작** 박성우, 김정우

이 책에 대한 의견이나 오탈자 및 잘못된 내용은 출판사 홈페이지나 아래 이메일로 알려주십시오.
파본은 구매처에서 교환하실 수 있습니다. 책값은 뒤표지에 표시되어 있습니다.
한빛미디어 홈페이지 www.hanbit.co.kr / 이메일 ask@hanbit.co.kr

지금 하지 않으면 할 수 없는 일이 있습니다.
책으로 펴내고 싶은 아이디어나 원고를 메일(writer@hanbit.co.kr)로 보내주세요.
한빛미디어(주)는 여러분의 소중한 경험과 지식을 기다리고 있습니다.

따라 하며 배우는
언리얼 엔진 5 *입문*

쇼다 츠야노 지음
김성훈 옮김

HB 한빛미디어
Hanbit Media, Inc.

추천사

초보 게임 개발자에게 딱 맞는 가이드북으로써 초보자가 어렵게 느낄 수 있는 코드는 최소화하고, 화면 캡처를 통해 복잡한 언리얼 엔진의 개념들을 쉽게 설명합니다. 따라서 책의 설명을 따라 직접 실습해보며 실제 게임 제작에 필요한 기술들을 체계적으로 배울 수 있습니다. 나아가 실제로 게임을 개발할 때 마주할 수 있는 다양한 문제와 해결 방법까지 제시하므로 실무 환경에서도 참고할 수 있습니다. 게임 개발에 관심이 있다면 이 책을 통해 언리얼 엔진을 깊이 이해할 수 있을 뿐만 아니라 실제 게임을 제작하는 데 필요한 기본 능력을 기를 수 있을 것입니다. 언리얼 엔진을 처음 접하는 사람에게 강력히 추천합니다.

윤명식 (메가존클라우드 리더)

언리얼 엔진을 처음 배우는 사람을 위한 책입니다. 언리얼 엔진의 사용법을 한 단계씩 차근차근 설명하기 때문에 책에 나오는 내용을 따라 하는 것만으로도 언리얼 엔진의 기본 기능을 익힐 수 있습니다. 만약 따라 하다가 안 되는 부분이 있다면 설명을 다시 꼼꼼히 읽어보세요. 분명 놓친 부분이 있을 것입니다. 처음부터 끝까지 내용을 빠트리지 않고 읽는다면 언리얼 엔진을 제대로 배울 수 있습니다. 저 또한 이 책을 읽고 간단한 게임을 만들 수 있게 되었습니다!

김호균 (13년차 프리랜서 개발자)

지은이·옮긴이 소개

지은이 **쇼다 츠야노** 掌田津耶乃

일본 최초의 Mac 전문 월간지 『Mac+』 시절부터 주로 Mac 관련 잡지에 기고해왔으며, 하이퍼 카드의 등장으로 '초보자를 위한 프로그래밍'에 눈을 떴습니다. 이후 Mac, Windows, 웹, Android, iOS 등 플랫폼을 가리지 않고 프로그래밍 초보자를 위한 책을 계속 집필하고 있습니다.

옮긴이 **김성훈** openwide@naver.com

주로 IT 관련 서적을 번역하는 번역가입니다. 주요 번역서로는 『그림으로 배우는 5G 네트워크』(영진닷컴, 2022), 『그림으로 이해하는 IT 지식과 트렌드』(길벗, 2021), 『파이썬으로 배우는 머신러닝 입문』(성안당, 2021), 『Scratch가 보이는 그림책』(성안당, 2020), 『C가 보이는 그림책』(성안당, 2018), 『실무에서 바로 통하는 자바』(한빛미디어, 2017), 『안드로이드 개발 레벨업 교과서』(위키북스, 2017), 『프로그래밍이 보이는 그림책』(성안당, 2017), 『24가지 예제로 배우는 게임 수학&물리 입문』(길벗, 2014), 『세가의 신입 사원 교육 과정에서 배우는 게임 프로그래밍의 정석』(한빛미디어, 2012), 『웹 개발자를 위한 웹을 지탱하는 기술』(멘토르, 2011) 등이 있습니다.

지은이의 말

언리얼 엔진이 더욱 강력해져서 돌아왔다!

언리얼 엔진 Unreal Engine 은 실시간 게임 개발에 사용되는 3D 게임 엔진입니다. 아마도 현재 가장 수준 높은 표현이 가능한 3D 게임 엔진일 것입니다. 이 언리얼 엔진이 2022년 봄, 버전 5로 업그레이드 되었습니다. 언리얼 엔진의 주요 버전 업그레이드는 무려 10년 만의 일입니다. 긴 시간이 걸린 만큼 내용 면에서 큰 폭의 개선이 이루어졌습니다.

이번 대규모 버전 업그레이드로 사용자들 사이에서는 기대와 함께 불안도 확산되고 있으며, 새로운 버전 5가 버전 4와 너무 달라 어떻게 사용해야 할지 모르겠다는 사람도 많습니다. 하지만 언젠가 직접 게임을 만들어보고 싶다고 생각했던 사람에게는 오히려 기회가 될 수 있습니다.

완전히 새로워진 버전 5 앞에서는 누구나 초보자입니다. 전문가든 아마추어든 모두 같은 출발선 위에 서 있는 것입니다. 따라서 새롭게 이 세계에 발을 들이려는 사람에게는 오히려 기회라고 할 수 있습니다. 지금이라면 열심히 노력해서 버전 5의 고수가 될 수 있으니까요.

다만 언리얼 엔진 5는 상당히 어려운 상대입니다. 초보자도 간편하게 사용할 수 있도록 친절하게 만들어져 있지 않습니다. 언리얼 엔진은 전문가가 빠른 속도로 개발할 수 있도록 설계된 도구이기 때문입니다.

도구의 잠재력은 매우 크지만 능숙하게 다루기는 상당히 어렵습니다. 그렇다면 어떻게 언리얼 엔진 5와 친해질 수 있을까요? 이해하기 어렵다면 이해할 수 있는 범위로 좁혀서 확실하게 자기 것으로 만들면 됩니다. '이거라면 할 수 있어'라고 생각하는 범위의 기능을 정확히 알아두는 것만으로도 간단한 게임을 만들 수 있습니다. 그리고 작은 게임부터 조금씩 만들다 보면 천천히 자신만의 속도로 언리얼 엔진 5를 정복할 수 있을 것입니다.

이 책은 2015년 8월에 출간된 『見てわかるUnreal Engine 4ゲーム制作超入門』(秀和システム)을 버전 5에 맞춰 대대적으로 수정하고 보강한 것입니다. 게임 제작에 필요한 최소한의 지식이라고 생각하는 내용에 초점을 맞춰 사용법과 실습 과정을 자세하게 설명했습니다. 세세한 과정까지 설명하다 보니 모든 기능을 다루지는 못했습니다. 하지만 '지금 바로 게임을 만들고 싶다!'라는 꿈은 반드시 이룰 수 있을 것입니다.

쇼다 츠야노

옮긴이의 말

게임 엔진은 개발자가 게임을 디자인하고 개발하는 데 사용하는 소프트웨어(또는 플랫폼)로, 개발 프로세스를 단순화해 빠르게 개발할 수 있도록 도와줍니다. 상용 게임 엔진으로는 유니티와 언리얼 엔진이 있으며, 오픈 소스 게임 엔진으로는 고도 엔진 $Godot Engine$ 등이 있습니다. 게임 엔진에 따라 제공하는 그래픽, 애니메이션, 인공지능, 물리 시뮬레이션 등의 기능에 다소 차이가 있으므로 필요한 기능이나 개발 규모를 고려해 선택하면 됩니다. 특히 언리얼 엔진은 다른 게임 엔진보다 전문적으로 게임을 개발하고자 할 때 많이 사용됩니다.

이 책은 언리얼 엔진을 처음 접하는 사람들을 위한 입문서입니다. 따라서 언리얼 엔진의 모든 기능을 다루지는 않지만, 언리얼 엔진을 사용해 게임 개발에 입문하고 전문적인 게임 개발자로 성장하기 위한 기본적인 지식을 습득할 수 있습니다.

언리얼 엔진은 매우 직관적이고 유연한 도구입니다. 하지만 기본적인 개발 과정을 이해하고 어느 정도 사용법을 숙지하지 않으면 제대로 활용하기 어렵습니다. 처음 언리얼 엔진을 접하는 사람에게는 쉽지 않을 수도 있겠지만, 이 책의 설명을 따라 언리얼 엔진 5의 기본 작동 방식과 사용법을 익히고 나면 아이디어를 더해 간단한 게임을 만들 수 있게 될 것입니다. 그리고 그것을 바탕으로 더 복잡한 게임 제작에도 도전할 수 있을 것입니다.

생각보다 높은 언리얼 엔진 5의 컴퓨터 요구 사양으로 인해 컴퓨터를 바꾸기도 했고 처음에는 UI에 익숙하지 않아 다소 어려움을 겪었지만, 다행히 늦지 않게 번역을 마칠 수 있었습니다. 개인적으로도 책에 나온 실습 내용을 따라 하며 언리얼 엔진에 대해 알아갈 수 있는 좋은 시간이었습니다. 이 책이 언리얼 엔진으로 게임 개발을 시작하려는 모든 사람에게 유용한 길잡이가 되길 바랍니다. 감사합니다.

김성훈

일러두기

- 이 책은 집필 시점의 최신 버전인 언리얼 엔진 5.0.3을 기준으로 설명하고 있습니다. 만약 이후 버전을 사용한다면 책의 설명과 다른 부분이 있을 수 있으므로 학습할 때는 5.0.3 버전 사용을 권장합니다.

- Windows 10 이상 또는 macOS Monterey 이상의 운영체제와 8GB 이상의 메모리가 필요하며, DirectX 12 이상이 실행 가능한 환경이어야 합니다.

목차

CHAPTER 1 | 언리얼 엔진 소개

CHAPTER 2 | 레벨과 액터

목차

CHAPTER 3 | 머티리얼

목차

목차

CHAPTER 5 | 애니메이션

목차

CHAPTER 6 | 블루프린트

목차

CHAPTER 7　본격 게임 개발

목차

CHAPTER

1

언리얼 엔진
소개

언리얼 엔진은 **런처**와 **에디터**라는 두 개의 프로그램으로 구성됩니다. 이 장에서는 언리얼 엔진을 설치하고, 두 프로그램의 기본적인 사용법을 학습합니다. 그런 다음 프로젝트를 만들어 자유롭게 3D 공간을 돌아다녀 봅시다.

1.1 언리얼 엔진의 세계로

ⓤ 언리얼 엔진이란?

언리얼 엔진Unreal Engine은 현재 가장 강력하고 멋진 그래픽을 만들 수 있다고 알려진 3D 게임 개발 환경입니다. 여러분 중에는 언리얼 엔진이라는 이름을 들어본 사람이 있을 것입니다. 아니면 '뭔지는 잘 모르겠지만 대단한 게임을 만들 수 있게 해준다' 정도의 지식이 있는 사람도 있을 것입니다. 하지만 '언리얼 엔진이 뭐지?'라고 생각한 사람도 분명 많을 것입니다.

언리얼 엔진은 '3D 게임 엔진'

언리얼 엔진은 3D 게임 엔진입니다. 최근 몇 년간, 특히 스마트폰과 태블릿의 성능이 급격히 향상되면서 이전까지는 전용 기기로만 즐길 수 있었던 3D 게임을 더 많은 사람들이 플레이할 수 있게되었습니다. 이런 3D 게임을 어떻게 만드는지 궁금해하는 사람도 그만큼 많아졌는데, 그 대답이 바로 게임 엔진에 있습니다.

게임 엔진은 게임에 필요한 기능을 제공하는 소프트웨어입니다. 자동차 엔진처럼 게임 엔진에는 게임을 작동시키기 위한 온갖 기능이 있습니다.

예를 들어 3D 게임 엔진이라면 3D 데이터를 계산한 후 렌더링rendering[1]해 화면에 표시하는 기능은 물론, 키보드나 마우스, 조이패드joypad[2] 등의 입력을 처리하는 기능과 애니메이션을 위한 기능 등을 모두 갖추고 있습니다.

옮긴이_**1** 렌더링은 〈1.2 언리얼 에디터 사용하기〉에서 '뷰포트'를 다룰 때 설명합니다.
    2 게임패드(gamepad)라고도 불리며, 손으로 조작하는 게임 입력 장치를 말합니다.

CHAPTER 1

CHAPTER 2

CHAPTER 3

CHAPTER 4

CHAPTER 5

CHAPTER 6

CHAPTER 7

게임 개발자는 3D 모델 데이터나 애니메이션 데이터를 만들고, 게임 엔진에 있는 기능을 호출하여 그 데이터들을 화면에 표시하고 움직입니다. 처음부터 모든 프로그램을 작성하는 것과 비교하면 개발 효율이 비약적으로 개선됩니다.

그림 1-1 게임 엔진은 3D 게임에 필요한 다양한 기능을 제공하는 소프트웨어입니다.

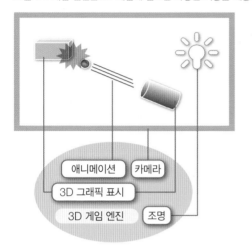

🅤 언리얼 엔진 vs. 유니티?

게임 엔진에도 여러 가지 종류가 있습니다. 3D 게임과 관련해서는 유니티 ᵁⁿⁱᵗʸ와 이 책에서 설명할 언리얼 엔진이 쌍벽을 이룹니다. 여러분 중 3D 게임 제작에 관심을 가지고 조금이라도 찾아본 사람이 있다면 이 두 소프트웨어의 이름을 한 번쯤은 들어봤을 것입니다.

우선 이 두 게임 엔진에 관해 간단히 정리해보겠습니다.

바로 사용할 수 있는 유니티

유니티는 개발 경험이 없는 초보자들에게 인기가 높습니다. 사용법이 매우 쉽고 이해하기 쉬운 구조로 되어 있어 아마추어도 꽤 간편하게 사용할 수 있습니다. 유니티는 3D 게임 세계에서 압도적인 점유율을 차지하고 있으며 관련 정보도 풍부합니다. 3D 게임을 만들고자 할 때 아마도 가장 먼저 후보로 떠오르는 것이 유니티일 것입니다.

그림 1-2 유니티: 3D 게임 엔진 중에서는 비교적 간편하고 사용하기 쉽습니다.

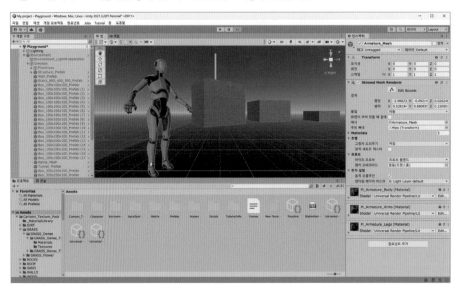

전문가를 위한 언리얼 엔진

언리얼 엔진은 뛰어난 기능으로 유명한 게임 엔진입니다. 패키지로 판매되는 본격적인 3D 게임을 만들기 위해 많이 채택되며 강력한 기능들을 사용해 초고화질 그래픽을 만들 수 있습니다.

그림 1-3 언리얼 엔진: 강력한 기능들을 사용해 상당히 아름다운 3D 그래픽을 만들 수 있습니다.

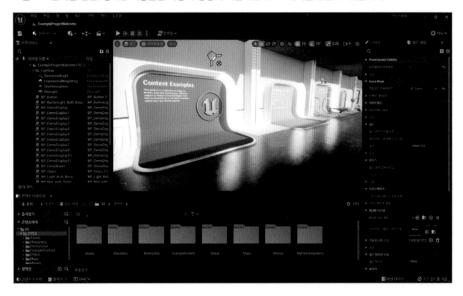

기본적으로 고도로 디자인된 부품이 많고, 그 부품들을 간편하게 이용할 수 있는 것도 큰 특징입니다. 게임 이외에 3D 영화 제작 등에도 널리 사용됩니다.

본격적으로 시작하려면 언리얼 엔진!

유니티와 언리얼 엔진은 둘 다 무료로 시작할 수 있습니다. 무료로 사용하다가 개발한 게임이 일정 금액 이상의 매출을 올리면 개런티를 지불하는 방식이므로 비용은 걱정할 필요가 없습니다.

이 둘의 차이점은 '**간편한 유니티, 정교한 언리얼 엔진**'이라고 정리할 수 있습니다. 어쨌든 경험이 없고, 사용할 수 있을지 불안하고, 일단 시도해보고 싶다면 유니티는 매우 좋은 선택입니다.

반대로 본격적으로 3D 게임 제작에 도전해보고자 한다면 언리얼 엔진이 가장 좋은 선택입니다. 언리얼 엔진의 우수성은 이미 많은 상용 게임들이 증명하고 있습니다.

3D 게임 엔진은 고도로 복잡한 기능을 많이 포함하고 있기 때문에 중간에 다른 게임 엔진으로 변경하기란 쉽지 않습니다. 진지하게 도전하고 싶다면 처음부터 본격적으로 언리얼 엔진을 차근차근 익혀나가는 게 좋은 선택이 될 것입니다.

언리얼 엔진 5의 등장

언리얼 엔진을 배우고 싶다면 지금이 가장 적절한 시기입니다. 2022년 봄, 언리얼 엔진 5가 출시됐습니다.[3] 버전 5는 버전 4와 상당히 큰 차이가 있습니다. 화면의 기본 사용자 인터페이스user interface(UI)부터 이펙트와 같은 중요한 기능까지 많은 부분이 새로워졌으며 고급 기능을 더욱 유연하게 구현할 수 있도록 발전했습니다.

따라서 언리얼 엔진의 이전 버전을 조금 접해본 사람이라면 '대체 어떻게 된 거지?'하고 혼란스러워할지도 모릅니다. 하지만 이는 반대로 말하면 처음 시작하는 사람들이 입문하기 적절한 시기라고 할 수 있습니다. 모두가 버전 5에선 초보이기 때문입니다.

버전 5는 앞으로 한동안 개선을 거치게 될 것입니다. 버전 4는 2012년에 출시되어 10년 동안 개선되면서 사용되었습니다. 언리얼 엔진을 개발하는 에픽게임즈Epic Games는 이처럼 장기적인 시각을 가지고 언리얼 엔진을 개선해 나가고 있습니다. 최신 버전 5도 아마 앞으로 상당히 오랜 시간 동안 사용되겠죠.

옮긴이_3 2024년 1월 기준, 최신 버전은 5.3입니다.

CHAPTER1
CHAPTER2
CHAPTER3
CHAPTER4
CHAPTER5
CHAPTER6
CHAPTER7

ⓤ 언리얼 엔진은 어떤 것일까요?

'언리얼 엔진에 구체적으로 어떤 기능이 있다'라는 이야기를 하려는 것이 아닙니다. 얼마인지, 무엇이 필요한지, 어떤 것들이 갖추어져 있고 무엇을 할 수 있는지 그런 기본적인 것들을 먼저 소개하겠습니다.

모두 무료!

언리얼 엔진은 무료로 공개되어 있습니다. 언리얼 엔진 말고도 무료로 공개된 애플리케이션은 많지만 언리얼 엔진은 모두 무료입니다.

언리얼 엔진에는 고성능 유료 버전 같은 것이 없습니다. 대다수의 무료 공개 소프트웨어는 유료 버전의 시험판과 같지만 언리얼 엔진은 모든 것을 갖춘 무료 버전 하나만 있습니다.

또한 소프트웨어만 무료로 사용할 수 있는 것이 아닙니다. 언리얼 엔진의 학습 시스템(학습 문서, 비디오 등)과 다양한 데이터를 구매할 수 있는 전용 마켓까지 모두 무료로 사용할 수 있습니다.

그림 1-4 언리얼 엔진은 웹 사이트에 무료로 공개되어 있습니다.

그럼 도대체 어떻게 수익을 내는 걸까요? 언리얼 엔진으로 만든 게임을 유료로 판매할 때 일정한 비율(매출의 5%)만큼 사용료를 지불하는 시스템입니다.

그럼 유료 앱을 만들어서 조금 팔려도 사용료를 내야 하는 걸까요? 그렇지 않습니다. 매출이 100만 달러를 넘어가는 경우에만 사용료를 지불합니다. 그전까지는 앱을 유료로 판매해도 사용료가 발생하지 않습니다.

그러므로 초보자는 아무 걱정 말고 모두 무료라고 생각하면 됩니다.

사용할 수 있는 운영체제

언리얼 엔진은 Windows와 Mac에서 사용 가능합니다. Windows의 경우 Windows 10 이상, Mac의 경우 macOS Monterey 이상의 버전이 필요합니다. 하드웨어 요구 사항으로는 8GB 이상의 메모리, DirectX 12 이상이 실행 가능한 환경이어야 합니다. 언리얼 엔진을 시작하기 전에 자신의 환경을 확인해둡시다.

필요한 건 모두 다 있습니다!

언리얼 엔진은 매우 다양한 요소로 구성되어 있습니다. 프로젝트(게임을 만들기 위한 데이터 파일들을 모아놓은 것)와 라이브러리 등을 관리하고 실행하는 런처 프로그램, 3D 게임을 편집하는 에디터(언리얼 엔진의 본체), 만들어진 게임에서 사용되는 엔진 프로그램 등 모든 것이 준비되어 있으므로 프로젝트 생성부터 개발, 각종 플랫폼용 애플리케이션 빌드까지 전부 할 수 있습니다.

유일하게 기본으로 제공되지 않는 것은 '지원'입니다. 지원이 필요한 사람들을 위한 유료 계약 라이선스가 별도로 있습니다.

콘텐츠는 마켓플레이스에서

언리얼 엔진에서 기본적인 도형을 생성할 수 있지만 사람 등을 처음부터 만들기 위한 전문적인 모델링 도구는 포함되어 있지 않습니다. 복잡한 모델을 만들기 위해서는 별도의 전용 도구가 필요합니다.

CHAPTER 1

CHAPTER 2

CHAPTER 3

CHAPTER 4

CHAPTER 5

CHAPTER 6

CHAPTER 7

하지만 초보자일 때는 아마 이런 별도의 도구가 필요 없을 것입니다. 왜냐하면 대부분의 콘텐츠를 마켓플레이스에서 구할 수 있기 때문입니다.

마켓플레이스는 언리얼 엔진에서 사용할 수 있는 다양한 데이터와 완성된 프로젝트 등을 판매하는 곳입니다. 무료 콘텐츠도 많이 배포되고 있으므로 언리얼 엔진에 익숙해지기 전까지는 이러한 콘텐츠를 다운로드해서 편리하게 게임을 만들 수 있습니다.

그림 1-5 마켓플레이스에서는 다양한 콘텐츠가 판매되며 무료인 것도 많습니다.

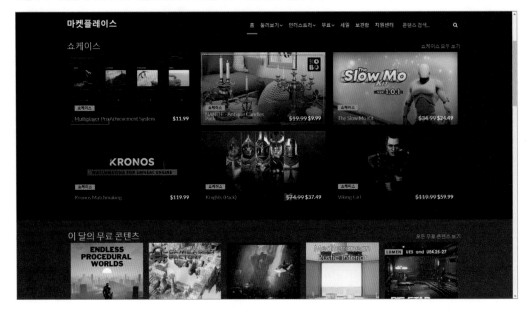

 처음에는 '버리는 기술'이 중요합니다

"그럼 바로 언리얼 엔진을 설치하고…"라고 말하고 싶지만 시작하기 전에 한 가지만 명심하기 바랍니다.

모든 것을 이해하려 들지 말 것!

언리얼 엔진은 전문가들이 사용하는 고급 도구입니다. 즉, 전문가가 사용하는 언리얼 엔진과 우리가 사용하는 언리얼 엔진은 완전히 같습니다. 전문가가 언리얼 엔진으로 표현하는 모든 기능이 우리가 사용하는 언리얼 엔진에도 다 포함되어 있습니다.

비유하자면 '쇼핑하러 가려고 경차를 탔는데 운전석이 점보 제트기 조종석인 상황'이죠. 모든 기능이 다 있다는 말은 초보자는 당분간 사용할 일이 없는 고급 기능까지 전부 갖추고 있다는 뜻입니다.

모든 기능을 하나하나 다 이해하고 나서 사용하려면 십 년 후에나 게임 개발을 시작하게 될지도 모릅니다. 그러므로 초보자라면 우선 버릴 것부터 생각해야 합니다.

'당장 필요한 기능인가?'를 먼저 생각해보고 그렇지 않다면 버립니다(일단 잊어버립니다). 대신 반드시 알아야 게임을 만들 수 있는 기능에 집중하고 확실히 익힙니다. 언리얼 엔진에는 방대한 기능이 있지만 대부분은 전문적인 표현을 위해 필요한 것입니다. 단순히 3D 그래픽을 표시해서 움직이게 하는 정도라면 90%의 기능은 몰라도 게임을 만들 수 있습니다.

우선은 움직여봅시다!

언리얼 엔진처럼 기능이 너무나도 많은 소프트웨어를 사용하게 되면 어쩔 수 없이 '어떻게 사용하는지 배워야만 해'라는 생각이 들어 마음이 조급해지기 마련입니다. 그러나 실제로 게임을 만드는 데 필요한 건 사용법이 아닙니다. 그보다 더 중요한 건 경험입니다.

알고 있나요? 고도로 복잡한 기능을 배울 때는 상세하게 설명된 문서를 여러 번 읽는 것보다 직접 소프트웨어를 사용해보고 '와, 됐다!'하고 경험하는 것이 더 효과적입니다.

게임 개발과 같은 최첨단 기술의 세계를 '머리가 좋은 사람이 엄청난 속도로 지식과 기술을 이해하고 사용하는 세계'라고 생각하기 쉽습니다. 하지만 사실 개발의 기본은 경험이 전부인 경우가 많습니다.

학교에서 3D나 프로그래밍에 관한 지식을 아무리 많이 배워도 실제 경험이 없다면 아무것도 만들 수 없습니다. 하지만 경험이 전혀 없더라도 '이렇게 하면 된다'라는 작은 경험을 하나씩 쌓다보면 제대로 된 게임을 만들 수 있습니다.

지식보다 경험, 머리보다 손을 사용하는 것이 먼저입니다. 이것은 개발의 기본 중의 기본입니다. 사용할 수 있게 되면 지식은 나중에 따라옵니다. 외우기를 멈추고 기능 하나하나를 사용할 수 있는 능력을 길러봅시다.

CHAPTER1
CHAPTER2
CHAPTER3
CHAPTER4
CHAPTER5
CHAPTER6
CHAPTER7

🅤 계정 등록

이제 언리얼 엔진을 준비해봅시다. 계정 등록부터 시작합니다.

언리얼 엔진을 사용하려면 언리얼 엔진 개발사인 에픽게임즈에 계정을 등록해야 합니다.

언리얼 엔진 공식 사이트[4]에 접속해 계정을 등록할 수 있습니다. 사이트 오른쪽 상단의 **[로그인]**을 클릭하세요. 그리고 다음 설명에 따라 계정 등록 작업을 진행합니다.

그림 1-6 언리얼 엔진 공식 사이트에 접속해 [로그인]을 클릭합니다.

1. 로그인 방법을 선택합니다

에픽게임즈 계정에 로그인하는 화면이 표시되면 어떻게 로그인할지 선택합니다. Google이나 Apple 등의 소셜 인증 기능을 사용해 로그인할 수도 있습니다. 여러분은 아직 계정을 만들지 않았으므로 맨 아래 있는 **[가입]** 링크를 클릭하세요.

그림 1-7 로그인 방법 선택 화면에서 [가입]을 클릭합니다.

옮긴이_4 *https://www.unrealengine.com/ko/*

2. 가입 방법을 선택합니다

로그인 수단 선택 화면이 표시됩니다. 여기서도 마찬가지로 소셜 인증 등 인증 방법이 표시됩니다. 예를 들어 Google 계정으로 등록하고 싶다면 [Google(으)로 가입]을 클릭하고 3번으로 넘어가세요. 에픽게임즈 계정을 만들고 싶은 사람은 [이메일로 가입]을 선택하고 4번으로 넘어가세요.

그림 1-8 어떤 방법으로 로그인할지 선택합니다.

3. Google 계정으로 로그인합니다

Google 계정을 선택하는 화면이 표시됩니다. 여기서 가입할 계정을 선택하세요.

그림 1-9 [Google(으)로 가입]을 클릭하면 Google 계정을 선택하는 창이 표시됩니다.

CHAPTER1
CHAPTER2
CHAPTER3
CHAPTER4
CHAPTER5
CHAPTER6
CHAPTER7

4. 가입 정보를 입력합니다

가입 화면이 나타나면 성명, 표시명(화면에 표시되는 이름), 이메일 주소, 비밀번호 등을 입력합니다. 소셜 인증으로 가입하는 경우에는 이메일 주소가 자동으로 설정되므로 변경할 수 없습니다.

그림 1-10 가입 정보를 입력합니다.

5. 보안 검사를 수행합니다

보안 검사를 위한 창이 표시되는 경우가 있습니다(표시되지 않을 수도 있습니다). 지시문에 따라 해당되는 이미지를 선택합니다. 지시문은 수시로 변경되므로 표시되는 내용을 잘 보고 답하면 됩니다.

그림 1-11 보안 검사 창이 표시될 때도 있습니다.

6. 보안 코드를 입력합니다

등록한 이메일 주소로 등록에 필요한 보안 코드가 발송됩니다. 그 보안 코드를 입력해서 이메일 주소를 인증합니다. 이메일 인증을 마치면 등록한 계정에 대한 본인확인 절차가 추가로 진행됩니다. 휴대폰 인증 등으로 본인확인을 마치면 에픽게임즈 회원가입이 완료됩니다.

그림 1-12 보안 코드를 입력합니다.

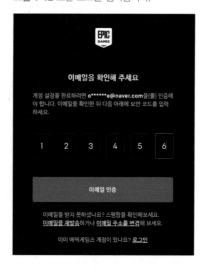

언리얼 엔진 설치

계정 등록을 마쳤으면 언리얼 엔진을 다운로드합니다. 공식 사이트 오른쪽 상단에 있는 [다운로드]를 클릭하면 다운로드 안내 화면이 표시됩니다.

그림 1-13 다운로드 화면

이 페이지를 아래로 스크롤하면 '에픽게임즈 런처를 엽니다'라는 글자가 나오는데, 여기서 하단에 있는 [런처 다운로드] 버튼을 클릭합니다. 그럼 에픽게임즈 런처^{Epic Games Launcher} 설치 프로그램이 다운로드됩니다.

그림 1-14 [런처 다운로드] 버튼으로 런처 설치 프로그램을 다운로드합니다.

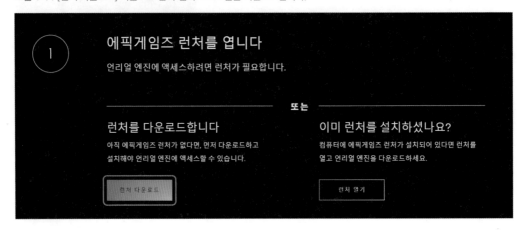

Windows 버전 설치

다운로드된 설치 프로그램을 실행하면 Epic Games Launcher 설치 창이 열립니다. 여기서 ❶ 설치할 위치(**Epic Games Launcher 설치 대상**)를 지정하고 ❷ [**설치(I)**] 버튼을 클릭하면 설치가 시작됩니다. 그리고 설치가 완료될 때까지 기다립니다.

그림 1-15 Windows용 설치 창에서 설치할 위치를 지정합니다.

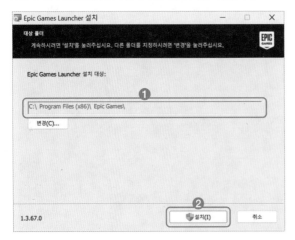

macOS 버전 설치

다운로드된 설치 프로그램을 더블 클릭해서 볼륨을 마운트합니다. 그리고 마운트된 볼륨 안에 들어있는 [Epic Games Launcher] 애플리케이션을 [Applications] 폴더에 드래그하면 설치가 완료됩니다.

CHAPTER1
CHAPTER2
CHAPTER3
CHAPTER4
CHAPTER5
CHAPTER6
CHAPTER7

그림 1-16 [Epic Games Launcher]를 [Applications] 폴더에 드래그 앤 드롭합니다.

ⓤ 런처 실행

Windows에서는 런처가 설치 후에 자동으로 실행될지도 모릅니다. 자동으로 실행되지 않은 경우 설치한 에픽게임즈 런처를 더블 클릭하여 실행합니다(Windows의 경우 바탕화면에 생성되는 [Epic Games Launcher] 바로 가기 아이콘을 더블 클릭하여 실행하세요).

런처가 실행되면 에픽게임즈 계정에 로그인하는 화면이 나타납니다. 앞서 계정 등록 시 설정한 방식으로 로그인합니다.

그림 1-17 로그인 화면

에픽게임즈 계정으로 로그인하기

에픽게임즈 계정을 이메일 주소로 등록한 사람은 이메일 주소와 비밀번호를 입력하세요.

그림 1-18 계정의 이메일 주소와 비밀번호를 입력합니다.

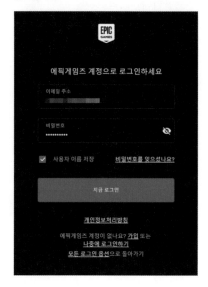

소셜 인증으로 로그인하기

소셜 인증을 사용한 경우 기존 계정에 연결 화면이 나타납니다. 이 단계는 소셜 인증에서 사용한 계정과 에픽게임즈 계정을 연결하기 위한 것입니다. 이메일 주소에는 소셜 인증에서 사용한 이메일 주소가 이미 입력되어 있으므로 비밀번호만 입력해서 로그인합니다.

로그인하면 또 보안 검사 표시가 나타나는 경우가 있습니다. 여기서도 지시문에 답해야 로그인할 수 있습니다.

그림 1-19 소셜 인증의 경우 비밀번호만 입력합니다.

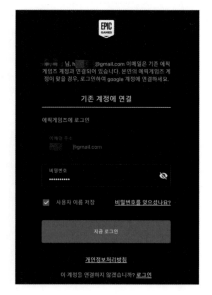

CHAPTER1

CHAPTER2

CHAPTER3

CHAPTER4

CHAPTER5

CHAPTER6

CHAPTER7

에픽게임즈 런처

로그인하면 에픽게임즈 런처 화면이 표시됩니다. 에픽게임즈 런처는 에픽게임즈에서 제공하는 각종 서비스를 모아서 편리하게 이용할 수 있게 만든 프로그램입니다. 런처 안에 언리얼 엔진 프로그램도 포함되어 있습니다.

화면 왼쪽에는 몇 가지 메뉴 항목이 있는데 항목을 선택하면 그 내용이 표시됩니다. [표 1-1]에 에픽게임즈 런처의 항목을 정리했습니다.

표 1-1 에픽게임즈 런처 메뉴

스토어	'에픽게임즈 스토어'라는 온라인 스토어입니다.
라이브러리	구매한 게임이나 MOD(3D 데이터) 등을 관리합니다.
언리얼 엔진	언리얼 엔진 프로그램과 관련된 것을 관리합니다.

기본적으로 다양한 데이터와 소프트웨어를 구매할 수 있고, 구매한 것과 언리얼 엔진 프로그램을 관리하는 기능이 있다고 생각하면 됩니다.

그림 1-20 에픽게임즈 런처 화면

언리얼 엔진 메뉴

왼쪽 메뉴에서 [언리얼 엔진]을 클릭해봅시다. 그럼 화면에 언리얼 엔진과 관련된 내용이 나타납니다.

화면 상단에는 [표 1-2]와 같이 몇 가지 메뉴가 있습니다.

표 1-2 언리얼 엔진 메뉴

새 소식	언리얼 엔진과 관련된 새로운 소식이 표시됩니다.
샘플	샘플 데이터가 모여있습니다.
마켓플레이스	프로그램이나 데이터를 구매할 수 있습니다.
라이브러리	설치된 언리얼 엔진 프로그램이나 프로젝트 등이 모여있습니다.
트윈모션	언리얼 엔진의 새 기능에 관한 내용이 있습니다.

이 중 가장 자주 이용하는 메뉴는 **라이브러리**입니다. 여기서 언리얼 엔진 프로그램이나 작업 중인 프로젝트 등을 관리합니다. **마켓플레이스** 메뉴도 사용하고 싶은 데이터를 검색해서 설치할 때 자주 이용합니다.

참고로 런처의 표시는 버전이 업데이트될 때마다 꽤 달라집니다. 하지만 기본적으로 표시되는 내용은 거의 같으므로 달라지더라도 당황하지 말고 화면을 잘 보고 메뉴를 찾아보세요.

그림 1-21 [언리얼 엔진]을 클릭하면 상단에서 몇 가지 메뉴를 확인할 수 있습니다.

CHAPTER1

CHAPTER2

CHAPTER3

CHAPTER4

CHAPTER5

CHAPTER6

CHAPTER7

ⓤ 언리얼 엔진의 작업 흐름

먼저 런처를 실행합니다. 여기서 필요한 엔진이나 라이브러리 등을 설치 및 삭제할 수 있습니다.

게임을 만들려면 런처에서 프로젝트를 시작합니다. 그러면 런처는 언리얼 엔진의 에디터를 실행하고 미리 지정한 엔진과 프로젝트를 열어 편집할 수 있도록 합니다.

정리하면, 언리얼 엔진으로 개발할 때 다음과 같은 흐름으로 작업을 진행하게 됩니다.

① 사용할 엔진을 준비합니다.

② 새로운 프로젝트를 만듭니다.

③ 만든 프로젝트를 에디터로 편집합니다.

그림 1-22 언리얼 엔진에서는 런처에서 엔진을 설치한 다음, 설치된 엔진을 이용하는 프로젝트를 에디터로 열어 편집합니다.

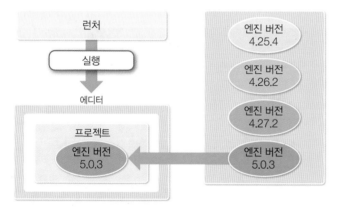

💡 칼럼 프로젝트란?

지금까지 '프로젝트'라는 단어가 여러 번 등장했습니다. 프로젝트는 개발의 기초가 되는 것이므로 여기서 프로젝트가 무엇인지 꼭 이해하기 바랍니다.

프로젝트란 게임 제작에 필요한 각종 파일과 설정 정보 등을 모아서 관리하는 것을 말합니다. 게임은 한두 개의 파일로 만들어지는 것이 아닙니다. 수많은 데이터를 저장한 파일과 설정 정보 등이 모여서 만들어집니다. 따라서 게임을 개발할 때는 많은 파일 등을 만들고 조합하여 이용해야 합니다.

이를 위해서는 게임에 필요한 것을 모아서 관리할 수 있는 체계가 필요합니다. 그것이 바로 프로젝트입니다. 언리얼 엔진으로 게임을 만들 때는 반드시 프로젝트를 생성해야 합니다. 그리고 생성한 프로젝트를 편집해서 게임을 조립해 나가는 것이죠.

🎮 라이브러리

화면 왼쪽에 있는 ❶ [언리얼 엔진]을 선택한 다음 상단에 있는 ❷ [라이브러리]를 클릭합니다. 그러면 [표 1-3]과 같이 언리얼 엔진과 관련된 세 개의 항목이 표시됩니다.

표 1-3 라이브러리 항목

엔진 버전	언리얼 엔진의 엔진 프로그램을 관리합니다.
내 프로젝트	게임 개발을 위해 만든 프로젝트를 관리합니다.
보관함	마켓플레이스에서 구매한 소프트웨어 등을 관리합니다.

초기 상태에는 아무것도 없습니다. 환경에 따라 최신 버전 엔진이 자동으로 다운로드되는 사람도 있겠지만 지금은 그런 차이를 신경 쓰지 않아도 됩니다.

그림 1-23 [라이브러리]에는 아직 아무것도 없습니다.

🎮 엔진 설치

개발에 필요한 엔진 프로그램을 설치해봅시다. 게임을 개발하려면 언리얼 엔진의 엔진이 필요합니다. 엔진 버전 섹션에 카드 같은 것이 표시되어 있다면 여기서는 아무것도 할 필요가 없습니다. 엔진 버전 섹션이 비어 있다면 오른쪽 상단에 있는 **[엔진 설치]** 버튼을 클릭하세요(또는 엔진 버전 오른쪽에 있는 **[+]**를 클릭합니다).

그림 1-24 [엔진 설치] 또는 [+]를 클릭합니다.

그럼 엔진 버전 섹션에 네모난 카드처럼 생긴 것이 나타납니다. 이것을 **슬롯**이라고 하며 설치된 엔진을 나타냅니다.

이 슬롯에는 '5.0.3'이라고 표시되어 있는데 이는 엔진 버전을 나타냅니다. 버전 숫자 오른쪽의 🔻를 클릭하면 사용 가능한 버전이 표시되며 변경할 수 있습니다.

기본으로 최신 버전이 선택되어 있을 것입니다. 여기서는 5.0.3 버전을 선택한 후 **[설치]**를 클릭합니다.

그림 1-25 슬롯의 [설치] 버튼을 클릭합니다.

최신 버전의 엔진이 엔진 버전 항목에 추가되고 'Unreal Engine End User License Agreement'라는 최종 사용자 라이선스 계약에 동의하는 창이 표시됩니다. ❶ 하단에 있는 '최종 사용자 라이선스 계약서(EULA)를 읽었고 동의합니다.'에 체크하고 ❷ **[수락]** 버튼을 클릭하세요(그림 1-26).

그림 1-26 최종 사용자 라이언스 계약에 동의합니다.

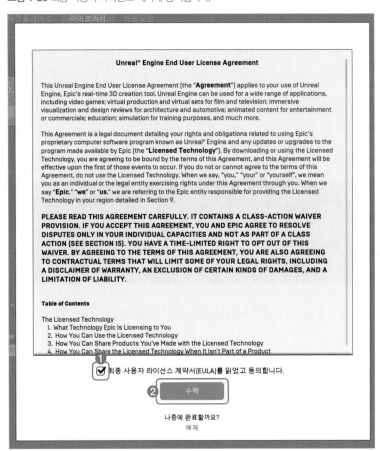

그럼 [그림 1-27]과 같이 화면에 엔진 프로그램 설치 위치를 지정하는 창이 나타납니다. ❶ 설치할 위치를 지정하고 ❷ [설치] 버튼을 클릭하면 설치가 시작됩니다. 이 단계는 꽤 시간이 걸리니 느긋하게 기다립시다!

그림 1-27 설치할 위치를 지정한 후 [설치] 버튼을 클릭합니다.

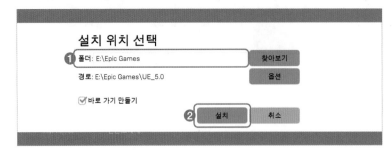

CHAPTER 1

CHAPTER 2

CHAPTER 3

CHAPTER 4

CHAPTER 5

CHAPTER 6

CHAPTER 7

언리얼 에디터 실행

설치가 끝나면 엔진 버전에 추가된 카드의 버튼이 [실행]으로 변경됩니다. 이 버튼을 클릭해봅시다. 잠시 후 '언리얼 에디터'라고 표시된 스플래시 화면(애플리케이션이 시작되는 동안 표시되는 창)이 나타납니다. 처음에는 시작하는 데 약간 시간이 걸리므로 잠시 기다립니다.

언리얼 에디터는 언리얼 엔진의 프로젝트를 편집하기 위한 에디터 프로그램입니다. '뭐야, 아직 언리얼 엔진이 아닌가?'라고 생각했나요? 아닙니다. 이것이 바로 언리얼 엔진의 본체라고 할 수 있습니다. 이 언리얼 에디터를 사용해 게임 편집 작업을 진행하게 됩니다.

그림 1-28 [실행] 버튼을 클릭하면 언리얼 에디터가 실행되면서 '언리얼 에디터'라고 표시된 스플래시 화면이 나타납니다. 처음엔 시간이 꽤 걸립니다.

프로젝트 브라우저

잠시 후 프로젝트 브라우저 창이 나타납니다. '이게 언리얼 엔진 개발 화면인가?'라고 생각했나요? 아닙니다. 이것은 프로젝트 관리를 위한 창입니다.

지금은 엔진 프로그램을 처음 실행했기 때문에 아무런 게임도 만들어져 있지 않습니다. 그러므로 먼저 프로젝트를 생성하고 생성된 프로젝트를 열어서 편집해야 합니다. 바로 이 작업을 위해 프로젝트 브라우저가 나타난 것입니다.

프로젝트를 생성한 후에는 런처에서 직접 프로젝트를 열 수 있으므로 프로젝트 브라우저를 보게 되는 일은 별로 없을 것입니다.

프로젝트 브라우저의 왼쪽에 표시되는 버튼을 [표 1-4]에 정리했습니다.

표 1-4 프로젝트 브라우저에서 선택할 수 있는 프로젝트 유형

최근 프로젝트	이미 사용 중인 프로젝트를 표시합니다.
게임	새로운 게임 프로젝트를 만듭니다.
영화, TV, 라이브 이벤트	3D 영화 제작을 위한 프로젝트를 만듭니다.
건축	건축 관련 프로젝트를 만듭니다.
자동차, 제품 디자인 및 제조	자동차 등의 3D 디자인 프로젝트를 만듭니다.

새 게임 프로젝트

새로운 게임 프로젝트를 만들어봅시다. 아마 프로젝트 브라우저에서 [게임] 버튼이 선택되어 있을 것입니다(만약 다른 버튼이 선택되어 있으면 [게임]을 클릭하세요). 이 상태에서 오른쪽에는 게임 프로젝트에 제공되는 템플릿이 표시됩니다(표 1-5).

그림 1-29 프로젝트 브라우저에서 만들고 싶은 유형을 선택합니다.

표 1-5 게임 프로젝트에 제공되는 템플릿

기본	아무것도 없는 빈 프로젝트
일인칭	일인칭 시점 게임
삼인칭	삼인칭 시점 게임
내려보기	위에서 화면을 내려다보는 형태의 게임
비히클 고급	탈 것을 사용하는 게임
휴대형 증강 현실	모바일 AR 게임
가상현실	VR 단말을 사용하는 게임

이 중에서 사용하고 싶은 템플릿을 선택합니다. 이번에는 아무 코드도 포함되지 않은 [기본] 프로젝트를 선택하겠습니다.

오른쪽에는 선택한 템플릿의 프리뷰preview(미리 보기)가 나타납니다. 그리고 그 아래 [프로젝트 디폴트]라는 설정 항목이 표시됩니다. 여기서 설정할 수 있는 항목을 [표 1-6]에 정리했습니다.

표 1-6 프로젝트 디폴트의 설정 항목

블루프린트/C++	개발에 사용할 언어를 지정합니다. 기본인 [블루프린트]가 선택된 채로 둡니다.
타깃 플랫폼	게임을 실행할 플랫폼을 지정합니다. 이번에는 컴퓨터에서 실행할 게임이므로 [Desktop]을 선택합니다.
퀄리티 프리셋	그래픽 품질에 관한 설정입니다. 최고 품질을 나타내는 [Maximum]으로 설정합니다.
프로젝트 위치	기본으로 프로젝트를 저장할 위치를 지정합니다. 기본으로 내 문서 아래에 있는 [Unreal Projects]가 지정됩니다. 원하는 위치로 변경합니다.
프로젝트 이름	프로젝트 이름입니다. 'MyProject'로 설정합니다.

각 항목을 설정하고 [생성] 버튼을 클릭하면 프로젝트가 만들어집니다. 프로젝트가 만들어지려면 시간이 조금 걸립니다.

그림 1-30 프로젝트를 설정하고 이름을 입력한 후 생성을 클릭합니다.

1.2 언리얼 에디터 사용하기

언리얼 에디터와 레벨

드디어 진짜 언리얼 에디터가 실행되었습니다! 리얼한 3D 그래픽과 복잡해 보이는 설정이 창 안에 모여있네요. 여기서 게임을 만들어갑니다. 언리얼 엔진에서는 게임에서 이용하는 3D 공간을 **레벨** 이라고 합니다. 게임에서는 몇 개의 3D 세계를 각각 레벨로 만들고 그 레벨들을 조합합니다.

언리얼 에디터는 준비한 레벨을 열어서 편집하는 도구입니다. 그러므로 언리얼 에디터를 레벨 에디 터라고도 할 수 있습니다.

그림 1-31 언리얼 에디터를 실행한 모습

프로젝트 업데이트

다른 버전의 프로젝트 파일을 열려고 하면, 언리얼 엔진의 버전에 따라 다음과 같은 프로젝트 변환 대화 창이 표시될 때가 있습니다. 이 메시지는 프로젝트가 현재 사용하는 언리얼 엔진의 버전보다 이전 버전에서 생성된 경우에 표시됩니다. 새 프로젝트를 생성해도 템플릿 프로젝트가 오래되었으면 이런 경고가 나타납니다. 특별한 이유가 없다면 메시지 창의 변환 버튼을 클릭해 업데이트합니다. 그러면 다음부터는 표시되지 않습니다. 원본을 보존하려면 [사본 열기]를 추천합니다.

그림 1-32 다른 언리얼 버전으로 만든 프로젝트 파일은 사본으로 엽니다.

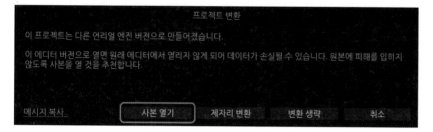

(u) 기본 구성

화면에 표시된 언리얼 에디터의 창은 많은 요소로 빽빽하게 채워져 있습니다. 언뜻 보면 첫인상은 그다지 복잡해 보이지 않습니다. 하지만 기본으로 표시되지 않았을 뿐이지 수많은 부품이 있고 그 부품들이 조합되어 있다는 사실을 차츰 알게 될 것입니다. 우선은 기본 구성 요소들의 역할을 대략적으로 살펴봅시다.

툴바

언리얼 에디터의 상단 메뉴 아래에 아이콘이 가로로 한 줄 배치된 부분이 툴바입니다. 툴바에는 주로 뷰포트 viewport에 표시되는 내용과 뷰포트 조작 관련 기능이 모여있습니다(뷰포트에 관해서는 곧 설명합니다). 편집 작업을 할 때는 이 툴바에서 조작에 필요한 아이콘을 선택합니다.

툴바의 아이콘은 단순히 클릭만 할 수 있는 것이 아니라 하위 메뉴를 포함하기도 하기 때문에 툴바에서 제공하는 기능은 보기보다 많습니다.

언리얼 엔진은 자주 업데이트되므로 아이콘 모양이나 명칭이 변경될 수 있습니다. 하지만 기본적인 기능은 같으므로 표시가 달라지더라도 '이건 이 아이콘과 같은 거구나'하고 생각하면서 사용하세요.

그림 1-33 버전에 따라 툴바의 아이콘 디자인이나 이름이 달라지는 경우도 있으니 주의합시다.

아웃라이너

언리얼 에디터 창의 오른쪽에 있으며 현재 편집 중인 레벨에 배치되어 있는 콘텐츠들을 계층적으로 표시합니다. 배치된 부품을 편집할 때 이곳에서 부품을 선택하고 편집할 수 있습니다.

그림 1-34 아웃라이너 패널: 배치된 부품이 계층적으로 표시됩니다.

디테일

아웃라이너 아래에 있는 패널입니다. 디테일과 아웃라이너 둘 다 배경색이 검은색이라 익숙해지기 전에는 구별하기 어려울지도 모릅니다.

디테일 패널에는 아웃라이너 등에서 선택한 부품의 상세 설정 항목이 표시됩니다. 초기 상태에서 아무것도 선택하지 않으면 표시되지 않으며 무엇인가 선택을 하면 나타납니다.

실제 게임 제작에서는 부품을 배치한 다음 디테일 패널에서 설정하는 작업이 매우 많습니다. 제공되는 패널 중에서도 뷰포트와 함께 가장 사용 빈도가 높은 패널입니다.

그림 1-35 디테일 패널: 선택한 부품의 상세 설정 정보가 표시됩니다.

뷰포트

화면의 중앙에 넓게 펼쳐진 영역으로, 테이블과 의자가 표시된 부분을 말합니다. 뷰포트는 3D 공간의 입구가 됩니다. 게임에서 사용하는 3D 공간(레벨)을 편집할 때 뷰포트에 그 공간을 표시하고 3D 부품을 배치하거나 배치된 3D 부품을 움직일 수 있습니다.

기본으로 의자와 책상이 배치되어 있으며 약간 비스듬하게 위에서 바라보는 느낌으로 표시됩니다. 3D 그래픽은 3차원 물체의 데이터를 바탕으로 '여기서 보면 어떻게 보이는지' 계산해서 그려줍니다. 이것을 **렌더링**rendering이라고 합니다. 뷰포트는 생성된 3D 데이터를 실시간으로 렌더링해 표시할 수 있습니다. 생성 중인 3D 공간이 어떤 모습인지 실시간으로 확인하면서 편집할 수 있는 것입니다.

뷰포트는 단순한 레벨 프리뷰가 아닙니다. 배치된 부품을 클릭하면 해당 부품이 선택되고 그 자리

CHAPTER1
CHAPTER2
CHAPTER3
CHAPTER4
CHAPTER5
CHAPTER6
CHAPTER7

에서 위치, 방향, 크기 등을 변경할 수 있습니다. 또한 디테일 패널을 사용해 선택한 부품의 설정을 변경할 수도 있습니다.

그림 1-36 뷰포트: 이곳에서 3D 공간을 편집합니다.

콘텐츠 드로어

에디터 왼쪽 맨 아래에는 버튼처럼 보이는 것 몇 개가 가로로 배치되어 있습니다. 여기에서 [콘텐츠 드로어]를 클릭하면 패널이 팝업되어 표시됩니다. 이 패널은 프로젝트에서 이용하는 다양한 콘텐츠를 관리하는 콘텐츠 브라우저입니다. 3D 게임에서는 그래픽, 사운드, 3D 관련 데이터 등 많은 데이터를 사용하는데, 이를 **콘텐츠**라고 합니다. 콘텐츠를 이곳에서 관리하며 필요한 것을 찾아서 배치합니다.

그림 1-37 콘텐츠 브라우저: 프로젝트에서 사용하는 콘텐츠를 관리합니다.

🆄 뷰포트 툴바

각 구성 요소의 역할을 이해했으니 이제 게임 제작에 필요한 최소한의 기능을 어떻게 사용하는지 배워봅시다. 우선 기본적인 뷰포트 조작 방법부터 시작합니다.

뷰포트는 레벨(만들고 있는 3D 공간)을 표시하는 창과 같습니다. 단순히 3D 공간을 표시할 뿐만 아니라 그 안에 부품을 배치하여 이동, 회전, 확대 및 축소시킬 수도 있습니다. 더 나아가 레벨을 실제로 플레이할 때처럼 움직여서 움직임을 확인할 수 있습니다. 3D 공간에 관한 기본적인 작업은 모두 뷰포트에서 합니다.

뷰포트를 자세히 보면 맨 위에 작은 버튼처럼 생긴 기호들이 한 줄로 나열되어 있습니다. 이 기호들은 뷰포트 조작에 관한 설정을 위한 것으로, 뷰포트 툴바라고 불립니다. 뷰포트 툴바에서 기호를 클릭하여 뷰포트 조작 방법을 변경할 수 있습니다.

나열된 기호는 대부분 클릭하면 메뉴가 나타나고 세부 설정이 표시됩니다. 지금은 그 내용을 모두 기억하지 않아도 됩니다. 항목이 매우 많기 때문에 모두 이해하려고 하면 다음으로 나아갈 수 없게 될 것입니다.

이 책에서는 '이것만 알아두면 충분해!'라고 생각되는 최소한의 필수적인 지식만 설명하므로 그 이외의 것들은 모두 지금은 알 필요가 없는 것이라고 생각하면 됩니다.

그림 1-38 뷰포트 상단에 배치된 기호들을 클릭해 뷰포트 조작에 관한 설정을 합니다.

🆄 뷰포트 옵션

가장 왼쪽에 있는 ▤ 표시를 클릭하면 풀다운pull-down 메뉴가 나타납니다. 이 메뉴들이 뷰포트 옵션입니다. 기본으로 [표 1-7]의 옵션만 활성화되어 있습니다.

표 1-7 뷰포트 옵션

실시간	이 옵션이 활성화되어 있으면 실시간으로 뷰를 렌더링합니다. 즉, 뷰포트에서 실시간으로 뷰를 업데이트하면서 작업할 수 있습니다.
통계 표시	필요에 따라 화면에 통계 정보 텍스트를 표시합니다.
툴바 표시	툴바 표시 여부를 설정합니다.
시네마틱 프리뷰	시네마틱 프리뷰를 활성화합니다.

그림 1-39 뷰포트 옵션의 메뉴 중 [실시간](실시간 렌더링 활성화/비활성화) 기능은 기억해둡시다.

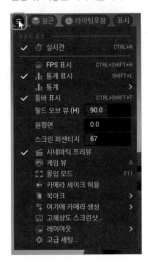

레이아웃

뷰포트 옵션 중 기억해두어야 할 것은 레이아웃입니다. 레이아웃은 뷰포트를 분할해 다양한 방향의 뷰를 동시에 볼 수 있게 합니다.

풀다운 메뉴에서 ❶ [레이아웃]을 클릭하면 뷰포트의 레이아웃 방식이 하위 메뉴로 표시됩니다. 여기서 레이아웃을 변경할 수 있습니다. 시험 삼아 ❷ [3 패널]에서 가장 오른쪽에 있는 레이아웃(■)을 선택해봅시다.

그림 1-40 [레이아웃]에서 [3 패널]의 오른쪽 끝 레이아웃을 선택합니다.

화면 표시가 전환되고 위에서 본 모습과 옆에서 본 모습이 추가로 표시됩니다. 동시에 여러 위치에서 보면서 조작할 수 있게 되는 것입니다. 편리한 기능이네요!

그림 1-41 뷰포트 화면이 세 개로 분할됩니다.

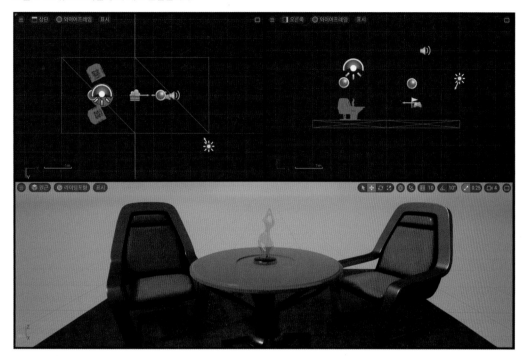

원래대로 돌아오려면 ❶ [레이아웃]의 하위 메뉴에서 ❷ [단일 패널](■)을 선택합니다. 이런 식으로 뷰포트의 레이아웃을 언제든 자유롭게 변경할 수 있습니다.

그림 1-42 [레이아웃]에서 [단일 패널]을 클릭하면 원래대로 돌아갑니다.

이 메뉴는 뷰의 전환과 관련되어 있습니다. 조금 전에는 레이아웃 메뉴에서 뷰를 전환했는데 여기서는 현재 뷰포트의 뷰나 타입을 전환합니다.

뷰포트의 표시 방식은 원근 뷰와 직교 뷰로 나눌 수 있는데 기본으로 [원근]이 선택되어 있습니다. 원근은 원하는 방향에서 본 3D 뷰입니다. 이 뷰가 3D 편집의 기본이 됩니다. 각각의 뷰를 잘 이해하고 필요에 따라 빠르게 전환하면서 작업할 수 있도록 익숙해집시다. 다양한 뷰로 전환해보고 난 후에는 다시 원근으로 되돌려 놓습니다.

그림 1-43 기본으로 [원근]이 설정되어 있습니다.

상단과 하단

3D 공간을 위나 아래에서 본 뷰입니다. 기본으로 와이어프레임(3D 부품을 선만으로 나타낸 것)으로 되어 있습니다. 사각형으로 된 바닥 위에 테이블과 의자가 배치되어 있다는 것을 바로 알 수 있습니다.

그림 1-44 [상단]을 클릭하면 위에서 본 뷰가 표시됩니다.

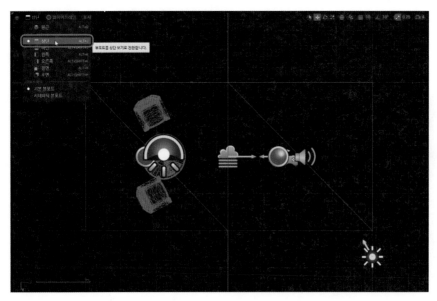

CHAPTER1

CHAPTER2

CHAPTER3

CHAPTER4

CHAPTER5

CHAPTER6

CHAPTER7

왼쪽과 오른쪽

3D 공간을 왼쪽이나 오른쪽에서 본 뷰입니다. 마찬가지로 기본으로 와이어프레임으로 표시됩니다. 바닥이 가늘고 긴 막대처럼 표시되어 있고 그 위에 의자와 테이블이 올려져 있다는 것을 알 수 있습니다.

그림 1-45 [왼쪽]을 클릭하면 왼쪽에서 본 뷰가 표시됩니다.

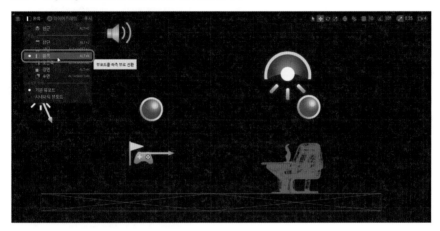

정면과 후면

3D 공간을 앞이나 뒤에서 본 뷰입니다. 마찬가지로 기본으로 와이어프레임으로 표시됩니다. 옆에서 본 모습과 비슷한 느낌이지만 보는 방향이 90도만큼 차이가 납니다.

그림 1-46 [정면]을 클릭하면 정면에서 본 뷰가 표시됩니다.

🎮 라이팅포함

[원근] 메뉴 옆에 있는 [라이팅포함]은 뷰 모드와 관련된 다양한 기능을 모아 놓은 메뉴로, 여기에서 어떠한 형태로 3D 데이터를 렌더링할지 설정합니다. 항목을 다 외울 필요는 전혀 없습니다. 중요한 것만 기억해두면 충분합니다.

[라이팅포함]은 [원근] 보기로 설정하면 기본으로 선택됩니다. 라이팅포함은 빛에 의한 표현(음영, 즉 빛이 닿는 곳은 밝게, 닿지 않는 곳은 어둡게 표현하는 것)을 하는 간이 렌더링을 의미합니다. 세세한 부분까지 엄격하게 재현하진 않지만 빛이 어떻게 표시되는지 확인하기에 충분합니다.

그림 1-47 뷰 모드에 관한 메뉴가 모여있습니다. 기본으로 [라이팅포함]이 선택되어 있습니다.

언릿

빛의 음영 표현 등을 생략한 렌더링을 말합니다. 일단 표면의 색이나 모양 등은 재현하기 때문에 대략적인 느낌을 충분히 파악할 수 있습니다. [라이팅포함]보다 계산량이 적기 때문에 성능이 약간 낮은 컴퓨터에서도 충분히 빠른 속도로 표시됩니다.

그림 1-48 [언릿]을 선택하면 빛의 음영 등이 생략됩니다.

와이어프레임

상단, 왼쪽 또는 오른쪽, 정면 보기로 전환하면 와이어프레임으로 표시됩니다. 이는 뷰 모드를 와이어프레임으로 전환했기 때문입니다. 부품의 형태만 선으로 표시되므로 구체적인 모습까지는 알 수 없지만 모양이나 배치만 확인하려는 것이라면 가볍고 빠르게 작업할 수 있습니다.

그림 1-49 [와이어프레임] 표시

디테일 라이팅

라이팅은 빛의 음영(그림자)까지 렌더링하는 것을 말합니다. 예를 들어 부품 표면 등이 미묘한 색조를 띠는 경우에는 라이팅의 변화가 잘 보이지 않을 수 있습니다.

이러한 경우에 사용되는 것이 **[디테일 라이팅]**입니다. 디테일 라이팅은 노멀 맵을 이용하여 더욱 정밀한 렌더링을 수행합니다. 따라서 복잡한 형태의 미세한 색조 변화까지 재현할 수 있습니다. 하지만 부품의 색상 등은 무시되고 순수하게 라이팅에 의한 음영만으로 그려집니다. 정밀한 라이팅이 아니라 일반 라이팅으로만 표시할 때를 위해 **[라이팅만]**이라는 메뉴도 있습니다.

그림 1-50 [디테일 라이팅]으로 더욱 정밀한 렌더링을 얻을 수 있습니다.

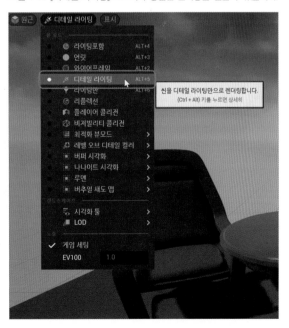

리플렉션

빛 반사 상태를 확인할 수 있습니다. [리플렉션]을 선택하면 빛 반사 상태만 그려집니다. 모든 부품이 반투명 혹은 거울로 바뀐 것처럼 표시됩니다. 빛 반사 상태를 확인하는 데 사용합니다.

그림 1-51 [리플렉션]으로 빛 반사 상태를 확인할 수 있습니다.

플레이어 콜리전

콜리전collision은 물리 엔진을 사용할 때 물체의 물리적인 형상으로 설정되는 것을 말합니다. 그리고 콜리전의 형상을 확인하기 위한 것이 [플레이어 콜리전]입니다. 물리 엔진을 사용하게 되면 그 의미를 이해할 수 있을 것입니다.

그림 1-52 [플레이어 콜리전]으로 물리적인 형상을 확인할 수 있습니다.

ⓤ 표시

표시 메뉴에서는 렌더링 표시에 관한 상세한 설정을 할 수 있습니다. 여기서 각 항목을 활성화/비활성화하여 불필요한 것을 표시하지 않도록 할 수 있습니다.

다만 지금 단계에서 각 항목을 자세히 이해하는 것은 조금 어렵습니다. 일단은 '그런 기능이 여기에 모여있다' 정도만 알고 있어도 충분합니다. 나중에 3D 렌더링에 관해 자세히 공부하고 난 후에 사용하기로 합시다.

그림 1-53 [표시] 메뉴에는 렌더링 표시에 관한 상세 설정 항목이 있습니다.

ⓤ 트랜스폼 툴

표시 메뉴 오른쪽에는 가로로 연결된 3개의 작은 아이콘이 있습니다. 이 아이콘들을 '트랜스폼 툴'이라고 하며 뷰포트에 배치된 구성 요소를 조작하는 데 사용합니다. 각 아이콘을 클릭해서 사용할 수 있습니다.

그림 1-54 트랜스폼 툴

이동 툴

트랜스폼 툴의 가장 왼쪽 아이콘(⊞)은 부품을 이동하기 위한 것입니다. 이 아이콘이 선택된 상태에서 뷰포트에 배치된 부품을 클릭하면 세 방향으로 뻗은 화살표가 표시됩니다. 이것이 이동 툴입니다. 이 화살표를 드래그하면 상하좌우 및 전후 방향으로 부품을 이동시킬 수 있습니다.

그림 1-55 이동 툴 아이콘을 클릭하면 선택한 부품에 이동을 위한 화살표가 표시됩니다.

회전 툴

트랜스폼 툴의 오른쪽에서 두 번째 아이콘(⊞)은 부품의 방향을 회전시키기 위한 것입니다. 이 아이콘을 선택하고 뷰포트에 배치된 부품을 클릭하면 세 방향으로 원호 모양의 회전 툴이 표시됩니다. 이 회전 툴을 드래그하여 부품을 회전시킬 수 있습니다.

그림 1-56 회전 툴 아이콘을 클릭하면 선택한 부품에 회전을 위한 원호 표시가 나타납니다.

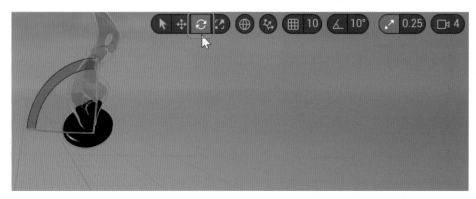

스케일 툴

트랜스폼 툴의 가장 오른쪽에 있는 아이콘(⬚)은 부품을 확대하거나 축소하기 위한 것입니다. 이 아이콘을 선택하고 뷰포트에 있는 부품을 클릭하면 끝에 작은 정육면체가 달린 도형이 나타납니다. 이것이 스케일 툴입니다. 이 스케일 툴을 마우스로 드래그하여 해당 부품을 확대하거나 축소할 수 있습니다.

그림 1-57 스케일 툴 아이콘을 클릭하면 부품을 확대하거나 축소할 수 있는 도형이 표시됩니다.

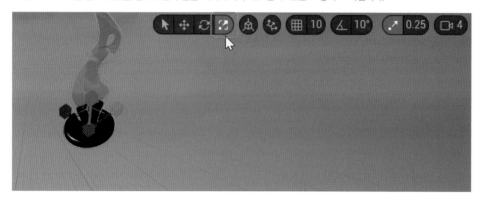

🎮 트랜스폼 툴의 좌표계

트랜스폼 툴 오른쪽에는 지구 모양의 아이콘(🌐)이 있습니다(뷰포트 설정 상태에 따라 큐브 모양(⬛)일 수도 있습니다).

이 아이콘의 경우 클릭할 때마다 지구 아이콘과 정육면체 아이콘으로 번갈아 가며 바뀌는데, 이는 트랜스폼 툴(이동, 회전, 스케일 도구)로 조작할 때 좌표계를 전환하기 위한 것입니다.

좌표계란 3D 공간의 좌표를 관리하는 방식을 말하며, 월드 좌표(3D 공간 전체 좌표)와 로컬 좌표(선택된 부품의 상대적인 좌표)가 있습니다. 이 두 좌표계를 전환하는 것이 이 아이콘입니다. 좌표계를 전환하여 레벨의 절대 좌표축을 기준으로 이동이나 회전을 할 것인지, 선택된 부품의 상대적인 위치를 기준으로 조작할 것인지 선택할 수 있습니다.

이 부분은 실제로 사용해보지 않으면 무슨 말인지 이해하기 어려울 것입니다. 복잡한 부품을 만들

CHAPTER1
CHAPTER2
CHAPTER3
CHAPTER4
CHAPTER5
CHAPTER6
CHAPTER7

때까지는 사용할 일이 별로 없으므로 지금 당장 이해할 필요는 없습니다. 이런 기능이 있다는 것만 알고 있으면 충분합니다.

그림 1-58 좌표계 전환 아이콘

🎮 뷰포트의 스냅 기능

좌표계 아이콘 오른쪽에는 스냅 관련 도구가 나열되어 있습니다. 스냅이란 배치된 부품을 움직이거나 변형할 때 일정 간격마다 강제로 정렬하는 기능입니다.

스냅 기능은 모두 세 종류가 있습니다. 각 스냅 기능을 사용하면 여러 부품의 위치나 방향 등을 쉽게 맞출 수 있습니다.

그림 1-59 세 종류의 스냅 관련 도구가 있습니다.

스냅 기능 활성화/비활성화

❶ 스냅 관련 도구 중 가장 왼쪽에 있는 아이콘(🎮)을 클릭하면 풀다운 메뉴가 나타납니다. 이 메뉴는 스냅 전반에 관한 것으로 ❷ [표면 스냅]을 활성화하여 스냅 기능을 사용할 수 있습니다.

그림 1-60 [표면 스냅]을 클릭해 스냅을 활성화/비활성화할 수 있습니다.

이동 스냅

바둑판처럼 생긴 그리드 아이콘(▦)을 클릭하면 부품을 이동시키는 스냅 기능이 활성화됩니다. 오른쪽에 있는 숫자를 클릭하면 풀다운 메뉴가 나타나고 스냅 간격을 선택할 수 있습니다.

그림 1-61 그리드 모양의 아이콘을 클릭하면 이동 스냅이 활성화됩니다. 오른쪽에 있는 숫자를 클릭하면 표시되는 메뉴를 통해 스냅 크기를 조절할 수 있습니다.

회전 스냅

이동 스냅 아이콘 오른쪽에는 회전 스냅 아이콘(△)이 있습니다. 각도 그림이 표시된 아이콘을 클릭하면 회전 스냅 기능이 활성화됩니다. 그리고 오른쪽에 있는 숫자를 클릭해 스냅 간격(각도)을 설정할 수 있습니다.

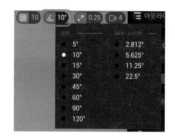

그림 1-62 각도 아이콘을 클릭하면 회전 스냅이 활성화됩니다. 오른쪽 숫자 아이콘으로 스냅 각도를 설정합니다.

스케일 스냅

회전 스냅 아이콘 오른쪽에는 스케일 스냅 아이콘(↗)이 있습니다. 이는 확대/축소할 때 일정한 배율마다 스냅하는 기능입니다. 점과 사선 방향 화살표가 표시된 스케일 아이콘을 클릭하여 스냅을 활성화/비활성화할 수 있습니다. 그리고 오른쪽에 있는 숫자를 클릭해 스냅 배율을 지정할 수 있습니다.

그림 1-63 스케일 스냅을 활성화하여 일정한 배율마다 스냅할 수 있습니다.

카메라 속도

뷰포트 툴바에서 가장 오른쪽에 있는 아이콘(🎥)은 카메라의 이동 속도와 관련이 있습니다. 뷰포트에서는 마우스나 키보드 등을 이용하여 보는 시점(이것이 카메라입니다)을 움직일 수 있는데, 이때 이 도구를 사용해 움직이는 속도를 설정할 수 있습니다. 비디오 카메라 모양의 아이콘 클릭하면 나타나는 풀다운 메뉴에서 슬라이더를 움직여 카메라 속도를 빠르게 또는 느리게 조절할 수 있습니다.

그림 1-64 슬라이더를 움직여 카메라 속도를 조절할 수 있습니다.

🅤 카메라 이동

뷰포트는 특정 시점에서 레벨을 촬영하는 것처럼 표시됩니다. 레벨의 3D 세계 안에 플레이어를 위한 카메라가 있고 그 카메라를 통해 세계를 보고 있다고 생각하면 됩니다.

실제로 편집 작업을 할 때는 이 카메라를 자유자재로 조작할 수 있어야 합니다. 그래야 원하는 장소로 이동하거나 부품을 배치할 수 있습니다. 뷰포트의 카메라 조작은 기본적으로 마우스를 통해 이루어집니다. 카메라 조작 방법만큼은 확실히 기억해두세요.

전후 이동(확대/축소)

마우스 휠을 돌리면 카메라를 앞뒤로 이동시킬 수 있습니다. 이 방법으로 가운데 있는 물체를 확대해서 볼 수도 있고 축소해서 전체를 볼 수도 있습니다.

그림 1-65 마우스 휠을 이용해 확대 및 축소할 수 있습니다.

CHAPTER1

CHAPTER2

CHAPTER3

CHAPTER4

CHAPTER5

CHAPTER6

CHAPTER7

방향 이동(회전)

마우스 버튼을 누른 채로 드래그하면 방향을 바꿀 수 있습니다. 마우스 왼쪽 버튼으로는 전후 이동과 좌우 회전을, 오른쪽 버튼으로는 상하좌우 회전을 할 수 있습니다.

그림 1-66 마우스를 클릭한 채로 드래그하면 카메라를 돌려 방향을 바꿀 수 있습니다.

평행 이동

마우스의 왼쪽과 오른쪽 버튼을 동시에 누르면서 드래그하면 상하좌우로 평행 이동할 수 있습니다. 진행 방향 등이 정해져 있어 그대로 좌우로 이동하고 싶을 때 편리합니다.

그림 1-67 마우스의 왼쪽과 오른쪽 버튼을 동시에 누르고 드래그하면 평행 이동할 수 있습니다.

ⓤ 키보드 조작

마우스는 직관적으로 카메라를 움직이는 데 적합합니다. 하지만 막상 해보면 생각지도 못한 방향으로 움직여 고개를 갸우뚱하는 사람도 많을 것입니다. 마우스 조작은 익숙해지기 전까진 꽤나 어려운 일입니다. 마우스 조작이 어렵게 느껴진다면 키보드를 이용해보는 것이 좋습니다.

키보드를 이용한 조작은 마우스보다 이해하기 쉽습니다. 또한 키를 잘못 눌렀더라도 그 반대 방향의 키를 누르면 원래 위치로 돌아갑니다.

키보드 조작은 단순히 키를 누르는 것만으로는 되지 않습니다. 뷰포트 내 어딘가에서 마우스 버튼을 누른 상태에서 키를 조작해야 합니다. 기본적인 키 조작을 [표 1-8]에 정리했습니다.

표 1-8 기본적인 키 조작

전후좌우 이동

앞으로 이동	W, 8, ↑
뒤로 이동	S, 2, ↓
오른쪽으로 이동	D, 6, →
왼쪽으로 이동	A, 4, ←

상하 이동

위로 이동	E, 9, Page Up
아래로 이동	Q, 7, Page Down

카메라 줌

줌 아웃(확대)	C, 3
줌 아웃(축소)	Z, 1

마우스 버튼을 누른 상태에서 키를 눌러야 하기 때문에 반드시 조작하기 편한 것은 아닙니다. 기본적으로 마우스로 조작하고, 키보드는 마우스 조작을 보조하는 것으로 생각하는 편이 좋습니다.

CHAPTER1

CHAPTER2

CHAPTER3

CHAPTER4

CHAPTER5

CHAPTER6

CHAPTER7

 툴바

뷰포트 위에 아이콘들이 일렬로 늘어서 있는 부분을 툴바라고 합니다. 이곳에 있는 아이콘으로 현재 편집 중인 레벨 등을 조작합니다.

이 툴바에 있는 아이콘은 다른 패널에 있는 아이콘보다 크고 눈에 띕니다. 그 이유는 이 아이콘들이 중요하기 때문입니다. 따라서 각 아이콘의 역할 정도는 알아둬야 앞으로의 학습을 원활하게 진행할 수 있을 것입니다.

그림 1-68 툴바에는 상당히 많은 아이콘이 있습니다.

저장

가장 왼쪽에 있는 아이콘(▣)은 프로젝트나 레벨을 저장하는 역할을 합니다. 이 아이콘을 클릭하면 변경 사항이 모두 저장됩니다. 레벨을 아직 저장하지 않은 경우 저장을 위한 대화 창이 나타납니다.

그림 1-69 저장 아이콘을 클릭하면 변경 사항이 모두 저장됩니다.

편집 모드 전환

언리얼 에디터에는 다양한 편집 모드가 있습니다. 예를 들어 랜드스케이프(배경)나 모델을 만들고 애니메이션을 설정할 수 있습니다. 각 작업은 전용 모드에서 이루어지는데, 전용 모드로 전환할 때 사용하는 것이 이 아이콘입니다.

이 아이콘을 클릭하면 여러 편집 모드가 풀다운 메뉴로 나타납니다. 기본값인 [선택 모드]에서는 배치된 부품을 선택하여 이동하거나 회전시킬 수 있습니다. 다른 편집 모드를 사용하려면 이곳에서 메뉴를 선택하여 해당 모드로 전환합니다.

각 편집 모드에 관해서는 해당 기능을 사용할 때 설명하겠습니다. 지금은 이런 편집 모드 전환 기능이 있다는 것만 기억해두세요.

그림 1-70 [선택 모드]를 클릭하면 풀다운 메뉴가 나타납니다.

추가

큐브 모양에 + 기호가 있는 아이콘(📦)은 레벨에 다양한 부품을 추가하는 도구입니다. 이 아이콘을 클릭하면 메뉴가 나타나는데 여기서 다양한 액터를 선택하거나 콘텐츠를 가져와 추가할 수 있습니다.

언리얼 에디터에서는 기본적인 도형 모델부터 제품 수준의 부품까지 다양한 것들을 레벨에 추가해 이용할 수 있습니다. 이 메뉴는 이런 작업을 돕기 위한 것입니다. 나중에 레벨에 부품을 추가해 만들기 시작하면 이 메뉴를 자주 이용하게 될 것입니다.

그림 1-71 추가 아이콘에는 부품을 추가할 수 있는 메뉴가 있습니다.

CHAPTER 1

CHAPTER 2

CHAPTER 3

CHAPTER 4

CHAPTER 5

CHAPTER 6

CHAPTER 7

블루프린트

아이콘을 클릭하면 블루프린트 기능과 관련된 풀다운 메뉴가 나타납니다.

블루프린트 Blueprint 란 언리얼 엔진에서 프로그래밍을 하기 위해 마련된 기능입니다. 패널을 나열하고 선으로 연결하는 것만으로 프로그램을 만들 수 있습니다. 이 아이콘에서 풀다운 메뉴를 선택하면 블루프린트 화면을 불러와 편집할 수 있습니다. 자세한 내용은 블루프린트를 사용할 때 다시 설명하겠습니다.

그림 1-72 블루프린트 아이콘: 블루프린트에 관한 기능이 모여있습니다.

시퀀서

아이콘을 클릭하면 시퀀서로 애니메이션을 생성하는 메뉴가 나타납니다. 이 기능은 실제로 애니메이션을 다루기 전까지는 사용할 일이 없습니다.

그림 1-73 시퀀서 아이콘

시뮬레이션 재생

툴바에는 DVD 등의 플레이(재생), 일시 정지, 중지에 사용되는 아이콘이 나열되어 있습니다. 이 아이콘들은 레벨을 실제로 플레이할 때 사용됩니다. 이를 통해 프로젝트를 실제로 실행하지 않고도 레벨을 플레이할 수 있습니다.

그림 1-74 레벨을 플레이(재생), 일시 정지, 중지하는 아이콘

플랫폼

언리얼 엔진은 다양한 플랫폼을 지원합니다. [플랫폼] 버튼은 프로젝트를 특정 플랫폼에서 실행하고자 할 때 사용됩니다. 버튼을 클릭하면 각 플랫폼의 기능을 모아놓은 풀다운 메뉴가 나타납니다.

그림 1-75 [플랫폼]을 클릭하면 각 플랫폼을 위한 메뉴가 나타납니다.

ⓤ 세팅

툴바 오른쪽 끝에 있는 것은 [세팅] 버튼을 클릭하면 언리얼 프로그램 및 프로젝트에 관한 설정 항목이 메뉴로 나타납니다. 앱 설정뿐만 아니라 프로젝트나 편집 중인 레벨에 관한 설정도 있습니다. 이러한 설정을 메뉴에서 선택해 움직임과 표시를 세밀하게 조절할 수 있습니다.

그림 1-76 [세팅]을 클릭하면 메뉴가 나타납니다.

월드 세팅

세팅 메뉴 중에는 월드 세팅이라는 항목이 있습니다. 이 항목은 현재 편집 중인 3D 세계의 기본 움직임에 관한 설정을 위한 것입니다. [월드 세팅]을 클릭하면 화면 오른쪽에 월드 세팅 패널이 나타납니다.

이 설정들은 언젠가 사용하게 될 것이므로 세팅 메뉴에서 호출할 수 있다는 것을 기억해두세요. 구체적인 내용까지 지금 이해할 필요는 없습니다.

그림 1-77 [월드 세팅]을 클릭하면 디테일 패널 옆에 월드 세팅 패널이 나타납니다.

🎮 뷰포트 조작은 확실하게 알아둬야 합니다

우선 언리얼 에디터의 아주 기본적인 사용법에 관해 살펴봤습니다. 언리얼 에디터에는 지금까지 설명한 것 외에도 많은 기능이 있습니다. 이 기능들을 모두 외우려고 한다면 게임 제작은 시작도 할수 없을 것입니다. 꼭 필요한 기능만 기억하고 실제로 사용하세요. 조금씩 사용하다 보면 처음에는 잘 이해하지 못했던 기능도 점차 이해할 수 있게 됩니다.

지금까지 다양한 기능에 관해 설명했는데, 뷰포트의 기본적인 사용법(부품 선택, 이동, 회전 등)만은 확실하게 이해해야 합니다. 원하는 대로 표시 위치나 부품을 조작할 수 있게 익숙해지는 것은 3D 제작의 기본 중의 기본입니다. 자유자재로 뷰포트의 표시를 움직일 수 있게 되면 다음으로 넘어가세요!

CHAPTER

2

레벨과
액터

언리얼 엔진의 기본은 레벨과 액터입니다. 3D 세계인 **레벨** 안에 **액터**
라 불리는 다양한 부품을 배치하여 게임을 만들어갑니다. 이 장에서는
레벨과 액터의 기본에 관해 학습합니다.

액터 만들기

레벨을 구성하는 요소

이제 3D 세계로 들어가보겠습니다. 언리얼 엔진에서 3D 세계는 **레벨**이라는 형태로 제공됩니다. 레벨에 필요한 것들을 배치하여 3D 세계를 만들어가는 것입니다.

여기서 잠깐, '필요한 것'이란 무엇일까요? 3D 세계를 구축하려면 뭔가를 준비해야 하는 걸까요? 잠시 생각해봅시다.

언리얼 엔진에서는 레벨에 배치되는 오브젝트를 **액터**라고 합니다. 액터에는 다양한 종류가 있습니다. 소위 말하는 3D 모델도 액터이고 눈에 보이지는 않지만 레벨에 배치되는 것(다음에 설명할 라이트나 카메라와 같은 것들)도 액터입니다. 즉, 레벨을 만들 때는 어떤 액터를 준비할지를 가장 먼저 생각해야 합니다.

그렇다면 어떤 종류의 액터가 있을까요? 간단히 살펴봅시다.

셰이프(스태틱 메시)

우선 떠오르는 것은 3D 세계에 표시되는 물체입니다. 입체적인 도형의 형태를 나타내는 데이터를 **메시**라고 합니다. 그중에서도 정적으로 변화하지 않는 메시를 **스태틱 메시**StaticMesh라고 하며, 스태틱 메시를 사용해 입체 도형을 나타내는 액터를 스태틱 메시 액터라고 합니다. 스태틱 메시 액터는 레벨에서 입체 도형을 나타내는 데 가장 일반적으로 사용되는 액터입니다.

스태틱 메시 액터라고 하면 길고 이해하기 어렵기 때문에 여기서는 편의상 **셰이프 액터**^{shape actor}로 부르겠습니다. 언리얼 엔진에서는 복잡한 액터를 사용할 수도 있지만 우선은 기본인 셰이프 액터의 사용법부터 배워보기로 합시다.

라이트

셰이프 액터를 배치하는 것만으로는 원하는 장면을 만들 수 없습니다. 레벨이 보이게 하려면 빛이 필요합니다. 3D 세계에서는 단지 물체가 있기만 하면 되는 것이 아니라 빛이 어떻게 비추는지에 따라 레벨이 표시되는 모습이 달라집니다. 그 빛을 제공하는 것이 라이트입니다.

기본으로 생성된 레벨(테이블과 의자가 놓인 레벨)에서는 처음부터 라이트가 배치되어 있었기 때문에 테이블과 의자가 제대로 보인 것입니다.

카메라

뷰포트 표시는 카메라의 시점으로 표시됩니다. 레벨 안에 카메라를 여러 개 배치해서 이용할 수 있습니다. 다만 간단한 씬^{scene}을 만드는 정도라면 (굳이 카메라를 추가할 필요가 없으므로) 카메라에 신경 쓸 일은 거의 없을 것입니다.

그 밖의 요소

기본으로 만들어진 레벨을 잘 살펴보면 여러 가지 요소들이 배치된 것을 알 수 있습니다. 플레이어 스타트, 스카이, 포그 등 플레이어의 시작 지점이나 배경이 되는 부분의 표시와 관련된 것들입니다.

이러한 요소들은 직접적으로 화면에 '물체'로서 표시되진 않지만 그 역할 등에 대해서는 알아두면 좋습니다.

대체로 이러한 요소들이 갖춰져야 게임 화면으로 볼 수 있는 3D 세계를 만들 수 있습니다. 이 모든 사용법을 한 번에 익히기는 조금 어렵겠지만 이런 다양한 액터로 레벨에 표시되는 씬이 만들어진다는 것은 잘 기억해둡시다.

CHAPTER1
CHAPTER2
CHAPTER3
CHAPTER4
CHAPTER5
CHAPTER6
CHAPTER7

실제로 레벨에 부품을 배치해봅시다. 언리얼 엔진에서는 복잡한 액터도 쉽게 가져와서 배치할 수 있지만 우선은 기본이 되는 매우 간단한 도형의 액터부터 사용해봅시다. 첫 번째 기념비적인 액터는 정육면체 모양의 '큐브'입니다.

툴바의 추가 아이콘으로 액터를 추가할 수 있습니다. ❶ 추가 아이콘(📦)을 클릭하면 나타나는 메뉴에서 ❷ [셰이프]를 선택해주세요. 하위 메뉴로 기본적인 셰이프 액터가 표시됩니다.

그림 2-1 추가 아이콘에서 [셰이프] 메뉴의 [큐브]를 마우스로 드래그합니다.

이 하위 메뉴는 그대로 드래그 앤 드롭할 수 있게 되어 있습니다. 이곳에 있는 ❸ [큐브]를 뷰포트의 적당한 위치에 드래그 앤 드롭하세요. 그럼 회색 정육면체가 만들어집니다.

이렇게 셰이프 메뉴의 하위 메뉴를 드래그 앤 드롭해서 기본 도형 액터를 만들 수 있습니다.

그림 2-2 [큐브]를 클릭한 채로 뷰포트 안에 드래그 앤 드롭하면 큐브 액터가 만들어집니다.

Ⓤ 액터 다루기

뷰포트에 배치된 큐브는 어떻게 표시될까요? 큐브가 지면의 사각형 영역 밖으로 삐져나오거나 지면에 파고든 경우도 있을 수 있습니다. 이럴 땐 배치된 액터를 조정해서 원하는 장소에 배치합니다.

레벨에 배치된 액터를 조정하려면 뷰포트 툴바에 있는 트랜스폼 툴 아이콘을 이용합니다. 여기서 조정에 필요한 아이콘을 클릭하고 액터를 선택하여 움직입니다.

그림 2-3 뷰포트에 있는 트랜스폼 툴 아이콘을 이용하여 배치된 액터를 조정합니다.

이동

그대로 배치된 액터를 움직이려면 뷰포트 툴바에서 이동 툴 아이콘(🔀)을 선택합니다. 아마도 기본으로 이 아이콘이 선택된 상태일 것입니다.

이동할 액터(여기서는 큐브 액터)를 클릭해서 선택해보세요. 그러면 선택된 액터의 중심에서 세 방향으로 빨간색, 초록색, 파란색 화살표가 표시됩니다.

이 화살표를 **기즈모**^{Gizmo}라고 합니다. 기즈모란 액터의 조작을 돕기 위해 표시되는 가이드로, 이번에 표시된 것은 **이동 기즈모**입니다. 화살표 부분을 마우스로 드래그하면 그 화살표 방향으로 액터가 이동합니다.

이동 기즈모를 사용해 액터를 움직이면 원하는 위치로 이동시킬 수 있습니다.

그림 2-4 이동 툴 아이콘을 선택하고 이동 기즈모의 화살표 부분을 드래그하면 그 방향으로 액터가 움직입니다.

회전

뷰포트 툴바의 이동 툴 오른쪽에 있는 회전 툴 아이콘을 선택하면 액터를 회전시킬 수 있습니다.

회전 툴 아이콘(🔁)을 선택하고 액터를 클릭하면 세 개의 원호 모양의 도형이 액터 중심에 표시됩니다. 이 도형이 **회전 기즈모**입니다. 회전 기즈모의 원호 부분을 마우스로 드래그하면 그 방향으로 액터가 회전합니다.

그림 2-5 회전 툴 아이콘을 선택하고 액터를 클릭하면 회전 기즈모가 표시됩니다. 기즈모를 드래그하면 그 방향으로 액터가 회전합니다.

 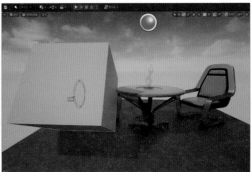

확대와 축소

뷰포트 툴바에서 트랜스폼 툴의 오른쪽 끝에 있는 스케일 툴 아이콘을 선택하면 액터를 확대 및 축소할 수 있습니다.

스케일 툴 아이콘(🔲)을 선택하고 액터를 클릭하면 작은 큐브가 머리에 붙은 형태의 스케일 기즈모가 표시됩니다. 이 기즈모의 세 선분 중 하나를 드래그하면 그 방향으로 도형이 확대되거나 축소됩니다.

그림 2-6 액터를 클릭해서 나타나는 스케일 기즈모의 선분을 드래그하면 그 방향으로 액터가 확대되거나 축소됩니다.

 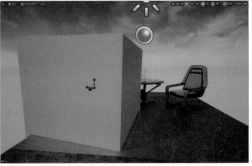

스케일 기즈모의 세 선분의 중심을 드래그하면 도형 전체를 같은 축척으로 확대 및 축소할 수 있습니다. 단순히 액터를 크게 만들고 싶을 때 이 방법으로 확대하면 됩니다.

디테일 패널

액터를 선택하면 오른쪽에 있는 아웃라이너 아래에 디테일 패널이 표시됩니다. 이곳에 선택한 액터에 관한 상세 정보가 표시됩니다. 디테일 패널의 값을 편집해 액터의 기본적인 성질 등을 설정할 수 있습니다.

디테일 패널에는 많은 항목이 있으므로 당장 전체를 기억하는 것은 무리일 것입니다. 몇 가지 중요한 항목을 골라 소개하겠습니다.

그림 2-7 배치된 큐브를 선택하면 디테일 패널에 큐브(Cube)의 상세 설정이 표시됩니다.

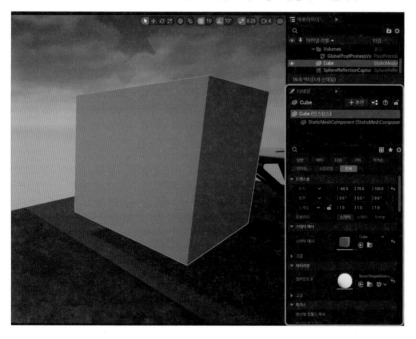

Cube (인스턴스)

디테일 패널 상단에는 'Cube(인스턴스)'라고 표시된 항목이 보입니다. 이 항목은 선택한 액터에 어떤 컴포넌트가 포함되어 있는지 보여줍니다.

방금 전에 선택한 큐브가 바로 [Cube(인스턴스)]입니다. 이 큐브 안에는 [StaticMesh Component]가 포함되어 있습니다. 이는 도형의 형태를 나타내는 메시(셰이프 데이터) 컴포넌트입니다. 복잡한 부품일수록 여기에 다양한 항목이 많이 표시됩니다.

그림 2-8 디테일 패널 상단에서는 부착된 컴포넌트를 계층적으로 표시합니다.

표시 전환

그 아래에는 [일반], [액터] 등의 버튼이 표시됩니다. 이는 설정 내용을 종류별로 나누어 정리한 것입니다. 버튼을 클릭하면 그 아래에 표시되는 설정 항목이 변경됩니다. 제공되는 표시 전환 항목을 [표 2-1]에 정리했습니다.

그림 2-9 디테일 패널의 표시 전환 버튼

표 2-1 종류별로 분류된 설정 항목

일반	액터의 기본적인 설정(크기, 방향 등)
액터	액터의 움직임 관련 설정
LOD	레벨 디테일 관련 설정
피직스	물리 엔진 관련 설정
렌더링	렌더링 관련 설정
스트리밍	스트리밍 관련 설정
기타	위에 포함되지 않는 것
전체	모든 설정을 모아서 표시

매우 많은 항목이 있지만 처음에는 일반 설정만 사용하게 될 것입니다. 나머지는 지금은 잊어도 상관없습니다. 학습을 좀 더 진행하다 보면 피직스, 렌더링 등의 설정도 사용하게 될 것입니다.

트랜스폼

[일반] 버튼이 선택되어 있으면 그 아래에 트랜스폼 섹션이 표시됩니다. 트랜스폼 섹션에 있는 설정 항목은 [표 2-2]에서 확인할 수 있습니다.

그림 2-10 그림 2-10 트랜스폼 섹션에서 액터의 위치, 회전, 크기에 관한 설정을 할 수 있습니다.

표 2-2 트랜스폼 섹션의 설정 항목

위치	액터 표시 위치
회전	액터 회전 각도
스케일	액터의 크기(배율)

각 항목마다 오른쪽에 세 개의 숫자가 있고 빨간색, 초록색, 파란색 선으로 구분되어 있습니다. 이 선들은 이동, 회전, 확대/축소 도구를 선택할 때 기즈모에 표시되는 세 방향의 선분 색상을 나타냅니다. 대응하는 색의 방향 값이 각각 표시됩니다.

숫자 부분을 클릭해 직접 값을 변경할 수도 있지만 마우스로 숫자를 클릭한 상태에서 좌우로 드래그하여 값을 부드럽게 증감시킬 수도 있습니다. 시험삼아 다양하게 값을 변경해보고 액터 표시가 어떻게 변환되는지 확인해보세요.

그림 2-11 회전 값을 왼쪽으로 드래그하면 도형이 회전합니다. 값에 따라 실시간으로 상태가 변합니다.

스태틱 메시

스태틱 메시는 변화하지 않는 정적인 메시(셰이프 데이터)를 말합니다. 스태틱 메시 설정을 여기서 확인할 수 있습니다. 또한 메시의 형태를 변경할 수도 있습니다(스태틱 메시에 관해서는 나중에 설명합니다).

그림 2-12 스태틱 메시 설정

머티리얼

머티리얼은 액터 표면 상태에 관련된 설정입니다. 예를 들어 표면에 표시되는 색, 모양, 빛 반사, 질감 등의 정보는 모두 머티리얼로 준비해서 설정됩니다.

그림 2-13 머티리얼 설정

ⓤ 도형 추가하기

셰이프 액터의 특징은 여러 개의 액터를 겹쳐서 사용할 수 있다는 점입니다. 여러 개의 셰이프 액터를 겹쳐서 사용하면 어떻게 되는지 시험해보세요.

레벨에서 Cube(인스턴스)가 선택된 상태에서 [디테일] 패널의 'Cube' 부분에 있는 ❶ [+추가] 버튼을 클릭하세요. 이 액터에 추가할 항목이 풀다운 메뉴로 나타납니다. 여기에서 ❷ [큐브]를 선택하세요.

그림 2-14 [+추가] 버튼을 클릭하고 메뉴에서 [큐브]를 선택합니다.

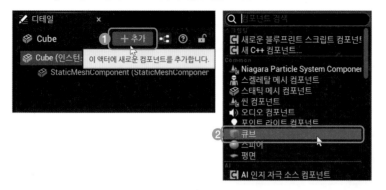

큐브가 만들어졌습니다!

두 번째 큐브가 추가됐습니다. 첫 번째 큐브와 같은 위치에 겹쳐서 생성되므로 '정말 만들어진 건가?'하고 의심할지도 모르지만 안심하세요. 확실히 만들어졌으니까요. [디테일] 패널의 [Cube(인스턴스)] 부분을 살펴보세요. [StaticMeshComponent] 아래에 'Cube'라는 이름의 컴포넌트가 추가되어 있는 걸 볼 수 있습니다. 이 컴포넌트가 새로 만든 큐브입니다.

그림 2-15 두 번째 큐브가 겹쳐서 생성됩니다.

위치를 조정해서 겹쳐보기

두 개의 큐브를 조금 움직여봅시다. 새로 만들어진 큐브(이름을 'Cube1'로 설정하겠습니다)를 선택하고 [디테일] 패널의 [트랜스폼] 섹션에 있는 [위치]의 세 값을 모두 '50.0'으로 변경합니다. 이렇게 하면 첫 번째 큐브에서 딱 절반만큼 이동한 위치에 두 번째 큐브가 표시됩니다.

그림 2-16 위치를 이동시켜 일부분이 겹치도록 합니다.

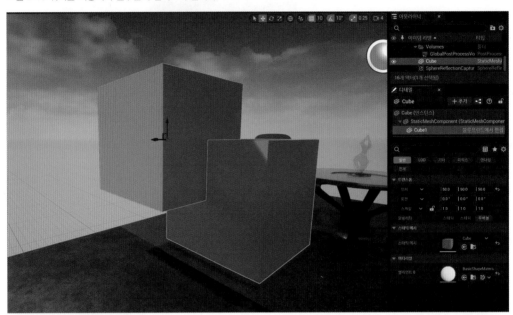

큐브가 추가된 상태 확인하기

'Cube'라는 액터 안에 두 개의 액터가 추가된 상태입니다. 추가된 상태는 디테일 패널 상단에 보이는 컴포넌트 이름의 목록을 보면 알 수 있습니다. [Cube(인스턴스)] 항목 내부에 [StaticMesh Component]가 있고 그 안에 추가한 [Cube1]이 들어있습니다.

그림 2-17 컴포넌트의 추가 상태를 확인합니다.

Cube 전체를 움직이면 어떻게 될까요?

셰이프 액터 안에 여러 개의 부품이 추가된 상태에서 조작할 때는 주의가 필요합니다. 베이스가 되는 부품(여기서는 **Cube**(인스턴스))에 추가된 것도 모두 일체화되어 하나처럼 조작할 수 있습니다.

시험삼아 **[Cube(인스턴스)]**를 선택하고 위치나 방향을 변경해보세요. 그러면 두 개의 큐브가 한 몸이 된 상태로 움직입니다.

그림 2-18 Cube(인스턴스)를 회전시키면 두 개의 큐브가 일체화되어 회전합니다.

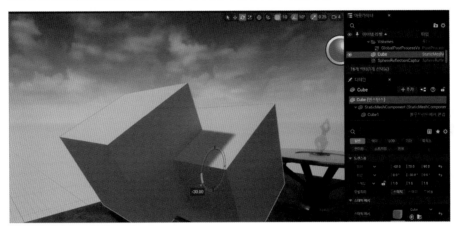

움직임을 확인했으면 이번에는 추가한 **[Cube1]**을 선택하고 똑같이 이동 또는 회전시켜봅시다. 그러면 선택한 Cube1만 움직이고 이전부터 있던 Cube는 움직이지 않습니다. 이처럼 여러 개의 부품이 결합된 경우 전체를 조작할지, 추가된 부품만 조작할지 생각해서 다뤄야 합니다.

그림 2-19 [Cube1]만 선택하면 이 부품만 조작할 수 있습니다.

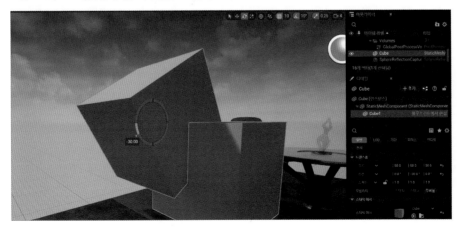

이번에 생성한 부품(두 개의 큐브가 결합된 것)은 부품을 각각 만들어 결합한 것입니다. 그런데 이 부품을 많이 만들어야 한다고 가정해봅시다. 이때 모든 부품을 하나씩 만들어서 추가하는 것은 번거롭습니다. 이 경우 생성한 액터를 부품으로 저장하여 언제든지 사용할 수 있도록 하면 매우 편리합니다.

언리얼 엔진에는 이러한 기능이 잘 갖추어져 있습니다. 바로 스태틱 메시라는 것입니다. 스태틱 메시는 에셋 중 하나입니다. 에셋은 프로젝트에서 사용하는 부품을 파일로 저장한 것입니다(스태틱 메시 액터는 스태틱 메시 에셋이 셰이프 데이터로 설정된 액터였습니다).

생성한 부품을 스태틱 메시로 파일에 저장하면 나중에 언제든지 필요할 때 레벨에 배치하여 사용할 수 있습니다.

Cube를 스태틱 메시로 변환하기

그럼 [Cube(인스턴스)]를 클릭하고 ❶ [액터] 메뉴에서 ❷ ["Cube" –> 스태틱 메시로 변환]을 선택하세요.

그림 2-20 Cube를 스태틱 메시로 변환합니다.

화면에 새로운 스태틱 메시를 저장하기 위한 대화 창이 나타납니다. 여기서 저장 위치와 파일 이름을 입력합니다.

저장 위치는 기본으로 콘텐츠 안에 있는 [Meshes] 폴더가 선택되어 있습니다. 저장 위치는 그대로 둡시다. 그리고 하단의 이름 부분에 저장할 파일 이름을 입력합니다. 이번에는 'SampleCubeMesh'라고 하겠습니다. 이름을 입력했으면 [저장] 버튼을 눌러 저장합니다.

그림 2-21 이름을 'SampleCubeMesh'로 설정합니다.

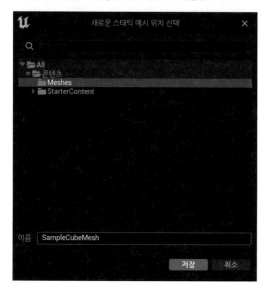

콘텐츠 드로어에서 확인하기

파일로 저장했으면 저장된 파일을 확인해봅시다. 언리얼 에디터 왼쪽 하단에 있는 [콘텐츠 드로어] 버튼을 클릭하세요. 그럼 창 하단에 가로로 긴 패널(콘텐츠 브라우저)이 팝업되어 나타납니다. 콘텐츠 브라우저로 프로젝트에 사용하는 각종 에셋(파일)을 관리합니다.

왼쪽에는 'MyProject'라는 프로젝트의 이름 항목이 있으며 프로젝트 내에 있는 폴더가 계층적으로 표시됩니다. 여기서 [콘텐츠] 아래에 있는 [Meshes] 폴더를 선택합니다.

오른쪽에는 선택된 폴더 내부에 있는 파일들이 표시됩니다. 방금 저장한 [SampleCubeMesh] 파일이 폴더 안에 있는 것을 확인할 수 있습니다.

그림 2-22 [Mesh] 폴더 안에 [SampleCubeMesh] 파일이 저장되어 있습니다.

> **💡 칼럼** **콘텐츠 드로어? 콘텐츠 브라우저?**
>
> *콘텐츠 드로어 버튼을 클릭하면 콘텐츠 브라우저가 열린다*
>
> '도대체 어느 쪽이 맞는 걸까요? 드로어? 브라우저?' 이렇게 혼란스러워하는 분도 있을 것입니다.
>
> 드로어란 클릭하면 그 자리에 나타났다가 포커스를 잃으면 바로 사라지는 UI를 말합니다. 즉, 콘텐츠 드로어는 콘텐츠 브라우저 패널을 호출하는 드로어라고 할 수 있습니다. 뭐, 둘 다 같은 것이라고 생각해도 됩니다!

🎮 스태틱 메시 사용하기

생성한 스태틱 메시를 사용해봅시다. 조금 전과 마찬가지로 왼쪽 하단의 [**콘텐츠 드로어**] 버튼을 클릭하여 콘텐츠 브라우저를 호출합니다. 콘텐츠 브라우저에서 [**Meshes**] 폴더에 있는 [**Sample CubeMesh**] 아이콘을 마우스로 드래그합니다.

그림 2-23 콘텐츠 브라우저에서 [SampleCubeMesh] 아이콘을 드래그합니다.

레벨에 드롭하기

그대로 아이콘을 콘텐츠 브라우저에서 드래그하여 레벨의 뷰포트에 드롭합시다. 이렇게 하면 SampleCubeMesh를 셰이프 데이터로 설정한 액터(스태틱 메시 액터)가 레벨에 생성됩니다.

같은 방식으로 프로젝트 내의 어떤 레벨에도 얼마든지 스태틱 메시를 추가할 수 있습니다.

그림 **2-24** 그대로 레벨 화면에 드롭하면 배치됩니다.

ⓤ 스태틱 메시 편집하기

생성한 스태틱 메시를 나중에 편집할 수 있을까요? 그럴 수도 있고 그러지 못할 수도 있습니다. 결합된 상태 자체는 나중에 다시 편집할 수 없습니다. 예를 들어 두 큐브의 방향 또는 배치를 조정하거나 다른 큐브를 추가하는 등의 작업은 더 할 수 없습니다.

하지만 큐브에 설정되는 머티리얼 등은 나중에 편집할 수 있습니다. 콘텐츠 브라우저에서 [**Sample CubeMesh**] 아이콘을 더블 클릭해보세요. 새로운 에디터 창이 열리고 SampleCubeMesh의 설정 화면이 나타납니다. 디테일 설정에 있는 머티리얼 등을 설정함으로써 스태틱 메시의 표시를 다시 설정할 수 있습니다.

그림 **2-25** 스태틱 메시를 열어 에디터 창을 호출합니다.

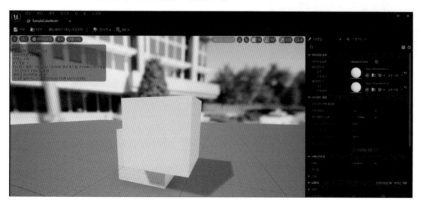

CHAPTER 1
CHAPTER 2
CHAPTER 3
CHAPTER 4
CHAPTER 5
CHAPTER 6
CHAPTER 7

이미 배치된 것도 변경할 수 있습니다

스태틱 메시 재편집은 의외의 곳에 영향을 미칩니다. 편집용 에디터에서 표시 내용을 변경하면 이미 레벨에 배치된 스태틱 메시도 모두 바뀝니다.

스태틱 메시는 모두 똑같습니다. 스태틱 메시 파일에서 만들어진 부품은 모두 파일로 저장된 스태틱 메시와 동일하게 표시됩니다. 나중에 재편집한 경우 레벨에 배치된 모든 스태틱 메시도 일제히 바뀝니다.

🎮 머티리얼 설정하기

그럼 실제로 스태틱 메시를 변경해봅시다. SampleCubeMesh 에디터 창에서 오른쪽 [디테일] 패널을 보면 [머티리얼 슬롯]이라는 섹션이 있습니다. 여기에는 [엘리먼트 0]과 [엘리먼트 1]이라는 두 개의 항목이 표시되어 있습니다.

이 두 항목이 스태틱 메시에 있는 두 큐브의 머티리얼입니다. 이곳에 있는 값을 변경하면 각 큐브의 표시가 바뀝니다.

그림 2-26 [머티리얼 슬롯]에 있는 2개의 항목이 각 큐브의 머티리얼 설정이 됩니다.

1. 콘텐츠 드로어에서 머티리얼을 선택합니다

머티리얼을 설정해보겠습니다. 언리얼 엔진의 프로젝트에는 많은 머티리얼이 있습니다. 에디터 왼쪽 하단의 [콘텐츠 드로어]를 클릭해 콘텐츠 브라우저를 호출하세요. 그리고 [콘텐츠] → [Starter

Content] → [Materials] 폴더를 차례로 선택합니다. 이 폴더 안에는 많은 머티리얼이 준비되어 있습니다.

그림 2-27 [StarterContent] 아래에 있는 [Materials] 폴더에 다양한 머티리얼이 준비되어 있습니다.

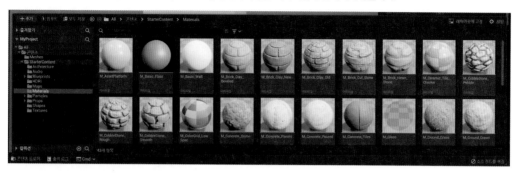

2. 머티리얼을 설정합니다

[Materials] 폴더에 있는 머티리얼 중 적당한 것을 골라 드래그하여 [디테일] 패널의 [머티리얼 슬롯]에 있는 두 엘리먼트 중 하나에 드롭합니다. 이렇게 하면 해당 머티리얼이 설정됩니다. 머티리얼은 이렇게 머티리얼의 에셋 파일을 디테일 패널에 드래그 앤 드롭하는 것만으로 설정할 수 있습니다.

머티리얼을 드롭하면 해당 머티리얼로 설정되며 스태틱 메시 표시가 그 자리에서 변경됩니다. 머티리얼이 설정되면 분위기가 한결 좋아집니다!

그림 2-28 머티리얼 파일을 [머티리얼 슬롯]에 드래그 앤 드롭합니다.

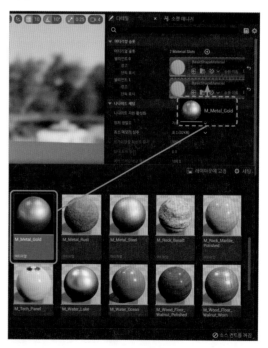

그림 2-29 머티리얼이 설정된 모습

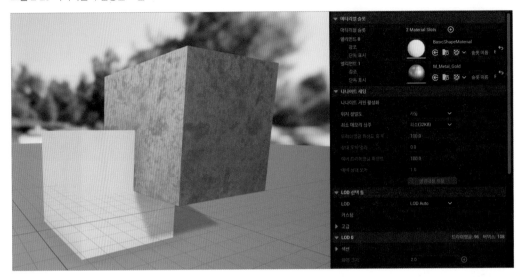

마찬가지로 나머지 머티리얼 슬롯의 엘리먼트에도 머티리얼을 설정해봅시다. 이것으로 두 개의 큐브에 각각 다른 머티리얼이 표시됩니다.

그림 2-30 두 개의 큐브에 각각 머티리얼을 설정합니다.

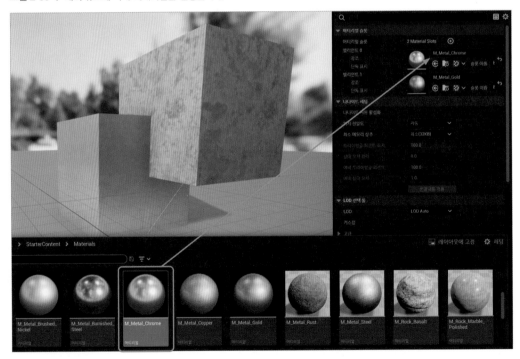

3. 배치한 스태틱 메시를 확인합니다

설정을 마쳤으면 스태틱 메시 에디터 창을 닫고 레벨 편집 화면으로 돌아옵시다. 그리고 레벨에 배치한 스태틱 메시(SampleCubeMesh)가 어떻게 바뀌었는지 확인해보세요. 설정한 머티리얼로 제대로 표시되어 있는 것을 알 수 있습니다.

그림 2-31 레벨에 배치한 스태틱 메시의 머티리얼이 바뀌었습니다.

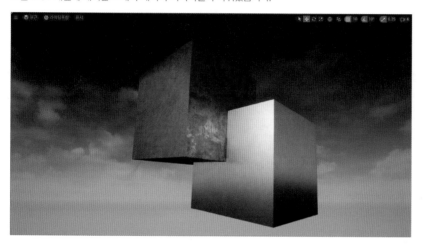

🎮 그 밖의 셰이프 액터

스태틱 메시는 이 정도로 마무리하고 다시 액터에 관해 이야기해보겠습니다.

지금까지 큐브를 사용하여 레벨에 배치했지만 큐브 외에도 많은 부품이 있습니다. 기본 도형인 셰이프 액터만 해도 여러 가지가 있는데 이에 관해서도 살펴보겠습니다.

❶ 툴바의 추가 아이콘(🔲)을 클릭하면 ❷ [셰이프] 메뉴가 나타나는데, 여기에 셰이프 액터가 모여있습니다. 여기에 있는 셰이프 액터 항목을 모두 사용할 수 있게 되면 어느 정도 레벨의 샘플을 만들 수 있게 될 것입니다.

그림 2-32 [셰이프] 메뉴에 있는 액터를 마스터합시다.

ⓤ 평면 이용하기

평면부터 시작하겠습니다. 유일하게 평면 액터만 3D가 아닙니다(두께가 0이므로 입체라고 할 수 없습니다). 3D 공간에 평면을 배치하고 싶을 때 이용합니다.

① 추가 아이콘(🖼)을 클릭한 다음 ② [셰이프] 메뉴에서 ③ [평면]을 드래그하여 뷰포트에 드롭하면 사각형 모양의 평면 액터가 생성되어 뷰포트에 배치됩니다.

그림 2-33 평면을 하나 배치합니다.

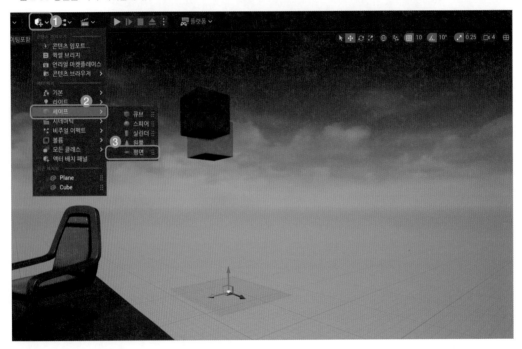

위치와 크기 조절하기

평면의 위치와 크기를 조절해봅시다. 기본 상태의 평면은 너무 작으니 좀 더 크게 만들고 그 위에 샘플 액터를 배치해봅시다. 평면 액터가 선택된 상태에서 [디테일] 패널의 [트랜스폼]을 사용해 [표 2-3]과 같이 평면의 값을 설정합니다.

표 2-3 평면의 값 설정

위치	20	−750	50
스케일	10	10	1.0

이제 의자와 테이블 옆에 넓은 평면이 생겼습니다. 이렇게 평면의 크기를 변경하여 넓은 지면 등을 손쉽게 만들 수 있습니다.

그림 2-34 평면의 위치와 크기를 조절합니다.

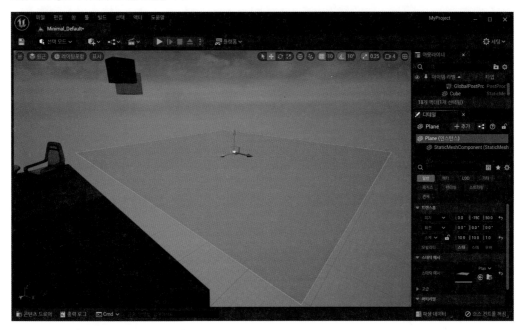

머티리얼 설정하기

배치한 평면에 머티리얼을 설정해봅시다. 왼쪽 하단의 [콘텐츠 드로어]를 클릭하고 콘텐츠 브라우저에서 [StarterContent] 아래에 있는 [Materials] 폴더에서 적당한 머티리얼을 드래그하여 뷰포트의 평면 위에 드롭하세요.

레벨에 배치된 액터에 머티리얼을 설정할 때는 뷰포트에 있는 액터에 직접 드롭하면 됩니다.

그림 2-35 머티리얼을 드래그 앤 드롭하여 평면을 설정합니다.

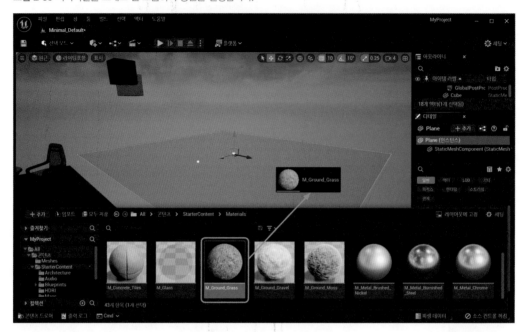

이제 머티리얼이 적용된 평면이 표시됩니다. 단순한 평면이라도 분위기가 상당히 달라집니다.

그림 2-36 머티리얼을 평면에 설정합니다.

ⓤ 다른 셰이프 액터 추가하기

여기서는 기본 도형의 셰이프 액터를 모아서 소개하겠습니다. 스피어(구), 실린더(원기둥), 원뿔과 같은 것입니다. 모두 추가 아이콘(🔳)의 [셰이프] 메뉴에 있습니다.

스피어

이번에 추가할 액터는 스피어 Sphere 입니다. 스피어는 공 모양의 액터입니다. ❶ 추가 아이콘(🔳)의 ❷ [셰이프] 메뉴에서 ❸ [스피어]를 뷰포트의 적당한 곳에 드래그 앤 드롭하면 스피어(Sphere) 액터가 만들어집니다.

그림 2-37 [스피어]를 드래그 앤 드롭하여 공 모양의 액터를 만듭니다.

스피어는 구 형태이지만 스케일을 조절하여 타원형으로 만들 수도 있습니다. 단, 곡률(면의 구부러진 정도) 같은 부분까지 세밀하게 조절할 수 있는 것은 아닙니다.

그림 2-38 가로폭을 넓히면 타원 모양의 입체 도형도 만들 수 있습니다.

실린더

원기둥 형태의 액터를 실린더^{Cylinder}라고 합니다. 실린더의 가로세로 값은 원기둥의 두께를, 높이는 원기둥의 길이를 나타냅니다. 반지름을 늘리거나 원기둥의 길이를 길게 조절하면 꽤 다양한 형태를 만들 수 있습니다.

❶ 추가 아이콘()의 ❷ [셰이프] 메뉴에서 ❸ [실린더]를 뷰포트의 적당한 곳에 드래그 앤 드롭해 실린더 액터를 만듭니다.

그림 2-39 실린더는 원기둥 모양의 액터입니다.

원뿔

마지막으로 추가할 액터는 원뿔^{Cone}입니다. 스케일의 가로세로 값은 원뿔에서 원의 크기를 나타내며, 높이는 원뿔의 높이를 나타냅니다. 이 값을 조절하면 날카롭고 뾰족한 화살촉부터 펼쳐진 우산까지 다양한 형태의 액터를 만들 수 있습니다.

마찬가지로, ❶ 추가 아이콘()의 ❷ [셰이프] 메뉴에서 ❸ [원뿔]을 뷰포트의 적당한 곳에 드래그 앤 드롭해 원뿔 액터를 만듭니다.

그림 2-40 [원뿔]을 드래그 앤 드롭하여 원뿔 모양의 액터를 만듭니다.

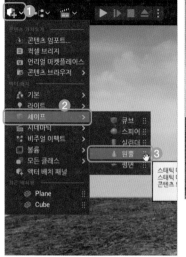

어떤 모양이든 사용법은 동일합니다

다양한 모양의 액터를 살펴보았습니다. '이걸 어떻게 다 기억해!'라고 생각하는 사람도 있을지 모릅니다. 하지만 모양만 다를 뿐이지 기본적인 사용법은 모두 동일합니다.

실제로 기본 셰이프 액터들을 만들어 조작해봅시다. 종류가 다양하지만 개별적으로 외울 필요는 없습니다. 유일하게 평면만 두께가 없는 액터라는 독특한 성질을 가지고 있을 뿐 그 외에는 기본적으로 모두 같습니다.

그림 2-41 다섯 종류의 셰이프 액터를 추가했습니다. 형태는 달라도 사용법은 모두 같습니다.

CHAPTER1
CHAPTER2
CHAPTER3
CHAPTER4
CHAPTER5
CHAPTER6
CHAPTER7

(u) 기본 머티리얼을 사용해봅시다

기본적인 셰이프 액터를 사용한 액터의 기본을 어느 정도 이해했으니 큐브를 배치하고, 여러 개의 큐브를 조합하여 스태틱 메시로 저장하고, 머티리얼을 설정할 수 있게 되었을 것입니다. 이 정도만 알아도 아주 간단한 도형을 사용하는 레벨을 만들 수 있습니다.

지금까지 잘 해왔지만 아직 여러분이 할 수 있는 일은 한정되어 있습니다. 우선은 다음 사항을 염두에 두고 나름대로 레벨에 액터를 배치하여 다양한 시도를 해보세요.

- 일단은 기본 형태 액터만 사용해봅니다.
- 머티리얼은 [StarterContent] 아래에 있는 [Materials] 폴더에 있는 것만 사용해봅니다.

더 복잡한 모델을 사용하거나 직접 머티리얼을 만들려면 조금 더 많은 지식이 필요합니다. 할 수 있는 것부터 시작해보세요. 지금은 언리얼 엔진에 익숙해지는 것이 중요합니다.

CHAPTER1
CHAPTER2
CHAPTER3
CHAPTER4
CHAPTER5
CHAPTER6
CHAPTER7

2.2 레벨을 구성하는 부품

🎮 라이트

레벨에는 다양한 부품이 배치되어 있습니다. 그중 대부분은 셰이프 액터처럼 화면에 물체로 표시되는 부품이 아닙니다. 이번에는 이런 눈에 보이지 않는 부품에 관해 살펴보겠습니다.

우선 알아볼 것은 라이트입니다. 모든 물체는 빛이 없으면 보이지 않습니다. 그러나 레벨에 배치된 부품은 정상적으로 볼 수 있습니다. 어째서 보이는 걸까요? 그 이유는 기본 상태에서도 라이트가 생성되어 있기 때문입니다.

[아웃라이너]를 보면 [Lights] 폴더 안에 [Sky Light]와 [Light Source]라는 두 가지 항목이 있습니다. 이것이 기본으로 준비되어 있는 라이트입니다. 이 라이트 덕분에 레벨 전체가 밝게 보인 것입니다.

그림 2-42 기본으로 2개의 라이트가 준비되어 있습니다.

라이트의 종류

라이트의 종류는 하나만 있는 것이 아닙니다. 빛의 성질에 따라 몇 가지 라이트가 있습니다. ❶ 툴바의 추가 아이콘(🔳)을 클릭하면 ❷ [라이트] 메뉴가 나타나는데, 여기에 라이트가 모여있습니다. 라이트도 액터의 일종이므로 필요한 라이트를 드래그 앤 드롭하여 뷰포트에 배치할 수 있습니다.

그림 2-43 추가 아이콘의 [라이트] 메뉴에 여러 종류의 라이트가 있습니다.

디렉셔널 라이트

디렉셔널 라이트는 기본으로 준비된 라이트로, 정해진 방향으로 조사되는 빛입니다. 단, 빛이 발생하는 위치가 '여기서부터'라고 정해져 있지는 않습니다. 정해진 방향으로 3D 세계 전체를 골고루 비춥니다. 지구에서 보는 태양빛과 같은 존재라고 생각하면 됩니다.

이 라이트를 레벨에 배치하면 빛이 조사되는 방향이 흰색 화살표로 표시됩니다. 일반 액터처럼 레벨에 배치해서 움직일 수 있지만 라이트의 특성상 어디에 있든 빛이 조사되는 방향에는 영향을 주지 않습니다. 중요한 것은 방향뿐입니다.

그림 2-44 디렉셔널 라이트: 빛이 조사되는 방향이 하얀 화살표로 표시됩니다.

밝기 조절하기

디렉셔널 라이트에서 방향 외에 중요한 것은 밝기입니다. 밝기는 디테일 패널에서 조절할 수 있습니다.

라이트의 [디테일] 패널에는 많은 항목이 표시되어 있지만 그중에서도 [라이트] 섹션에 있는 [강도 Intensity] 항목이 라이트의 밝기를 설정하는 값입니다. 값이 커질수록 빛이 강해집니다.

이 강도는 디렉셔널 라이트뿐만 아니라 모든 라이트의 밝기 설정에 사용됩니다.

그림 2-45 라이트의 강도가 5.0일 때와 50.0일 때의 차이

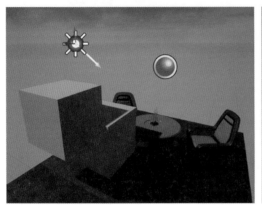 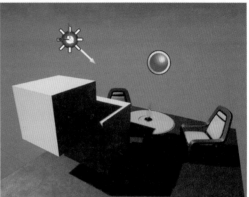

🎮 스카이 라이트

기본으로 제공되는 또 하나의 라이트는 스카이 라이트입니다. 스카이 라이트는 일종의 환경광입니다. 멀리 떨어진 하늘 전체에서 레벨 전체에 부드럽게 스며드는 빛입니다. 다른 빛처럼 빛과 그림자가 뚜렷하게 구분되는 느낌은 아닙니다.

예를 들어 흐린 날 태양빛이나 전등 불빛이 없어도 방 안이 희미하게 밝은 것과 같습니다. 이처럼 직접적으로 빛나고 있다는 것이 보이지는 않지만 전체를 희미하게 밝게 해주는 그런 빛입니다.

그림 2-46 스카이 라이트: 위치, 크기, 방향과 전혀 관계없이 배치만 하면 됩니다.

CHAPTER1
CHAPTER2
CHAPTER3
CHAPTER4
CHAPTER5
CHAPTER6
CHAPTER7

스카이 라이트는 일정 범위보다 멀리 있는 것을 반영합니다. 예를 들어 멀리 떠 있는 하늘의 구름 등에 의해 밝기가 영향을 받기도 합니다.

스카이 라이트는 다른 라이트처럼 강도로 밝기를 지정하지 않고 [강도 스케일] 설정으로 밝기를 조절합니다. 강도 스케일은 스카이 라이트로 하늘 전체에서 방출되는 빛의 총 에너지량을 나타냅니다. 따라서 값을 증가시키면 전체적으로 밝아집니다.

그림 2-47 [강도 스케일]을 0으로 했을 때와 2.0으로 했을 때의 차이

포인트 라이트

한 지점에서 사방으로 고르게 빛을 내뿜는 라이트입니다. 전구를 떠올리면 됩니다. 포인트 라이트를 배치하면 가까이 있는 물체만 밝게 비춰집니다. 디렉셔널 라이트와 달리 포인트 라이트는 일반적인 조명처럼 거리가 멀어지면 빛이 도달하지 않게 됩니다. 또한 라이트의 위치가 중요합니다. 배치된 위치에서 주위로 빛이 퍼져나가기 때문입니다. 방향은 의미가 없습니다.

그림 2-48 포인트 라이트: 배치된 장소에서 사방으로 빛이 조사됩니다.

CHAPTER1
CHAPTER2
CHAPTER3
CHAPTER4
CHAPTER5
CHAPTER6
CHAPTER7

빛이 도달하는 범위

포인트 라이트도 밝기나 빛이 도달하는 범위를 지정해야 합니다. 밝기는 디렉셔널 라이트와 마찬가지로 디테일 패널의 라이트 섹션에 있는 강도로 설정합니다.

빛이 도달하는 범위는 [라이트] 섹션에 있는 [어테뉴에이션 반경Attenuation Radius] 항목에서 설정할 수 있습니다. 이 값을 조절하여 어디까지 빛이 도달하게 할지 변경할 수 있습니다.

포인트 라이트의 빛은 멀어질수록 약해집니다. 어테뉴에이션 반경에 지정하는 값은 빛이 점차 약해지고 완전히 도달하지 않는 지점까지의 거리입니다. 다시 말해, 그 반경 내에서도 광원에 가까우면 밝고, 멀어지면 어두워지는 등 도달하는 빛의 양이 달라집니다.

그림 2-49 포인트 라이트의 강도가 10.0과 100일 때의 차이

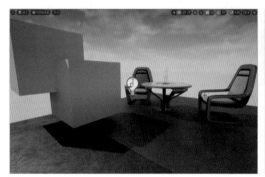 

🅤 스포트 라이트

스포트 라이트는 일반적으로 사용되는 라이트입니다. 특정 지점에서 정해진 범위 내로만 빛을 조사하며 위치와 방향이 모두 중요한 역할을 합니다. 위치를 정하고 어느 방향으로 빛을 조사할지 설정해야 비로소 원하는 빛을 만들 수 있습니다. 또한 포인트 라이트와 마찬가지로 멀어질수록 빛이 퍼지고 약해집니다.

스포트 라이트를 배치하면 빛이 조사되는 범위가 원뿔 형태의 선분으로 표시됩니다. 선분을 보면서 위치나 방향 등을 조정해보세요.

그림 2-50 스포트 라이트: 배치된 위치에서 지정한 방향으로 빛이 조사됩니다.

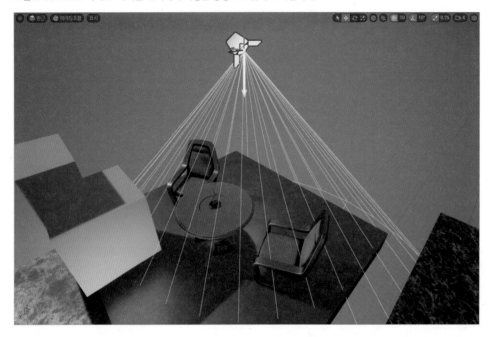

빛이 조사되는 각도

스포트 라이트의 경우 밝기와 더불어 빛이 조사되는 범위를 어떻게 지정하는지가 중요합니다. 빛이 조사되는 범위는 각도로 지정합니다. 즉, 빛이 조사되는 범위를 원뿔로 생각해서 그 정점의 각도로 어느 정도 범위로 빛을 비출지 설정하는 것입니다.

조사 범위도 마찬가지로 [디테일] 패널의 [라이트] 섹션에서 설정할 수 있습니다. 여기에는 범위 설정을 위한 두 가지 각도 항목이 있습니다(표 2-4).

표 2-4 범위 설정을 위한 각도 항목

내부 원뿔 각도	빛이 감쇠되지 않고 균일하게 조사되는 범위를 지정합니다.
외부 원뿔 각도	빛이 도달하는 범위를 지정합니다.

두 각도의 조합으로 스포트 라이트의 조사 범위가 결정됩니다. 내부 원뿔 각도로 지정한 범위 안은 같은 밝기로 빛이 조사됩니다. 그 범위 밖으로 나가면 서서히 빛이 약해지고 외부 원뿔 각도 부분에 이르면 빛이 완전히 도달하지 않게 됩니다.

이 두 각도를 조절하면 특정 위치에 빛을 정확하게 보낼 수 있습니다.

그림 2-51 [내부 원뿔 각도]를 20.0과 40.0으로 지정했을 때의 차이. 각도를 좁히면 빛을 정확하게 보낼 수 있습니다.

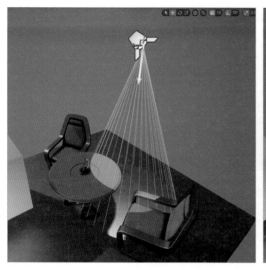

ⓤ 카메라

언리얼 엔진은 뷰포트에 카메라로 촬영한 화면이 표시되는 것처럼 보이게끔 되어 있습니다. 이것을 카메라라고 하지만 실제로는 존재하지 않는 카메라입니다. 즉, 레벨 안에 카메라 액터를 배치한 것이 아니라 그저 원근으로 표시하는 시점을 카메라라고 부르는 것뿐입니다.

하지만 이와 별개로 언리얼 엔진에는 카메라 액터도 있습니다. 카메라를 배치하여 그곳에서 촬영한 영상을 화면에 표시할 수 있습니다. 카메라 액터는 추가 아이콘의 메뉴에서 제공되지 않으므로 배치하는 데 약간의 노력이 필요합니다.

카메라 액터 찾기

우선 [그림 2-52]와 같이 ❶ 툴바의 추가 아이콘(🔳)을 클릭해 ❷ [액터 배치 패널]을 선택하세요. 그러면 창 왼쪽에 액터 배치 패널이 표시됩니다.

CHAPTER1
CHAPTER2
CHAPTER3
CHAPTER4
CHAPTER5
CHAPTER6
CHAPTER7

그림 2-52 액터 배치 패널을 엽니다.

액터 배치 패널 상단에는 [그림 2-53]과 같이 가로로 작은 아이콘이 한 줄로 나열되어 있습니다. 이 아이콘은 액터를 종류별로 분류한 것입니다. 여기서 ❶ 맨 오른쪽의 모든 클래스 아이콘(■)을 클릭한 다음, 나타나는 목록에서 ❷ [카메라 액터] 항목을 찾아보세요.

그림 2-53 목록에서 [카메라 액터]를 찾습니다.

카메라 배치하기

그럼 실제로 카메라를 사용해봅시다. [카메라 액터] 항목을 뷰포트에 드래그 앤 드롭하세요. 그러면 카메라 한 대가 레벨에 추가됩니다. 뷰포트 오른쪽 하단에는 배치된 카메라에 찍히는 영상이 작은 뷰포트로 표시됩니다.

그림 **2-54** 카메라를 배치하면 뷰포트 오른쪽 하단에 배치된 카메라에서 보는 영상이 표시됩니다.

카메라 방향 조절하기

배치된 카메라의 방향이 이상할 수도 있습니다. 우선 위치와 방향을 조정해서 이 레벨에 배치한 지면과 큐브 액터가 표시되게 해봅시다. [디테일] 패널의 [트랜스폼] 섹션에 있는 [위치]와 [회전]의 값을 직접 수정하면 세밀하게 조절할 수 있습니다.

그림 **2-55** 카메라 위치와 방향을 조정해서 레벨의 주요 부분이 표시되도록 합니다.

CHAPTER 1
CHAPTER 2
CHAPTER 3
CHAPTER 4
CHAPTER 5
CHAPTER 6
CHAPTER 7

카메라 각도 조절하기

카메라의 경우 위치나 방향뿐만 아니라 화각도 중요합니다. 카메라로 어느 정도의 범위를 촬영할 것인지를 지정해야 하는 것이죠.

[디테일] 패널의 [카메라 세팅] 섹션에 있는 [필드 오브 뷰]가 화각입니다. 이 값을 조절해서 카메라에 비치는 범위를 변경할 수 있습니다.

그림 2-56 [필드 오브 뷰] 값이 90.0과 45.0일 때의 차이

🅤 플레이

레벨에 배치된 카메라를 어떻게 이용할지 생각해봅시다. 카메라를 이용하려면 우선 '게임을 플레이 (재생)한다'는 것을 이해해야 합니다.

플레이는 말 그대로 레벨을 즉석에서 실행하는 것입니다. 툴바에 있는 플레이 버튼(▶)을 클릭하여 레벨을 플레이할 수 있습니다.

그림 2-57 플레이 버튼을 클릭하면 레벨이 바로 실행됩니다.

플레이 중 툴바 표시

플레이가 시작되면 툴바의 표시가 바뀌고 일시 정지 및 중지 버튼이 활성화됩니다. 이를 클릭하면 플레이 상태를 일시적으로 멈추거나 완전히 종료할 수 있습니다.

하지만 실제로 해보면 이러한 버튼이 항상 사용 가능한 것이 아니라는 점을 알 수 있습니다. 플레이 하고 레벨이 시작된 후 조작을 위해 뷰포트를 클릭하면 마우스 포인터가 사라지고 키보드나 마우스 로 뷰를 조작할 수 있게 됩니다. 하지만 이 상태에서는 (마우스 포인터가 꺼져 있기 때문에) 일시 정지나 중지 버튼을 클릭할 수 없습니다.

Esc 키를 눌러 현재 상태에서 벗어나 다시 마우스 포인터가 나타나면 버튼을 클릭하여 조작할 수 있습니다. 이처럼 플레이 중의 조작은 뷰포트를 클릭해 마우스나 키보드로 씬을 조작할 수 있는 상 태와 Esc 키로 빠져나와 마우스로 에디터를 조작할 수 있는 상태 이렇게 두 가지 상태를 전환해가 며 진행됩니다. 이 두 상태의 전환에 관해 잘 기억해두세요.

그림 2-58 플레이하면 툴바의 버튼이 바뀝니다.

ⓤ 플레이어 스타트의 작동 원리

실제로 플레이해서 확인해보면 추가한 카메라의 시점이 아니라 다른 위치에서 뷰가 시작되는 것을 알 수 있습니다. 바로 이것이 '플레이어 스타트'라는 기능입니다.

[아웃라이너] 패널에 있는 [Player Start]를 클릭하면 뷰포트에 캡슐 모양의 무언가가 나타납니다. 하지만 아무리 봐도 물체 같은 것은 표시되지 않습니다.

Player Start 액터는 말 그대로 플레이어가 시작하는 위치를 나타냅니다. 3D 게임은 대개 플레이어 시점으로 표시되므로 플레이어의 시점, 즉 3D 공간을 표시하는 카메라 역할을 하는 Player Start 액터가 있습니다.

그림 2-59 [아웃라이너]를 보면 Player Start 액터가 추가되어 있는 것을 알 수 있습니다.

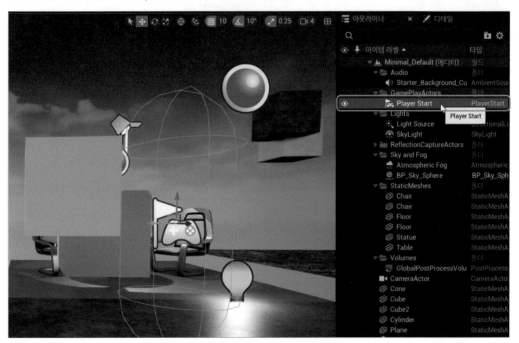

플레이어 스타트 지점에서 시작되지 않는다면?

여러분 중에는 씬을 플레이해도 플레이어 스타트 지점에서 시작되지 않고 뷰포트에 표시되어 있던 장소에서 그대로 플레이가 시작되어 버린 사람도 있을 것입니다.

이것은 문제가 있는 것이 아니라 단순히 플레이 설정이 어딘가에서 바뀌었기 때문입니다. 툴바의
❶ 플레이 버튼 오른쪽에 있는 플레이 설정 버튼(⦂)을 클릭하면 나타나는 풀다운 메뉴에서 플레이
모드 및 플레이 설정을 변경할 수 있습니다. 이 메뉴에는 [표 2-5]의 항목이 있습니다. 여기서는
❷ [디폴트 플레이어 스타트]를 선택합니다.

표 2-5 플레이 설정 항목

현재 카메라 위치	현재 표시된 위치에서 플레이를 시작합니다.
디폴트 플레이어 스타트	배치한 플레이어 스타트 위치에서 플레이를 시작합니다.

그림 2-60 플레이 설정 메뉴에서 [디폴트 플레이어 스타트]를 선택합니다.

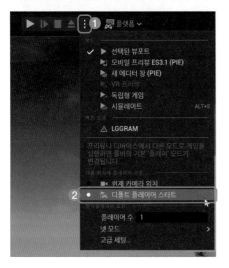

ⓤ 카메라 시점으로 변경하기

카메라를 추가했으니 이 카메라의 시점으로 레벨이 플레이되도록 해봅시다.

추가한 카메라를 선택하고 [디테일] 패널을 확인합니다. 여기에 [자동 플레이어 활성화] 섹션이 있
습니다. 그 안에 있는 [플레이어 자동 활성화]가 플레이어를 특정 카메라에 설정하는 항목입니다.
기본으로 [Disabled]가 선택되어 있습니다. 여기서 [Player 0]을 선택하세요.

CHAPTER1

CHAPTER2

CHAPTER3

CHAPTER4

CHAPTER5

CHAPTER6

CHAPTER7

그림 2-61 [플레이어 자동 활성화]에서 [Player 0]을 선택합니다.

플레이하기

툴바에서 플레이 버튼을 클릭해보세요. 그러면 추가한 카메라의 시점으로 표시됩니다. 다만 이제는 마우스나 키보드를 눌러도 시점이 변경되지 않습니다. 시점을 조작하는 기능도 플레이어 스타트에 준비된 것입니다.

자세히 보면 플레이어 스타트가 있던 자리에 공 모양의 물체가 나타난 걸 알 수 있습니다. 마우스나 키보드를 조작하면 이 공이 앞뒤로 움직입니다.

이 공은 자동으로 생성된 액터입니다. 언리얼 엔진에서는 레벨을 플레이할 때 플레이어가 조작할 액터를 자동으로 생성할 수 있습니다.

자동으로 생성된 액터에 관해서는 나중에 다시 설명할 것이므로 지금은 깊게 생각하지 마세요.

그림 2-62 플레이하면 카메라에서 보는 뷰로 변합니다. 그리고 구가 하나 추가되어 있습니다.

일단 카메라 시점으로 변경하는 방법을 알게 되었습니다. 하지만 이대로는 시점 이동을 할 수 없으므로 [자동 플레이어 활성화]의 [플레이어 자동 활성화]를 [Disabled]로 되돌려놓읍시다.

그림 2-63 작동을 확인했으면 [플레이어 자동 활성화]를 [Disabled]로 되돌려놓습니다.

🎮 스카이

다음으로 스카이^{sky}에 관해 살펴봅시다. 뷰포트에서 편집을 하면 하늘에 구름이 보이고 그것이 천천히 움직인다는 것을 눈치챈 사람이 많을 것입니다. 이것은 'BP_Sky_Sphere'라는 부품으로, 레벨에 통합된 것입니다.

BP_Sky_Sphere는 하늘을 그리는 것과 관련이 있습니다. 이 부품 자체는 화면에 표시되지 않지만 하늘을 그려줍니다.

그림 2-64 BP_Sky_Sphere는 하늘을 그릴 때 사용하는 부품입니다.

BP_Sky_Sphere

[BP_Sky_Sphere]를 선택하면 세부 설정 항목이 표시됩니다. 항목이 상당히 많아 전부 기억할 수 없으므로 [디폴트] 섹션에 있는 설정들 중 기억해두면 좋은 몇 가지만 소개하겠습니다.

그림 2-65 [디테일] 패널의 [디폴트] 섹션에 중요한 설정이 있습니다.

Sun Brightness

태양의 밝기입니다. 기본값은 75이며, 이 값이 커질수록 밝기가 강해집니다.

그림 2-66 [Sun Brightness] 값을 크게 하면 태양이 밝아집니다.

Cloud Speed

구름이 흘러가는 속도입니다. 기본값은 2.0이며, 이 값이 커질수록 구름이 흐르는 속도가 빨라집니다.

그림 2-67 [Cloud Speed] 값을 변경하면 구름이 움직이는 속도가 변합니다.

Cloud Opacity

구름의 투명도입니다. 구름의 양이라고 생각해도 좋습니다. 값이 작을수록 구름의 양이 줄어들고 농도(하얗고 불투명한 부분)가 약해집니다. 기본값은 1.0이며, 0이면 쾌청한 하늘이 됩니다.

그림 2-68 [Cloud Opacity]가 1.0과 2.0일 때의 차이

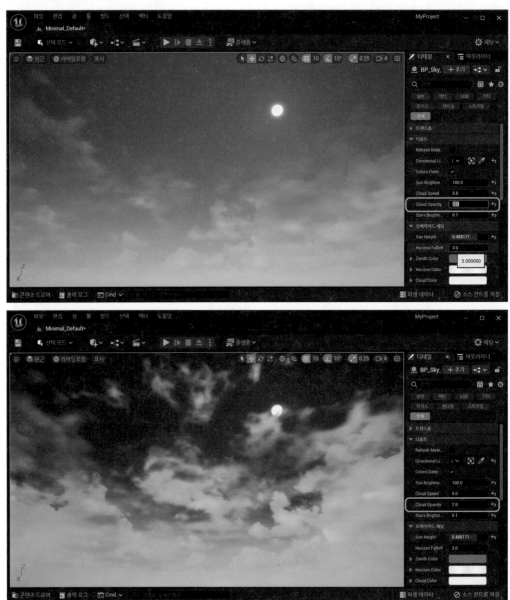

포그

포그Fog는 스카이와 마찬가지로 주위 배경과 관련된 부품입니다. 말 그대로 안개를 의미하지만 지상에서 나타나는 안개와는 조금 다릅니다. 대기 중의 빛의 난반사, 불투명도 같은 것에 더 가깝습니다.

[아웃라이너] 패널에 [Atmospheric Fog]가 있는데 이것이 포그와 관련된 부품입니다. 이것도 실제로 화면에 직접 표시되는 것이 아니라 포그에 관한 설정을 하면 렌더링 시에 그려줍니다.

그림 2-69 [Atmospheric Fog]는 포그에 관한 설정 항목입니다.

포그 상세 설정

Atmospheric Fog도 [디테일] 패널에서 세부적인 설정을 할 수 있습니다. 이 부분도 모두 기억할 필요는 없으며, [애트머스피어Atmospheric] 섹션에 있는 항목 중 기억해두면 도움이 될 만한 것 몇 가지만 소개하겠습니다.

그림 2-70 [디테일] 패널에는 포그와 관련된 세부 설정이 많이 있습니다. 중요한 몇 가지만 기억해도 충분합니다.

애트머스피어

대기와 관련된 설정입니다. 여기에는 대기의 두께를 나타내는 [애트머스피어 높이]와 대기 중 난반사를 나타내는 [다중 스캐터링]이라는 두 가지 설정이 있습니다. 이 값들을 조절하여 하늘의 파란색의 깊이나 흐릿한 느낌을 변경할 수 있습니다.

그림 2-71 [애트머스피어 높이]와 [다중 스캐터링] 설정 값을 각각 1.0, 0.0으로 한 경우와 60.0, 1.0으로 한 경우의 차이

대기 원근 뷰 디스턴스 스케일

[아트 디렉션] 섹션에 있는 [대기 원근 뷰 디스턴스 스케일]Aerial Perspective View Distance Scale 항목은 대기에 의한 원근감의 영향을 조절합니다. 값이 작으면 안개의 영향이 적어지고, 값이 크면 먼 곳이 하얗게 안개가 낀 것처럼 희미해집니다. 시골 공기와 도시 공기의 차이를 상상하면 됩니다.

그림 2-72 [대기 원근 뷰 디스턴스 스케일]이 0.0일 때와 3.0일 때의 차이

레일리 스캐터링 스케일

[애트머스피어 – 레일리] 섹션에 있는 [레일리 스캐터링]Rayleigh Scattering]은 대기 중의 작은 입자나 분자에서 기인한 레일리 산란 계수라는 매우 어려워 보이는 설정입니다. 쉽게 말하면 '왜 하늘은 파란가?'를 지정하는 항목입니다. 왜 하늘은 파란색일까요? 그 이유는 (언리얼 엔진에서는) 레일리 스캐터링에 파란색을 설정했기 때문입니다. 이 색을 변경하면 아침 노을이나 저녁 노을, 초록색 또는 보라색 하늘도 만들 수 있습니다.

그림 2-73 [레일리 스캐터링] 설정으로 기본인 파란색 하늘과 핑크색 하늘을 설정했습니다.

애트머스피어 - 미에

태양빛의 색과 밝기는 [애트머스피어 – 미에^{Mie}] 섹션에 있는 [미에 스캐터링], [미에 스캐터링 스케일]로 설정할 수 있습니다. 이 값을 조절하여 태양빛의 색상과 대기에 미치는 영향을 조절합니다. 외계 행성의 하늘 등을 만들 수도 있겠네요!

그림 2-74 [애트머스피어 – 미에] 설정으로 기본 태양과 강렬한 핑크색 태양을 설정했습니다.

2.3 퀵셀 브리지와 마켓플레이스

🎮 기성 모델 활용하기

이제 얼추 레벨과 액터를 조작할 수 있으며, 간단한 레벨이라면 셰이프 액터를 이용해서 만들 수 있게 됐습니다. 그렇지만 구나 원기둥 등을 조합한 씬을 만들어봐야 그다지 재미있을 것 같지 않습니다. 진짜 게임답게 만들려면 더욱 실감나게 표현할 수 있어야 합니다.

물론 처음부터 전용 모델링 도구를 이용해 모델을 만든 다음 이를 언리얼 엔진에서 사용할 수도 있습니다. 하지만 직접 모든 것을 만들려면 게임이 언제 완성될지 알 수 없습니다. 학습을 겸해 간단한 씬을 만들어보고 싶다면 이미 만들어져 있는 모델을 사용하는 것이 가장 좋습니다.

언리얼 엔진에는 완성품인 다양한 모델을 자신의 프로젝트에 임포트import[5]하여 사용할 수 있는 기능이 마련되어 있습니다. 이러한 기능을 이용해 기성 모델을 활용해봅시다.

두 가지 임포트 기능

기성 모델을 임포트하는 기능은 크게 두 가지입니다. 둘 다 [표 2-6]처럼 공식 데이터 유통 마켓을 이용하는 기능입니다.

표 2-6 공식 데이터 유통 마켓을 이용한 모델 임포트 기능

퀵셀 브리지	퀵셀이 제공하는 라이브러리를 임포트하기 위한 기능
마켓플레이스	에픽게임즈의 공식 마켓

옮긴이_5 이미 완성된 외부 데이터를 프로젝트로 가져오는 기능입니다.

이 두 가지 데이터 유통 마켓을 이용하여 고품질 모델을 손쉽게 임포트하고 활용할 수 있습니다. 유료인 것도 있지만 무료로 사용할 수 있는 것도 많습니다.

ⓤ 퀵셀 브리지 사용하기

우선 퀵셀 브리지Quixel Bridge부터 설명하겠습니다. 퀵셀 브리지는 퀵셀[6]이 제공하는 라이브러리에 접근하기 위한 전용 기능입니다. 퀵셀은 'Megascans'이라는 고품질 모델 데이터 라이브러리를 제공하는 기업입니다. 퀵셀 브리지를 이용하면 Megascans 라이브러리에서 모델을 간편하게 임포트하여 사용할 수 있습니다.

퀵셀 브리지

❶ 툴바의 추가 아이콘(🔧)에서 ❷ [퀵셀 브리지]를 선택합니다.

그림 2-75 퀵셀 브리지를 엽니다.

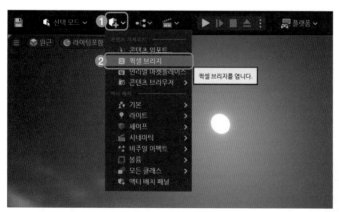

Bridge 패널

그러면 'Bridge'라는 패널이 포함된 창이 열립니다. 이 창이 퀵셀 브리지 화면입니다.

....

옮긴이_**6** 에픽게임즈의 자회사

CHAPTER1
CHAPTER2
CHAPTER3
CHAPTER4
CHAPTER5
CHAPTER6
CHAPTER7

이 창의 왼쪽에는 몇 개의 아이콘이 나열되어 있는데, 여기서 찾고자 하는 콘텐츠의 종류 등을 선택할 수 있습니다. 퀵셀의 라이브러리에는 방대한 양의 데이터가 준비되어 있으므로 필요한 콘텐츠를 찾는 방법을 먼저 이해해야 합니다.

그림 2-76 Bridge 패널이 포함된 창에 라이브러리 내용이 표시됩니다.

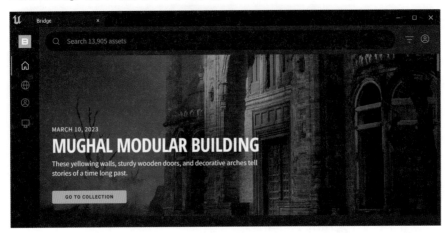

제공되는 데이터의 종류

왼쪽에 있는 아이콘 부분에 마우스 포인터를 가져가면 몇 가지 항목이 표시된 사이드 패널이 나타납니다. 표시된 목록 중에서 사용할 데이터의 종류를 선택합니다. 제공되는 데이터의 종류는 [표 2-7]과 같습니다.

그림 2-77 데이터의 종류를 보여주는 목록

표 2-7 데이터의 종류

3D Assets	3D 모델 등의 라이브러리
3D Plants	3D 식물 라이브러리
Surfaces	머티리얼 등의 라이브러리
Decals	데칼(메시에 투영되는 머티리얼) 라이브러리
Imperfections	머티리얼 등에서 사용되는 텍스처맵 라이브러리

참고로 여기서는 2023년 4월 시점의 화면을 바탕으로 설명합니다. 에셋의 상세 분류와 표시 등은 업데이트로 변경될 수 있으니 참고하기 바랍니다.

CHAPTER1
CHAPTER2
CHAPTER3
CHAPTER4
CHAPTER5
CHAPTER6
CHAPTER7

3D 에셋 가져오기

데이터 종류 목록에서 [3D Assets]을 클릭해봅시다. 3D Assets은 3D 모델 등의 라이브러리입니다. 클릭하면 3D Assets의 종류가 [CATEGORIES]에 표시됩니다.

그림 2-78 [3D Assets]을 선택하면 3D 에셋의 종류가 표시됩니다.

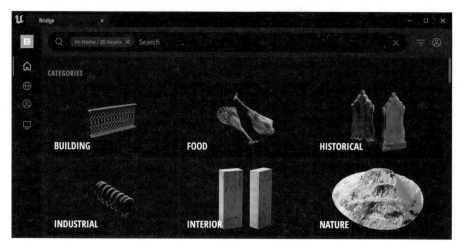

그런 다음 사용하고 싶은 카테고리를 클릭해서 엽니다. 여기서는 인테리어(실내 가구 등)와 관련된 카테고리인 [INTERIOR]를 클릭해보겠습니다. 클릭하면 자세한 인테리어 카테고리가 표시됩니다. 이제 원하는 카테고리를 선택합니다.

그림 2-79 [INTERIOR]를 클릭하면 자세한 인테리어 카테고리가 표시됩니다.

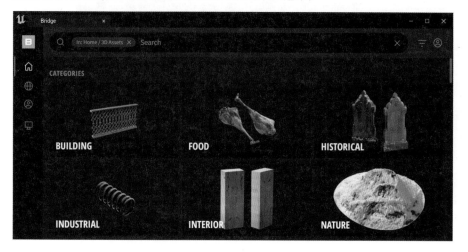

테이블, 의자 등이 포함된 카테고리인 [FURNITURE]를 클릭해봅시다. 그러면 [SEATING], [TABLE] 카테고리가 표시됩니다.

그림 2-80 [FURNITURE]에는 [SEATING]과 [TABLE] 카테고리가 있습니다.

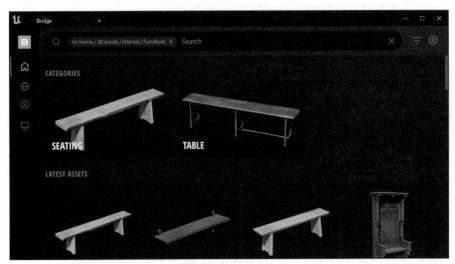

[TABLE]을 클릭해봅시다. 그럼 다양한 테이블 에셋이 표시됩니다. 이 중에서 사용하고 싶은 것을 선택해 사용합니다.

그림 2-81 [TABLE] 카테고리에 있는 테이블 에셋

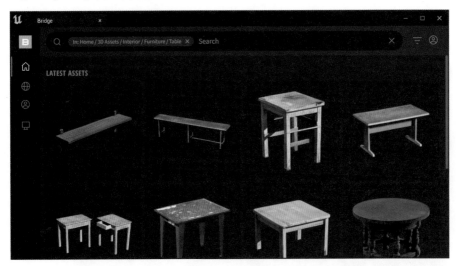

1. 3D 에셋을 다운로드합니다

표시된 테이블 중에서 사용해보고 싶은 것을 선택하세요(여기서는 [WOODEN TABLE]을 선택했습니다). 선택한 테이블의 프리뷰가 표시되고 그 아래에는 [Medium Quality]라는 항목이 있습니다. 이 항목은 중간 품질을 나타내며 기본으로 설정되는 값입니다. 더 높은 품질을 사용하고 싶으면 여기를 클릭해서 [High Quality] 등으로 변경하면 됩니다.

그림 2-82 선택한 테이블의 프리뷰가 표시되고 품질을 선택할 수 있습니다.

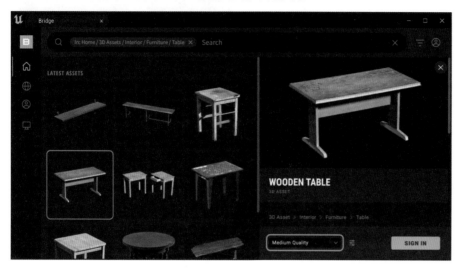

2. 로그인합니다

선택한 에셋을 사용하기 위해서는 로그인해야 합니다. 하단에 있는 [SIGN IN] 버튼을 클릭하세요. 그러면 로그인 방식을 선택하는 창이 나타납니다. 어떤 방식으로 로그인할지 선택하세요.

그림 2-83 로그인 방식을 선택합니다.

예를 들어 에픽게임즈 계정으로 로그인할 경우에는 계정의 이메일 주소와 비밀번호를 입력하라는 표시가 나타납니다. 입력한 다음 로그인합니다. 다른 소셜 인증의 경우 각각의 인증 방식에 관한 창이 표시됩니다. 연결을 허락하고 로그인합니다.

그림 2-84 에픽게임즈 계정으로 로그인할 경우 이메일 주소와 비밀번호를 입력합니다.

로그인하면 선택한 테이블 하단에 [Download] 버튼이 표시됩니다. 이 버튼을 클릭하면 다운로드가 시작됩니다.

그림 2-85 [Download] 버튼을 클릭해 테이블 에셋을 다운로드합니다.

3. 에셋을 추가합니다

다운로드가 끝나면 [Add] 버튼이 활성화됩니다. 이 버튼을 클릭하면 에셋을 레벨에 추가할 수 있습니다.

그림 2-86 [Add] 버튼을 클릭해 에셋을 추가합니다.

[Add] 버튼을 클릭하면 콘텐츠 브라우저 패널이 표시된 창이 열립니다. 이 창은 콘텐츠 드로어와 똑같은 패널을 표시합니다. 콘텐츠 브라우저에는 다운로드한 에셋에 포함된 항목이 표시됩니다. 여기서 사용하고 싶은 것을 드래그 앤 드롭해서 뷰포트에 배치하면 됩니다.

그림 2-87 콘텐츠 브라우저가 열립니다.

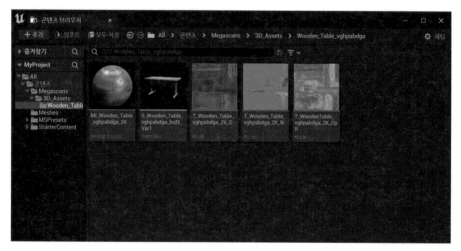

다운로드한 에셋은 콘텐츠 드로어에서도 확인할 수 있습니다. [콘텐츠] 폴더 안에 [Megascans] 폴더가 생기고 그 안에 Megascans 콘텐츠가 저장됩니다.

여기서는 [3D_Assets] 폴더 안에 [Wooden_Table_vghpabdga] 폴더가 생성되고 그 안에 WOODEN TABLE의 콘텐츠가 저장됩니다.

그림 2-88 [Megascans] 아래에 있는 [3D_Assets] 폴더에 다운로드한 에셋 폴더가 만들어집니다.

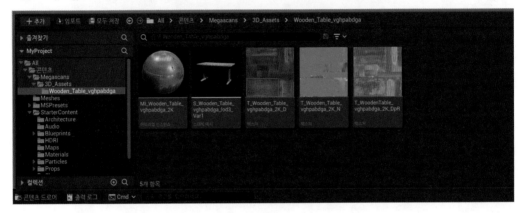

💡칼럼   에셋을 찾을 수 없을 땐? 검색합시다!

실제로 퀵셀 브리지를 사용해보면 수많은 에셋이 세분화되어 있어 어디에 무엇이 있는지 알기 어렵습니다. 이번에는 분류된 순서를 따라 에셋을 찾았지만 이 방법이 번거롭다면 퀵셀 브리지 창 상단에 있는 검색 필드에서 키워드를 입력하여 찾을 수 있습니다. 일반적인 단어로, 예를 들어 'table'이라고 검색하면 테이블의 분류와 에셋을 찾을 수 있습니다. 익숙해지면 이 방법이 에셋을 찾기가 더 쉽습니다.

3D 에셋 활용하기

이제 저장한 에셋을 콘텐츠 브라우저나 콘텐츠 드로어에서 레벨에 추가합시다. 폴더 안에는 머티리얼 등도 저장되어 있으므로 테이블 모양의 아이콘을 찾아보세요. 이것이 테이블의 스태틱 메시가 됩니다. 이 아이콘을 뷰포트로 드래그 앤 드롭하세요. 이렇게 하면 다운로드한 테이블이 배치됩니다.

그림 2-89 다운로드한 테이블을 뷰포트에 배치합니다.

의자 다운로드하기

이것으로 퀵셀 브리지로 3D 에셋을 활용하는 방법을 알아보았습니다. 그럼 복습할 겸 의자 3D 에셋을 다운로드해봅시다.

조금 전과 마찬가지로 [Bridge] 창에서 [3D Assets] → [INTERIOR] → [FURNITURE] → [SEATING] 카테고리를 차례로 선택합니다. 그리고 사용하고 싶은 의자 에셋을 선택한 후 [Download] 버튼을 클릭해서 다운로드합니다.

그림 2-90 의자 3D 에셋을 다운로드합니다.

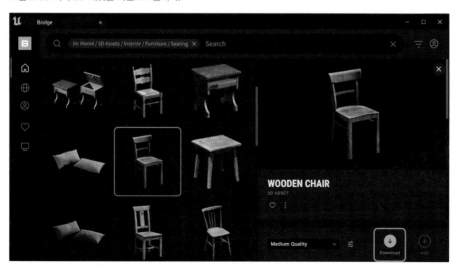

다운로드가 완료되면 의자의 스태틱 메시를 뷰포트로 드래그 앤 드롭하여 배치합시다. [Add] 버튼으로 콘텐츠 브라우저를 열어도 되고, 콘텐츠 드로어에서 [Megascans] 아래에 있는 [3D_Assets]에 저장된 의자 폴더를 선택하고 스태틱 메시 아이콘을 드래그 앤 드롭해도 됩니다.

이제 의자와 테이블 세트가 완성됐습니다. 퀵셀 브리지 라이브러리에는 다양한 콘텐츠가 있습니다. 우선은 3D Assets에 있는 여러 가지 3D 에셋을 다운로드하여 사용해보세요. Megascans의 고품질 모델을 쉽게 사용할 수 있다는 것을 알게 될 것입니다.

그림 2-91 의자의 스태틱 메시를 배치합니다.

마켓플레이스 이용하기

퀵셀 브리지는 Megascans 라이브러리에서 사용하려는 부품을 다운로드하여 추가하는 도구입니다. 이미 무언가를 만들고 있고 '이런 부품이 있으면 좋겠다'라는 생각이 들 때 빠르게 검색해서 설치하는 방식으로 활용할 수 있습니다.

그렇다면 프로젝트 자체를 적절히 다운로드하여 사용하고 싶은 경우에는 어떻게 해야 할까요? 이 경우에는 퀵셀 브리지가 아닌 에픽게임즈의 마켓플레이스를 사용합니다.

마켓플레이스는 언리얼 엔진을 위한 전용 마켓입니다. 마켓플레이스에서는 완성된 게임부터 샘플 프로젝트, 다양한 에셋 및 프로그램, 데이터 등 모든 콘텐츠가 판매되고 있습니다. '판매'라고 하면 모두 유료라고 생각하기 쉽지만 무료로 배포되는 것도 많습니다. 그리고 무료로 배포되는 콘텐츠만 사용해도 꽤 재미있는 게임을 만들 수 있습니다!

마켓플레이스

마켓플레이스는 ❶ 추가 아이콘()에서 ❷ [언리얼 마켓플레이스] 메뉴를 클릭해 열 수 있습니다.

그림 2-92 [언리얼 마켓플레이스] 메뉴를 클릭해 마켓플레이스를 엽니다.

런처 마켓플레이스

이 메뉴는 에픽게임즈 런처 프로그램에서 마켓플레이스를 여는 것입니다. 사실은 런처에 있는 것을 이용하고 있을 뿐이죠.

런처의 마켓플레이스에서 원하는 콘텐츠를 찾아 구매하면 설치하여 사용할 수 있게 됩니다. 우선은 마켓플레이스에 어떤 것이 있는지 구경해보세요.

그림 2-93 런처의 마켓플레이스가 열립니다.

ⓤ 에픽게임즈의 무료 콘텐츠

실제로 마켓플레이스에서 콘텐츠를 가져와 사용해봅시다. 마켓플레이스 상단에는 홈, 둘러보기와 같은 메뉴가 있습니다. 그중에는 무료라는 메뉴도 있는데 무료로 배포되는 콘텐츠를 모아놓은 곳입니다.

❶ [무료] 메뉴 위로 마우스를 가져가면 풀다운 메뉴가 나타납니다. 이 메뉴에서 ❷ [에픽게임즈 콘텐츠]를 선택하세요.

그림 2-94 [무료] 메뉴에서 [에픽게임즈 콘텐츠]를 선택합니다.

그럼 에픽게임즈가 제공하는 무료 콘텐츠 목록이 표시됩니다. 여기에 있는 것은 모두 무료로 사용할 수 있습니다. 게다가 에픽게임즈의 공식 콘텐츠이므로 콘텐츠의 품질이 좋고 사용하기 쉽게 제작되어 있습니다.

여기서 원하는 것을 선택하여 설치하면 언리얼 엔진에서 사용할 수 있게 됩니다.

그림 2-95 에픽게임즈 콘텐츠에는 에픽게임즈의 무료 공식 콘텐츠가 모여있습니다.

1. Stack O Bot을 설치합니다

표시된 콘텐츠 목록 중에서 'Stack O Bot'이라는 콘텐츠를 찾아보세요. 이 프로젝트는 샘플 게임 콘텐츠입니다. 언리얼 엔진 5의 새로운 기능을 사용해 만든 완성된 게임 프로젝트로, 바로 실행하여 플레이할 수도 있습니다. 언리얼 엔진 5로 어떤 게임을 만들 수 있는지 알 수 있는 좋은 예가 될 것입니다.

콘텐츠 목록에서 [Stack O Bot]을 클릭하면 콘텐츠의 상세 페이지가 표시됩니다. 콘텐츠 캡처 이미지가 여러 장 공개되어 있으므로 캡처 이미지를 통해 어떤 게임인지 확인해보세요.

콘텐츠를 사용하려면 [무료] 버튼을 클릭합니다. 그러면 구매가 완료되어 콘텐츠를 사용할 수 있게 됩니다.

그림 2-96 Stack O Bot 페이지에서 [무료] 버튼을 클릭해 콘텐츠를 구매합니다.

처음 에픽게임즈 콘텐츠를 이용하는 경우 라이선스 계약에 관한 설명이 표시됩니다. [그림 2-97]과 같이 ❶ 하단에 있는 최종 사용자 라이런스 동의에 체크하고 ❷ [동의] 버튼을 클릭하세요. 이렇게 하면 콘텐츠를 이용할 수 있게 되며 구입 절차가 완료됩니다.

그림 2-97 사용자 라이선스 동의에 체크하고 [동의] 버튼을 클릭합니다.

2. 새로운 프로젝트를 생성합니다

구매가 완료되면 [프로젝트 생성] 버튼을 사용할 수 있게 됩니다. 구매한 콘텐츠로 새로운 프로젝트를 생성하는 버튼입니다.

❶ [프로젝트 생성] 버튼을 클릭하면 프로젝트의 이름과 저장할 위치를 입력하는 창이 나타납니다. 이름과 위치를 지정하고, ❷ [생성] 버튼을 클릭하면 새로운 프로젝트가 지정된 위치에 만들어집니다. 우선 기본값으로 프로젝트를 생성해보세요. 프로젝트를 생성하는 데는 꽤 오랜 시간이 걸립니다. 모두 완료될 때까지 기다려주세요.

그림 2-98 [프로젝트 생성] 버튼을 클릭하고 프로젝트 이름과 위치를 입력합니다.

3. 내 프로젝트를 확인합니다

프로젝트 생성이 완료되면 런처의 [라이브러리]를 클릭하여 표시를 전환하세요. 라이브러리에는 사용할 수 있는 언리얼 엔진과 콘텐츠가 모여있습니다. 내 프로젝트 섹션을 보면 지금까지 사용한 [MyProject] 옆에 [StackOBot] 프로젝트가 추가되어 있을 것입니다. 이것은 마켓플레이스에서 구매한 StackOBot을 사용하여 생성한 프로젝트입니다. 더블 클릭하여 실행하면 StackOBot 프로젝트를 직접 편집할 수 있습니다.

그림 2-99 StackOBot 프로젝트가 추가됐습니다.

StackOBot 프로젝트 열기

프로젝트를 열면 Stack O Bot 게임의 레벨이 표시됩니다. 아웃라이너를 보면 알 수 있듯이 엄청난 수의 액터가 배치되어 있습니다. 본격적으로 게임을 만들려면 이렇게 많은 액터를 만들고 배치해야 한다는 것을 알 수 있습니다. 본격적으로 즐길 수 있는 게임 프로젝트는 어떻게 구성되어 있는지 알기 위해 이 프로젝트의 내부를 여러 가지 측면에서 살펴보면 재미있을 것입니다.

그림 2-100 프로젝트를 열면 수많은 액터가 레벨에 배치된 것을 알 수 있습니다.

실제로 플레이하고 움직여보세요. 이 정도 규모의 게임이 되면 상당히 무거워집니다. 그만큼 강력한 하드웨어가 아니면 원활하게 구동되지 않을 수도 있습니다.

플레이 중에는 마우스로 시점을 조작하고, W, A, S, D, Space Bar 키로 캐릭터를 움직일 수 있습니다. 실제로 움직여봅시다!

그림 2-101 플레이하면 마우스와 키보드로 캐릭터를 움직일 수 있습니다.

게임 패키징

게임 프로젝트는 그대로 플레이해서 즐길 수 있을 뿐만 아니라 애플리케이션으로 만들어 활용할 수도 있습니다. 그럼 어떻게 게임을 만드는지에 관해서도 다루어보겠습니다.

언리얼 엔진은 다양한 플랫폼을 지원합니다. 하지만 각 플랫폼에 맞는 게임을 제작하기 위해 필요한 것이 있습니다. 바로 각 플랫폼에 맞는 **소프트웨어 개발 키트**ˢᵒᶠᵗʷᵃʳᵉ ᵈᵉᵛᵉˡᵒᵖᵐᵉⁿᵗ ᵏⁱᵗ (SDK)입니다.

예를 들어 iOS 애플리케이션을 개발하려면 iOS 개발 환경이 필요하고, Android 애플리케이션을 개발하려면 Android 개발 환경이 필요합니다. 이러한 개발 환경의 기본을 잘 알지 못하면 애플리케이션을 만들기가 조금 어렵다는 것을 염두에 두기 바랍니다.

개발에 필요한 소프트웨어

애플리케이션을 만들려면 어떤 소프트웨어가 필요할까요? 다음은 주요 플랫폼에 필요한 소프트웨어를 정리한 것입니다.

- Windows 애플리케이션: Windows 10/11 + Visual Stuio 2019('C++를 사용한 데스크톱 개발', 'C++를 사용한 게임 개발'을 설치합니다)
- macOS / iOS 애플리케이션: MacOS Monterey + Xcode(ver.13 이상)
- Android 애플리케이션: Android Studio + Android SDK 최신 버전

macOS와 iOS의 경우에는 매우 간단합니다. 애플 공식 개발 도구인 Xcode를 설치하면 필요한 것이 모두 준비됩니다.

주의해야 할 것은 Windows입니다. Windows의 경우 Visual Studio 2019가 필요합니다. 현재 Visual Studio는 2022 버전이 출시되어 있는데 그보다 한 단계 이전 버전이 필요합니다. Community 버전이 무료로 배포되고 있으니 이 버전으로 준비해주세요.

또한 Visual Studio 본체 외에 ❶ 'C++를 사용한 데스크탑 개발'과 ❷ 'C++를 사용한 게임 개발' 패키지가 필요합니다. Visual Studio Installer(Visual Studio 설치를 관리하는 도구)에서 관련 패키지를 선택하여 추가로 설치할 수 있습니다.

그림 2-102 Visual Studio Installer에서 'C++를 사용한 데스크톱 개발'과 'C++를 사용한 게임 개발'을 추가로 설치합니다.

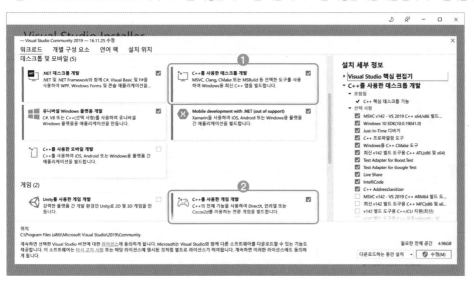

🎮 기본 맵 설정하기

패키징하려면 사전에 프로젝트의 기본 맵을 설정해야 합니다. 이를 위해 ❶ [편집] 메뉴에서 ❷ [프로젝트 세팅...]을 선택합니다.

그림 2-103 [프로젝트 세팅...] 메뉴를 선택합니다.

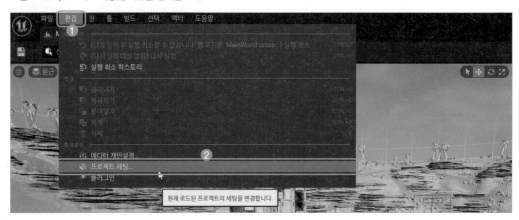

그럼 프로젝트 세팅 창이 열립니다. 기본으로 프로젝트 이름, 버전, 섬네일thumbnail 등의 정보가 표시됩니다. 프로젝트 세팅 창에는 매우 많은 설정 정보가 들어있으며, 일부는 변경하면 문제가 발생할 수도 있으므로 내용을 함부로 변경하지 않도록 주의해야 합니다.

그림 2-104 프로젝트 세팅 창

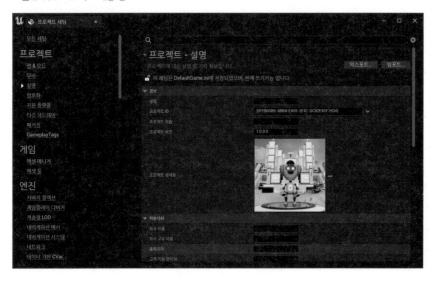

맵 & 모드

왼쪽 목록에서 [프로젝트] 내에 있는 [맵 & 모드] 항목을 클릭하세요. 클릭하면 오른쪽에 표시되는
내용이 바뀝니다. 여기서 게임 실행 모드와 사용할 맵에 관한 설정을 합니다.

그림 2-105 맵 & 모드 설정

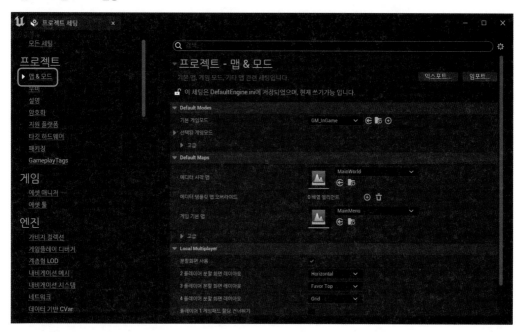

이 화면의 [Default Maps] 섹션에는 [게임 기본 맵]이라는 항목이 있습니다. 이 항목은 게임 애플
리케이션으로 만들었을 때 처음에 표시되는 맵을 지정하는 것입니다. 맵은 레벨이라고 생각할 수
있습니다. 즉, 처음에 어떤 레벨을 열 것인지 지정하는 것입니다.

이 항목의 값을 [MainMenu]로 설정합니다(기본으로 선택되어 있습니다). Stack O Bot에
서는 [MainWorld]와 [MainMenu]가 기본 맵으로 제공됩니다. MainWorld는 게임 맵이고,
MainMenu은 메뉴 맵입니다.

이렇게 맵을 설정하면 애플리케이션 작성에 필요한 설정이 완료됩니다. 물론 이 외에도 패키징할
때 필요한 설정이 많지만 반드시 설정해야 하는 항목은 이것뿐입니다.

그림 2-106 [게임 기본 맵]을 [MainMenu]로 설정합니다.

MainMenu 맵

여기서 선택한 MainMenu 맵이 어떤 것인지 알아봅시다. 언리얼 에디터 창 왼쪽 하단에 있는
[콘텐츠 드로어]를 클릭하여 [콘텐츠] → [StackOBot] → [UI] → [MainMenu] 폴더를 차례
로 엽니다. 그 안에 [MainMenu] 맵이 있습니다. 이를 열면 MainMenu의 레벨이 표시됩니다.
MainWorld와 달리 필요한 최소한의 액터만 있는 단순한 레벨임을 알 수 있습니다.

그림 2-107 MainMenu 맵을 연 상태

패키지로 만들기

애플리케이션을 만드는 것은 패키징 작업을 통해 이루어집니다. 툴바의 [플랫폼]을 클릭하면 풀다운 메뉴가 나타납니다. 여기에 애플리케이션 생성을 위한 패키지 관련 기능이 모여있습니다.

이 메뉴에는 Android, HoloLens, iOS, Linux, LinuxArm64, TVOS, Windows 등의 플랫폼이 있습니다. 플랫폼을 선택하면 해당 플랫폼용 애플리케이션 생성과 관련된 항목이 표시됩니다. 그중 바이너리 구성 섹션에는 다음과 같은 항목이 있습니다.

- 프로젝트 세팅 사용(Development)
- DebugGame
- 개발(Development)
- Shipping

바이너리 구성은 패키징할 때 생성되는 바이너리 코드에 관한 설정입니다. 기본으로 [프로젝트 세팅 사용]이 선택되어 있으며, 이는 프로젝트에서 플레이할 때 사용되는 설정입니다. 개발 버전으로 패키지를 생성할 때는 [개발]을 선택하고, 개발이 완료되어 정식 릴리스할 때는 [Shipping]을 선택합니다.

그리고 그 위에 있는 [프로젝트 패키지]를 클릭하면 파일을 저장할 위치를 물어보는데 저장할 폴더를 선택하면 프로젝트 패키징이 실행되어 애플리케이션이 생성됩니다.

그림 2-108 [플랫폼]에는 각 플랫폼별 바이너리 코드 설정과 패키징을 위한 메뉴가 있습니다.

패키지로 만드는 데는 상당히 오랜 시간이 걸립니다. 도중에 큰 문제가 없으면 선택한 폴더 안에 애플리케이션 파일이 생성됩니다. 참고로 생성할 파일 이름은 영어로 지정해주세요(현재는 한글이 포함되면 생성에 실패하는 경우가 있는 것 같습니다).

그림 2-109 생성된 애플리케이션

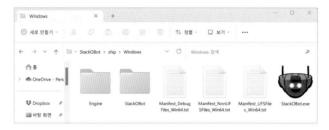

생성된 게임을 플레이해봅시다!

생성된 애플리케이션을 더블 클릭하면 게임 시작 화면이 나타납니다. [PLAY]를 클릭해 게임을 시작해봅시다. 게임은 기본으로 전체 화면으로 표시됩니다. 문제 없이 작동하는지 확인해봅시다.

지금까지 프로젝트로 애플리케이션을 생성하는 방법을 알아보았습니다. 이번에는 이미 완성된 게임인 Stack O Bot 프로젝트를 이용했지만 여러분이 직접 생성한 프로젝트의 경우에도 패키징하는 방법은 동일합니다. 게임 기본 맵에서 시작할 때 어떤 맵을 표시할 것인지를 확실히 설정해두는 것을 잊지 마세요.

그림 2-110 애플리케이션을 실행합니다. 이 화면은 시작 화면인 MainMenu 맵입니다.

CHAPTER

3

머티리얼

액터의 표면을 표시하는 것이 **머티리얼**입니다. 이 장에서는 머티리얼 생성 방법을 학습합니다. 단색부터 그러데이션을 사용한 것, 그리고 텍스처를 이용한 더욱 복잡한 머티리얼 생성에 관해 알아봅시다.

3.1 머티리얼의 기본

ⓤ 머티리얼이란?

자, 다시 MyProject 프로젝트로 돌아가봅시다. 이전에 만든 샘플에서는 액터 몇 개를 배치하고 머티리얼을 설정했습니다. 액터는 스태틱 메시로 형태를, 머티리얼로 표면을 설정합니다. 셰이프 액터로 간단한 도형을 만들 수 있게 되었다면 다음은 머티리얼에 관해 학습할 차례입니다.

머티리얼은 '표면'

머티리얼은 물체의 표면을 다루는 에셋입니다. 표면에는 다양한 요소가 있습니다. 색상은 물론이고 무늬, 굴곡(울퉁불퉁한 정도), 빛의 반사와 같은 것들도 물체의 표면에 관한 것입니다. 그리고 이를 통합해서 관리하는 것이 바로 머티리얼입니다.

그림 3-1 머티리얼은 물체의 표면에 관한 다양한 정보를 모아서 관리합니다.

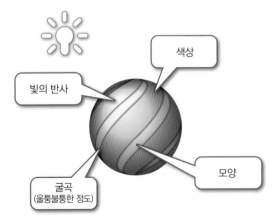

표면을 머티리얼로 셰이프(스태틱 메시)와 별도로 다룰 수 있게 하면, 생성한 물체의 표면을 일일이 처리하지 않아도 됩니다. 원하는 색상의 머티리얼을 생성해두고 배치한 셰이프 액터를 모두 선택해 머티리얼을 설정하면 모든 셰이프 액터에 동일한 색상을 설정할 수 있습니다.

또한 머티리얼을 파일로 저장해 다른 프로젝트에서 그대로 사용할 수 있습니다. 예를 들어 지면이나 도로 등은 어떤 게임이나 대체로 비슷합니다. 이런 머티리얼을 만들어두면 언제든 재사용할 수 있습니다.

그림 3-2 자주 사용되는 머티리얼을 준비해두면 다양한 씬에서 재사용해 배경 등을 쉽게 만들 수 있습니다.

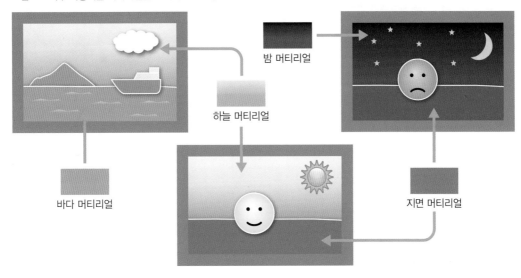

🎮 머티리얼 만들기

그럼 실제로 머티리얼을 만들어봅시다. 머티리얼은 콘텐츠의 하나로서 만들어집니다. 콘텐츠는 콘텐츠 드로어(창 왼쪽 하단의 **[콘텐츠 드로어]**를 클릭하면 나타나는 패널)에서 만들 수 있습니다.

1. 머티리얼을 추가합니다

우선 [콘텐츠 드로어]에서 [콘텐츠] 폴더를 선택합니다. 그런 다음 ❶ 왼쪽 상단에 있는 [+추가]를 클릭하면 풀다운 메뉴가 나타납니다. 그중에서 ❷ [머티리얼]을 선택합시다.

그림 3-3 [+추가]를 클릭한 후 [머티리얼]을 선택합니다.

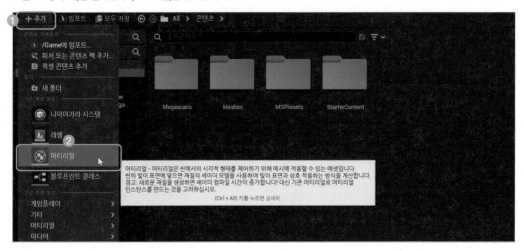

2. 이름을 설정합니다

[콘텐츠] 폴더 안에 머티리얼 아이콘이 생성됩니다. 이름은 'mymaterial1'로 설정합니다.

그림 3-4 이름을 'mymaterial1'로 설정합니다.

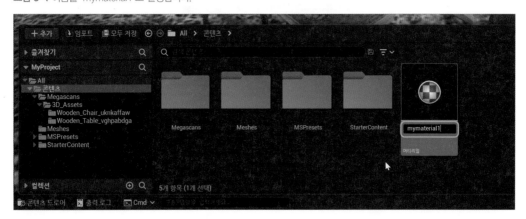

3. 아이콘을 확인합니다

생성한 파일의 아이콘은 시간이 조금 지나면 렌더링이 끝나고 3D로 표시됩니다. 아직 아무것도 설정하지 않았으므로 회색 물체처럼 보이는 아이콘이 만들어졌습니다.

그림 3-5 잠시 기다리면 아이콘이 렌더링됩니다.

머티리얼 에디터

머티리얼을 생성해보겠습니다. **[콘텐츠 드로어]**에서 방금 만든 **[mymaterial1]** 아이콘을 더블 클릭하세요. 그럼 머티리얼 편집을 위한 전용 에디터가 나타납니다. 이것이 머티리얼 에디터입니다.

이 에디터도 레벨 에디터와 마찬가지로 여러 패널이 결합된 형태로 되어 있습니다. 각각의 역할을 대략적으로 기억해둡시다.

그림 3-6 머티리얼 에디터

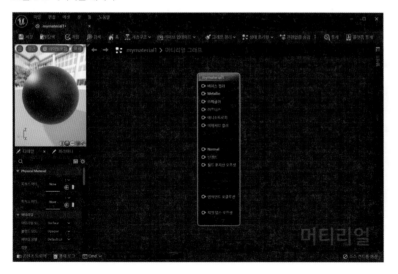

툴바

메뉴 바 바로 아래에는 아이콘이 가로로 정렬되어 있습니다. 이것이 툴바입니다. 렌더링에 필요한 주요 기능을 모아 놓은 것으로, 여기서 사용하고 싶은 항목을 클릭하거나 클릭해서 나타나는 메뉴를 선택하여 사용합니다.

이에 관해서는 필요할 때마다 설명하겠습니다. 처음부터 툴바에 있는 모든 항목의 작동 방식을 알 필요는 없습니다.

그림 3-7 머티리얼 에디터 툴바

뷰포트

왼쪽 상단에는 구처럼 생긴 물체가 표시된 패널이 있습니다. 이것이 뷰포트입니다. 레벨 에디터에서는 뷰포트가 매우 중요한 역할을 했습니다. 뷰포트에 부품을 배치해 레벨을 설계하는 레벨 에디터의 핵심 기능이었죠.

하지만 머티리얼 에디터의 뷰포트 자체는 조작할 일이 별로 없습니다. 머티리얼 에디터의 뷰포트는 생성한 머티리얼의 프리뷰를 표시합니다. 머티리얼이 생각한 대로 표시되는지 뷰포트로 확인할 수 있습니다.

그림 3-8 뷰포트: 머티리얼의 프리뷰를 표시합니다.

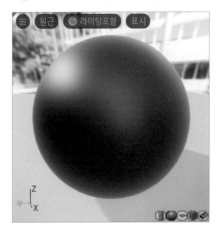

디테일

뷰포트 아래에 있는 것이 디테일 패널입니다. 여기서 편집 중인 머티리얼에 관한 세부적인 설정을 할 수 있습니다.

그림 3-9 디테일: 머티리얼을 세부적으로 설정합니다.

그래프

머티리얼 에디터 창 중앙에 크게 표시된 것이 그래프 패널입니다. 그래프 패널은 머티리얼의 실질적인 편집 화면입니다.

나중에 설명하겠지만 노드라는 부품을 배치하고 서로 연결하여 머티리얼을 만들어갑니다. 이 그래프는 노드를 편집하는 작업장이 됩니다.

그림 3-10 그래프: 노드를 배치하고 편집하는 장소입니다.

CHAPTER1
CHAPTER2
CHAPTER3
CHAPTER4
CHAPTER5
CHAPTER6
CHAPTER7

팔레트

에디터 창의 가장 오른쪽에 있는 **[팔레트]**를 클릭하면 사이드 패널이 나타납니다. 이 패널에는 그래프에 배치할 노드가 모여있습니다.

앞서 언급했듯이 머티리얼은 **노드**라는 부품을 배치하여 만들어집니다. 노드 목록을 정리하여 표시한 것이 팔레트이며 이용 가능한 노드가 종류별로 분류되어 있습니다. 여기에서 원하는 노드를 드래그 앤 드롭하여 그래프에 배치할 수 있습니다.

팔레트는 에디터 창의 빈 곳에서 마우스 오른쪽 버튼을 클릭하여 호출할 수도 있습니다. 빠르게 노드를 생성하고 싶을 때는 이 방법이 편리합니다.

그림 3-11 팔레트: 노드를 정리해서 표시합니다.

ⓤ 노드, 그래프, 블루프린트

머티리얼 에디터에서는 중앙에 있는 그래프 부분에 노드라는 부품을 배치하고 이를 서로 연결하여 머티리얼을 만들어갑니다. 이 작업 방식은 언리얼 엔진에서 매우 중요합니다. 왜냐하면 이 방식은 머티리얼에 국한되지 않고 모든 곳에 적용되기 때문입니다.

언리얼 엔진에는 다양한 3D 관련 기능이 포함되어 있습니다. 그중에는 매우 복잡한 설정이나 처리가 필요한 것도 많습니다. 예를 들어 지금부터 다루게 될 머티리얼도 그렇고, 게임 프로그래밍도 그렇습니다. 프로그래밍은 다양한 상황에 따라 레벨의 액터를 조작하는 것이기 때문에 단순한 설정만으로 만들 수는 없습니다.

블루프린트

언리얼 엔진은 이러한 복잡한 처리를 조합하는 가장 기본적인 방법으로 처리를 구성하는 요소를 연결해 만들어가는 방식을 고안했습니다. 이런 프로그래밍 방식을 블루프린트라고 합니다. 머티리얼 에디터도 블루프린트를 채택하고 있습니다.

블루프린트의 노드를 연결하는 방식은 언리얼 엔진 곳곳에서 등장하므로 이제부터 이 방식에 익숙해져야 합니다. 머티리얼을 생성하는 것이 그 첫걸음이 될 것입니다.

앞으로의 작업을 통해 머티리얼을 만드는 방법을 배우면서 언리얼 엔진에서 많이 사용되는 노드 연결 방식의 작업에 익숙해질 수 있습니다. 이를 염두에 두고 서두르지 말고 천천히 사용해봅시다.

ⓤ 노드

다시 머티리얼 에디터로 돌아가봅시다. 그래프를 보면 초기 상태에서 사각형 패널과 같은 부품이 배치되어 있습니다. 이것이 바로 노드입니다. 사각형 모양의 노드 위에는 이름이 표시되어 있고 아래에는 여러 가지 항목들이 나열되어 있습니다.

이 항목들은 노드에 대한 입력과 출력을 나타냅니다. 노드의 왼쪽에 나열된 것은 노드에 대한 입력을 나타내는 항목입니다. 입력이라고 하면 다소 어렵게 느껴질 수 있지만 요컨대 이 노드에 전달할 수 있는 다양한 정보를 나타낸다고 생각하면 됩니다.

노드의 오른쪽에 나열된 것은 출력을 나타내는 항목입니다. 이 노드에서 추출할 수 있는 다양한 정보를 나타냅니다. 기본으로 제공되는 노드에는 출력이 없지만 앞으로 생성할 노드에서는 다양한 출력을 사용하게 될 것입니다.

그림 3-12 노드의 왼쪽에 입력, 오른쪽에 출력이 있습니다. 이를 사용해 노드에 값을 입력하거나 노드가 생성한 값을 추출할 수 있습니다.

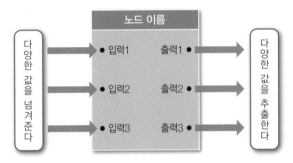

결과 노드

기본으로 그래프에 표시되는 노드에는 오른쪽의 출력 항목이 없습니다. 왼쪽은 입력 관계입니다. 즉, 다양한 값을 받아들일 수 있지만 여기서 결과를 뽑아내는 것은 불가능한 노드임을 알 수 있습니다.

기본으로 준비된 노드를 결과 노드라고 합니다. 머티리얼 에디터로 생성한 머티리얼의 마지막 노드입니다. 다양한 처리 결과를 모두 받아서 그 정보를 기반으로 머티리얼을 렌더링하는 역할을 합니다. 즉, 왼쪽(입력) 핀에 연결되는 정보를 바탕으로 머티리얼의 표면을 만드는 것입니다.

따라서 머티리얼을 만들기 위해서는 '이 결과 노드에 어떤 표시 내용을 연결할 것인가?'를 생각하면 됩니다. 이 결과 노드에는 많은 입력 항목이 있지만 지금 당장 이해할 필요는 없습니다. 앞으로 필요한 것을 순차적으로 활용하게 될 것이므로 그때그때 역할을 익히면 됩니다.

그림 3-13 결과 노드가 최종적으로 렌더링되는 머티리얼이 됩니다.

🎮 그래프 다루기

그래프를 사용하여 노드를 만들어가려면 그래프 표시를 자유롭게 조작할 수 있어야 합니다. 간단히 조작 방법을 알아봅시다.

표시 위치 이동하기

표시 위치를 이동하는 것은 간단합니다. 그래프의 빈 곳을 마우스 오른쪽 버튼을 클릭한 채로 드래 그하면 됩니다.

그림 3-14 마우스 오른쪽 버튼을 클릭한 채로 드래그하면 표시 위치를 이동할 수 있습니다.

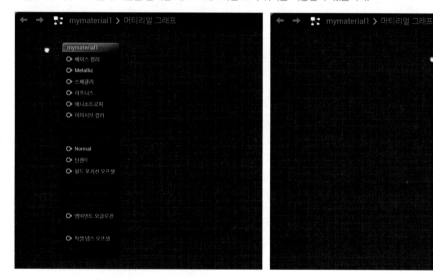

표시 축소 및 확대하기

그래프 표시를 확대 및 축소할 수도 있습니다. 마우스 휠을 사용자 쪽으로 돌리면 축소되고 반대로 돌리면 확대됩니다. 다만 기본 배율 이상으로 확대되지는 않으므로 이 기능은 축소된 표시를 원래 대로 되돌리는 것이라고 생각하면 됩니다.

그림 3-15 마우스 휠을 사용해 축소할 수 있습니다.

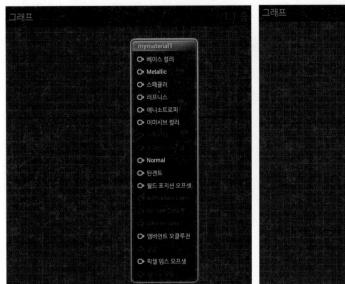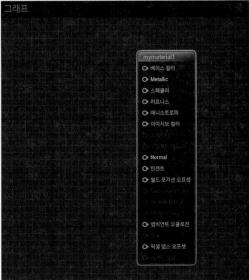

노드 선택하기

마우스 왼쪽 버튼으로 노드를 선택합니다. 여러 개의 노드를 선택하려면 Ctrl 키를 누른 채 마우스 왼쪽 버튼을 클릭하면 됩니다. 또한 마우스 왼쪽 버튼을 클릭한 채로 드래그하면 일정 범위 내에 있는 노드를 모두 선택할 수 있습니다.

노드가 선택되면 해당 노드 주변이 오렌지색으로 표시됩니다. 노드 설정을 변경하려면 해당 노드를 선택한 후 디테일 패널에서 수정합니다.

그림 3-16 노드를 클릭하면 노드 주변이 오렌지색으로 표시됩니다.

노드 이동하기

노드를 선택한 후 노드의 빈 곳을 마우스 왼쪽 버튼을 클릭한 채로 드래그하면 노드를 이동시킬 수 있습니다.

그림 3-17 선택한 노드를 드래그해 위치를 이동할 수 있습니다.

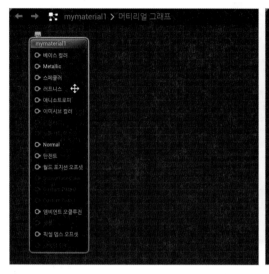 

(u) 색상 표시하기

드디어 머티리얼을 생성할 시간입니다. 우선 가장 단순한 색 표시 머리티얼을 만들어보겠습니다.

빈 공간 만들기

그래프의 표시 위치를 마우스 오른쪽 버튼을 클릭한 채로 드래그하여 결과 노드 왼쪽에 어느 정도의 공간을 확보해둡니다.

그림 3-18 마우스 오른쪽 버튼을 클릭한 채로 드래그하여 결과 노드 위치를 오른쪽으로 이동시키고 왼쪽 공간을 비워둡니다.

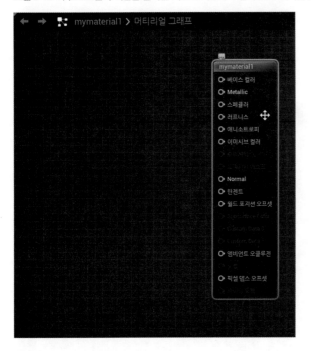

Constant4Vector 검색하기

머티리얼 에디터의 오른쪽에 있는 ❶[팔레트]를 열고 ❷ [벡터](또는 [Constants])에서 [Constant4Vector]를 찾아 그래프에 드래그 앤 드롭으로 배치합니다.

그림 3-19 [팔레트]에서 [Constant4Vector]를 찾아 배치합니다.

Constant4Vector가 생성되었습니다!

그래프의 드롭한 지점에 노드가 생성됩니다. 이것이 바로
Constant4Vector 노드입니다.

그림 **3-20** 생성된 Constant4Vector 노드

🎛️ Constant○Vector 노드

Constant4Vector는 [벡터]뿐만 아니라 [Constants]에서도
찾을 수 있습니다. [팔레트]의 [Constants]에는 'Constant
○Vector' 형식으로 표현된 항목이 몇 개 준비되어 있습니
다. 이들은 여러 개의 값(실수)을 한꺼번에 다루는 노드입
니다. 예를 들어 이번에 사용한 Constant4Vector는 4개의
값을 하나로 묶은 것입니다. Constant3Vector는 3개의 값,
Constant2Vector는 2개의 값을 하나로 묶습니다.

그림 **3-21** [Constansts] 안에는 'Constant○
Vector'라는 항목이 몇 개 있습니다.

색상을 표현하는 값은 3이나 4를 사용합니다

이 노드들은 기본적으로 몇 개의 값을 하나로 모은 것으로, 특별한 의미나 역할이 있는 것은 아닙니다. 하지만 주요 용도는 대체로 정해져 있습니다.

예를 들어 이번에 사용할 Constant4Vector는 색상을 나타내는 값으로 사용되는 경우가 대부분입니다. 다른 용도로 사용되는 일은 거의 없습니다. 색은 RGB의 3원색과 투과도를 나타내는 α 채널 값으로 설정되는 경우가 많아 Constant4Vector가 사용되는 것입니다.

마찬가지로 3개의 값을 모은 Constant3Vector도 위치, 회전 각도, 스케일처럼 X, Y, Z라는 3개의 값을 다룰 때 자주 사용됩니다. 또한 색의 값으로 사용되기도 합니다. 이 경우 RGB 값만 있고 α 채널 값은 없는 색(즉, 투과도 설정을 할 수 없는 색)으로 사용됩니다.

우선 머티리얼에서 색을 다룰 때는 Constant4Vector나 Constant3Vector 중 하나를 사용한다고 기억해둡시다.

이러한 노드는 기본적으로 값을 내보내는 출력이 하나만 있는 매우 단순한 형태로 되어 있습니다. 따라서 값을 내보내는 일만 할 수 있습니다. 구조가 단순하므로 한번 써 보면 사용법을 금방 이해할 수 있을 것입니다.

그림 3-22 Constant4Vector와 Constant3Vector 중 하나를 색의 값으로 사용합니다.

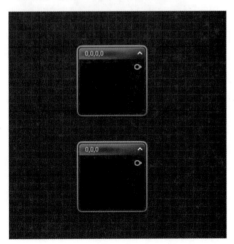

Constant4Vector의 프로퍼티

노드에는 준비된 입출력 외에도 중요한 것이 있습니다. 바로 각 노드에 있는 프로퍼티^{property} 입니다. 그래프에 배치된 Constant4Vector를 선택하면 **[디테일]** 패널에 몇 가지 항목이 표시됩니다. 다음 항목이 Constant4Vector에 준비된 프로퍼티입니다.

● **상수**

Constant4Vector의 값입니다. 왼쪽 끝에 있는 ■를 클릭하면 R, G, B, A라는 항목이 표시되는데 이는 각각 노드의 RGBA 값으로, 빨강, 초록, 파랑과 알파에 해당합니다.

● **설명**

그림 **3-23** Constant4Vector의 프로퍼티

노드에 관한 설명을 추가합니다. 이 항목은 모든 노드에 있으며 간단한 설명을 기록해두는 데 사용하면 좋습니다.

🔵 빨간색 설정하기

Constant4Vector에 값을 설정해서 빨간색 머티리얼을 만들어봅시다. 우선은 Constant4Vector에 빨간색을 설정합니다. 그리고 **[디테일]** 패널에서 프로퍼티를 [표 3–1]과 같이 설정하세요.

그림 **3-24** RGBA 값을 설정합니다.

표 **3-1** Constant4Vector의 프로퍼티 설정

R	1.0
G	0.0
B	0.0
A	1.0

색 선택 툴도 사용할 수 있습니다!

여기서는 숫자를 지정해 색상을 설정했지만 직접 보고 색상을 결정하고 싶다면 Constant4Vector에서 색이 표시된 부분을 더블 클릭해보세요. 그러면 화면에 색상을 선택할 수 있는 색 선택 툴이 나타납니다.

그림 3-25 Constant4Vector의 색 표시 부분을 더블 클릭하면 색 선택 툴이 나타납니다.

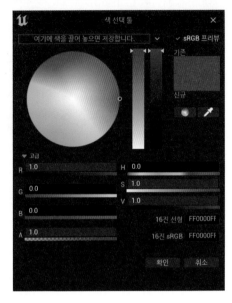

그래프 표시가 변합니다

프로퍼티를 변경하면 그래프에 배치된 Constant4Vector의 표시가 바뀝니다. 노드 중앙에 빨간색이 표시됩니다. 이것으로 빨간색 파라미터가 될 Constant4Vector 노드가 생성되었습니다!

그림 3-26 Constant4Vector 노드에 빨간색이 표시됩니다.

빨간색 머티리얼 생성하기

빨간색 파라미터가 준비됐습니다. 남은 일은 이것을 결과 노드에 넘겨주는 것입니다. Constant4 Vector 노드의 출력 핀에서 결과 노드(mymaterial1)의 [베이스 컬러] 항목까지 드래그 앤 드롭하세요. 이렇게 하면 두 항목이 선으로 연결됩니다.

그림 3-27 Constant4Vector와 결과 노드(mymaterial1)의 [베이스 컬러]를 연결합니다.

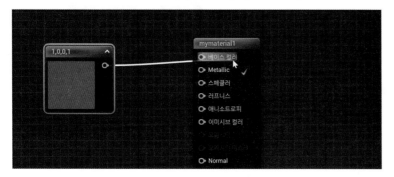

프리뷰로 확인하기

선으로 연결한 후 조금 기다리면 뷰포트의 프리뷰에 표시된 도형이 빨간색으로 변합니다. 실제로 머티리얼이 설정되면 어떻게 표시되는지 프리뷰로 확인할 수 있습니다.

그림 3-28 빨간색으로 변한 프리뷰

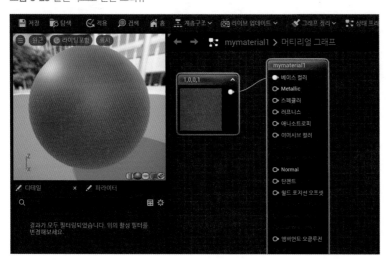

머티리얼 저장하기

이것으로 머티리얼을 완성했습니다. 이제 생성한 머티리얼을 저장해봅시다. 툴바 왼쪽 끝에 있는 [**저장**]을 클릭하면 머티리얼이 저장됩니다.

저장에 성공했으면 머티리얼 에디터 창을 닫고 작업을 종료합니다.

그림 3-29 [저장] 버튼을 클릭해 머티리얼을 저장합니다.

머티리얼 사용하기

이제 생성한 머티리얼을 사용해봅시다. 콘텐츠 드로어를 보면 mymaterial1이 빨간색으로 변한 것을 알 수 있습니다. 생성한 머티리얼의 프리뷰가 반영된 것입니다.

그림 3-30 빨간색으로 변한 mymaterial1 아이콘

mymaterial1을 액터에 적용하기

그럼 이 mymaterial1을 뷰포트에 배치된 액터에 적용해봅시다. [**mymaterial1**] 아이콘을 드래그해 〈CHAPTER 2 레벨과 액터의 기본〉에서 배치한 액터 중 하나에 드롭하세요.

그림 3-31 [mymaterial1]을 액터로 드래그 앤 드롭합니다.

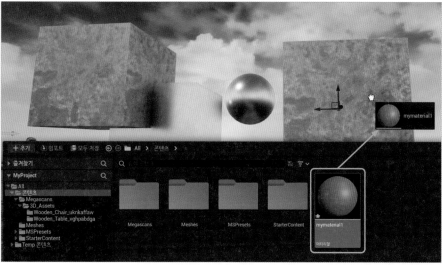

액터에 머티리얼이 반영되었습니다!

드롭하면 액터가 빨간색으로 변합니다. 액터에 드롭한 머티리얼이 설정된 것입니다. 이렇게 드래그
앤 드롭만으로 손쉽게 머티리얼을 설정할 수 있습니다.

그림 3-32 액터에 mymaterial1이 반영되어 빨간색으로 변합니다.

ⓤ 머티리얼 설정

이 머티리얼은 액터에 어떤 형태로 설정되어 있을까요? 이를 확인하기 위해 머티리얼을 드롭한 액터를 선택하여 디테일 패널을 살펴봅시다.

액터에는 [머티리얼]이라는 설정 항목이 있습니다. 이 항목에서 해당 액터의 머티리얼을 설정합니다. 방금 드롭한 [mymaterial1]이 [엘리먼트 0]으로 설정되어 있는 것을 확인할 수 있습니다.

그림 3-33 [머티리얼] 항목에 [mymaterial1]이 설정되었습니다.

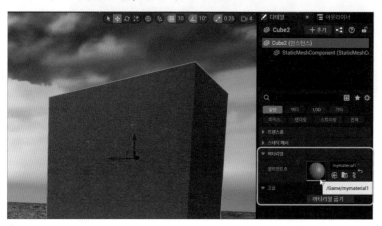

다른 머티리얼로 변경하기

설정한 머티리얼을 다른 머티리얼로 변경하는 것도 간단합니다.

[디테일] 패널의 [머티리얼]에는 [mymaterial1]이라고 표시된 항목이 있습니다. 이를 클릭하면 다른 머티리얼 목록이 나타납니다.

그림 3-34 [mymaterial1]을 클릭하면 다른 머티리얼이 풀다운 메뉴로 나타납니다.

머티리얼이 변경되었습니다!

목록에서 다른 머티리얼을 선택하면 그 자리에서 머티리얼이 변경되고 뷰포트에 배치된 액터의 표시도 바뀝니다.

머티리얼을 설정하기 전 상태(머티리얼이 없는 상태)로 되돌리고 싶을 때는 머티리얼 설정 부분 오른쪽 끝에 있는 유턴 모양 화살표 아이콘을 클릭하면 됩니다.

작동을 확인한 후에는 다시 [mymaterial1]을 머티리얼로 설정한 상태로 되돌립니다.

그림 3-35 다른 머티리얼을 선택하면 해당 머티리얼이 설정됩니다.

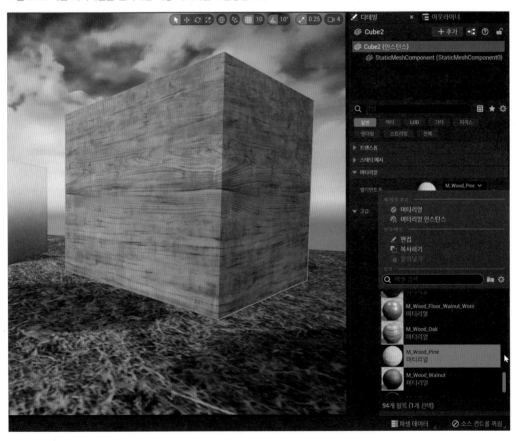

머티리얼 설정하기

Metallic 사용하기

지금까지 머티리얼에 관한 기본적인 내용을 살펴봤습니다. 이제부터는 다양한 머티리얼을 실제로 만들면서 머티리얼 사용법을 익혀가면 됩니다. 그럼 머티리얼에 여러 가지 설정을 하는 노드를 이용해봅시다. 조금 전에 만든 [mymaterial1]을 더블 클릭하세요.

그림 3-36 [mymaterial1]을 더블 클릭해서 엽니다.

mymaterial1의 에디터

그럼 mymaterial1의 머티리얼 에디터 창이 열립니다. 이제 mymaterial1을 수정해서 다음 머티리얼을 만들어봅시다.

그림 3-37 머티리얼 에디터에서 다음 머티리얼을 편집합니다.

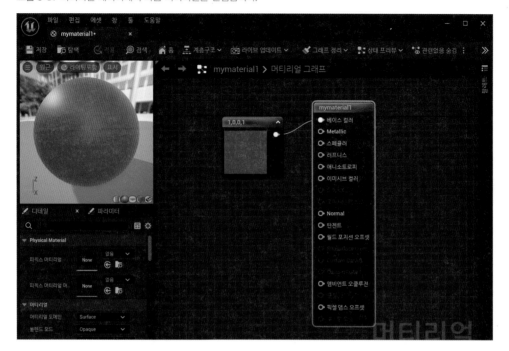

Metallic 설정하기

다음으로 사용할 것은 결과 노드의 베이스 컬러 아래에 있는 Metallic입니다. Metallic은 액터를 금속 질감으로 만들기 위한 설정입니다.

Metallic 설정은 실숫값으로 지정합니다. 금속이 아닌 경우는 '0', 금속으로 표현하고 싶을 때는 '1.0'으로 지정합니다.

그림 3-38 결과 노드의 [Metallic]을 '1.0'으로 지정하면 금속 질감이 됩니다.

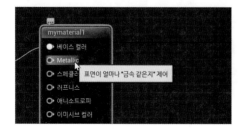

1. Constant를 찾습니다

Metallic을 설정해봅시다. 결과 노드에서 Metallic
에 값을 설정하려면 실숫값 노드를 준비해야 합니
다. 설정할 값이 몇 개인지 정해져 있으면 상수 노
드를 사용하는 것이 제일 간단합니다. [팔레트]에
서 [Constants] 아래에 있는 [Constant] 항목을
선택합니다. 이것이 일반적인 수치를 이용하는 노
드입니다.

그림 3-39 [팔레트]에서 [Constant]를 찾습니다.

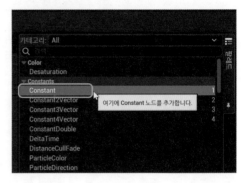

2. Constant를 배치합니다

Constant를 사용해봅시다. [팔레트]에서 [Constants] 아래에 있는 [Constant]를 그래프의 적당
한 위치에 드래그 앤 드롭해서 배치합니다. 앞서 만든 Constant4Vector 아래쪽에 두면 좋습니다.

그림 3-40 [Constant]를 드래그 앤 드롭해서 배치합니다.

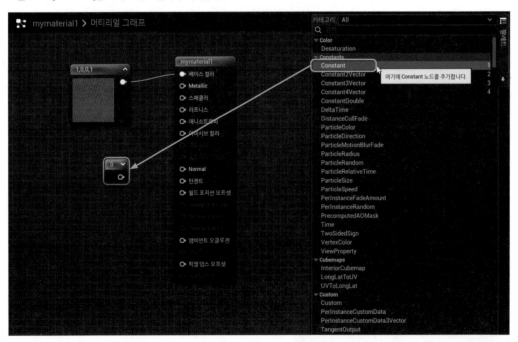

3. Constant의 프로퍼티를 확인합니다

Constant의 [값]은 기본으로 0.0으로 설정되어 있습니다. 배치된 [Constant]를 선택하고 [디테일] 패널을 확인해보면 Constant의 프로퍼티가 표시됩니다.

그림 3-41 [Constant]를 선택하고 [디테일] 패널을 확인합니다.

4. 값을 설정합니다

[디테일] 패널에 표시된 값이 바로 Constant의 값이 되는 프로퍼티입니다. 여기에 '1.0'을 입력합니다. 이렇게 하면 Constant의 값이 변경됩니다.

그림 3-42 [값]에 '1.0'을 입력합니다.

5. Constant를 Metallic에 연결합니다

값이 설정된 **Constant**의 출력 핀에서 결과 노드 (mymaterial1)의 [Metallic]까지 드래그 앤 드롭해 연결합니다.

그림 3-43 Constant에서 [Metallic]까지 연결합니다.

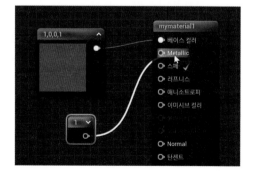

ⓤ Metallic 머티리얼이 완성되었습니다!

프리뷰를 확인해봅시다. 프리뷰가 금속 질감의 머티리얼로 바뀌었습니다. 이를 보면 Metallic으로 설정하기 전과의 차이점을 알 수 있을 것입니다.

그림 3-44 Metallic 설정 전과 후: Metallic으로 설정하면 금속과 같은 광택이 느껴집니다.

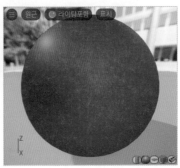

머티리얼 반영하기

머티리얼을 저장하고 머티리얼 에디터 창을 닫아주세요. 이때 언리얼 엔진의 버전이나 이용 상황에 따라 '이 머티리얼의 변경내용을 원본 머티리얼에 적용할까요?'라는 경고 창이 표시될 수 있습니다. 이 경우 [예]를 클릭하세요. 그럼 수정한 내용이 반영됩니다.

그림 3-45 머티리얼 에디터를 닫을 때 경고 창이 나타나면 [예]를 클릭합니다. 그럼 변경 사항이 반영됩니다.

액터의 표시 확인하기

mymaterial1을 설정했던 액터의 표시가 바뀌었는지 확인해봅시다. 빛의 각도 등에 따라 차이가 잘 느껴지지 않을 수도 있으니 여러 방향에서 살펴보세요. 금속 같은 느낌이 되었죠?

그림 3-46 Metallic으로 설정하면 금속 질감의 표면이 됩니다.

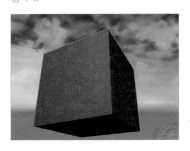

CHAPTER1
CHAPTER2
CHAPTER3
CHAPTER4
CHAPTER5
CHAPTER6
CHAPTER7

러프니스와 반사

Metallic을 사용할 때 유리 구슬처럼 반짝거리며 빛이 반사되는 것을 상상한 사람도 있을 것입니다. 하지만 Metallic은 금속의 질감을 나타내기 위한 것이지 반사를 표현하기 위한 것은 아닙니다.

유리 구슬처럼 예쁘게 빛을 반사하는 머티리얼을 만들고 싶을 때는 러프니스^{Roughness}를 이용해야 합니다. 러프니스는 이름 그대로 거친 정도(거칠기)를 나타내는 값입니다. 거칠기가 반사와 어떤 관련이 있는지 의문이 드는 사람도 있을 것입니다. 거울을 예로 들어 간략히 설명해보겠습니다.

거울이 깨끗하게 대상을 비출 수 있는 이유는 빛을 정확하게 반사하기 때문입니다. 표면에 닿은 빛이 흩어지지 않고 정확하게 반사되면 거울처럼 깨끗하게 주변의 모습을 비추게 됩니다. 만약 표면에 닿은 빛이 흩어져 버린다면 주변 배경이 잘 보이지 않겠죠. 즉, 표면이 거칠면 거울처럼 깨끗하게 빛이 반사되지 않습니다.

따라서 표면이 거칠지 않고 정확한 방향으로 빛이 반사되게 하면 주변의 모습을 비추는 반사 머티리얼을 만들 수 있습니다.

그림 3-47 빛이 무작위로 흩어져 난반사되면 비치지 않지만, 모든 빛이 올바른 방향으로 반사되면 거울처럼 주위의 상이 비칩니다.

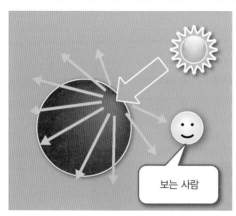
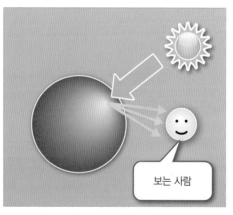

그럼 러프니스를 이용해봅시다. 조금 전의 [mymaterial1]을 더블 클릭해서 머티리얼 편집기를 열고 이전에 생성한 Metallic 설정을 삭제합시다.

결과 노드의 [Metallic] 항목을 마우스 오른쪽 버튼으로 클릭하면 [모든 핀 링크 끊기] 메뉴가 나타납니다. 이 메뉴는 이 항목에 연결되어 있는 모든 링크를 삭제합니다. 이 메뉴를 선택하세요.

그림 3-48 마우스 오른쪽 버튼으로 [Metallic]을 클릭한 다음 [모든 핀 링크 끊기]를 선택합니다.

1. Metallic 연결을 삭제합니다

그럼 Constant에서 Metallic에 연결된 링크가 삭제됩니다. 이제 Metallic 값을 결과 노드에 보낼 수 없게 됐습니다. Constant는 나중에 이용할 것이므로 그대로 둡시다.

그림 3-49 Constant에서 [Metallic]으로 이어진 링크가 삭제됩니다.

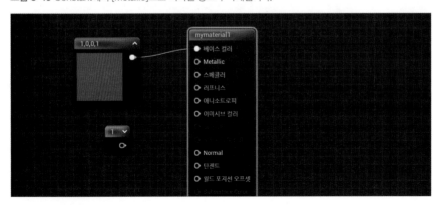

2. Constant를 추가합니다

Constant를 하나 더 추가합시다. [팔레트]에서 [Constants] 아래에 있는 [Constant]를 그래프로 드래그 앤 드롭하세요. 또는 기존에 있던 [Constant]를 마우스 오른쪽 버튼으로 클릭해 [복제]를 선택합니다. 그럼 Constant가 복제됩니다.

그림 3-50 [복제]를 클릭해 두 번째 Constant를 만듭니다.

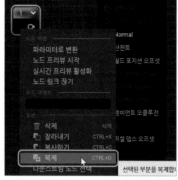

3. 값을 설정합니다

생성된 Constant를 선택하고 [디테일] 패널에서 [값]을 '0.1'로 변경합시다. 이제 러프니스용 Constant가 준비됐습니다.

그림 3-51 [값]을 '0.1'로 설정합니다.

4. Constant를 러프니스에 연결합니다

'0.1'로 설정된 **Constant**의 출력 핀에서 결과 노드(mymaterial1)의 [러프니스]까지 드래그 앤 드롭하여 두 항목을 연결합니다.

그림 3-52 Constant를 [러프니스]에 연결합니다.

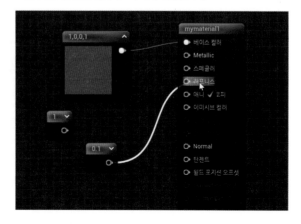

CHAPTER1
CHAPTER2
CHAPTER3
CHAPTER4
CHAPTER5
CHAPTER6
CHAPTER7

5. 프리뷰를 확인합니다

뷰포트에 표시되는 프리뷰로 머티리얼 표시가 어떻게 달라지는지 확인해봅시다. 주변이 반사되는 것을 알 수 있습니다.

그림 3-53 러프니스 설정 전과 후: 주변이 반사됩니다.

🎮 Metallic + 러프니스 = ?

러프니스는 다른 요소와 조합해서 질감 표현을 더하는 데 사용됩니다. 조금 전에 Metallic 연결을 끊은 이유는 러프니스가 단독으로 어떤 효과를 내는지 확인하고 싶었기 때문입니다.

다시 첫 번째 Constant(1.0이 설정된 것)를 결과 노드(mymaterial1)의 [Metallic]까지 드래그 앤 드롭해서 연결합시다.

그림 3-54 값이 1.0인 Constant를 [Metallic]에 연결합니다.

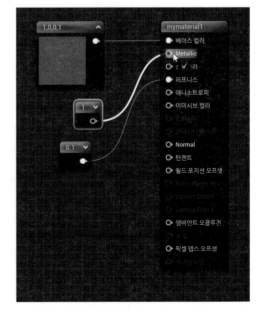

질감 차이 비교하기

Metallic을 다시 연결했으면 머티리얼이 어떻게 렌더링되는지 프리뷰로 확인해봅시다. 크리스마스 트리의 구슬 장식처럼 멋진 머티리얼이 만들어졌네요!

그림 3-55 러프니스만 적용한 경우와 Metallic을 추가한 경우의 렌더링 차이

🎮 이미시브 컬러 사용하기

결과 노드에 준비되어 있는 이미시브 컬러Emissive Color는 액터를 발광체로 만들고 싶을 때 사용됩니다. 액터 전체가 희미하게 빛나는 효과를 줄 수 있습니다.

그럼 이미시브 컬러를 이용해봅시다. 머티리얼 에디터가 닫혀 있으면 **[콘텐츠 드로어]**에서 **[mymaterial1]**을 더블 클릭해 머티리얼 에디터를 엽니다.

그림 3-56 mymaterial1의 최종 저장 상태에서 이미시브 컬러를 이용해봅시다.

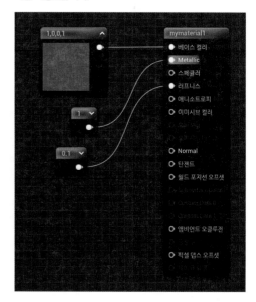

1. 이미시브 컬러에 Constant4Vector를 연결합니다

현재 작성 중인 머티리얼에서는 [베이스 컬러]에 Constant4Vector 값이 연결되어 있습니다. 이미시브 컬러에도 마찬가지로 색상 값(Constant4Vector 등)을 설정하기 때문에 베이스 컬러와 동일한 값을 사용할 수 있습니다.

그래프에 있는 **빨간색 Constant4Vector의 출력 핀을 결과 노드(mymaterial1)의 [이미시브 컬러]**에 드래그 앤 드롭하여 연결해봅시다. 이런 식으로 노드의 출력을 동시에 여러 항목에 연결할 수 있습니다.

그림 3-57 빨간색 노드의 출력을 [이미시브 컬러]에 연결합니다.

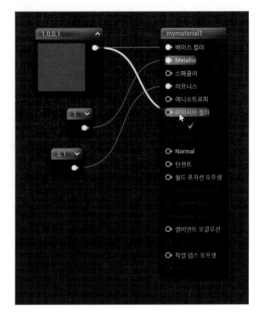

2. 프리뷰를 확인합니다

연결한 다음 잠시 기다리면 뷰포트의 프리뷰 표시가 변경됩니다. 액터 내부에서 빛이 나는 것을 확인할 수 있습니다.

그림 3-58 이미시브 컬러 연결 전과 후: 액터 내부에서 빛이 납니다.

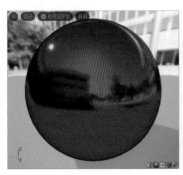 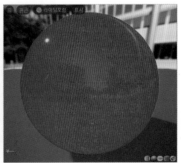

🎮 이미시브 컬러의 밝기 조절하기

이것으로 일단은 이미시브 컬러를 사용할 수 있게 되었습니다. 하지만 그다지 시원시원한 느낌은 없습니다. 빛은 나지만 초창기 LED 조명처럼 희미합니다. 좀 더 밝게 할 수는 없을까요?

물론 밝기 조절도 가능합니다. 다만 약간의 노력이 필요합니다. 따라해봅시다. 우선 [이미시브 컬러]를 마우스 오른쪽 버튼으로 클릭한 다음 [모든 핀 링크 끊기] 메뉴를 선택해 연결을 끊어주세요.

그림 3-59 마우스 오른쪽 버튼으로 [이미시브 컬러] 항목을 클릭한 다음 [모든 핀 링크 끊기]를 선택합니다.

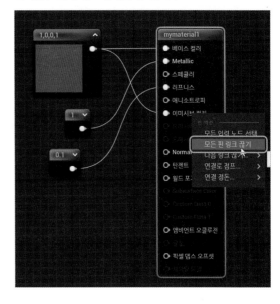

1. Constant를 삭제합니다

이 외에도 2개의 Constant([Metallic]과 [러프니스])가 결과 노드에 연결되어 있습니다. 이것들도 딱히 사용할 일이 없으니 삭제합니다. 각각을 클릭한 후 Delete 키를 눌러 노드를 삭제하세요.

그림 3-60 2개의 Constant 노드를 삭제합니다.

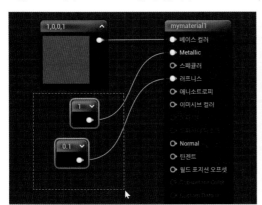

2. Multiply를 찾습니다

[팔레트]에서 [수학] 아래에 있는 [Multiply]를 찾습니다. Multiply는 곱셈을 하기 위한 노드입니다.

그림 3-61 [팔레트]에서 [Multiply]를 찾습니다.

3. Multiply를 배치합니다

이 [Multiply]를 드래그 앤 드롭해 배치합니다. 빨간색 노드 아래쪽에 놓으면 됩니다.

그림 3-62 [Multiply]를 드래그 앤 드롭해 그래프에 배치합니다.

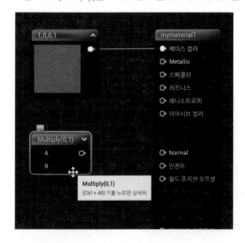

Multiply의 기능

Multiply에는 2개의 입력(왼쪽)과 1개의 출력(오른쪽)이 있습니다. 왼쪽 2개의 입력을 곱해서 그 결과를 오른쪽 출력으로 전달합니다. 입력은 어떤 종류의 값이든 상관없지만 두 값 모두 계산 가능한 값이어야 합니다. 출력되는 값은 입력된 값과 같은 종류입니다.

또한 입력은 프로퍼티로도 제공됩니다. **[디테일]** 패널을 보면 **[A]**와 **[B]** 항목이 있습니다. 이것이 계산에 사용되는 값입니다.

그림 3-63 Multiply의 입출력과 프로퍼티

4. 빨간색 Constant4Vector를 Multiply에 연결합니다

빨간색으로 설정된 **Constant4Vector**의 **출력** 핀을 **Multiply**의 **[A]**에 드래그 앤 드롭해서 연결하세요. 이렇게 하면 빨간색 노드의 값이 A에 전달됩니다.

그림 3-64 빨간색 노드의 출력을 Multiply의 [A]에 연결합니다.

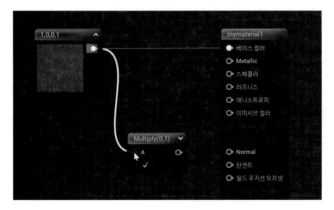

5. Constant를 하나 배치합니다

Multiply의 B에 설정할 값을 준비합시다. [팔레트]에서 [Constants] 아래에 있는 [Constant]를 그래프에 드래그 앤 드롭해서 배치합니다.

그림 3-65 [팔레트]에서 [Constant]를 찾아 배치합니다.

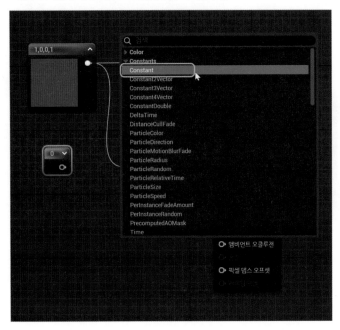

6. 값을 설정합니다

배치된 Constant를 선택해 [디테일] 패널에서 [값]을 '100.0'으로 변경합시다.

그림 3-66 Multiply의 [값]을 '100.0'으로 설정합니다.

7. Constant를 Multiply에 연결합니다

이제 Constant가 준비됐습니다. **Constant**의 출력 핀을 **Multiply**의 [B]에 드래그 앤 드롭해서 연결합시다. 그럼 빨간색 노드의 값에 100을 곱하는 계산식이 만들어집니다.

그림 3-67 Constant를 Multiply의 [B]에 드래그 앤 드롭해서 연결합니다.

8. Multiply를 이미시브 컬러에 연결합니다

마지막으로 **Multiply**의 출력 핀을 결과 노드의 [이미시브 컬러]에 드래그 앤 드롭해서 연결합니다.

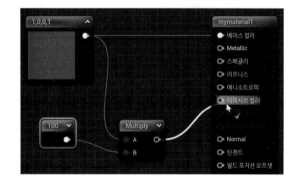

그림 3-68 Multiply를 [이미시브 컬러]에 연결합니다.

9. 프리뷰를 확인합니다

이제 보통 상태의 100배의 밝기로 이미시브 컬러를 설정했습니다. 뷰포트에서 프리뷰를 확인해봅시다. 상당히 밝게 빛나는 것을 알 수 있습니다.

그림 3-69 이미시브 컬러 연결 전과 후: 보통의 100배 밝기로 빛납니다.

10. 머티리얼 에디터를 닫습니다

[파일] 메뉴에서 [저장]을 클릭해 머티리얼을 저장하고, 레벨 에디터에서 mymaterial1을 설정한 액터를 확인해봅시다. 밝게 빛이 나는 것을 확인할 수 있습니다!

그림 3-70 머티리얼이 설정된 액터가 밝게 빛납니다.

🎮 오파시티로 투명도 조절하기

액터의 투명도를 조절하기 위한 항목인 오파시티Opacity에 관해 살펴봅시다. 오파시티에는 투명도를 나타내는 값만 지정하면 되므로 매우 간편하게 사용할 수 있습니다.

그럼 오파시티를 사용해봅시다. [mymaterial1]을 더블 클릭해 머티리얼 에디터를 열어보세요. 결과 노드를 살펴보면 이미시브 컬러 아래에 [오파시티] 항목이 있는 것을 알 수 있습니다. 다만 자세히 보니 회색으로 표시되어 있습니다. 이 상태로는 이용할 수 없다는 뜻입니다.

그림 3-71 [mymaterial1]을 엽니다. [오파시티] 항목은 회색으로 사용할 수 없게 되어 있습니다.

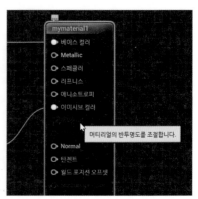

1. 이미시브 컬러를 삭제합니다

우선 이미시브 컬러 설정을 삭제합니다. 마우스로 Constant ('100'이라고 쓰여진 노드)와 Multiply 를 선택하고 Delete 키를 눌러 삭제합니다. 이제 이미시브 컬러와의 연결이 해제됐습니다.

그림 3-72 Constant('100'이라고 쓰여진 노드)와 Multiply를 삭제합니다.

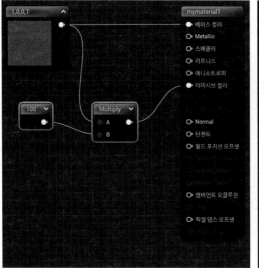

2. 블렌드 모드를 변경합니다

그래프에 있는 노드를 선택하지 않은 상태에서 (또는 결과 노드를 선택해도 됩니다) 디테일 패널을 확인해보세요. 이 머티리얼에 준비된 프로퍼티가 표시됩니다.

그리고 [머티리얼] 항목에 있는 [블렌드 모드 Blend Mode]를 찾아보세요. 기본으로 설정되어 있 는 ❶ [Opaque]라는 값을 클릭하면 풀다운 메뉴가 표시되는데, 여기서 ❷ [Translucent] 를 선택하세요.

그림 3-73 [블렌드 모드]를 [Translucent]로 변경합니다.

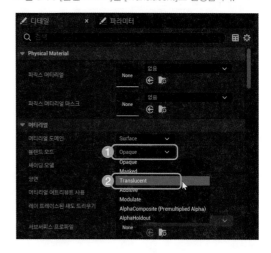

3. 오파시티가 활성화됐습니다!

블렌드 모드를 변경했으면 결과 노드를 확인해봅시다. [오파시티]가 사용 가능하게 바뀌었습니다.

그림 3-74 결과 노드에서 [오파시티]를 이용할 수 있게 되었습니다.

4. Constant를 준비합니다

이제 오파시티에 값을 설정합시다. [팔레트]에서 [Constants] 아래에 있는 [Constant]를 선택하여 그래프에 배치합니다.

그림 3-75 [팔레트]에서 [Constant]를 찾아 배치합니다.

5. Constant의 값을 설정합니다

배치된 Constant를 선택한 다음 [디테일] 패널에서 [값]을 '0.5'로 변경하세요.

그림 3-76 Constant의 [값]을 '0.5'로 설정합니다.

6. Constant를 오파시티에 연결합니다

생성된 **Constant**의 출력 핀을 결과 노드의 [오파시티]에 드래그 앤 드롭하여 연결합시다.

그림 3-77 Constant를 [오파시티]에 연결합니다.

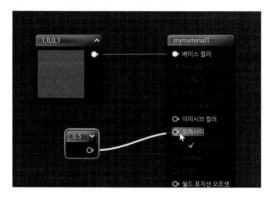

7. 뷰포트로 확인합니다

이것으로 반투명 머티리얼을 완성했습니다. 머티리얼을 저장하고 레벨 에디터의 뷰포트로 확인해봅시다. mymaterial1을 설정한 액터가 반투명하게 바뀌어 뒤쪽이 보이는 것을 확인할 수 있습니다.

그림 3-78 액터가 반투명하게 표시됩니다.

3.3 그러데이션

ⓤ 그러데이션 효과 주기

지금까지는 모두 단색 머티리얼이었습니다. 아주 간단한 씬을 만들 때는 이 정도만으로도 꽤 괜찮습니다. 하지만 더 고급스러운 표현을 원한다면 단색 머티리얼보다 좀 더 복잡한 머티리얼로 한 단계 업그레이드하고 싶을 것입니다.

색이 그러데이션으로 보이는 머티리얼을 만들어봅시다. 구와 같은 셰이프 액터로 생각하기보다 큐브처럼 여러 면으로 구성된 셰이프 액터의 각 면이 그러데이션으로 표시되는 효과를 생각하면 쉽습니다.

1. 새로운 머티리얼을 만듭니다

이번에 할 작업은 이전과 상당히 성격이 다르므로 새로운 머티리얼을 준비합니다. **[콘텐츠 드로어]**의 ❶ **[+추가]** 클릭한 후 풀다운 메뉴에서 ❷ **[머티리얼]**을 선택해 새로운 머티리얼을 생성합니다. 이름은 'mymaterial2'로 설정합니다.

그림 3-79 새로운 머티리얼을 만들고 이름은 'mymaterial2'로 설정합니다.

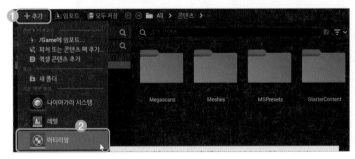

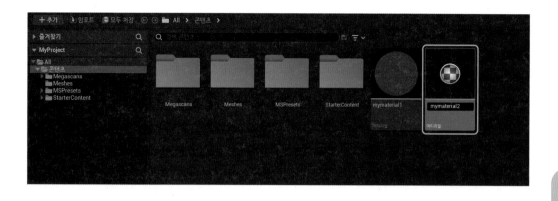

2. 머티리얼 에디터를 엽니다

생성한 [mymaterial2]를 더블 클릭해서 머티리얼 에디터를 엽니다. 여기서 새 머티리얼을 만들겠습니다.

그림 3-80 머티리얼 에디터를 엽니다. 처음에는 결과 노드만 있습니다.

이번 실습의 핵심은 그러데이션으로 변화하는 색상을 적용해보는 것이므로 TextureCoordinate를 사용합니다.

[팔레트]에서 [좌표] 아래에 있는 [**TextureCoordinate**]를 찾아보세요. 이것이 이번에 사용할 노드입니다. TextureCoordinate는 UV 텍스처 좌표라는 것을 출력합니다.

UV 텍스처 좌표란 텍스처(액터 표면에 그려진 이미지 등)를 매핑할 때 사용되는 좌표 데이터이며, TextureCoordinate 노드가 이 좌표 데이터를 생성합니다.

이렇게 설명해도 대부분 무슨 말인지 전혀 모르겠다고 할 수도 있습니다. TextureCoordinate로 부드럽게 변화하는 값을 준비한다 정도로 기억해둡시다. 그러데이션 변화를 주고 싶을 때 Texture Coordinate의 도움을 받으면 좋습니다.

그림 3-81 [팔레트]에 있는 [TextureCoordinate]를 사용해 그러데이션을 만듭니다.

1. TextureCoordinate를 배치합니다

[팔레트]에서 [TextureCoordinate]를 그래프에 드래그 앤 드롭해
배치합니다. TextureCoordinate는 출력 이 하나뿐인 아주 단순한
노드입니다.

그림 3-82 [TextureCoordinate]를
드래그 앤 드롭해 배치합니다.

2. 표시를 확대합니다

배치된 TextureCoordinate(**TexCoord[0]**)에는 아무런 표시가 없습니다. 이 상태로는 어떤 노드
인지 상상이 되지 않습니다. 오른쪽 위의 ▼ 표시를 클릭해봅시다(클릭하면 [그림 3-83]과 같이
▲ 표시로 바뀝니다). 그러면 노드가 펼쳐지면서 초록색에서 빨간색으로 그러데이션 표시가 나타
납니다.

이 그러데이션 표시는 UV 좌표 데이터를 색상 값으로 표현한 것입
니다. UV 좌표는 가로와 세로로 구성된 2차원 데이터입니다. 그러
나 색상은 R, G, B, A라는 4개의 값으로 이루어진 데이터입니다.
즉, UV 좌표 데이터를 강제로 색상 데이터로 사용하면 R과 G 값만
있는 데이터가 됩니다. 그래서 빨간색에서 초록색으로 그러데이션
이 표시된 것입니다.

그림 3-83 그러데이션이 표시됩니다.

3. 베이스 컬러에 연결합니다

이 **TextureCoordinate**의 출력 핀을 결과 노드의 [베이스 컬러]에 드래그 앤 드롭해 연결합니다.
연결되면 TextureCoordinate의 데이터가 그대로 사용됩니다.

그림 3-84 TextureCoordinate를 [베이스 컬러]에 연결합니다.

4. 프리뷰를 확인합니다

뷰포트의 프리뷰가 어떻게 표시되는지 확인해보세요. 아마도 노란색 머티리얼이 표시될 것입니다. 이 상태로는 어떻게 된 것인지 알 수 없으므로 마우스로 프리뷰에 표시된 구를 드래그해 회전시켜 보세요. 가로 방향으로 초록색에서 노란색으로 색이 변하는 것을 확인할 수 있습니다.

그림 3-85 프리뷰로 색의 변화를 확인합니다.

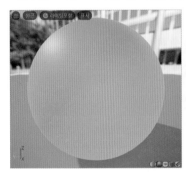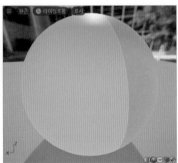

5. 큐브로 변경합니다

이번에는 프리뷰 도형을 큐브로 변경해보겠습니다. 프리뷰가 표시되는 뷰포트 하단에는 여러 가지 모양의 아이콘이 나열되어 있습니다. 여기서 큐브 모양의 아이콘([그림 3-86] 오른쪽 하단 참고) 을 클릭해보세요. 프리뷰 도형이 큐브로 바뀌고 각 면의 모서리에서 맞은편 모서리까지 그러데이션 으로 표시됩니다.

그림 3-86 프리뷰를 큐브로 변경하면 예쁜 그러데이션을 확인할 수 있습니다.

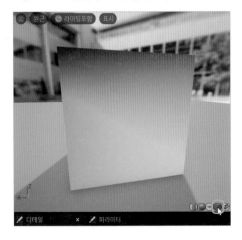

6. 움직여봅니다

이번에도 프리뷰에 표시된 도형을 마우스로 드래그해 회전시켜 봅시다. 각 면의 모서리에서 맞은편 모서리로 색이 그러데이션으로 표시되는 것을 확인할 수 있습니다.

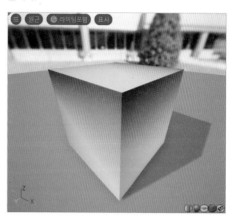

그림 3-87 도형을 드래그해서 움직여보면 한 모서리에서 맞은편 모서리로 그러데이션이 적용된 것을 알 수 있습니다.

다른 색 적용하기

이제 그러데이션 머티리얼을 만들 수 있게 됐습니다. 하지만 이건 UV 좌표를 억지로 베이스 컬러에 연결하여 만든 그러데이션입니다. 이렇게 하면 그러데이션의 변화를 세밀하게 조정할 수도 없습니다.

TextureCoordinate의 변화하는 값을 제대로 색상 값으로 사용하는 방법을 좀 더 확실하게 익혀봅시다.

1. 링크를 삭제합니다

우선 TextureCoordinate에서 베이스 컬러에 연결된 링크를 끊습니다. [베이스 컬러]를 마우스 오른쪽 버튼으로 클릭한 다음 [모든 핀 링크 끊기]를 선택해 연결을 해제하세요.

그림 3-88 [베이스 컬러]에 연결된 링크를 끊습니다.

이제 그러데이션을 만들어보겠습니다. Texture Coordinate로 얻은 UV 좌표 데이터에서 U와 V 데이터(2차원 세로 방향과 가로 방향 데이터)를 추출합니다. 각 데이터 추출에는 LinearGradient라는 노드를 사용합니다. [팔레트]에서 [그레이디언트] 아래에 있는 [LinearGradient]를 찾아 에디터에 배치합시다.

그림 3-89 [팔레트]에서 [LinearGradient]를 찾아 배치합니다.

2. LinearGradient를 배치합니다

LinearGradient에는 1개의 입력과 2개의 출력이 있습니다. 입력은 UV 좌표 데이터입니다. UV 좌표를 받아서 U와 V 데이터를 각각 따로 출력합니다.

그림 3-90 LinearGradient에는 입력 1개와 출력 2개가 있습니다.

3. TextureCoordinate와 LinearGradient를 연결합니다

TextureCoordinate의 출력 핀을 LinearGradient의 입력 핀에 드래그 앤 드롭해서 연결하면 TextureCoordinate의 UV 좌표 데이터가 LinearGradient에 전달됩니다.

그림 3-91 TextureCoordinate를 LinearGradient에 연결합니다.

4. Constant를 3개 배치합니다

수치 노드인 Constant를 배치해봅시다. [팔레트]에
서 [Constants] 아래에 있는 [Constant]를 드래
그 앤 드롭해 총 3개를 준비합니다.

그림 3-92 Constant를 3개 배치합니다.

5. Constant 값을 설정합니다

3개의 Constant를 차례로 선택해 [디테일] 패널에서 [값]을 설정합니다. 하나는 0.0 그대로 두고,
나머지는 '1.0'으로 설정하세요.

그림 3-93 Constant의 [값]을 '1.0'으로 설정합니다.

6. MakeFloat4를 사용합니다

다음으로 MakeFloat4 노드를 준비합니다. [팔레트]의 [기타] 아래에 있으니 찾아보세요. 잘 안 보
이면 [그림 3-94]와 같이 ❶ 팔레트 상단의 검색 필드에 'make'라고 입력해보세요. 그러면 make
를 포함한 이름이 모두 검색됩니다. 거기에서 ❷ [MakeFloat4]를 찾아 그래프에 배치합니다.

MakeFloat4는 실숫값(Float) 4개를 하나로 묶은 것입니다. 색을 나타내는 값과 똑같습니다. 이렇게 만든 값을 색상을 나타내는 값으로 바로 사용할 수 있습니다.

그림 3-94 [팔레트]에서 [MakeFloat4] 노드를 검색합니다.

MakeFloat4의 기능

MakeFloat4에는 입력 4개와 출력 1개가 있습니다. 입력은 X, Y, Z, A, 출력은 Result입니다. 이 노드는 4개의 실숫값을 하나로 합쳐 출력합니다.

출력은 4개의 값으로 구성된 벡터입니다. 4개의 값으로 구성된 벡터라고 하니 앞서 색상 설정에 사용했던 Constant4Vector가 떠오릅니다. 그때는 프로퍼티에서 값을 각각 설정했지만 MakeFloat4는 4개의 값을 입력하면 이를 바탕으로 벡터를 만들어 줍니다.

그림 3-95 MakeFloat4는 4개의 값을 입력해 벡터를 만듭니다.

7. LinearGradient를 MakeFloat4에 연결합니다

MakeFloat4에 연결해봅시다. 우선 LinearGradient에서 시작합니다. LinearGradient의 [UGradient]를 MakeFloat4의 [Y(S)]에 드래그 앤 드롭으로 연결합니다.

그림 3-96 LinearGradient의 [UGradient]를 MakeFloat4의 [Y(S)]에 연결합니다.

8. Constant를 MakeFloat4에 연결합니다

준비된 3개의 Constant를 각각 MakeFloat4의 남은 3개의 입력 핀에 연결합니다. [표 3-2]와 같이 연결하면 됩니다.

표 3-2 연결하는 방법

첫 번째(0.0인 Constant)	MakeFloat4의 [X(S)]에 연결합니다.
두 번째(1.0인 Constant)	MakeFloat4의 [Z(S)]에 연결합니다.
세 번째(1.0인 Constant)	MakeFloat4의 [A(S)]에 연결합니다.

그림 3-97 Constant를 MakeFloat4에 연결합니다.

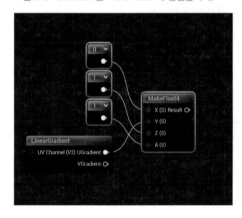

9. MakeFloat4를 베이스 컬러에 연결합니다

마지막으로 **MakeFloat4**의 [Result]를 결과 노드(mymaterial2)의 [베이스 컬러]에 드래그 앤 드롭해 연결합니다.

그림 3-98 MakeFloat4를 [베이스 컬러]에 연결합니다.

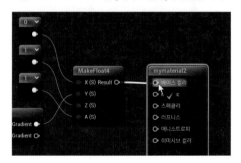

10. 머티리얼 완성!

이것으로 머티리얼이 완성됐습니다. 이번에는 여러 개의 노드를 연결했으므로 잘못된 곳이 없는지 확인합시다.

그림 3-99 완성된 머티리얼

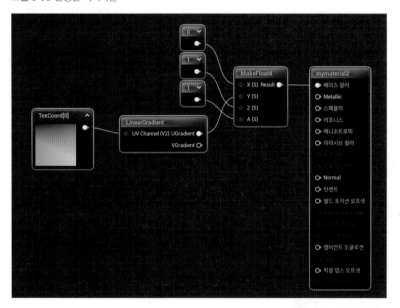

11. 프리뷰를 확인합니다

프리뷰로 표시를 확인해봅시다. 역시 큐브 형태로 표시를 확인하는 것이 좋습니다. 그러면 파란색에서 청록색으로 그러데이션이 표시되는 것을 알 수 있습니다.

여기서는 MakeFloat4로 4개의 값을 모아 색상 데이터를 생성했습니다(차례로 RGBA에 대응시킴). 그중 R, B, A 3개는 지정한 값을 가져와서 사용하고 G 값만 Linear Gradient에서 가져옵니다. 이렇게 하면 머티리얼을 적용한 액터의 각 면마다 좌표에 따라 G 값이 변화하면서 색상이 적용됩니다.

그림 3-100 프리뷰를 확인해보면 파란색에서 청록색으로 그러데이션이 표시됩니다.

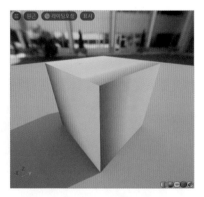

이론적으로 설명해도 아직 이해하기 어려울 것입니다. 하지만 LinearGradient 값이 연결된 색상만 변화한다는 점은 알았을 것입니다. 이번에는 G에 LinearGradient를 연결했지만 R이나 B에 연결하면 어떻게 변화하는지, 색을 지정하는 값을 변경하면 어떻게 되는지 다양하게 시도해보세요.

🎛 DiamondGradient 사용하기

LinearGradient는 한 종류의 데이터를 변화시키는 것입니다. 따라서 가로 그러데이션이나 세로 그러데이션은 가능하지만 가로세로 그러데이션은 불가능합니다.

이를 가능하게 하는 것이 DiamondGradient입니다. LinearGradient와 마찬가지로 데이터를 변화시키기 위한 것인데, 2차원 값을 동시에 변화시킬 수 있습니다. 즉, 중심에서부터 상하좌우 방향으로 고르게 변화하는 그러데이션을 만들 수 있습니다.

1. 새로운 머티리얼을 만듭니다

그럼 이번에도 머티리얼을 만들어서 시험해봅시다. 머티리얼 에디터가 열려 있으면 일단 닫아주세요. [콘텐츠 드로어]의 [+추가]를 클릭한 후 [머티리얼] 메뉴를 선택해서 새로운 머티리얼을 생성합니다. 이름은 'mymaterial3'으로 설정합니다.

그림 3-101 이름을 'mymaterial3'으로 설정합니다.

2. DiamondGradient를 배치합니다

머티리얼 에디터에서 DiamondGradient를 사용해봅시다. [mymaterial3]을 더블 클릭해서 머티리얼 에디터를 열고 [팔레트]에서 [그레이디언트] 아래에 있는 [DiamondGradient]를 찾아 배치합니다.

그림 3-102 [DiamondGradient]를 드래그 앤 드롭하여 배치합니다.

DiamondGradient의 입출력

DiamondGradient에는 입력과 출력이 하나씩 있습니다. 출력은 LinearGradient와 마찬가지로 UV 좌표 데이터입니다. 입력은 [Falloff(S)]라는 항목으로, 그러데이션의 변화 정도를 나타냅니다.

디테일 패널을 보면 프로퍼티가 머티리얼 함수 하나뿐입니다. 이것은 미리 정의된 전용 함수를 호출해서 작동한다는 것을 의미하므로 여러분이 따로 조작할 필요가 없습니다. 따라서 실질적으로 프로퍼티가 없다라고 생각하면 됩니다.

그림 3-103 DiamondGradient와 프로퍼티

3. Constant를 준비합니다

DiamondGradient를 이용하려면 무엇이 더 필요할까요? 기본적으로 앞서 설명한 LinearGradient와 동일하다고 생각하면 되는데, DiamondGradient로 변화시킬 색상과 그 외의 색상 값, 그리고 이를 하나로 묶어주는 MakeFloat4 같은 것이 필요합니다.

그럼 [팔레트]에서 [Constants] 아래에 있는 [Constant]를 배치합시다. 이번에도 총 3개의 Constant를 준비합니다.

그리고 [디테일] 패널에서 [값]을 설정해보겠습니다. 2개는 0.0으로 두고, 나머지 1개만 '1.0'으로 설정합니다.

그림 3-104 Constant 3개를 만든 다음 하나만 [값]을 '1.0'으로 설정합니다.

4. MakeFloat4를 만듭니다

이어서 MakeFloat4를 만들어봅시다. [팔레트]에서 [기타]에 있는 [MakeFloat4]를 그래프에 배치하세요.

그림 3-105 [MakeFloat4]를 드래그 앤 드롭해서 배치합니다.

5. Falloff용 Constant를 준비합니다

이제 주요 노드를 모두 준비했습니다. 하지만 한 가지 부족한 것이 있습니다. DiamondGradient의 입력인 [falloff(S)]에 설정할 값 노드입니다.

이것도 Constant를 사용합니다. [팔레트]에서 찾아 배치하거나 이미 만들어둔 Constant를 복제해서 준비합니다. 그리고 [값]은 '1.0'으로 설정합니다.

그림 1-106 Constant를 배치합니다.

6. Constant를 DiamondGradient에 연결합니다

생성된 Constant의 출력 핀을 DiamondGradient의 [Falloff(S)]에 드래그 앤 드롭해 연결합니다. 계속해서 DiamondGradient의 출력 핀을 MakeFloat4의 [X(S)]에 드래그 앤 드롭해 연결하세요. 이것은 RGBA에서 R(빨간색) 값이 됩니다.

그림 3-107 Constant를 DiamondGradient의 [Falloff(S)]에 연결합니다.

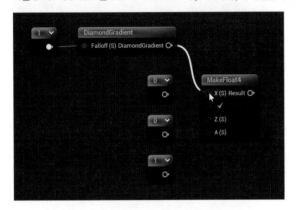

7. Constant를 MakeFloat4에 연결합니다

Constant 3개를 MakeFloat4의 남은 입력 3개에 각각 연결합니다. [표 3-3]과 같이 연결하면 됩니다.

표 3-3 연결하는 방법

첫 번째 (0.0인 Constant)	MakeFloat4의 [Y(S)]에 연결합니다.
두 번째 (0.0인 Constant)	MakeFloat4의 [Z(S)]에 연결합니다.
세 번째 (1.0인 Constant)	MakeFloat4의 [A(S)]에 연결합니다.

그림 3-108 Constant를 MakeFloat4에 연결합니다.

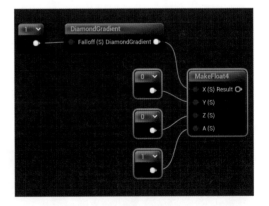

8. MakeFloat4를 베이스 컬러에 연결합니다

이것으로 색상 값이 완성됐습니다. 마지막으로 MakeFloat4의 [Result]를 결과 노드(mymaterial3) 의 [베이스 컬러]에 드래그 앤 드롭으로 연결합니다.

그림 **3-109** MakeFloat4의 출력을 [베이스 컬러]에 연결합니다.

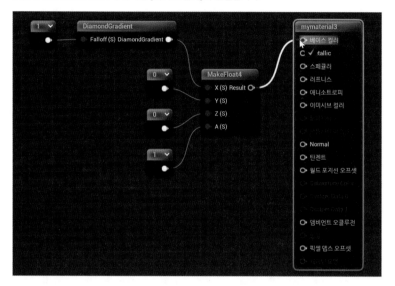

9. 프리뷰를 확인합니다

완성됐으면 뷰포트의 프리뷰로 확인해봅시다. 검게 칠해진 면의 중심부터 빨간색이 표시됩니다.

그림 **3-110** 각 면의 중앙에 빨간색이 나타납니다.

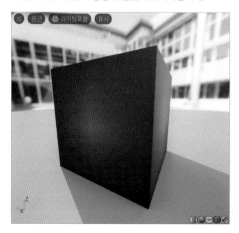

🎮 RadialGradientExponential 사용하기

DiamondGradient는 가로와 세로를 같은 비율로 색상을 변화시킵니다. 따라서 평면에서 보면 마름모 형태로 색이 표시됩니다. 한 걸음 더 나아가 원형 그러데이션도 만들어봅시다. 원형 그러데이션은 RadialGradientExponential이라는 긴 이름의 노드를 사용해 만들 수 있습니다. 원형 그러데이션의 경우 중심 위치, 그러데이션 반경 등 다양한 세부 설정이 필요하므로 이전보다 더 많은 값을 준비해야 합니다.

1. 새로운 머티리얼을 만듭니다

이번에도 새로운 머티리얼을 만들어봅시다. 머티리얼 에디터를 닫고 [콘텐츠 드로어]의 [+추가]를 클릭합니다. 그런 다음 표시되는 풀다운 메뉴에서 [머티리얼]을 선택해 머티리얼을 새로 만듭니다. 이름은 'mymaterial4'로 설정합니다.

그림 3-111 머티리얼을 만들고 이름을 'mymaterial4'로 설정합니다.

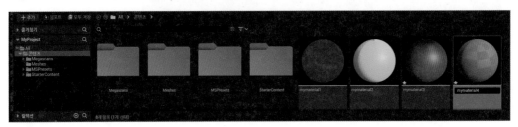

2. RadialGradientExponential을 준비합니다

머티리얼을 만들어보겠습니다. 이번에 사용할 RadialGradient Exponential도 [팔레트]의 [그레이디언트] 아래에 있습니다. 이를 드래그 앤 드롭해서 그래프에 배치합시다.

RadialGradientExponential은 몇 개의 입출력을 제공합니다. [표 3-4]를 확인해보세요. 또한 프로퍼티도 있습니다. 하지만 DiamondGradient와 같이 기본적으로 뭔가를 설정하는 것은 아니므로 프로퍼티가 없다고 생각해도 좋습니다.

그림 3-112 RadialGradientExponential 이 생성됐습니다.

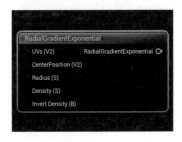

CHAPTER1
CHAPTER2
CHAPTER3
CHAPTER4
CHAPTER5
CHAPTER6
CHAPTER7

표 **3-4** RadialGradientExponential의 입출력

입력

UVs	UV 좌표 데이터를 받아들입니다.
CenterPosition	원의 중심 위치를 지정합니다.
Radius	그러데이션이 표시되는 원의 반경을 지정합니다.
Density	그러데이션의 농도를 지정합니다.
Invert Density	Density로 지정한 농도를 반전해서 사용합니다.

출력

RadialGradientExponential에 의해 변화되는 수치 데이터가 출력됩니다.

3. 원의 중심을 지정합니다

RadialGradientExponential에 필요한 값을 준비해봅시다. 우선 원의 중심을 지정하는 Center Position 값을 준비합니다.

이 값은 원의 중심 위치를 지정하는 것이므로 가로와 세로 2개의 위치가 필요합니다. 2개의 값을 다룰 수 있는 Constant2Vector 노드를 이용하겠습니다. [팔레트]에서 [Constants] 아래에 있는 [Constant2Vector]를 찾아 배치하세요. Constant2Vector의 [디테일] 패널에는 [R]과 [G] 이렇게 2개의 프로퍼티가 있습니다. 이를 [표 3–5]와 같이 설정합니다.

그림 **3-113** Constant2Vector의 프로퍼티를 설정합니다.

표 **3-5** Constant2Vector의 프로퍼티 설정

R	가로 방향 위치를 나타냅니다. '0.5'로 지정하세요.
G	세로 방향 위치를 나타냅니다. '0.5'로 지정하세요.

Constant2Vector는 그러데이션 시작 위치를 지정하는 데 사용됩니다. 값을 0.0~1.0 사이로 지정할 수 있습니다. 이번에는 정확히 중심(0.5)으로 지정했습니다.

4. Constant2Vector를 CenterPosition에 연결합니다

Constant2Vector의 출력 핀을 RadialGradientExponential의 [CenterPosition(V2)]에 드래그 앤 드롭해 연결합시다.

그림 3-114 Constant2Vector를 [CenterPosition(V2)]에 연결합니다.

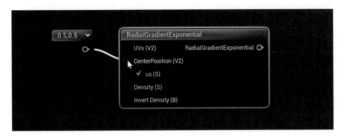

5. 반경을 설정합니다

이어서 원의 반경을 설정합시다. 우선 [팔레트]에서 [Constants] 아래에 있는 [Constant]를 하나 배치하세요.

보통 0~1 사이의 실숫값으로 반경을 설정합니다. '1'로 설정하면 해당 면 전체를 사용해 그러데이션을 표시합니다. 여기서는 배치된 Constant를 선택하고 [디테일] 패널에서 [값]을 '0.75'로 설정하겠습니다.

그림 3-115 Constant의 [값]을 '0.75'로 설정합니다.

6. Constant를 Radius에 연결합니다

값이 설정된 Constant의 출력 핀을 RadialGradientExponential의 [Radius(S)]에 드래그 앤 드롭해 연결하세요. 이것으로 그러데이션 반경 설정이 완료되었습니다.

그림 3-116 Constant를 [Radius(S)]에 연결합니다.

7. Density를 설정합니다

Density는 그러데이션 영역의 밀도를 나타냅니다. 역시 실숫값으로 지정되며 값이 클수록 더 진해집니다.

이 값도 단순한 수치이므로 Constant를 사용하면 됩니다. [팔레트]에서 [Constants] 아래에 있는 [Constant]를 선택해 그래프에 배치하세요. 그리고 [디테일] 패널에서 [값]을 '3.0'으로 설정합니다.

그림 3-117 Constant의 [값]을 '3.0'으로 설정합니다.

8. Constant를 Density에 연결합니다

값이 설정된 **Constant**의 출력 핀을 RadialGradientExponential의 [Denstiy(S)]에 드래그 앤 드롭해서 연결하세요. 이것으로 농도 설정도 완료되었습니다.

그림 3-118 Constant를 [Density(S)]에 연결합니다.

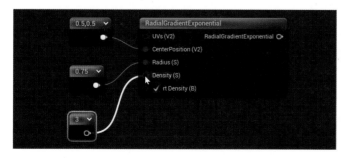

9. Constant를 3개 배치합니다

이어서 RadialGradientExponential 값을 이용해 색상 값을 작성해보겠습니다. 먼저 Constant를 만듭니다. [팔레트]에서 [Constants] 아래에 있는 [Constant]를 그래프에 드래그 앤 드롭해 배치하세요. 이번에도 Constant를 3개 준비하겠습니다. 그런 다음 [디테일] 패널에서 배치된 Constant 의 [값]을 [표 3-6]과 같이 설정합니다.

그림 **3-119** Constant를 3개 만들고 값을 설정합니다.

표 **3-6** Constant의 값 설정

첫 번째	1.0
두 번째	0.0
세 번째	1.0

10. MakeFloat4를 배치합니다

이제 Constant와 RadialGradientExponential이 준비됐습니다. 남은 일은 이것들을 색상 값으로 모으는 것뿐입니다. [팔레트]에서 [기타] 아래에 있는 [MakeFloat4]를 찾아 배치합시다.

그림 **3-120** [MakeFloat4]를 드래그 앤 드롭해서 배치합니다.

11. RadialGradientExponential을 MakeFloat4에 연결합니다

MakeFloat4에 연결해봅시다. 우선 **Radial GradientExponential의 출력 핀을 Make Float4의 [Z(S)]에 드래그 앤 드롭해 연결합**니다. 그리고 [표 3-7]을 참고해 각 Constant 를 MakeFloat4의 남은 3개의 입력에 연결합니다.

표 **3-7** 연결하는 방법

첫 번째 (1.0인 Constant)	MakeFloat4의 [X(S)]에 연결합니다.
두 번째 (0.0인 Constant)	MakeFloat4의 [Y(S)]에 연결합니다.
세 번째 (1.0인 Constant)	MakeFloat4의 [A(S)]에 연결합니다.

그림 3-121 Constant를 MakeFloat4에 각각 연결합니다.

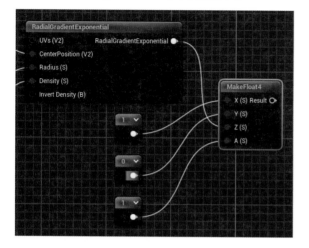

12. MakeFloat4의 출력 핀을 결과 노드의 베이스 컬러에 연결합니다

마지막으로 **MakeFloat4의 출력 핀**을 **결과 노드(mymaterial4)**의 [베이스 컬러]에 연결하면 완성입니다. 이번에도 꽤 많은 노드를 사용했으므로 순서대로 바르게 연결됐는지 잘 확인하세요.

그림 3-122 MakeFloat4의 출력 핀을 결과 노드의 [베이스 컬러]에 연결하면 완성입니다.

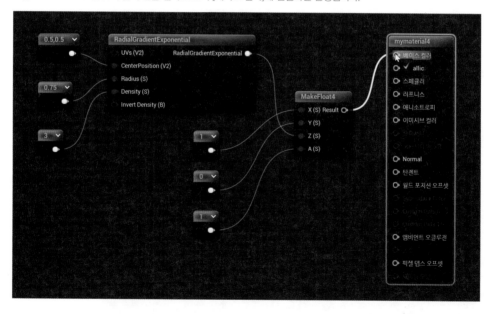

13. 프리뷰를 확인합니다

설정을 완료했으면 뷰포트의 프리뷰를 확인해봅시다. 큐브
의 각 면의 중앙에서 마젠타색으로 표시된 원이 퍼져나가는
것을 알 수 있습니다.

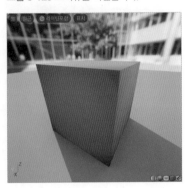

그림 3-123 프리뷰를 확인합니다.

RadialGradientExponential의 Radius 조작하기

기본적인 설정 방법을 알았으니 RadialGradientExponential에 연결된 값을 이것저것 변경하면서
표시가 어떻게 바뀌는지 확인해봅시다. 예를 들어 [Radius(S)]에 연결된 Constant의 [값]을 '0.5'
로 변경하면 중앙의 마젠타색 원이 작아집니다.

그림 3-124 [Radius(S)]에 연결된 Constant의 [값]을 '0.5'로 변경하면 중앙의 마젠타색 원이 작아집니다.

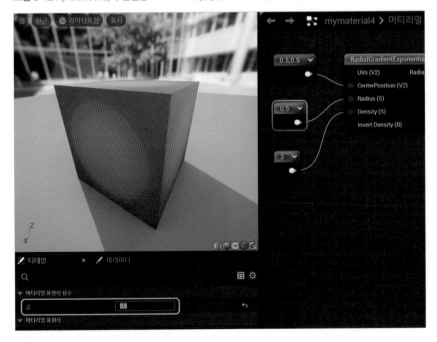

CenterPosition 변경하기

이번에는 [CenterPosition(V2)]에 연결된 Constant2Vector의 속성([R], [G])을 모두 '0'으로 변경해봅시다. 그러면 면의 왼쪽 상단으로 마젠타색 원의 중심이 이동합니다. 이렇게 값을 다양하게 조작하면 그러데이션의 표현이 달라집니다.

그림 3-125 [CenterPosition(V2)]에 연결된 Constant2Vector의 속성을 모두 '0'으로 지정하면 면의 왼쪽 상단부터 그러데이션이 표시됩니다.

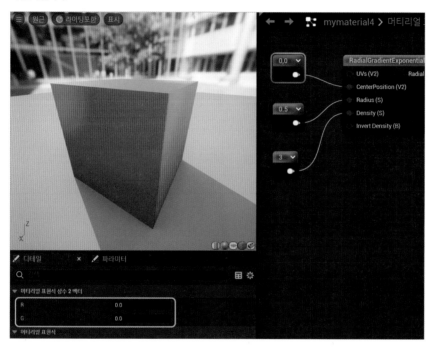

3.4 머티리얼과 텍스처

(u) 텍스처 사용하기

지금까지는 색상 값을 사용해 머티리얼을 만들었습니다. 하지만 단순히 색상을 지정하는 것만으로는 아무래도 표현에 한계가 있습니다. 좀 더 그럴 듯한 머티리얼을 만들기 위해서는 텍스처를 사용해야 합니다.

텍스처는 비트맵 이미지 데이터입니다. 즉, 이미지 파일이라고 할 수 있습니다. 언리얼 엔진에서는 이미지 파일을 읽어 다양한 곳에서 사용합니다. 예를 들어 머티리얼을 만들 때도 이미지 파일을 그대로 액터 표면에 붙여서 표시하는 것은 물론 밝기 값을 이용해 굴곡, 빛 반사, 투명도 등을 조정할 수도 있습니다.

즉, 텍스처는 그래픽 데이터인 동시에 2차원 데이터로서 소재의 역할도 합니다. 예를 들어 표면에 굴곡을 만들 때도 각 점마다 굴곡 정도를 숫자로 지정하기보다는 텍스처의 각 점의 밝기를 사용해 굴곡을 설정하는 편이 훨씬 이해하기 쉽고 간단합니다(예를 들어 검은색은 평평하고 흰색에 가까워질수록 굴곡이 강해지는 식입니다).

StarterContent 사용하기

실습을 하려면 다양한 텍스처를 준비해야 합니다. 간단한 선이나 면을 조합하는 정도라면 직접 만들 수 있겠지만 예를 들어 초원이나 바위, 금속 텍스처 같은 것은 어떻게 준비해야 할까요?

걱정하지 않아도 됩니다. 언리얼 엔진 프로젝트에는 프로젝트에서 활용할 수 있는 에셋(데이터 파일)이 많이 준비되어 있습니다. 그중에는 텍스처도 포함되어 있습니다. 이를 활용하면 누구나 쉽게 텍스처를 사용한 머티리얼을 만들 수 있습니다.

기본으로 준비되어 있는 것은 StarterContent입니다. [콘텐츠 드로어]를 열면 [콘텐츠] 폴더 안에 [StarterContent]라는 폴더가 있습니다. 이 폴더에는 다양한 종류의 에셋이 분류되어 있습니다.

그리고 그 안에 있는 [Textures] 폴더에는 다양한 텍스처가 준비되어 있습니다.

그림 3-126 [Textures] 폴더에는 많은 텍스처가 준비되어 있습니다.

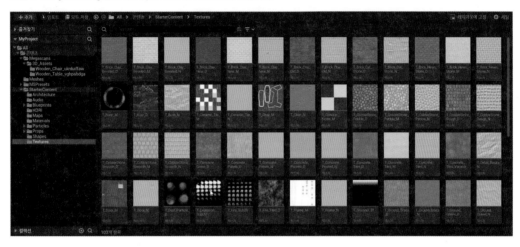

텍스처를 사용해 머티리얼 생성하기

텍스처를 사용해 오리지널 머티리얼을 만들어봅시다. 우선은 텍스처의 기본적인 사용법을 알아보기 위해 StarterContent의 텍스처를 그대로 표시하는 머티리얼을 만들겠습니다.

1. 새로운 머티리얼을 만듭니다

[콘텐츠 드로어]에서 [콘텐츠] 폴더를 선택합니다. 그리고 [+추가]를 클릭한 다음 [머티리얼]을 선택해 새로운 머티리얼을 생성합니다. 이름은 'mytexturematerial1'로 설정합니다.

그림 3-127 새로운 머티리얼을 만들고 이름을 'mytexturematerial1'로 설정합니다.

2. 텍스처를 선택합니다

[mytexturematerial1]을 더블 클릭해서 머티리얼 에디터를 엽니다. 그리고 머티리얼 에디터의 창 위치를 조정해 아래에 레벨 에디터가 보이게 배치합니다.

[콘텐츠 드로어]를 열어 [StarterContent] 아래에 있는 [Textures] 폴더를 선택하세요. 그리고 그 안에 있는 [T_Brick_Clay_Beveled_D]라는 텍스처를 찾습니다. 왼쪽 상단에 있는 첫 번째 항목 입니다. 참고로 콘텐츠 드로어는 레벨 에디터에 있는 것을 열어도 되지만 머티리얼 에디터에 있는 콘텐츠 드로어를 클릭해도 열 수 있습니다.

그림 3-128 레벨 에디터의 [콘텐츠 드로어]에서 텍스처를 찾습니다.

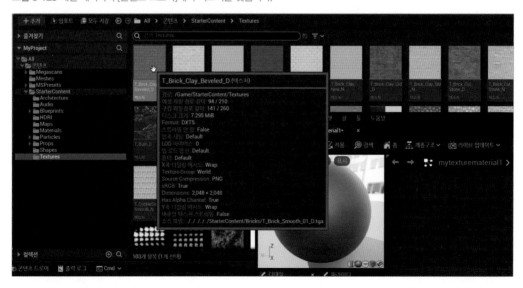

3. 텍스처를 드래그 앤 드롭합니다

텍스처를 머티리얼 에디터에 추가합시다. [콘텐츠 드로어]에서 [T_Brick_Clay_Beveled_D] 아이콘을 선택해 머티리얼 에디터의 그래프로 드래그 앤 드롭하세요.

그림 3-129 텍스처 아이콘을 머티리얼 에디터의 그래프에 드래그 앤 드롭합니다.

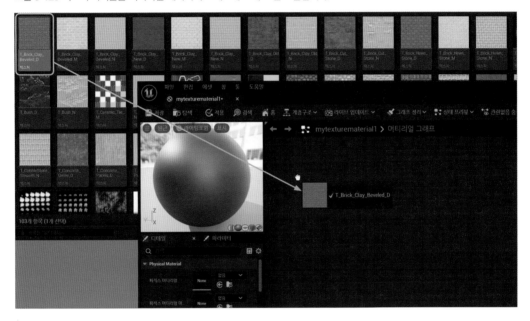

4. Texture Sample이 생성됐습니다!

아이콘을 드롭하면 머티리얼 에디터의 그래프에 Texture Sample 노드가 만들어집니다. 이것이 머티리얼 에디터 안에서 텍스처를 사용하기 위한 노드입니다. 텍스처를 머티리얼 에디터 안에 드롭하면 해당 텍스처를 표시하는 노드가 자동으로 생성된다는 것을 기억하세요.

그림 3-130 Texture Sample 노드가 생성됐습니다.

5. Texture Sample을 베이스 컬러에 연결합니다

생성된 Texture Sample 노드에는 6개의 출력이 있습니다. 맨 위는 RGB 세 채널의 벡터 값, 그 아래는 RGB의 각 채널과 알파 채널, 맨 아래는 알파 채널을 포함한 RGBA 모든 색의 채널을 출력합니다.

이 Texture Sample 노드는 이미지 자체 외에 설정된 텍스처에서 RGB의 각 값만 추출할 수 있도록 되어 있습니다.

그럼 **Texture Sample의 [RGB]를 결과 노드의 [베이스 컬러]에 드래그 앤 드롭해서 연결해봅시다.**

그림 3-131 Texture Sample에서 [베이스 컬러]로 드래그 앤 드롭합니다.

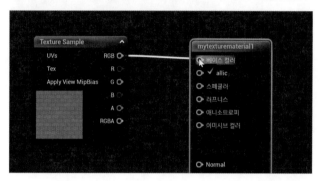

6. 프리뷰를 확인합니다

이제 텍스처가 그대로 베이스 컬러로 표시됩니다. 프리뷰를 통해 실제로 어떻게 표시되는지 확인해보세요. 벽돌로 만든 벽과 같은 텍스처가 표시된 것을 볼 수 있습니다.

그림 3-132 텍스처가 적용된 머티리얼

Texture Sample의 프로퍼티

텍스처를 이용한 머티리얼 제작의 기본 과정을 마쳤습니다. 텍스처를 사용하기 위해서는 텍스처를 Texture Sample이라는 노드로 준비하는 것이 기본입니다.

생성된 [Texture Sample] 노드를 선택하고 [디테일] 패널을 확인하세요. 상당히 많은 프로퍼티가 있습니다. [표 3-8]과 [표 3-9]에 프로퍼티 항목을 정리해두었지만 지금 당장 외울 필요는 없습니다. '이런 것들이 있구나'하고 살펴보는 정도로 충분합니다.

표 3-8 머티리얼 표현식 텍스처 샘플

밉Mip 값 모드	텍스처에 노이즈를 적용하는 모드
샘플러 소스	텍스처에 각종 필터를 설정하는 샘플 소스
밉 바이어스 자동 보기	밉맵이라는 텍스처를 보관할 데이터를 자동으로 설정합니다.
상수 좌표	코디네이트가 사용되지 않는 경우에 사용할 상수
상수 밉 값	밉 값 모드가 사용되지 않는 경우에 사용할 상수

표 3-9 머티리얼 표현식 텍스처 베이스

텍스처	사용할 텍스처
샘플러 타입	샘플러 유형. 보통 [Color]를 지정합니다.
디폴트 메시페인트 텍스처 여부	메시페인트 모드가 기본으로 사용됩니다.

그림 3-133 Texture Sample과 디테일 패널의 프로퍼티

단순히 텍스처를 표시하는 것은 이걸로 끝입니다. 실제로는 텍스처를 다양하게 가공해서 사용하는 경우가 많습니다.

먼저 텍스처의 가로와 세로 배율을 조절해봅시다. Texture Sample 노드에는 'UVs'라는 입력이 있습니다. 이것은 몇 번 언급했던 UV 좌표 데이터를 연결해 해당 정보를 바탕으로 텍스처를 생성하기 위한 것입니다.

UV 좌표 데이터는 이전에 사용한 TextureCoordinate 노드를 사용해서 준비할 수 있습니다.

1. TextureCoordinate를 배치합니다

[팔레트]에서 [좌표] 아래에 있는 [TextureCoordinate]를 찾아 그래프에 배치해봅시다.

이 설정들은 가로 및 세로 타일링(텍스처를 배열하는 것)과 관련된 것입니다. 모두 1.0으로 되어 있는데, 이는 원본 배율로 붙여 넣었음을 의미합니다. 이 값을 변경하면 텍스처의 가로와 세로 배율을 변경할 수 있습니다. 시험삼아 [U 타일링] 값을 '2.0'으로 변경해보겠습니다.

그림 3-134 TextureCoordinate(TexCoord[0])의 [U 타일링] 프로퍼티를 '2.0'으로 변경합니다.

2. TextureCoordinate를 연결합니다

배치된 TextureCoordinate(TexCoord[0])의 출력 핀을 Texture Sample의 [UVs]로 드래그 앤 드롭해서 연결합시다. 그럼 Texture Sample의 타일링 크기가 변경됩니다.

그림 3-135 TextureCoordinate를 Texture Sample의 [UVs]에 연결합니다.

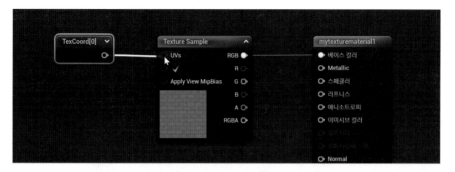

3. 벽돌 길이가 절반이 됐습니다!

프리뷰를 확인해보면 가로로 길쭉했던 벽돌이 절반 길이로 줄었습니다. 이렇게 [U 타일링]으로 가로폭을, [V 타일링]으로 높이를 변경할 수 있습니다.

그림 3-136 기본 상태(왼쪽)와 [U 타일링]을 '2.0'으로 설정한 다음 큐브로 나타낸 모습(오른쪽)

ⓤ 구멍 난 머티리얼 생성하기

텍스처는 단순히 표시되는 이미지뿐만 아니라 머티리얼의 다양한 기능에 활용됩니다. 하나의 예로 구멍 난 머티리얼을 만들어보겠습니다.

1. 새로운 머티리얼을 만듭니다

[콘텐츠 드로어]에서 ❶ [콘텐츠] 폴더를 선택합니다. 그런 다음 ❷ [+추가]를 클릭해 [머티리얼]을
선택하고 ❸ 'mytexturematerial2'라는 이름의 새로운 머티리얼을 만듭니다.

그림 3-137 머티리얼을 만들고 이름을 'mytexturematerial2'로 설정합니다.

2. 텍스처를 사용합니다

생성된 머티리얼을 더블 클릭해 머티리얼 에디터를 엽니다. 그리고 [콘텐츠 드로어]의 [Textures]
폴더에서 [T_Ceramic_Tile_M]이라는 텍스처를 찾습니다. 다채로운 색상의 체크 무늬 텍스처입
니다. 이 텍스처를 머티리얼 에디터의 그래프에 드래그 앤 드롭해서 배치합니다.

그림 3-138 [T_Ceramic_Tile_M] 텍스처를 배치합니다.

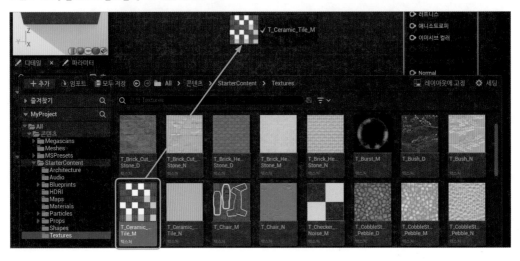

3. 두 번째 텍스처를 추가합니다

마찬가지로 [콘텐츠 드로어]에서 [Textures] 폴더 안에 있는 [T_Tech_Dot_M]이라는 텍스처를 찾습니다. 빨간색 배경에 핑크색과 하얀색 원이 그려진 것입니다. 이 텍스처를 머티리얼 에디터의 그래프에 드래그 앤 드롭해서 추가합니다.

그림 3-139 [T_Tech_Dot_M] 텍스처를 배치합니다.

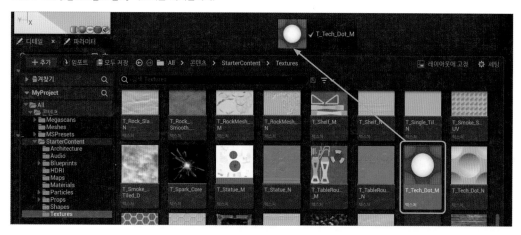

4. Texture Sample이 2개 추가됐습니다

이제 선택한 텍스처를 사용하는 Texture Sample이 2개 추가됐습니다. 텍스처가 맞게 잘 배치됐는지 확인하세요.

그림 3-140 Texture Sample 2개가 만들어졌습니다.

5. 블렌드 모드를 Masked로 변경합니다

머티리얼 에디터의 그래프에서 아무것도 선택하지 않은 상태(또는 결과 노드를 선택)에서 ❶ [디테일] 패널의 [블렌드 모드] 프로퍼티를 찾아 ❷ 값을 [Masked]로 변경합니다. 이 설정은 오파시티 마스크라는 투명도 마스크(비트맵 이미지로 투명도 정보를 지정하는 것)를 사용하기 위한 것입니다.

그림 3-141 [디테일] 패널에서 [블렌드 모드]를 [Masked]로 변경합니다.

6. 오파시티 마스크를 설정합니다

이제 [T_Tech_Dot_M] 텍스처의 [B]를 결과 노드(mytexturematerial2)의 [오파시티 마스크]에 연결해보겠습니다. 이렇게 하면 파란색의 밝기를 사용해 투명도 마스크 처리가 이루어집니다.

이어서 T_Ceramic_Tile_M의 [RGB]를 결과 노드의 [베이스 컬러]에 연결하면 머티리얼이 완성됩니다!

그림 3-142 두 Texture Sample의 출력을 결과 노드에 연결합니다.

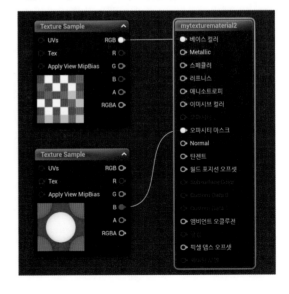

7. 프리뷰를 확인합니다

프리뷰를 확인해봅시다. 구(스피어) 형태로도 알 수 있지만 큐브 형태로 변경하면 좀 더 이해하기 쉽습니다. 오파시티 마스크에 설정한 이미지의 빨간색 부분이 깔끔하게 투명해진 것을 알 수 있습니다.

그림 3-143 프리뷰로 머티리얼 표시를 확인합니다.

8. 액터에 적용합니다

실제로 액터에 머티리얼을 적용해봅시다. 머티리얼 에디터를 닫고 [콘텐츠 드로어]에서 [mytexture material2] 아이콘을 드래그하여 액터에 놓습니다. 그러면 일부가 투명해진 액터가 표시됩니다. 투명한 부분에 액터 뒤의 배경이 비치는 것을 볼 수 있습니다.

그림 3-144 액터의 투명한 부분에 지면이나 하늘 등의 배경이 비칩니다.

🎯 표면 굴곡 만들기

텍스처는 모양뿐만 아니라 표면의 입체감을 살리는 데도 사용됩니다. 이번에는 텍스처를 이용해 굴곡이 있는 머티리얼을 만들어보겠습니다.

1. 새로운 머티리얼을 만듭니다

❶ [+추가]를 클릭한 다음 ❷ 'mytexturematerial3'이라는 이름의 새로운 머티리얼을 생성합니다.

그림 3-145 머티리얼을 만들고 이름을 'mytexturematerial3'으로 설정합니다.

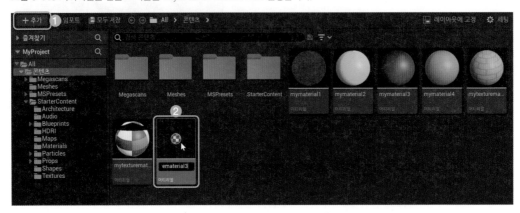

2. 3가지 텍스처를 그래프에 추가합니다

단순한 모양의 텍스처만으로는 머티리얼에서 울퉁불퉁한 느낌을 살리기 어려울 것입니다. 울퉁불퉁한 느낌을 나타내기 위한 텍스처나 빛의 산란을 위한 텍스처 등도 필요합니다.

이 모든 것을 다 준비하기란 힘든 일입니다. 다행히도 StarterContent에는 이런 텍스처가 모두 포함되어 있습니다. 이를 사용해 굴곡이 있는 머티리얼을 만들어봅시다.

[StarterContent] 아래에 있는 [Textures] 폴더에서 [표 3-10]의 3가지 텍스처를 찾아 머티리얼 에디터 그래프에 드래그 앤 드롭해 배치하세요. 앞에서 4~6번째 텍스처입니다.

표 3-10 배치할 텍스처

T_Blick_Clay_New_D	벽돌 텍스처
T_Blick_Clay_New_M	연녹색 벽돌 텍스처
T_Blick_Clay_New_N	파란색 벽돌 텍스처

그림 3-146 3가지 텍스처를 머티리얼 에디터에 추가합니다.

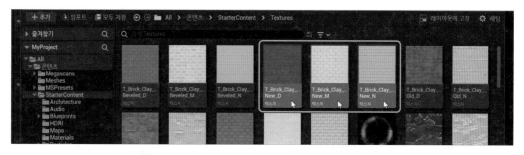

3. 3개의 Texture Sample이 생성됐습니다!

텍스처마다 총 3개의 Texture Sample 노드가 만들어졌습니다. 이 노드들을 사용해 머티리얼을 만들겠습니다.

이 중에서 머티리얼에 표시할 것은 T_Blick _Clay_New_D(벽돌 텍스처)입니다. 나머지 2개는 직접 표시하지 않고 머티리얼 설정에 이용합니다.

그림 3-147 3개의 Texture Sample이 만들어졌습니다.

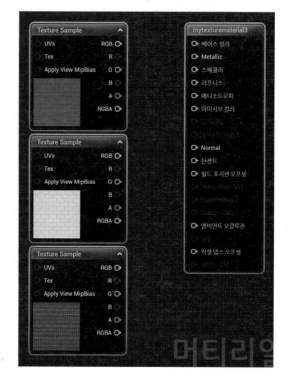

4. Texture Sample을 결과 노드에 연결합니다

생성된 Texture Sample 노드를 결과 노드에 연결합시다. 여기서는 [표 3-11]과 같이 연결합니다 (왼쪽이 Texture Sample 노드의 출력 항목, 오른쪽이 결과 노드의 입력 항목입니다).

표 3-11 연결하는 방법

T_Blick_Clay_New_D

RGB	베이스 컬러

T_Blick_Clay_New_N

RGB	Normal

T_Blick_Clay_New_M

R	러프니스
B	픽셀 뎁스 오프셋

지금까지 사용한 적 없는 2개의 입력 항목을 사용했습니다. 이에 관해 간단히 짚고 넘어가겠습니다.

먼저 [Normal]입니다. 이 항목은 노멀 맵이라는 것을 입력받습니다. 노멀 맵은 표면의 굴곡을 표현하는 특수한 텍스처로, 표면의 울퉁불퉁한 느낌을 재현합니다.

[픽셀 뎁스 오프셋]은 텍스처를 기반으로 각 픽셀을 화면 안쪽 방향으로 이동시키기 위한 것입니다. 즉, 여기에 깊이를 나타내는 특수한 텍스처를 설정하면 머티리얼에 그려지는 패턴에 굴곡을 표현할 수 있습니다.

그림 3-148 각 Texture Sample을 결과 노드에 연결합니다.

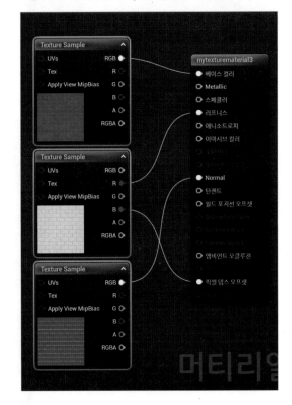

5. 프리뷰를 확인합니다

표면에 굴곡이 있는 머티리얼을 만들었습니다. 프리
뷰를 통해 확인해보세요. 뭔가 울퉁불퉁한 느낌이 들
지 않나요?

그림 3-149 프리뷰를 확인합니다.

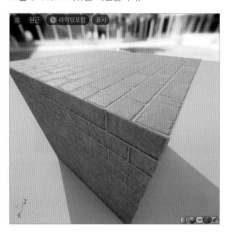

BumpOffset 사용하기

그럴듯한 느낌의 머티리얼이 만들어졌지만 여기서 굴곡을 더 강조하여 더욱 입체적인 모습이 되도
록 해보겠습니다.

언리얼 엔진의 머티리얼에는 BumpOffset이라는 기능이 있습니다(일반적으로 시차 매핑이라고도
합니다). 이것은 머티리얼의 UV 좌표를 조정해 더욱 입체적인 표시를 만들어냅니다.

이 기능은 BumpOffset이라는 노드로 준비되어 있습니다. [팔레트]에서 [유틸리티] 아래에 있는
[BumpOffset]을 찾아 그래프에 배치하세요.

BumpOffset에는 3개의 입력과 1개의 출력이 있습니다. [표 3-12]에 각 항목에 관해 간단히 정리
했습니다.

표 3-12 BumpOffset의 입출력

입력 항목

Coordinate	텍스처의 좌표를 나타냅니다.
Height	굴곡의 높이를 나타내는 텍스처를 지정합니다.
HighRatioInput	굴곡의 비율을 나타냅니다.

출력	출력은 하나뿐이며 생성된 BumpOffset이 출력됩니다.

그림 3-150 BumpOffset 노드에는 3개의 입력과 1개의 출력이 있습니다.

1. 텍스처를 BumpOffset에 연결합니다

BumpOffset을 사용해봅시다. BumpOffset에는 높이 정보를 받는 [Height]라는 입력이 있습니다. 여기에 높이 정보를 나타내는 텍스처를 지정합니다. 이번에는 베이스 컬러로 표시하고 있는 T_Blick_Clay_New_D를 그대로 사용하겠습니다.

이미 배치된 [T_Blick_Clay_New_D] 노드를 마우스 오른쪽 버튼으로 클릭해서 [복제]를 선택하세요. 그러면 노드가 복제됩니다. 이 노드를 드래그해 BumpOffset의 왼쪽으로 옮기고 **Texture Sample**의 [RGBA]를 BumpOffset의 [Height]에 연결합니다. 이제 T_Blick_Clay_New_D의 텍스처를 그레이 스케일로 표현한 이미지가 BumpOffset의 높이 비율로 전달됩니다. 이제 T_Blick_Clay_New_D의 그레이 스케일 이미지를 사용해 높이를 조정할 수 있게 된 것입니다.

높이 비율 프로퍼티도 설정해둡시다. 이 프로퍼티의 경우 직접 값을 입력해서 설정합니다. [BumpOffset] 노드를 선택하고 [디테일] 패널에서 [높이 비율]을 '0.05'로 설정합니다(기본으로 0.05가 설정되어 있습니다).

그림 3-151 Texture Sample의 [RGBA]를 BumpOffset의 [Height]에 연결하고, [높이 비율]을 '0.05'로 설정합니다.

2. BumpOffset을 UVs에 연결합니다

이제 BumpOffset의 출력을 사용합시다. **BumpOffset의 출력 핀을 각 Texture Sample의 [UVs]** 까지 드래그해서 연결해주세요. 이제 3개의 텍스처가 BumpOffset에 의한 오프셋 조정을 받아 표시하게 됩니다.

그림 3-152 BumpOffset을 3개의 Texture Sample의 [UVs]에 연결합니다.

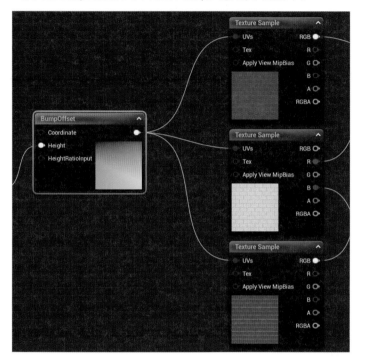

3. 프리뷰를 확인합니다

이것으로 머티리얼이 완성됐습니다. 프리뷰를 확인해봅시다. 조금 전보다 표면이 더 울퉁불퉁해졌다는 것을 알 수 있습니다.

그림 3-153 프리뷰를 확인합니다.

4. 액터에 사용해봅니다

완성됐으면 머티리얼을 저장하고 레벨에 있는 액터에 설정해봅시다. 단순한 이미지를 표시하는 머티리얼과 비교해보면 더 입체적이고 사실적으로 표현된 것을 알 수 있습니다.

머티리얼에는 이 외에도 다양한 기능이 있습니다. 하지만 우선은 결과 노드에 있는 주요 입력 항목의 기능을 이해하고 이들을 조합해 표시하는 것에 익숙해져야 합니다. 이것만으로도 표현력이 상당히 향상될 수 있습니다!

CHAPTER

4

비주얼 이펙트와 랜드스케이프

게임에서는 시각적 효과가 뛰어난 장면을 만드는 것이 중요합니다. 이런 장면은 액터만으로는 만들 수 없습니다. 이 장에서는 게임의 시각 효과를 생각할 때 빼놓을 수 없는 **이펙트**와 **배경**을 만드는 방법을 학습합니다.

4.1 나이아가라 시스템 이해하기

ⓤ 나이아가라와 파티클 시스템

게임에서 필요한 것은 사실 단순한 3D 모델만이 아닙니다. 이제 모델이 될 부품을 만들 수 있게 됐지만 아직 손대지 않은 중요한 요소가 남아 있습니다. 바로 비주얼 이펙트, 즉 시각 효과입니다.

단순히 물체가 표시되고 움직인다고 해서 게임이 되는 것은 아닙니다. 예를 들어 미사일이 발사됐을 때 불꽃과 함께 내뿜는 연기가 없다면 게임의 분위기가 살아나지 않습니다.

이러한 게임 연출 효과는 어디서나 사용됩니다. 화염, 분수, 불꽃, 연기, 마법, 레벨 업 등 다양한 곳에 시각 효과가 필요하죠.

이를 실현하기 위해 언리얼 엔진 5에는 **나이아가라**Niagara 라는 비주얼 이펙트 시스템이 도입됐습니다. 이전에도 시각 효과 기능은 있었지만 언리얼 엔진 5에서 완전히 새로운 시스템으로 바뀌었습니다.

파티클과 이미터

나이아가라는 시각 효과와 관련된 몇 가지 부품을 조합해 만들어집니다. 크게 나누면 3가지 부품으로 구성됩니다(표 4-1).

표 4-1 나이아가라를 구성하는 부품들

파티클	시각 효과에 사용되는 부품입니다. 예를 들어 불꽃, 화염의 연기 등이 파티클입니다.
이미터	파티클을 필요에 따라 정해진 수만큼 지정된 방향으로 지정된 시간 동안 방출합니다.
시스템	사용할 이미터를 모아서 관리합니다.

파티클particle은 이미터emitter라는 부품 안에서 설정해 사용됩니다. 필요에 따라 이미터를 생성하고, 이를 시스템에 통합해서 조작하는 것이 나이아가라의 기본적인 개발 스타일입니다.

그림 4-1 게임에서는 연출로서 다양한 곳에서 시각 효과가 사용됩니다.

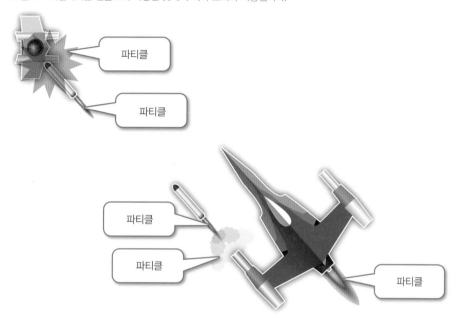

나이아가라 시스템 생성하기

나이아가라를 사용해봅시다. 우선은 나이아가라가 어떻게 작동하는지 눈으로 확인하면서 그 기능을 이해해야 합니다. 먼저 나이아가라 시스템을 만들어봅시다.

사용할 이미터를 포함해 나이아가라 시스템을 생성합니다. 이미터가 없으면 시스템을 만들 수 없기 때문입니다. 편리하게도 기본으로 생성되는 프로젝트에는 샘플 이미터가 몇 개 준비되어 있습니다. 이 이미터들을 이용하면 간편하게 나이아가라 시스템을 만들 수 있습니다.

나이아가라 시스템 파일 생성하기

에셋(프로젝트 리소스로 이용되는 파일)으로 나이아가라 시스템을 생성합니다. 레벨 에디터 왼쪽

CHAPTER 1
CHAPTER 2
CHAPTER 3
CHAPTER 4
CHAPTER 5
CHAPTER 6
CHAPTER 7

하단에 있는 [콘텐츠 드로어]를 클릭해서 열어주세요. 이어서 ❶ [+추가]를 클릭하면 나타나는 메뉴에서 ❷ [나이아가라] 시스템을 선택하고, 다음 순서에 따라 파일을 생성합니다.

그림 4-2 [+추가] 메뉴에서 [나이아가라] 시스템을 선택합니다.

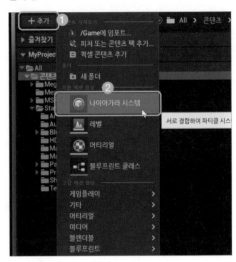

1. 시스템 생성 방법을 선택합니다

화면에 선택 창이 표시되고 어떤 방법으로 나이아가라 시스템을 생성할지 묻습니다. 완전히 새로운 시스템을 생성하거나 이미 있는 시스템을 복제해서 생성할 수도 있지만 이번에는 기본으로 준비되어 있는 이미터를 이용해 생성합니다. ❶ [선택된 이미터에서 나온 새 시스템]을 선택하고 ❷ [다음]을 클릭합니다.

그림 4-3 [선택된 이미터에서 나온 새 시스템]을 선택하고 [다음]을 클릭합니다.

2. 추가할 이미터를 선택합니다

화면에 현재 사용할 수 있는 이미터 목록이 표시됩니다. 창의 상단에 [소스 필터링]이라는 항목이 있는데, 여기서 검색할 대상을 지정할 수 있습니다(기본으로 [모두 표시]로 설정되어 있습니다). 그 아래에는 [템플릿], [부모 이미터], [작동 예제]로 전환할 수 있는 탭이 있습니다. 이번에는 [템플릿]을 선택합니다. 이곳에서 사용할 이미터를 선택할 수 있습니다.

그림 4-4 이미터 목록이 표시됩니다.

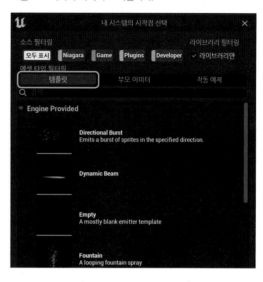

3. Fountain 이미터를 선택합니다

목록에서 ❶ [Fountain]이라는 이미터를 선택하고 오른쪽 하단의 ❷ [+] 버튼을 클릭합니다.

그림 4-5 [Fountain]을 선택해서 추가합니다.

4. 완료 버튼을 클릭합니다

추가할 이미터에 Fountain이 추가됩니다. 그
대로 [완료] 버튼을 눌러 작업을 마칩니다.

그림 4-6 Fountain이 추가됩니다.

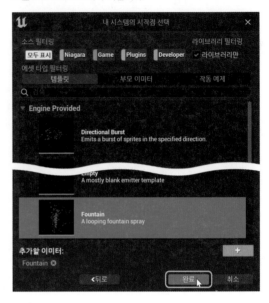

5. 파일 이름을 설정합니다

창이 사라지고 나이아가라 시스템 파일이 생성됩니다. 이름을 입력할 수 있
는 상태가 되면 'MyNiagara'라고 이름을 설정합니다.

그림 4-7 파일 이름을
'MyNiagara'로 설정합
니다.

🅤 나이아가라 시스템 에디터

생성된 [MyNiagara]를 더블 클릭하면 창이 새로 열립니다. 이 화면은 나이아가라 시스템의 에디

터입니다. 얼핏 보면 머티리얼 에디터처럼 블루프린트를 이용하는 에디터처럼 보이지만 그 밖에도 여러 가지 표시가 많이 있습니다. 주요 패널의 역할을 간단히 살펴봅시다.

그림 4-8 나이아가라 시스템 에디터 창에는 많은 패널이 있습니다.

툴바

에디터 상단 메뉴 바 바로 아래에 있는 가로로 긴 바가 툴바입니다. 자주 사용되는 기능들이 이곳에 있습니다. 오른쪽에 █ 또는 ▼ 표시를 클릭하면 드롭다운 메뉴가 나타납니다.

툴바의 기능은 자주 사용되는 것들이지만 지금 당장 외울 필요는 없습니다. 사용할 때마다 기능을 익혀두면 됩니다.

그림 4-9 메뉴 바와 툴바

프리뷰

에디터 창 왼쪽에 세로로 길게 표시된 패널이 프리뷰입니다. 프리뷰에서 설정된 나이아가라의 효과가 어떻게 표시되는지 확인할 수 있습니다.

프리뷰 패널 위쪽에는 회색으로 된 버튼 같은 것이 나열되어 있는데, 이를 클릭하면 표시 방식을 변경할 수 있습니다. 가장 왼쪽의 ▤ 버튼으로 화면에 표시되는 통계 정보 등을 설정할 수 있습니다. 또한 그 오른쪽에 있는 원근과 렌더링 관련 항목으로 프리뷰 표시 상태를 조정할 수 있습니다.

이 기능들은 어디까지나 프리뷰 표시용이며, 실제 레벨 표시에는 아무런 영향을 주지 않습니다.

그림 4-10 프리뷰 패널에서 이펙트를 미리 볼 수 있습니다.

파라미터

파티클을 다루는 이미터나 시스템이 이용하는 각종 값(파라미터)을 관리하는 패널입니다.

그림 4-11 파라미터 패널에는 각종 값이 목록으로 표시됩니다.

시스템 개요

화면 중앙에 머티리얼 에디터의 노드처럼 생긴 것이 배치된 영역이 시스템 개요 패널입니다. 머티리얼 에디터에서 노드를 연결해 프로그램을 만드는 그래프처럼 보이지만, 여기서는 여러 노드를 연결해서 복잡한 코드를 만들지 않습니다. 노드와 닮았지만 핀을 드래그해서 연결할 수 없습니다. 시스템 개요 패널은 준비되어 있는 각종 설정을 관리하기 위한 곳입니다.

그림 4-12 시스템 개요 패널에는 노드와 같은 것이 배치되어 있습니다.

스크래치 패드

시스템 개요 패널 상단에는 패널 이름이 표시된 탭이 있는데, 시스템 개요 탭 오른쪽에는 스크래치 패드라는 탭이 있습니다.

이 탭을 클릭하면 스크래치 패드 패널로 전환됩니다. 시스템 개요 패널과 마찬가지로 언뜻 보면 머티리얼 에디터의 그래프와 비슷합니다.

스크래치 패드에서는 실제로 노드를 배치하고 프로그램을 작성할 수 있습니다. 스크래치 패드는 나이아가라에서 사용되는 **모듈**을 만드는 데 이용됩니다. 스크래치 패드에서 프로그램을 작성하면 이미터 등에서 작성한 처리를 실행할 수 있게 됩니다.

그림 4-13 스크래치 패드에서 모듈 생성 등의 작업을 할 수 있습니다.

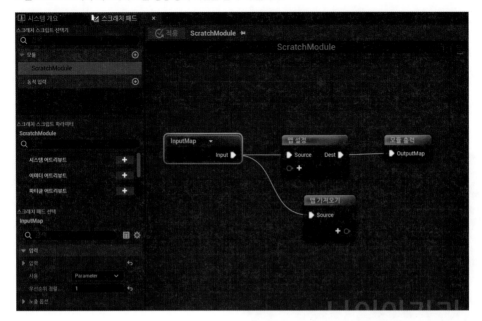

선택(스택)

에디터 창 오른쪽에 보이는 세로로 긴 영역이 선택 패널입니다. 시스템 개요에서 항목을 선택하면 그 항목의 설정 내용 등이 여기에 표시됩니다. 시스템 개요에서 항목을 선택하고, 선택 패널에서 세부적인 설정을 하는 것이 나이아가라 시스템의 기본적인 설정 방식입니다.

그림 4-14 선택 패널에는 시스템 개요에서 선택한 항목의 세부 설정이 표시됩니다.

타임라인

에디터 창 아래에 있는 가로로 길게 배치된 패널입니다. 왼쪽의 **[+트랙]**이라는 부분에 **[Fountain]**이 표시되어 있습니다. 오른쪽에는 막대그래프 같은 것이 있는데, 실시간으로 선이 왼쪽에서 오른쪽으로 움직입니다.

이 선은 이미터의 상황을 실시간으로 표시합니다. 트랙에 있는 Fountain은 이 시스템에 추가된 이미터의 이름입니다(나이아가라 시스템을 만들 때 Fountain이라는 이미터를 추가했었죠?).

나이아가라 시스템에서는 여러 개의 이미터를 포함할 수 있습니다. 각 이미터는 타임라인에 쭉 나열되어 언제 시작되고 종료되는지 그래프로 표시됩니다. 실시간으로 실행되는 지점이 세로줄로 표시되고, 실시간 이펙트 상태가 프리뷰에 나타나는 것입니다.

타임라인 그래프에서 지금 어느 지점을 재생하고 있는지 확인하면서 프리뷰를 보면, 시간의 경과에 따라 이미터가 어떻게 변화하는지 알 수 있습니다.

그림 **4-15** 타임라인 패널에서 각 이미터의 작동을 실시간으로 확인할 수 있습니다.

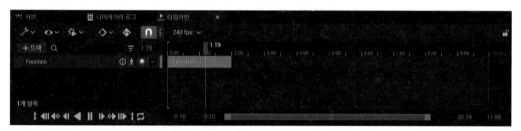

커브

타임라인 상단에 있는 탭 표시 부분에는 타임라인 외에도 몇 개의 탭이 있습니다. 그 중에서 커브 탭을 클릭하면 커브 패널이 표시됩니다.

커브 패널은 이미터에서의 파티클 방출에 관한 값의 변화를 그래프로 나타낼 때 사용됩니다. 예를 들어 '처음에는 선명하게 표시되던 파티클이 방출 후 시간이 지나면서 점차 희미해지고 사라지는 효과'를 설정하려면 시간당 투명도 값이 변화하도록 처리해야 합니다. 이처럼 시간 경과에 따라 점차 변화하는 설정 등에 커브가 사용됩니다.

[Fountain]에는 [Scale Color]라는 파티클의 색상 변화에 관한 설정 항목이 있습니다. 이를 통해 방출된 후 서서히 희미해지는 효과를 얻을 수 있습니다.

그림 4-16 커브 패널에서 값의 변화를 그래프로 설정할 수 있습니다.

MyNiagara와 Fountain

이제 시스템 개요 패널을 살펴봅시다. 시스템 개요 패널에는 MyNiagara와 Fountain 이렇게 2개의 노드가 있습니다.

MyNiagara는 나이아가라 시스템의 설정 등을 나타내며, **시스템 노드**라고 합니다. 이곳에 시스템이 사용할 파라미터와 모듈 등을 추가하고 설정합니다.

Fountain은 나이아가라 시스템에 추가한 이미터 설정을 나타내며, **이미터 노드**라고 합니다. 나이아가라에서 가장 중요한 부분이 바로 이미터 노드 설정입니다.

지금은 노드가 2개뿐이지만 여러 개의 이미터를 추가하면 이미터별로 노드가 생성됩니다. 3개의 이미터를 추가하면 시스템 노드 1개와 각 이미터 노드를 합쳐서 총 4개의 노드가 배치됩니다.

그림 4-17 시스템과 이미터 설정 노드가 준비되어 있습니다.

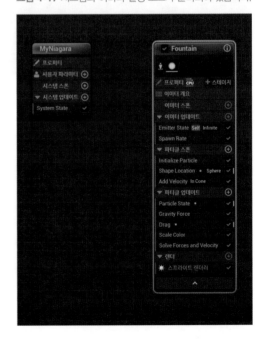

이미터 설정 노드

Fountain 이미터 노드의 설정 항목을 살펴봅시다. [표 4-2]에 이 노드에 있는 각 항목의 역할을 간단히 정리했습니다.

표 **4-2** Fountain의 설정 항목

이미터 스폰	이미터 생성 시 실행되는 초기 설정입니다.
이미터 업데이트	이미터가 업데이트될 때마다 반복 호출되는 설정입니다.
파티클 스폰	파티클 생성 시 실행되는 초기 설정입니다.
파티클 업데이트	파티클이 업데이트될 때마다 반복 호출되는 설정입니다.
렌더	렌더링 시에 실행되는 설정입니다.

이미터와 스프라이트의 초기화나 업데이트 설정, 렌더링 등을 설정할 수 있습니다. 각 항목을 자세히 살펴보면 항목 이름만 있고 아무 설정도 없는 것과 항목 아래에 설정이 표시된 것으로 나누어져 있습니다. 기본적으로는 몇 가지 설정만 준비되어 있습니다.

그림 **4-18** 설정 노드의 [+] 버튼을 클릭하면 추가할 수 있는 설정이 나타납니다.

각 항목 이름 오른쪽에는 ⊕ 버튼이 표시되는데, 이를 클릭하면 해당 항목에 추가할 수 있는 설정이 나타납니다. 필요한 설정을 선택해서 추가하면 됩니다.

이미터 설정

이미터에 기본으로 제공된 설정에 관해 간략히 알아봅시다. 이미터에는 많은 설정이 있지만 기본으로 제공되는 설정은 그리 많지 않습니다.

이미터 노드에 있는 설정 항목을 클릭하면 세부 정보가 오른쪽 선택 패널에 표시됩니다. 항목마다 어떤 세부 정보가 준비되어 있는지 간단하게 정리해보겠습니다.

Emitter State

Emitter State는 이미터 업데이트 그룹에 있으며, Life Cycle과 Scalability라는 세부 설정이 있습니다. Life Cycle은 이미터의 수명 주기(이미터가 생성되고, 사용되고, 소멸되는 주기)에 관한 설정이고, Scalability는 이미터의 확장성에 관한 설정입니다. 각 설정 모드를 [표 4-3]에 정리했습니다.

그림 4-19 Emitter State의 설정 항목

표 4-3 Emitter State의 설정 항목

Life Cycle Mode	라이프 사이클 계산 처리를 시스템이 관리할지 이미터가 관리할지 지정합니다.
Inactive Response	비활성 응답. 비활성 상태가 되었을 때의 처리를 지정합니다. [Complete](완료되면 소멸), [Kill](즉시 소멸), [Continue](시스템이 소멸될 때까지 존속) 중에서 선택합니다.
Loop Behavior	재생 관련 동작을 지정합니다. [Once](한 번만 재생), [Multiple](지정한 횟수만큼 재생), [Infinite](계속 재생) 중에서 선택합니다.
Loop Duration Mode	루프의 유한 또는 무한을 지정합니다.
Loop Duration	루프 시간을 지정합니다.
Loop Delay	다음 루프 재생까지 지연 시간을 지정합니다.
Scalability Mode	확장성 설정 모드입니다. 시스템이나 이미터로 지정합니다.

이 중에서 기억해두어야 할 항목은 Loop Behavior입니다. 이 설정으로 이펙트를 얼마만큼 재생할 것인지 지정할 수 있습니다. Loop Duration과 Loop Delay도 이펙트 재생 시간을 설정할 때 필요합니다.

Spawn Rate

Emitter State 아래에 있는 Spawn Rate는 이미터의 파티클 스폰 비율과 관련이 있습니다. 여기서는 SpawnRate와 SpawnGroup 값을 지정할 수 있습니다.

SpawnRate에는 초당 최대 몇 개의 파티클을 생성할지 지정합니다. 이 값이 커지면 동시에 많은 수의 파티클이 생성됩니다. SpawnGroup에는 카테고리 분류를 위한 그룹 번호를 지정합니다. 일단은 SpawnRate로 파티클 수를 설정할 수 있다는 것만 기억해두세요.

그림 4-20 [Spawn Rate]가 100일 때와 10일 때의 차이

Initialize Particle

파티클 스폰 그룹의 Initialize Particle은 이름 그대로 파티클을 초기화하는 설정입니다. 여러 가지 항목이 있으며, 각각 초깃값을 지정할 수 있습니다. 여기서는 주요 설정 항목 몇 가지를 설명하겠습니다.

● **Point Attributes**

파티클의 기본 위치, 색상, 생존 시간, 질량 등을 설정합니다. 이 항목들은 모두 파티클의 기본적인 동작과 관련이 있습니다. 전부 중요한 항목이므로 전반적인 기능을 기억해두는 것이 좋습니다(표 4-4).

그림 **4-21** Point Attributes의 상세 설정

표 4-4 각 항목의 기능

Lifetime Mode	Lifetime(생존 시간) 설정 방식을 지정합니다. [Random](랜덤)과 [Direct Set](직접 지정) 중에서 선택합니다.
Lifetime Min / Lifetime Max	[Random]을 선택했을 때 최소 생존 시간과 최대 생존 시간을 지정합니다. 지정한 범위 내에서 랜덤하게 파티클의 수명이 결정됩니다.
Lifetime	[Direct Set]을 선택했을 때 생존 시간을 직접 지정합니다.
Color Mode	색상 선정 방식을 지정합니다. [Unset](미지정), [Direct Set](직접 지정), [Random Range](랜덤 범위 지정), [Random Hue/Saturation/Value] 중에서 선택합니다.
Color	[Color Mode]에서 [Direct Set]을 선택했을 때 파티클의 색을 직접 지정합니다.
Color Minimum / Color Maximum / Color Channel Mode	[Color Mode]에서 [Random Range]를 선택했을 때, 색의 최솟값, 최댓값, 채널(RGB, RGA, 랜덤) 등의 값을 지정합니다.
Position Mode	파티클 위치 설정 모드를 지정합니다. [Unset](미지정), [Direct Set](직접 지정), [Simulation Position](시뮬레이션 위치) 중에서 선택합니다.
Position	[Position Mode]에서 [Direct Set]을 선택했을 때 위치를 직접 지정합니다.
Position Offset	[Position Mode]에서 [Unset] 외의 것을 선택했을 때 위치 오프셋(지정된 위치에서 얼마만큼 떨어진 장소로 할 것인가)을 지정합니다.
Mass Mode	파티클의 질량 설정 모드를 지정합니다. [Unset(Mass of 1)], [Direct Set], [Random] 중에서 선택합니다.
Mass	[Mass Mode]에서 [Direct Set]을 선택했을 때 질량을 지정합니다.
Mass Min/Mass Max	[Mass Mode]에서 [Random]을 선택했을 때 최솟값과 최댓값을 지정합니다.

● Sprite Attributes

스프라이트 크기와 회전 각도(방향)를 설정합니다. Sprite Size Mode와 Sprite Rotation Mode 로 모드를 지정하고, 나머지는 선택한 모드에 따라 크기나 각도 등을 설정합니다(표 4-5).

그림 4-22 Sprite Attributes의 상세 설정

표 4-5 Sprite Attributes의 설정 항목

Sprite Size Mode	파티클에서 생성되는 스프라이트의 크기를 설정하는 모드입니다. [Unset](미지정), [Uniform](균등), [Random Uniform](랜덤 균등), [Non-Uniform](비균등), [Random Non-Uniform](랜덤 비균등) 중에서 선택합니다.
Sprite Size / Sprite Size Min, Max / Uniform Sprite Size / Uniform Sprite Size Min, Max	[Sprite Size Mode]에서 지정한 모드에 따라 스프라이트 크기를 설정하는 항목이 제공됩니다.
Sprite Rotation Mode	스프라이트의 방향을 설정하는 모드입니다. [Unset](미지정), [Random](랜덤), [Direct Angle](각도를 0~360으로 지정), [Direct Normalized Angle](정규화된 각도, 0.0~1.0으로 지정) 중에서 선택합니다.
Sprite Rotation Angle	[Sprite Rotation Mode]에서 [Direct Angle/Normalized Direct Angle]을 선택했을 때의 각도를 지정합니다.

Shape Location

파티클 스폰 그룹에 있는 Shape Location에서는 파티클이 방출되는 범위를 나타내는 모양(기본이 되는 도형. 셰이프 액터를 떠올리면 된다)을 설정합니다. 여기에는 [표 4-6]과 같은 항목이 있습니다.

표 4-6 Shape Location의 설정 항목

Shape Primitive	기본형 셰이프. 준비되어 있는 도형 중에서 사용할 모양을 선택합니다.
Shape의 모양 설정	[Shape Primitive]에서 선택한 셰이프의 모양에 관한 설정이 자동으로 그 아래에 추가됩니다. 추가되는 설정은 셰이프에 따라 다릅니다. 예를 들어 Sphere(구)라면 반지름(Radius)이 표시되고, Box(큐브)라면 가로, 세로, 높이가 표시됩니다.

- Distribution

Shape Primitive에서 어떤 셰이프를 선택했는지에 따라 이 부분은 달라집니다. Distribution은 지정한 셰이프를 이용해 파티클의 분포를 설정합니다. 여기서 방향, 크기, 각도 등을 조정하면 선택한 셰이프의 모양에 맞춰 파티클이 방출됩니다.

- Transform

방출되는 파티클의 위치, 크기, 방향 등을 설정합니다. 이 설정도 마찬가지로 셰이프 형태에 따라 설정 항목이 달라집니다.

Shape Location에서는 Shape Primitive에서 어떤 모양을 선택하는지, 선택한 모양을 어떻게 설정하는지가 중요합니다. 여기에 소개한 기본 설정만이라도 꼭 기억해두세요.

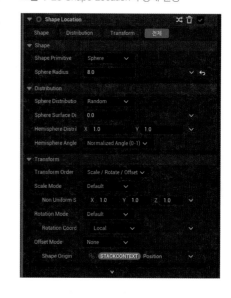

그림 4-23 Shape Location의 상세 설정

Add Velocity

방출되는 파티클에 걸리는 힘을 설정합니다. Velocity Mode로 방출 속도에 관한 모드를 지정하면 선택한 값에 따라 세부 설정 항목이 나타납니다. 가해지는 힘이 변경되면 파티클이 얼마나 빠르게 방출될지, 어디까지 날아갈지 등도 달라집니다. 속도로 이러한 것들을 조정할 수 있습니다.

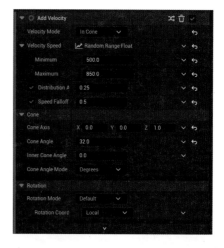

그림 4-24 Add Velocity로 파티클의 속도를 설정할 수 있습니다.

Gravity Force

질량이 설정되어 있으면 파티클은 중력의 영향을 받으며 움직입니다. Gravity Force에서는 파티클에 적용되는 중력을 설정합니다. Gravity 항목에서 x, y, z 축에 중력 값을 설정할 수 있습니다. 즉, 아래로 떨어지는 것뿐만 아니라 옆으로 떨어지거나 위로 올라가는 파티클도 만들 수 있습니다.

그림 4-25 Gravity Force로 중력을 설정합니다.

Scale Color

색상과 관련된 설정입니다. Scale Mode에서 RGB와 알파 채널을 어떻게 다룰지(함께 다룰지, 별도로 다룰지 등)를 지정하고, 그 아래에 표시되는 항목에서 각 색상 값을 설정합니다. 재미있는 점은 기본으로 Scale Alpha(알파 채널 값 설정)에 **[FloatCurve]**가 지정되어 있고, 그래프를 사용해 값이 변화하도록 되어 있다는 것입니다. 이는 앞에서 설명했던 커브 패널에서 설정한 것입니다. 이처럼 색상은 정해진 값을 지정할 수 있을 뿐만 아니라 커브 패널에서 세밀하게 변화를 설정할 수 있습니다(커브 사용에 관해서는 뒷부분에서 설명합니다).

그림 4-26 Scale Mode 설정: Scale Alpha는 커브로 그래프를 이용합니다.

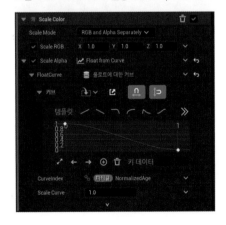

스프라이트 렌더러

스프라이트 렌더링에 관한 상세한 설정을 할 수 있습니다. 설정 중에는 머티리얼이라는 항목이 있는데, 여기서 파티클에 사용될 머티리얼을 지정합니다. 여기서 어떤 머티리얼을 선택하느냐에 따라 빛 입자, 불꽃이나 연기, 레이저 빔이나 천둥 등 시각 효과가 크게 달라집니다.

스프라이트 렌더러에는 렌더링과 관련된 여러 가지 세부 설정이 있지만 지금 기억해둘 것은 **머티리얼**뿐입니다. 나머지는 더 본격적인 파티클을 만들게 되었을 때 다시 살펴보세요.

그림 4-27 스프라이트 렌더러의 머티리얼 항목에서 머티리얼을 설정할 수 있다는 것만 기억해두면 됩니다.

파티클용 머티리얼 준비하기

주요 설정을 대략적으로 파악했으니 실제로 설정을 변경해서 파티클을 다양하게 변화시켜 봅시다.

먼저 스프라이트 렌더러에 있는 머티리얼 설정부터 시작합니다. 이 설정은 파티클에 사용할 머티리얼을 지정하는 것입니다. 여기서 지정한 머티리얼이 그대로 파티클 표면에 그려집니다. 결국 특별한 파티클을 만들고 싶다면 우선 **표시될 머티리얼**부터 만들어야 한다는 뜻입니다.

1. 새로운 머티리얼 생성합니다

[그림 4-28]과 같이 콘텐츠 드로어의 ❶[+추가] 버튼을 클릭하고 ❷[머티리얼] 메뉴를 선택해 새로운 머티리얼 에셋 파일을 생성합니다. 이름은 'myspritematerial'로 설정합니다.

그림 4-28 새로운 머티리얼을 만들고 이름을 'myspritematerial'로 설정합니다.

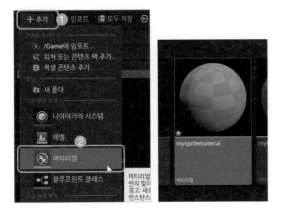

2. 블렌드 모드를 변경합니다

생성한 [myspritematerial]을 더블 클릭해 머티리얼 에디터를 엽니다. 그리고 결과 노드를 선택한 후 [디테일] 패널에서 [블렌드 모드]를 [translucent]로 변경합니다. 그럼 머티리얼이 투과되어 표시됩니다.

그림 4-29 [블렌드 모드]를 [translucent]로 변경합니다.

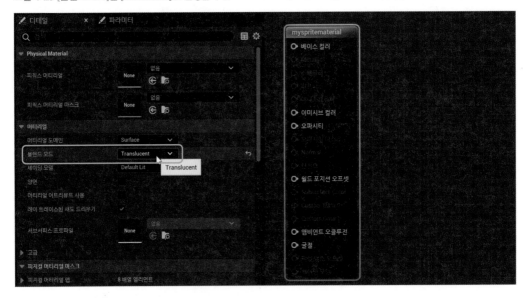

3. Constan4Vector로 이미시브 컬러를 설정합니다

이제 본격적으로 머티리얼을 만들어봅시다. 먼저 색을 설정합니다. 이번에는 베이스 컬러가 아니라 발광색을 지정하는 이미시브 컬러를 사용하겠습니다. **[팔레트]**에서 **[Constants]**에 있는 **[Constant4Vector]**를 그래프에 추가해주세요. 그리고 **[디테일]** 패널에서 **[R]**, **[G]**, **[B]**, **[A]**의 값을 각각 지정해 표시하고 싶은 색상을 설정합니다. 예제에서는 노란색(**[R]**, **[G]**, **[A]**는 '1.0', **[B]**는 '0.0')으로 설정했습니다. 설정이 완료되면 **Constant4Vector의 출력 핀**을 **결과 노드 (myspritematerial)**의 **[이미시브 컬러]**에 연결합니다. 그럼 노란색으로 발광하는 머티리얼이 됩니다.

그림 **4-30** Constant4Vector를 [이미시브 컬러]에 연결합니다.

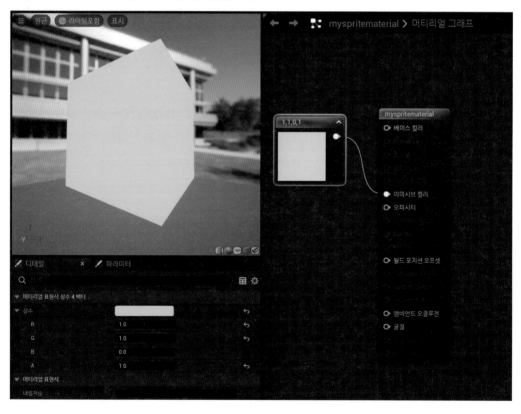

4. RadialGradientExponential을 배치합니다

[팔레트]의 [그레이디언트] 그룹에서 [RadialGradient
Exponential]을 선택해 배치합니다. 이 노드는 우리
가 이전에 그러데이션을 만들 때 사용했던 것입니다.
RadialGradientExponential은 원형 그러데이션을
만들기 위해 사용됩니다. 여기에 값을 지정해서 그러
데이션을 설정합니다.

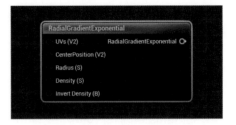

그림 4-31 RadialGradientExponential을 배치합니다.

5. RadialGradientExponential의 CenterPosition을 지정합니다

원의 중심 위치를 지정합시다. [팔레트]의 [Constants] 그룹에서 [Constant2Vector]를 선택해
배치합니다. 이 노드는 2개의 값으로 이루어진 벡터를 제공합니다. 이를 이용해 그러데이션의 중심
위치를 지정할 수 있습니다.

추가한 Constant2Vector의 출력 핀을 RadialGradientExponential의 [CenterPosition]에 연
결하세요. 그리고 Constant2Vector의 [디테일] 패널에서 [R], [G] 값을 각각 '0.5'로 설정합니다.
이렇게 하면 머티리얼을 배치한 면의 중앙부터 그러데이션이 시작됩니다.

그림 4-32 Constant2Vector를 만들어 [CenterPosition]에 연결합니다.

6. RadialGradientExponential의 Radius를 지정합니다

계속해서 그러데이션 반지름을 설정해봅시다. [팔레트]에서 [Constant]를 선택해 추가합니다. 그리
고 [디테일] 패널에서 [값]을 '0.5'로 설정한 뒤 Constant의 출력 핀을 RadialGradientExponential

의 [Radius(S)]에 연결합니다. 이렇게 하면 그러데이션의 반지름이 0.5로 설정되어 면에 딱 맞게 그러데이션됩니다.

그림 **4-33** Constant를 만들어 [Radius(S)]에 연결합니다.

7. RadialGradientExponential을 오파시티에 연결합니다

그러데이션 설정이 완료되었습니다. 이제 **RadialGradientExponential**의 출력 핀을 결과 노드(myspritematerial)의 [오파시티]에 연결합니다. 이렇게 하면 머티리얼의 투명도가 Radial GradientExponential의 그러데이션에 의해 결정됩니다.

연결이 완료되면 프리뷰를 확인해보세요. 표시 모드를 스피어로 하면 잘 알아보기 어려울 수 있으므로 큐브로 변경하고 확인하는 것이 좋습니다. 각 면의 중앙에 원형 그러데이션이 표시될 것입니다.

그림 **4-34** 프리뷰로 확인합니다.

완성된 머티리얼을 나이아가라 시스템에서 사용해봅시다. 앞서 만든 나이아가라 시스템(My Niagara 파일)을 열고 ❶ 이미터 노드(Fountain)의 [렌더]에서 [스프라이트 렌더러]를 선택합니다. 그리고 이 상태로 ❷ [콘텐츠 드로어]에서 조금 전에 완성한 머티리얼(myspritematerial 파일)을 드래그해 나이아가라 에디터 [선택] 패널에 있는 [머티리얼]로 드롭하세요. 그럼 myspritematerial의 머티리얼을 Fountain 이미터에서 사용할 수 있게 됩니다.

그림 4-35 완성된 머티리얼을 설정합니다.

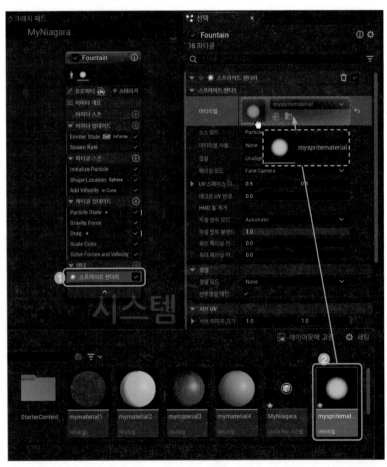

머티리얼을 설정했으니 프리뷰에서 어떻게 표시되는지 확인해봅시다. 처음에는 흰색 파티클이 방출됐는데 이제 myspritematerial에 설정한 색으로 변한 것을 알 수 있습니다.

그림 4-36 프리뷰를 확인해보면 myspritematerial을 사용한다는 것을 알 수 있습니다.

Ⓤ 파티클 크기 변경하기

기본적인 파티클 표시를 설정할 수 있게 됐지만 현재 상태로는 작아서 잘 보이지 않습니다. 그렇다면 이번에는 파티클 크기를 변경해봅시다. 나이아가라 시스템 에디터에서 [Fountain] 노드를 선택하고 [파티클 스폰] 그룹에서 [Initialize Particle]을 선택합니다. 그리고 선택 패널에서 [표 4-7]의 항목을 설정하세요. 이 항목들은 생성되는 파티클의 크기를 설정합니다.

그림 4-37 [Sprite Size Mode]를 [Random Uniform]으로 설정하고 크기 값을 입력합니다.

표 4-7 Fountain의 Initialize Particle 값 설정

Sprite Size Mode	Random Uniform
Uniform Sprite Size Min	10.0
Uniform Sprite Size Max	100.0

그림 4-38 프리뷰로 확인합니다.

수정을 마쳤으면 다시 프리뷰로 확인해봅시다. 크기를 크게 했으므로 상당히 큰 파티클이 만들어졌습니다. 조금 전과 비교해보면 이펙트가 주는 인상도 꽤 달라졌습니다!

🔶 중력 비활성화하기

파티클의 움직임에 큰 영향을 미치는 설정 중 하나는 중력입니다. 현재 파티클의 움직임을 보면 위로 방출된 파티클이 중력에 의해 천천히 떨어지는 것을 알 수 있습니다. 중력을 조정하면 천천히 떨어지거나 떨어지지 않는 파티클을 만들 수도 있습니다.

이미터 노드의 Gravity Force 항목에서 중력을 설정합니다. 이 항목을 비활성화하면 중력이 작용하지 않습니다. 이미터 노드에 있는 [Gravity Force] 체크 상자를 클릭해 중력을 비활성화해보세요. 그럼 중력이 작용하지 않게 되므로 방출된 파티클은 그대로 날아가 사라집니다.

그림 4-39 중력을 비활성화하면 파티클이 떨어지지 않습니다.

🎮 속도 조절하기

이번에는 파티클 방출과 관련된 설정을 조절하겠습니다. 우선 방출되는 속도를 조절해봅시다. 파티클을 방출할 때 가해지는 힘은 [Add Velocity]에서 설정합니다. 이 항목을 선택하고, 선택 패널에서 [표 4-8]과 같이 설정합니다.

표 4-8 Fountain의 Add Velocity 값 설정

Velocity Mode	파티클이 방출되는 형태를 지정합니다. 기본값은 [In Cone]이며, 일정한 범위의 방향으로 힘이 가해집니다. [Linear]로 설정하면 직선 형태로 힘이 가해집니다. 여기서는 [From Point]를 선택합니다. 그러면 한 지점에서 모든 방향으로 힘이 가해집니다
Velocity Speed	가해지는 속도를 지정합니다. 여기서는 [Minimum](최솟값)을 '100.0', [Maximum] (최댓값)를 '1000.0'으로 설정합니다.

그림 4-40 Add Velocity를 설정합니다.

설정을 마쳤으면 프리뷰로 확인해봅시다. 파티클이 모든 방향으로 랜덤하게 방출되는 것을 볼 수 있습니다.

그림 4-41 파티클이 모든 방향으로 방출됩니다.

ⓤ 방출 범위 조정하기

방출되는 범위를 좀 더 좁혀봅시다. 방출 범위는 [파티클 스폰] 그룹의 [Shape Location]에서 설정합니다. 이미터 노드에서 ❶ [Shape Location]을 선택하면 ❷ [선택] 패널에 세부 설정 항목이 나타납니다. [표 4-9]와 같이 설정하세요.

그림 4-42 Shape Location을 설정합니다.

표 4-9 Fountain의 Shape Location 값 설정

Shape Primitive	방출 범위에 이용할 형태를 지정합니다. 초깃값은 [Sphere]로 설정되어 있어 파티클이 모든 방향으로 방출됩니다. 이를 [Cone]으로 변경해봅시다. 이렇게 하면 원뿔 형태의 범위 안으로 파티클이 방출되며, 방출 범위인 원뿔에 관한 설정이 추가됩니다.
Cone Length	원뿔의 길이. 여기서는 '1.0'으로 지정합니다.
Cone Angle	원뿔의 각도. 여기서는 '90'으로 지정합니다.
Cone Inner Angle	안쪽 원뿔 각도. 이 각도를 지정하면 Cone Inner Angle에서 Cone Angle 각도 사이로 방출됩니다. 이번에는 그대로 '0'으로 둡니다.

이제 일정한 범위에서 원뿔 형태로 파티클이 방출됩니다. 프리뷰로 확인해봅시다. 방출 범위까지 조정할 수 있으면 파티클 방출을 상당히 세밀하게 제어할 수 있게 됩니다.

그림 4-43 원뿔 모양으로 파티클이 방출됩니다.

(U) 이미터 저장하기

이제 필요에 따라 조정된 이미터로 파티클을 방출할 수 있게 됐습니다. 그럼 이 이미터를 다른 나이아가라 시스템에서도 사용할 수 있도록 에셋 파일로 저장해봅시다.

1. 저장용 대화 창을 엽니다

그래프에 있는 [Fountain] 노드를 마우스 오른쪽 버튼으로 클릭하면 나타나는 메뉴에서 [여기에서 에셋 생성]을 선택합니다.

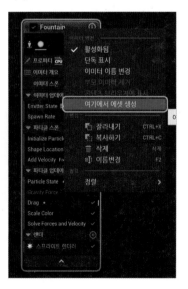

그림 4-44 [여기에서 에셋 생성]을 선택합니다.

2. 파일을 저장합니다

파일을 저장하기 위한 대화 창이 나타납니다. 여기에서 파일 이름을 'MyFountain'으로 설정하고 [저장] 버튼을 클릭합니다.

그림 4-45 파일 이름을 입력하고 저장합니다.

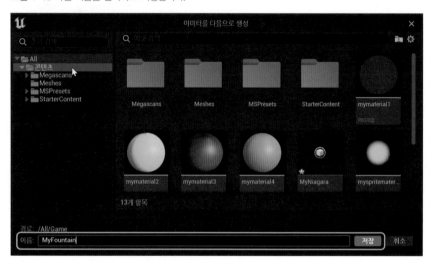

이미터 에디터

MyFountain이 파일로 저장되고 이미터 에디터가 열립니다. 보다시피 기본적으로는 나이아가라 시스템 에디터와 같습니다. 다만 나이아가라 시스템 노드가 없고 이미터의 노드만 있습니다. 에디터 사용법은 같다고 생각해도 좋습니다.

그림 4-46 생성된 이미터의 에디터 화면

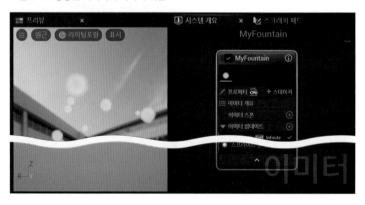

🎮 MyFountain 이미터 사용하기

생성한 MyFountain 이미터를 사용해봅시다. MyNiagara의 시스템 에디터를 열고, 그래프 부분을
마우스 오른쪽 버튼으로 클릭해서 팝업 메뉴를 호출합니다. 그리고 **[이미터 추가]** 메뉴를 선택합니다.

그림 **4-47** [이미터 추가]를 선택합니다.

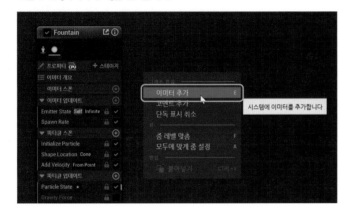

1. 이미터를 추가합니다

그 자리에 추가할 이미터 목록이 나타납니다. 목록에서 앞서 만든 **[MyFountain]**을 선택합니다.
이 이미터는 상단의 **[부모 이미터]** 필터를 클릭해야 나타납니다(기본으로 **[Templates]**가 선택되
어 있어 표시되지 않으니 주의하세요).

그림 **4-48** 목록에서 [MyFountain]을 선택합니다.

그럼 에디터의 그래프에 MyFountain 노드가 추가됩니다. 이제 MyNiagara에서 MyFountain을 사용할 수 있게 됐습니다.

그림 4-49 MyFountain 노드가 추가됩니다

2. Fountain을 삭제합니다

원래 있던 Fountain을 더 이상 사용하지 않으므로 삭제하겠습니다. [Fountain] 노드를 마우스 오른쪽 버튼으로 클릭하면 나타나는 메뉴에서 [삭제]를 선택합니다. 또는 노드를 선택한 상태에서 Delete 키를 눌러도 삭제할 수 있습니다(사실 나중에 다시 Fountain을 사용할 것이므로 삭제하지 않고 방해되지 않는 곳에 치워두어도 상관없습니다).

그림 4-50 [삭제]를 클릭해 Fountain을 삭제합니다.

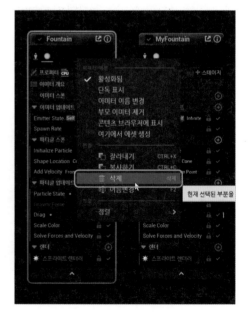

3. 프리뷰를 확인합니다

이제 MyFountain을 MyNiagara에서 사용할 수 있도록 설정했습니다. 프리뷰에서 확인해봅시다.

그림 4-51 MyFountain이 재생됩니다.

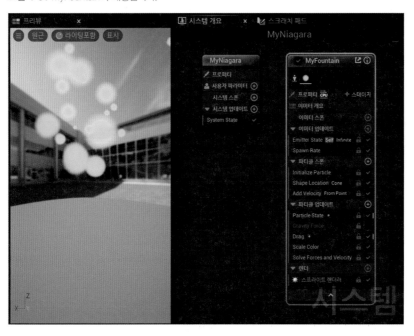

ⓤ 여러 개의 이미터 사용하기

나이아가라 시스템은 여러 개의 이미터를 조합한 이펙트를 생성할 수 있습니다. 이미터 사용법을 알았으니 여러 개의 이미터를 이용해봅시다.

1. 이미터를 추가합니다

[MyNiagara]의 그래프 부분을 마우스 오른쪽 버튼으로 클릭해 [이미터 추가] 메뉴를 선택합니다. 표시된 이미터 목록에서 [템플릿]에 있는 [Fountain]을 선택합니다. 이 이미터는 조금 전에 삭제한 Fountain 이미터와 같습니다.

그림 4-52 [이미터 추가] 메뉴에서 [Fountain]을 선택해 이미터를 추가합니다.

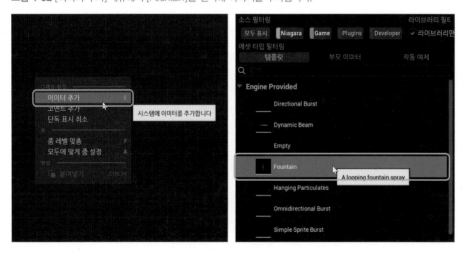

그래프에 Fountain 이미터가 추가됐습니다. 2개의 이미터 노드를 각각 설정할 수 있습니다.

그림 4-53 Fountain 노드가 추가됩니다.

2. 타임라인을 확인합니다

여기서 하단에 있는 타임라인 패널을 살펴보겠습니다. 타임라인에는 추가된 두 이미터의 타임라인이 표시됩니다. 이 타임라인을 통해 각 이미터가 언제 작동하는지 알 수 있습니다.

[그림 4-54]에서 볼 수 있듯이 두 이미터 모두 첫머리에 짧은 바가 달려 있습니다. 아직 이미터 재생 시간 관련 설정을 하지 않았기 때문입니다.

그림 4-54 타임라인에 2개의 이미터가 표시됩니다.

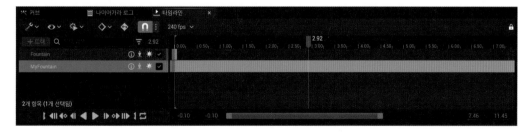

3. 타임라인의 잠금을 해제합니다

재생 시간을 조정하기 전에 타임라인 패널 오른쪽 상단에 보이는 자물쇠 모양 아이콘을 클릭하세요. 자물쇠가 열린 모양으로 바뀝니다. 이제 타임라인을 편집할 수 있습니다. 잠금 상태에서는 타임라인을 변경할 수 없으니 주의하세요.

그림 4-55 타임라인 잠금을 해제합니다.

4. MyFountain의 재생 시간을 설정합니다

재생 시간을 조정해봅시다. 우선 MyFountain부터 시작하겠습니다. ❶ [MyFountain] 노드에서 [Emitter State]를 클릭하세요. 그리고 ❷ [선택] 패널에서 [표 4-10]과 같이 설정을 변경합니다.

그림 4-56 MyFountain의 재생 시간을 설정합니다.

표 4-10 MyFountain의 Emitter State 값 설정

Loop Behavior	재생에 관한 설정입니다. 한 번만 재생되도록 [Once]로 변경합니다.
Loop Duration Mode	[Fixed]를 선택합니다. 고정된 시간 동안 재생됩니다.
Loop Duration	재생 시간입니다. '1.0'으로 설정합니다.

설정을 마치면 MyFountain은 1초만 재생되고 정지합니다.

CHAPTER1
CHAPTER2
CHAPTER3
CHAPTER4
CHAPTER5
CHAPTER6
CHAPTER7

5. Fountain의 재생 시간을 설정합니다

이번에는 Fountain의 재생 시간을 설정할 차례입니다. ❶ [Fountain] 노드의 [Emitter State]를 선택하고 ❷ [선택] 패널에서 [표 4-11]과 같이 설정합니다.

그림 4-57 Fountain의 재생 시간을 설정합니다.

표 4-11 Fountain의 Emitter State 값 설정

Loop Behavior	마찬가지로 [Once]로 변경합니다.
Loop Duration Mode	[Fixed]를 선택합니다. 고정된 시간 동안 재생됩니다.
Loop Duration	재생 시간입니다. '2.0'으로 설정합니다.
Loop Delay	체크해서 활성화하면 값을 입력할 수 있습니다. 재생 시간까지 대기하는 시간을 지정하는 것이므로, 여기서는 '1.0'으로 설정합니다.

설정을 마치면 이펙트가 시작되고 1.0초가 경과한 시점에 2.0초 동안 재생됩니다. 즉, MyFountain의 이펙트가 끝나고 나서 Fountain이 재생되도록 설정한 것입니다.

6. 타임라인을 확인합니다

타임라인이 어떻게 움직이는지 확인해봅시다. 재생 시간을 나타내는 바의 표시로 My Fountain이 재생된 후에 Fountain이 재생되는 것을 확인할 수 있습니다. 설정한 대로 작동하는지 확인했으면 타임라인 오른쪽 상단의 자물쇠 아이콘(🔒)을 클릭해 다시 잠금 상태로 변경합니다.

그림 4-58 타임라인에서 두 이미터의 재생 시간을 확인합니다.

7. 프리뷰를 확인합니다

설정이 완료되면 프리뷰에서 확인해보세요. MyFountain의 이펙트가 재생되고 그 후에 Fountain의 이펙트가 재생되는 것을 볼 수 있습니다. 이렇게 타임라인을 조정해 여러 개의 이미터를 필요에 따라 순서대로 재생할 수 있습니다.

그림 4-59 MyFountain이 재생된 후 Fountain이 재생됩니다.

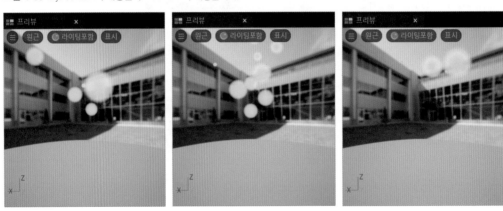

커브 패널 사용하기

타임라인은 이펙트의 시간 경과를 시각적으로 표현하는데, 설정되는 값의 변화를 시각적으로 나타내는 커브 패널도 있습니다. 이번에는 커브 패널의 사용법을 배워봅시다.

커브 패널

커브 패널은 수치로 설정된 항목의 값을 실시간으로 변경하고 싶을 때 사용됩니다. Fountain의 Scale Color에서 기본으로 사용되는데, [Scale Color]를 선택하면 [선택] 패널에 [Scale RGB]와 [Scale Alpha] 설정 항목이 표시됩니다. 여기서 알파 채널 설정을 위한 [Scale Alpha]에 [Float from Curve]라는 값이 설정되어 있습니다. 이 설정이 커브에 의한 값을 나타내는 것입니다.

그림 4-60 [Scale Alpha] 가 [Float from Curve]로 설정되어 있습니다.

커브 설정하기

수치로 설정할 경우 직접 값을 입력하거나 ☑ 표시를 클릭해서 준비된 다른 값으로 대체할 수 있습니다. [그림 4–61]과 같이 ❶ ☑ 표시를 클릭하면 사용할 수 있는 값 목록이 드롭다운 메뉴로 나타납니다. 여기서 ❷ [Float from Curve]를 선택하면 커브 패널에 항목이 추가되고 커브에 설정된 값이 사용됩니다.

CHAPTER1
CHAPTER2
CHAPTER3
CHAPTER4
CHAPTER5
CHAPTER6
CHAPTER7

그림 4-61 [Float from Curve]를 선택하면 커브를 설정할 수 있습니다.

커브 패널 열기

타임라인이 표시된 영역에서 [커브] 탭을 클릭하면 커브 패널로 전환됩니다. [커브] 패널의 왼쪽 목록에는 [Fountain] 항목이 있으며, 그 안에 [Scale Color]가 있고 또 그 안에 [Scale Alpha]가 있습니다. [Scale Alpha]를 선택하면 Scale Alpha에 할당된 커브가 오른쪽에 표시됩니다.

그림 4-62 커브 패널: Scale Alpha의 커브가 추가되어 있습니다.

키 조작하기

커브의 시작 지점과 종료 지점에는 점이 붙어 있습니다. 이 점을 **키**라고 하는데, 커브는 키와 키 사이를 직선이나 곡선으로 연결하는 형태로 만들어집니다.

키를 클릭하면 좌우에 **컨트롤 포인트**가 나타납니다. 이 컨트롤 포인트 끝의 ○ 부분을 드래그하면 곡선이 휘는 정도를 조절할 수 있습니다. 또한 키의 ○ 부분을 그대로 드래그하면 키의 위치를 상하좌우로 움직일 수 있습니다.

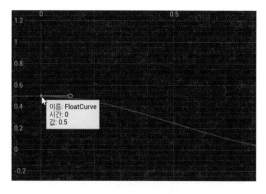

그림 4-63 커브의 키를 드래그해서 움직일 수 있습니다.

커브 편집하기

커브를 변경해봅시다. 커브는 키와 키를 연결해서 만듭니다. 따라서 복잡한 곡선을 만들고 싶으면 키를 추가해야 합니다.

1. 키를 추가합니다

두 키의 가운데 부분에서 마우스 오른쪽 버튼을 클릭합니다. 메뉴가 팝업되어 표시되면 **[키 추가]**를 선택합니다. 그럼 지정한 위치에 키가 추가됩니다.

그림 4-64 [키 추가]를 선택합니다.

CHAPTER1
CHAPTER2
CHAPTER3
CHAPTER4
CHAPTER5
CHAPTER6
CHAPTER7

2. 키를 움직입니다

이제 3개의 키가 준비됐습니다. 그럼 이 키를 마우스로 드래그해서 가운데가 위로 볼록한 곡선을 만들어봅시다. 시작 키와 종료 키의 값은 '0'으로 설정하고, 새로 추가한 중앙 키는 '1.0'으로 설정합니다. 이렇게 하면 지정한 형태로 값이 증감하는 커브가 만들어집니다.

그림 4-65 키를 조작해 산처럼 위로 볼록한 곡선을 만듭니다.

키의 큐빅 보간

만들어진 곡선을 자세히 보면 중앙에 추가한 키부터 종료 키까지의 구간이 곡선이 아니라 직선인 것을 알 수 있습니다. 키를 추가한 이후의 부분은 직선으로 처리되기 때문입니다.

처음과 마지막 키 부분이 부드러운 곡선이 되는 이유는 3차 보간법 cubic interpolation 을 의미하는 큐빅 보간을 이용해 부드럽게 변화하도록 값이 저장되어 있기 때문입니다. 큐빅 보간을 설정하면 중앙에 추가한 키 이후의 부분도 부드러운 곡선으로 만들 수 있습니다.

중앙 키를 선택한 상태에서 패널 상단에 있는 큐빅 보간 아이콘(⬛)을 클릭하세요. 여러 가지 보간 방식이 제공되는데 아이콘을 클릭하기만 하면 설정됩니다.

이제 키를 추가하고 곡선을 원하는 대로 조정할 수 있게 됐습니다. 커브를 사용하면 이처럼 수치 설정을 실시간으로 변화시킬 수 있습니다. 설명에서는 Scale Alpha의 커브를 사용했지만 다른 설정의 경우에도 수치를 다룰 때 Float from Curve로 지정해서 커브를 할당할 수 있습니다. 실제로 몇 가지 설정에서 커브를 추가해보면 커브 사용법을 더 잘 이해할 수 있을 것입니다.

그림 **4-66** 큐빅 보간 아이콘을 클릭하면 컨트롤 포인트가 추가되어 커브를 조정할 수 있습니다.

🎮 나이아가라 모듈

이제 나이아가라 시스템과 이미터의 작동 방식에 관해 꽤 많은 지식을 얻었습니다. 이미터에는 많은 설정이 준비되어 있으며, 이를 조정하여 이미터나 파티클의 표시와 움직임을 변경할 수 있습니다.

그런데 이런 설정들은 내부에서 어떻게 작동하는 걸까요? 잠시 그 속을 들여다보겠습니다.

Spawn Rate 모듈

❶ 그래프에 있는 [MyFountain]에서 [Spawn Rate] 항목을 찾아보세요. 이 항목에는 방출되는 파티클의 수를 설정합니다. 이 항목을 마우스 오른쪽 버튼으로 클릭하면 표시되는 메뉴에서 ❷ [에셋을 열고 포커스]를 선택합니다.

그림 **4-67** [에셋을 열고 포커스]를 선택합니다.

나이아가라 에디터 창에 새로운 창이 열립니다. 머티리얼 에디터처럼 나란히 배치된 여러 노드가 연결되어 있습니다. 이것은 블루프린트 프로그램으로, Spawn Rate의 내용이라고 할 수 있습니다. 이미터 노드에 준비된 설정 항목은 실제로는 **모듈**이라고 불리는 프로그램입니다. 설정을 추가하면 해당 모듈이 내장되고 실행됩니다. 즉, 직접 모듈을 작성하면 이미터에 독자적인 기능을 추가할 수 있습니다.

그림 4-68 Spawn Rate를 열어보면 블루프린트 프로그램으로 되어 있습니다.

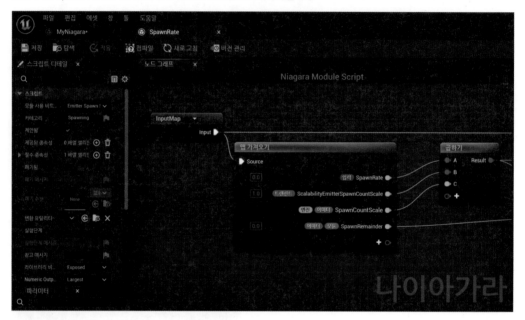

🎮 새로운 모듈 생성하기

간단한 모듈을 직접 만들어봅시다. 방금 열었던 SpawnRate 탭 부분의 닫기 버튼(X 표시)을 클릭해서 닫고 MyNiagara 편집 화면으로 돌아옵니다. 여기에 배치된 MyFountain 이미터에 모듈을 만들어보겠습니다.

1. 모듈 에디터를 엽니다

그래프에 배치된 ❶ [MyFountain] 노드의 [파티클 업데이트]에 있는 ⊕ 버튼을 클릭합니다. 그 자리에 추가할 항목을 선택하는 팝업 목록이 표시되면 그중 맨 아래에 있는 ❷ [새 스크래치 패드 모듈]을 선택합니다.

그림 4-69 [새 스크래치 패드 모듈]을 선택합니다.

2. MyModule1 모듈을 생성합니다

새 모듈 에디터가 열립니다. 왼쪽에 [스크래치 스크립트 선택기] 패널이 표시되고, 그곳에 있는 [모듈] 부분에 새로운 모듈이 추가됩니다. 여기에 'MyModule1'이라고 입력합시다. 이것이 새로 작성할 모듈의 이름이 됩니다.

그림 4-70 이름을 'MyModule1'로 설정합니다.

🅤 모듈의 노드

생성된 모듈에는 기본으로 몇 개의 노드가 있습니다. 각 노드를 [표 4-12]에 간단히 정리했습니다.

표 4-12 생성된 모듈의 노드

InputMap	노드로의 입력을 반환합니다. 프로그램의 시작 지점입니다.
맵 가져오기	파라미터 맵에서 여러 값을 가져옵니다.
맵 설정	파라미터 맵을 설정하고 값을 갱신합니다.
모듈 출력	모듈의 종료 지점입니다.

모듈의 시작과 끝, 파라미터 취득과 갱신 등 모듈 프로그램에 필요한 최소한의 노드가 준비되어 있는 것을 알 수 있습니다. 이 기본 노드를 바탕으로 필요한 처리를 하는 노드를 추가하고 연결해서 모듈을 만듭니다.

그림 4-71 모듈에 기본으로 준비되어 있는 노드입니다.

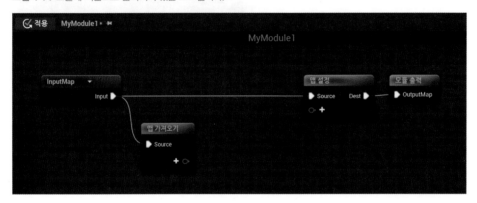

🅤 모듈의 파라미터

모듈에서는 필요한 값을 입력받아 처리할 수 있습니다. 각종 파라미터는 [스크래치 스크립트 선택기] 패널에 있는 [스크래치 스크립트 파라미터]라는 곳에서 관리합니다.

CHAPTER1
CHAPTER2
CHAPTER3
CHAPTER4
CHAPTER5
CHAPTER6
CHAPTER7

스크래치 스크립트 파라미터

[모듈] 부분에 있는 [MyModule1]이 선택되어 있으면 [스크래치 스크립트 파라미터]에 MyModule1 모듈에서 이용하는 파라미터 목록이 표시됩니다. 여기서 사용하고 싶은 파라미터를 추가합니다.

그림 4-72 [MyModule1]이 선택되어 있으면 스크래치 스크립트 파라미터에 My Module1의 파라미터 목록이 표시됩니다.

모듈 입력에 파라미터 추가하기

여기에 파라미터를 추가합시다. 모듈에는 외부에서 값을 설정할 수 있는 파라미터를 만들 수 있습니다. 이것은 모듈 입력이라는 파라미터로 작성합니다. ❶ [모듈 입력] 오른쪽에 있는 [+] 버튼을 클릭합니다. 그런 다음 팝업 목록 중 ❷ [일반] 그룹 안에 있는 [플로트]를 선택하면 float형 파라미터가 추가됩니다. 이름은 'addValue'라고 설정합니다.

그림 4-73 [모듈 입력]에 있는 [+] 버튼을 클릭해 [플로트]를 선택하고 'addValue' 파라미터를 추가합니다.

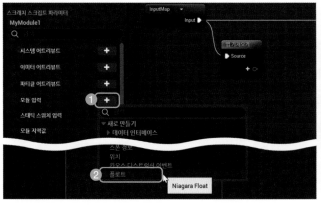

파티클 어트리뷰트에 파라미터 추가하기

직접 모듈에 파라미터를 생성할 수도 있지만 나이아가라 시스템에서 제공하는 파라미터를 가져와서 사용할 수도 있습니다. 가져오고 싶은 값을 스크래치 스크립트 파라미터에 추가하면 사용할 수 있게 됩니다.

이번에는 파티클 관련 속성을 이용해보겠습니다. ❶ [파티클 어트리뷰트]의 [+]를 클릭하면 나타나는 목록에서 ❷ [Sprite Renderer] 그룹에 있는 [SpriteSize]를 선택해 추가해봅시다. 이것은 스프라이트의 크기를 나타내는 파라미터입니다.

그림 4-74 파티클 어트리뷰트에 SpriteSize 파라미터를 추가합니다.

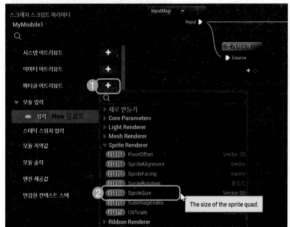

SpriteSize를 조절하는 처리 만들기

필요한 파라미터가 준비됐으니 이제 프로그램을 작성해봅시다. 아직 블루프린트 프로그램에 관해 자세히 설명하지 않았기 때문에 설명을 읽어도 이해하기 어려울 수 있습니다. 하지만 **필요한 처리를 하는 노드를 만들고 노드를 연결해서 순서대로 실행한다**는 기본적인 흐름은 동일합니다. 아직은 '대략 이런 작업을 하는 것 같다' 정도만 알고 세부적인 내용은 몰라도 괜찮습니다.

1. 맵 가져오기 노드에 핀을 추가합니다

우선 [맵 가져오기] 노드에 프로그램에서 사용할 파라미터의 핀을 추가해봅시다. ❶ 노드 오른쪽에 있는 [+] 표시를 클릭하면 추가할 파라미터를 선택할 수 있는 목록이 나타납니다. 이 중 ❷[기존 파라미터 추가] 부분에 방금 추가한 [SpriteSize]와 [addValue]가 표시되어 있을 것입니다. 이를 차례대로 선택해주세요. 항목을 선택하면 맵 가져오기 노드 오른쪽에 선택한 파라미터의 핀이 추가됩니다. 이제 파라미터의 값을 꺼내서 사용할 수 있습니다.

그림 4-75 파티클 어트리뷰트에서 파라미터를 추가합니다.

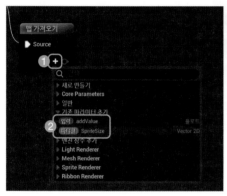

2. 추가 노드를 생성합니다

이번에는 두 값을 더하는 노드를 만들어봅시다. 그래프를 마우스 오른쪽 버튼으로 클릭하면 나타나는 목록의 [숫자] 그룹에서 [추가]를 선택합니다.[7]

그림 4-76 추가 노드를 생성합니다.

옮긴이_7 이 노드는 'Add'라는 노드인데, 한글 버전 언리얼 엔진에는 '더하기'가 아닌 '추가'로 번역되어 있습니다.

3. 맵 가져오기와 추가 노드를 연결합니다

이번에는 **맵 가져오기** 노드의 [SpriteSize], [addValue]를 각각 추가 노드의 [A], [B]에 연결합니다. 이것으로 두 값을 더한 값을 얻을 수 있게 됩니다.

그림 4-77 맵 가져오기의 출력 핀을 추가의 입력 핀에 연결합니다.

4. Vector 2D 만들기 노드를 생성합니다

노드를 하나 더 만들겠습니다. 그래프를 마우스 오른쪽 버튼으로 클릭하면 나타나는 목록에서 [만들기] 그룹에 있는 [Vector 2D]를 선택하세요. 이 노드는 여러 개의 값을 하나로 묶어서 다룰 때 사용됩니다. 이번에 사용할 Vector 2D는 두 값으로 구성된 벡터를 만드는 노드입니다.

앞서 머티리얼 부분에서 4개의 값으로 구성된 Make4Float를 만든 적이 있습니다. 그와 비슷하다고 생각하면 됩니다.

그림 4-78 Vector2D 만들기 노드를 생성합니다.

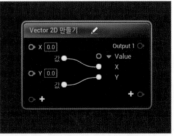

5. 맵 설정 노드에 핀을 추가합니다

생성할 노드는 이게 전부이지만 맵 설정 노드에 핀을 추가하는 작업이 하나 더 남았습니다. [맵 설정] 노드 왼쪽에 있는 ❶ [+]를 클릭하면 나타나는 목록 중 ❷ [기존 파라미터 추가]에서 [SpriteSize]를 선택해 핀을 추가합니다. 이제 SpriteSize 값을 받아 업데이트할 수 있습니다.

그림 4-79 맵 설정 노드에 SpriteSize의 핀을 추가합니다.

6. 노드를 연결합니다

이제 생성한 노드를 연결해봅시다. **추가 노드의 [Result]를 Vecter 2D 만들기 노드의 [X]와 [Y]에** 각각 연결합니다. 이어서 **Vector 2D 만들기 노드의 [Output 1]**을 맵 설정 노드의 [SpriteSize]에 연결합니다. 모든 노드 입출력을 연결했습니다. 이것으로 프로그램이 완성됐습니다.

그림 4-80 Vector 2D 만들기, 추가, 맵 설정 노드의 핀을 연결합니다.

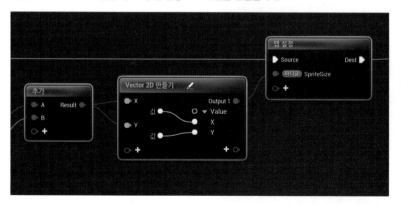

7. 모듈을 적용합니다

프로그램이 완성됐으면 그래프 상단에 있는 [적용] 버튼을 클릭합니다. 이제 스크래치 패드의 프로그램이 모듈에 반영됩니다. 이 과정을 깜박하면 모듈이 최신 상태로 적용되지 않으니 주의하세요.

그림 4-81 [적용] 버튼을 클릭합니다.

(u) MyModule1 모듈 사용하기

이제 MyModule1 모듈을 사용해보겠습니다. 나이아가라 시스템 그래프의 MyFountain에 우리가 만든 MyModule1 모듈이 추가됐습니다. 이를 선택하면 [선택] 패널에 [addValue]가 표시되는데 이를 클릭합니다. addValue는 우리가 모듈에 추가한 입력 파라미터입니다. 입력 파라미터를 추가하면 설정 항목에서 값을 입력할 수 있게 됩니다. 여기에 '1.0'이라는 값을 입력해봅시다.

그림 4-82 [MyModule1]을 선택하면 [addValue]라는 설정이 표시됩니다. 여기에 '1.0'을 입력합니다.

수정이 끝났으면 프리뷰에서 작동을 확인합니다. MyModule1은 스프라이트의 크기를 나타내는 SpriteSize에 addValue 값을 더해 크기를 키우는 역할을 합니다. 프리뷰로 확인하면 이펙트가 시작되고 끝날 때까지 파티클이 조금씩 커지는 것을 알 수 있습니다.

작동을 확인했으면 addValue 값을 다양하게 변경해보세요. 값을 크게 하면 빠르게 파티클이 거대해지고, 음수를 입력하면 파티클이 작아집니다.

이제 **모듈을 만들고 처리를 실행하는 과정**이 어떻게 이루어지는 이해했을 것입니다.

그림 4-83 실행하면 파티클이 조금씩 커집니다.

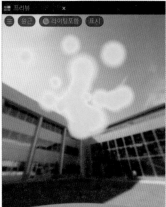

(u) 나이아가라 시스템 사용하기

이제 나이아가라 시스템을 꽤 많이 이해할 수 있게 됐을 것입니다. 마지막 단계로, 생성한 나이아가라 시스템을 사용하는 방법을 간단히 알아봅시다.

나이아가라 시스템은 에셋 파일로 제공됩니다. 따라서 사용할 때는 에셋을 레벨에 드래그 앤 드롭해서 추가합니다. [콘텐츠 드로어] 열고 생성한 [MyNiagara] 파일 아이콘을 드래그해 레벨에 드롭합니다.

CHAPTER1
CHAPTER2
CHAPTER3
CHAPTER4
CHAPTER5
CHAPTER6
CHAPTER7

그림 4-84 [MyNiagara]를 레벨에 드래그 앤 드롭해서 배치합니다.

레벨에 MyNiagara 시스템이 추가됐습니다. 이렇게 하면 아마도 효과가 재생될 것입니다.

배치된 나이아가라 시스템은 아이콘만 표시되고 실제로는 아무것도 표시되지 않습니다(효과가 실행되면 파티클 등은 표시되지만 나이아가라 시스템 자체는 표시되지 않습니다).

아이콘은 필요에 따라 이동이나 회전 기즈모가 표시되므로 위치, 방향, 크기 등을 조정할 수 있습니다. 사용법은 일반적인 액터와 동일합니다.

그림 4-85 나이아가라 시스템의 액터: 이동 또는 회전시키거나 크기를 조절할 수 있습니다.

나이아가라 시스템의 주요 설정

배치된 [MyNiagara]를 선택하면 [디테일] 패널에 세부 설정 정보가 표시됩니다. 주요 설정에 관해 간략하게 정리해봅시다.

먼저 가장 많이 사용되는 설정은 [활성화] 아래에 있는 [자동 활성화]입니다. 자동 활성화는 레벨을 시작함과 동시에 자동으로 이펙트를 시작하는 것입니다. 이 기능을 켜두면 실행하자마자 이펙트가 시작됩니다.

이 설정을 끄면 프로그램 등을 통해 명시적으로 이펙트를 시작하지 않는 한 이펙트가 실행되지 않습니다. 예를 들어 무기 발사나 폭발 등 특정 타이밍에 맞춰 이펙트를 실행시켜야 할 경우 미리 자동 활성화를 꺼놓고 필요할 때 재생하는 방식으로 사용할 수 있습니다.

그림 4-86 [자동 활성화]에 체크해두면 자동으로 이펙트가 시작됩니다.

나이아가라 설정

[디테일] 패널에는 [나이아가라] 항목이 있습니다. 여기에 나이아가라 시스템의 기본 설정이 제공됩니다.

나이아가라 시스템 에셋은 이 액터에서 사용하는 나이아가라 시스템을 나타냅니다. 기본으로 [MyNiagara]가 설정되어 있지만 다른 것으로 변경할 수도 있습니다.

[MyNiagara]라고 시스템 이름이 표시된 부분을 클릭하면 사용 가능한 나이아가라 시스템 목록이 드롭다운 메뉴로 표시됩니다. 여기에서 다른 시스템으로 변경할 수 있습니다.

[나이아가라 틱 비헤이비어 Niagara Tick Behavior]는 나이아가라의 틱(프레임별 실행) 동작에 관한 설정입니다. 모든 준비가 완료된 상태에서 실행할 것인지, 확인하지 않고 강제로 실행할 것인지 등을 지정합니다. 당장은 사용할 필요가 없을 것입니다.

그림 4-87 나이아가라 설정

무작위성 설정

[무작위성]에는 **[랜덤 시드 오프셋]**이라는 설정이 있습니다. 이것은 난수 시드 설정입니다. 나이아가라 이미터에서는 파티클을 방출할 때 무작위로 출력하는 경우가 많습니다. 이런 효과는 난수를 사용해 위치나 방향 등을 설정해서 구현합니다.

하지만 컴퓨터의 난수는 어디까지나 의사 난수pseudo-random number이기 때문에, 예를 들어 여러 개의 나이아가라 시스템을 배치해 동시에 실행시키면 무작위적이어야 함에도 불구하고 모두 똑같은 파티클을 방출할 수 있습니다. 그래서 랜덤 시드 오프셋을 통해 난수의 시드를 조금씩 변화시켜 동일한 난수가 사용되지 않도록 하는 것입니다.

그림 4-88 무작위성 설정

머티리얼 설정

머티리얼에는 이미터에서 방출되는 파티클의 머티리얼을 설정하는 항목이 있습니다. MyNiagara에서는 2개의 이미터를 사용하므로 2개의 엘리먼트가 표시되며 각각 머티리얼이 설정됩니다.

단, 실제로 시도해보면 알겠지만 여기서 머티리얼을 선택해도 실제 파티클은 변경되지 않습니다. 이미터에서 설정된 것이 그대로 사용됩니다.

그림 4-89 머티리얼 설정

ⓤ 블루프린트를 먼저 배워야 합니다

나이아가라 시스템은 복잡한 이펙트도 만들 수 있는 매우 정교한 이펙트 시스템입니다. 다만 예를 들어 분수의 물이나 모닥불의 불꽃처럼 항상 재생되는 것을 배치할 수는 있지만 '총을 쏘면 발사된다', '미사일이 닿으면 폭발한다'와 같은 이펙트를 만들 수는 없습니다. 이때는 실제로 처리를 실행해서 발생한 이벤트에 따라 이펙트가 재생되는 시스템을 만들어야 하며, 그러기 위해서는 언리얼 엔진의 프로그래밍(블루프린트)을 배워야만 합니다.

CHAPTER1
CHAPTER2
CHAPTER3
CHAPTER4
CHAPTER5
CHAPTER6
CHAPTER7

4.3 랜드스케이프 생성하기

🟣 랜드스케이프란?

나이아가라 시스템은 시각적 효과를 만드는 기능이었으며, 이제 액터와 이펙트라는 가장 중요한 시각적 요소가 준비됐습니다.

그런데 시각적 요소가 이것뿐일까요? 사실 그에 못지않게 중요한 것이 또 하나 있습니다. 바로 **배경**입니다.

게임에서는 다양한 장면이 사용됩니다. 건물 내부에서 걷는 장면뿐만 아니라 바다나 산을 달리는 장면을 만드는 경우도 있겠죠. 이런 배경을 셰이프 액터를 조합해 만들기란 어렵습니다.

언리얼 엔진은 지형 3D 모델을 만드는 전용 도구를 제공합니다. 그것이 랜드스케이프^{Landscape} 입니다.

이 툴은 모드^{Mode}로 제공됩니다. 레벨 에디터 툴바에서 가장 왼쪽에 있는 저장 아이콘 옆에 [**선택 모드**]라고 표시된 버튼이 있습니다. 이것이 모드 전환 메뉴입니다. [**선택**]을 클릭하면 레벨 에디터에 준비되어 있는 편집 모드가 메뉴로 표시됩니다.

이 중에서 [**랜드스케이프**]를 선택하면 랜드스케이프 편집 모드로 전환됩니다. 하지만 아직 메뉴를 선택하지 마세요!

그림 4-90 툴바에 있는 모드 전환 메뉴

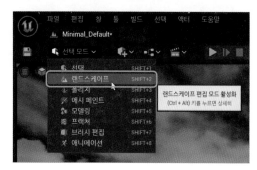

1. 새로운 레벨을 준비합니다

랜드스케이프 툴을 사용하기 위해 새로운 레벨을 만들어봅시다. **[파일]** 메뉴에서 **[새 레벨]**을 선택합니다. 화면에 '새 레벨'이라는 대화 창이 나타납니다. 여기서 생성할 레벨의 템플릿을 선택합니다. 기본으로 [표 4-13]과 같은 템플릿이 준비되어 있습니다.

표 4-13 레벨의 템플릿

Open World	광활하게 끝없이 펼쳐진 지면 템플릿입니다. 지면, 하늘, 안개, 조명 등 레벨을 구성하는 기본 요소들이 준비되어 있습니다. 그대로 게임 씬을 만드는 데 이용할 수 있습니다.
Basic	유한한 평면을 가진 템플릿입니다. 하늘, 조명 등 기본 부품이 준비되어 있어 간단한 씬을 만들 때 편리합니다.
빈 오픈 월드 / 빈 레벨	아무것도 없는 빈 레벨입니다. 레벨의 모든 것을 직접 만들 때 이용합니다.

이번에는 Basic을 이용해봅시다. 대화 창에서 ❶ **[Basic]** 템플릿을 선택한 후 ❷ **[생성]** 버튼을 누르세요.

(※현재 사용하는 레벨을 저장할 것인지 묻는 대화 창이 나타날 수도 있습니다. 이 경우 저장을 해주세요.)

그림 4-91 [Basic]을 선택합니다.

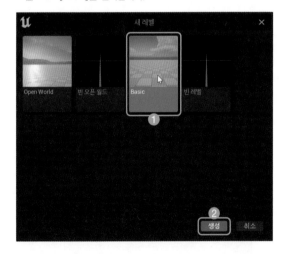

2. 새로운 레벨 표시합니다

저장하고 나면 뷰포트에 새로운 레벨이 표시됩니다. 이 레벨에 지형 데이터를 만들어보겠습니다.

그림 4-92 새로운 레벨이 표시됩니다.

3. 랜드스케이프 모드로 전환합니다

툴바의 모드 메뉴('선택 모드'로 표시된 것)에서 랜드스케이프를 선택해 랜드스케이프 모드로 전환합니다.

화면 왼쪽에 랜드스케이프 패널이 나타납니다. 이 패널에서 랜드스케이프를 편집합니다. 패널의 맨 윗부분에는 [표 4-14]와 같이 3개의 전환 버튼이 준비되어 있습니다. 우선 이 3개의 버튼에 관해 알아둡시다.

표 4-14 전환 버튼의 종류

관리	초기 상태에서 선택되어 있습니다. 새로 랜드스케이프를 만들거나 기존에 있는 것을 편집 또는 삭제하기 위한 모드입니다.
스컬프팅	지형을 만들기 위한 모드입니다. 땅을 높여 산을 만들거나, 평탄하게 하거나, 깎아내는 등 다양한 작업을 할 수 있습니다.
페인트	머티리얼을 그리기 위한 모드입니다. 준비된 머티리얼을 선택해 그리는 데 이용합니다.

CHAPTER1
CHAPTER2
CHAPTER3
CHAPTER4
CHAPTER5
CHAPTER6
CHAPTER7

그림 4-93 랜드스케이프 모드: 왼쪽에 랜드스케이프 패널이 표시됩니다.

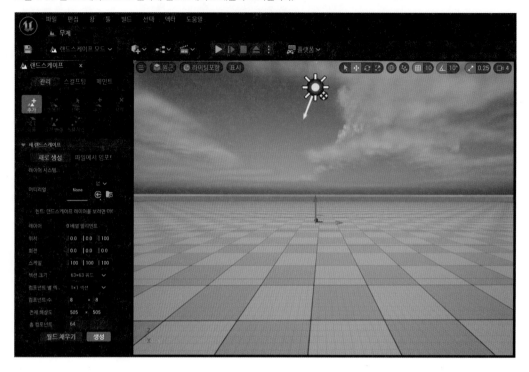

ⓤ 랜드스케이프용 머티리얼 만들기

랜드스케이프에서는 지면에 머티리얼을 표시합니다. 머티리얼은 이미 만들어져 있는 초원 같은 것을 사용할 수도 있습니다. 다만 이 경우에는 선택한 머티리얼만 랜드스케이프 전체에 칠해집니다.

이번에는 페인트 도구를 이용해 지면 머티리얼을 다시 칠하려고 합니다. 그렇게 하려면 머티리얼에 이를 위한 기능을 준비해야 합니다. 즉, 원하는 기능을 위한 전용 머티리얼을 직접 만들어야 합니다.

1. 새로운 머티리얼을 생성합니다

머티리얼을 만들어봅시다. [그림 4-94]와 같이 ❶ [콘텐츠 드로어]를 열어 [+추가] 버튼을 클릭한 후 ❷ [머티리얼]을 선택하세요. 이름은 'MyLandscapeMaterial1'로 설정합니다.

그림 4-94 [+추가]를 클릭해 [머티리얼]을 선택하고 이름을 'MyLandscapeMaterial1'로 설정합니다.

2. 텍스처를 추가합니다

우선 머티리얼을 표시하는 것부터 시작해보겠습니다. 생성된 머티리얼을 열고 [**콘텐츠 드로어**]에서 [**StarterContent**] 폴더의 [**Textures**] 폴더 안에 있는 [**T_Ground_Grass_D**]를 드래그 앤 드롭으로 그래프에 추가합니다.

그림 4-95 [T_Ground_Grass_D] 텍스처를 그래프에 드래그 앤 드롭해서 추가합니다.

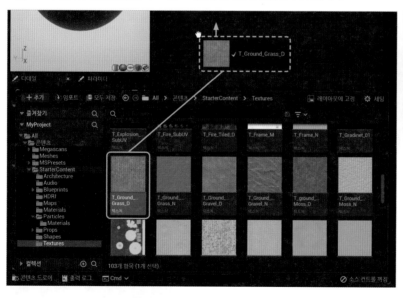

3. Texture Sample을 베이스 컬러에 연결합니다

이제 Texture Sample의 [RGB]를 결과 노드(MyLandscapeMaterial1)의 [베이스 컬러]에 연결합니다. 이제 T_Ground_Grass_D 텍스처를 그대로 표시하는 머티리얼이 완성됐습니다.

그림 4-96 Texture Sample을 [베이스 컬러]에 연결합니다.

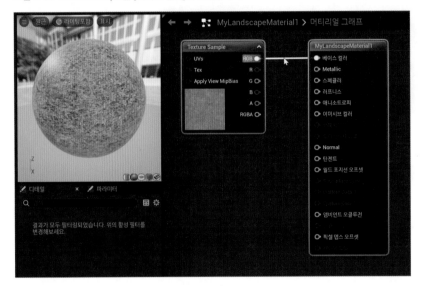

새로운 랜드스케이프 생성하기

다시 레벨 에디터의 랜드스케이프 도구로 돌아가봅시다.

상단에 있는 [관리] 버튼이 기본으로 선택되어 있습니다. 그 아래에는 몇 가지 아이콘이 나열되어 있습니다. 초기 상태에는 [추가]가 선택되어 있으며 다른 것을 선택할 수 없을 것입니다.

랜드스케이프를 편집하기 위해서는 먼저 랜드스케이프를 만들어야 합니다. **랜드스케이프 만들기**는 사실상 **지면 레이어 만들기**라고 생각하면 됩니다.

그림 **4-97** 초기 상태에는 [관리] 버튼과 [추가] 버튼이 선택되어 있습니다.

1. 머티리얼을 선택합니다

먼저 지면으로 표시할 머티리얼을 선택해야 합
니다. 하단에 있는 머티리얼 항목이 보이나요?
여기서 지면의 머티리얼을 선택합니다.

❶ [없음]이라고 표시된 부분을 클릭하면 머
티리얼 목록이 나타나는데, 여기서 사용할
머티리얼을 선택합니다. 방금 만든 ❷ [My
LandscapeMaterial1]을 선택해봅시다.

그림 4-98 [머티리얼]에서 [MyLandscapeMaterial1]을 선택
합니다.

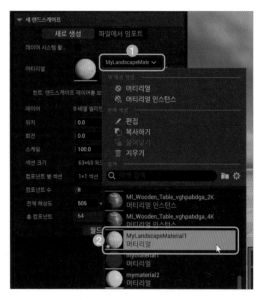

2. 생성할 랜드스케이프를 설정합니다

머티리얼 아래에는 생성할 랜드스케이프의 세부 설정이 있습니다. 설정 항목을 [표 4-15]에 정리
했습니다.

표 4-15 랜드스케이프의 설정 항목

레이어	생성된 랜드스케이프의 레이어 수를 나타냅니다. 기본값은 0입니다.
위치	랜드스케이프를 배치할 위치입니다.
회전	생성할 랜드스케이프의 방향(각도)입니다.
스케일	랜드스케이프의 배율입니다. 랜드스케이프를 확대하거나 축소할 수 있습니다.
섹션 크기	섹션의 크기를 지정합니다. 섹션은 '쿼드^{quad}'라는 구획을 가로 및 세로 방향으로 나열한 것입니다. 기본값은 63×63의 쿼드를 나열한 크기로 설정되어 있습니다.
컴포넌트 별 섹션	하나의 컴포넌트당 몇 개의 섹션을 할당할 수 있는지 지정합니다.
컴포넌트 수	생성된 랜드스케이프의 크기입니다. 최대 32×32의 섹션까지 확장할 수 있습니다.
전체 해상도	랜드스케이프의 전체 쿼드 수입니다.
총 컴포넌트	준비된 총 컴포넌트 수입니다.

이 설정들은 기본값을 그대로 사용해도 문제없습니다. 단, 지금은 연습이므로 너무 광대한 랜드스케이프를 만들 필요는 없겠죠. 따라서 [섹션 크기]를 최소인 [7×7 쿼드]로 지정하겠습니다.

그림 4-99 생성할 랜드스케이프를 설정합니다.

3. 랜드스케이프를 생성합니다

필요한 설정을 마쳤으면 랜드스케이프 패널 하단에 있는 [생성] 버튼을 클릭해 새로운 랜드스케이프를 생성하세요. 그러면 네모난 지면이 생성되는데 이것이 바로 랜드스케이프입니다. 표면에는 머티리얼에 설정한 텍스처가 표시되어 있습니다.

그림 4-100 생성된 랜드스케이프

4. 레벨을 저장합니다

이쯤에서 레벨을 저장합니다. 툴바 왼쪽 끝에 있는 **[저장]** 버튼을 클릭하고 **[콘텐츠]** 폴더 안에 'MyMap1'이라는 이름으로 저장해봅시다.

그림 **4-101** 'MyMap1'이라는 이름으로 레벨을 저장합니다.

스컬프팅 도구

자, 이제 랜드스케이프의 기초가 완성됐습니다. 이제 여기에 기복을 주어 지형을 만들어야 합니다. 지면에 높낮이를 만들려면 스컬프팅 도구를 사용해야 합니다. **[랜드스케이프]** 패널에 있는 **[스컬프팅]** 버튼을 클릭하면 스컬프팅 모드로 표시가 전환됩니다. 이제 스컬프팅 도구에 준비된 설정을 간략하게 알아보겠습니다.

● 툴 전환 버튼

맨 위에는 **[스컬프팅**sculpting**]**, **[스무드**smooth**]**, **[플래튼**flatten**]**[8] 등 여러 아이콘이 나열되어 있습니다. 이 아이콘들을 클릭해 스컬프팅 도구에서 사용할 도구를 전환할 수 있습니다. 초기 상태에는 **[스컬프팅]**이 선택되어 있으며, 이 상태에서 지면에 기복을 만들 수 있습니다. 다른 도구로 전환하여 울퉁불퉁한 지면을 매끄럽게 하거나, 높이를 일정하게 다듬거나, 침식해서 깎아내는 등 다양한 조작을 할 수 있습니다.

옮긴이_8 각 툴에 관해서는 [표 4-16]을 참고하세요.

- **랜드스케이프 에디터**

  선택한 도구의 브러시 설정입니다. [브러쉬 타입]으로 브러시 모양을, [브러시 감쇠]로 브러시를 사용했을 때 만들어지는 지형의 융기 형태를 지정할 수 있습니다.

- **툴 세팅**

  [툴 강도] 항목에서 브러시로 적용되는 효과의 정도(강하게 또는 약하게)를 조절할 수 있습니다.

- **브러시 세팅**

  사용하는 브러시의 세부 설정입니다. [브러시 크기]는 브러시의 크기를, [브러시 감쇠]는 브러시 감쇠에서 지정한 변화 부분의 비율을 지정합니다. 예를 들어 이 값이 0.5라면 브러시 전체의 절반은 매끄럽게 변화하고, 가운데 절반은 융기된 평탄한 영역이 됩니다. [클레이 브러시 사용]은 클레이 브러시(점토를 바르는 것과 같은 기능을 하는 브러시)를 사용하기 위한 것입니다.

- **타깃 레이어**

  대상^{target} 레이어를 선택합니다. 여기에는 레이어가 하나뿐이지만 필요에 따라 여러 개의 레이어를 준비하고 조작할 수 있습니다.

그림 4-102 스컬프팅 도구의 설정 항목

브러시 사용하기

이번에는 브러시를 사용해 지형을 만들어봅시다. 설정은 기본값을 그대로 사용해도 괜찮을 것입니다. 다만 브러시 크기는 사용하기 편한 크기(500~1000 정도)로 조정해두는 게 좋습니다.

브러시 크기를 적절히 조절한 다음, 뷰포트의 랜드스케이프 위에서 드래그해보세요. 드래그한 곳이 솟아오르는 것을 확인할 수 있습니다. 이런 식으로 지면을 드래그하면서 지형을 만들어봅시다.

그림 4-103 브러시를 사용해 지형의 높낮이를 만듭니다.

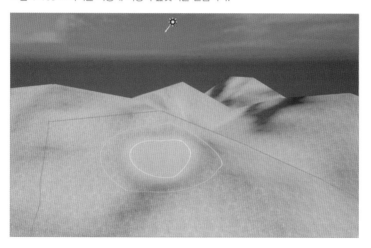

원하는 형태로 지형 다듬기

스컬프팅 도구를 사용하면 간편하게 지형을 만들 수 있지만, 이것만으로 원하는 지형을 만들기란 쉽지 않습니다. 따라서 스컬프팅 도구로 대략적인 모양을 만들고, 세부적인 수정은 다른 도구를 사용하도록 합시다.

랜드스케이프를 위한 도구

랜드스케이프 패널 상단에 있는 아이콘들은 지형을 조정할 때 사용되는 도구입니다. [표 4-16]에 이 도구들을 정리했습니다.

그림 4-104 지형 편집을 위한 아이콘

표 4-16 랜드스케이프 도구

스컬프팅	지형에 기복을 만듭니다.
스무드	기복을 매끄럽게 합니다.
플래튼	일정한 높이로 고르게 만듭니다.
융기	경사를 만듭니다.
침식 / 수성 침식	지형을 깎아냅니다.
노이즈	임의의 기복을 만듭니다.

이 외에도 몇 가지 아이콘이 더 있지만, 지형을 마우스로 드래그해서 생성하는 데는 이 정도만 기억하고 있어도 충분합니다.

가장 많이 사용되는 것은 스무드일 것입니다. 스컬프팅으로 대강의 지형을 만든 후에, 스무드로 전환해 울퉁불퉁한 부분을 매끄럽게 다듬을 수 있습니다. 이것만으로도 꽤 자연스러운 지형이 됩니다.

그림 4-105 스무드를 사용해 지형을 매끄럽게 하면 자연적인 느낌에 가까워집니다.

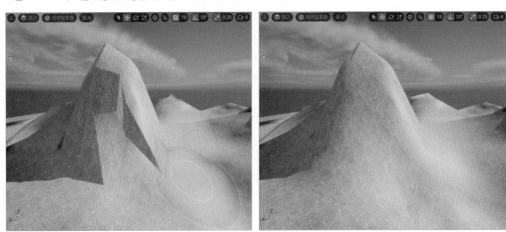

(u) 페인트 모드

랜드스케이프에서 지형만 생성하는 것이 아닙니다. 배경에서는 지형의 기복 외에 지표면의 모습도 중요합니다. 초원, 사막, 눈과 얼음 등 지표면의 모습에 따라 풍경이 매우 달라집니다.

페인트 도구

이러한 지표면을 표현하는 것이 페인트 도구입니다. 랜드스케이프 패널에서 상단에 있는 3개의 버튼 중 맨 오른쪽에 있는 ❶ [페인트] 버튼을 클릭하면 페인트 모드로 전환됩니다. 여기서 붓 그림이 있는 ❷ [페인트] 아이콘을 선택합니다.

그림 4-106 페인트 도구로 전환합니다.

페인트 설정

페인트 아이콘을 선택하면 그 아래에 페인트 도구의 설정이 표시됩니다. 이 설정들은 스컬프팅 모드에서 제공되는 항목과 놀랄 만큼 비슷합니다. [표 4-17]에 정리된 내용을 살펴보기 바랍니다.

그림 4-107 페인트 도구의 설정 항목은 스컬프팅 툴과 비슷합니다.

표 4-17 페인트 도구의 설정 항목

랜드스케이프 에디터	브러시 타입과 브러시 감쇠를 설정합니다. 이미 스컬프팅에서도 사용했습니다.
툴 세팅	툴 강도 항목에 브러시로 적용되는 효과의 정도를 조절합니다.
브러시 세팅	사용할 브러시에 관한 설정입니다.
타깃 레이어	페인트에서 사용할 레이어가 표시됩니다. 아직 머티리얼에서 레이어를 생성하지 않았으므로 현 시점에서는 항목이 표시되지 않습니다.

ⓤ 페인트 레이어 메커니즘

페인트 도구의 기능은 간단히 말하면 **준비해둔 레이어를 랜드스케이프 위에 표시하는 것**입니다. 여러 개의 레이어를 준비해두고 이를 선택해 페인트 도구로 그리면 해당 위치에 지정한 레이어의 머티리얼 등이 표시되는 메커니즘이라고 할 수 있습니다.

레이어의 구조

먼저 페인트 도구에서 사용할 레이어를 준비해봅시다. 레이어는 랜드스케이프에 설정된 머티리얼에 준비해야 합니다.

그림 4-108 페인트 도구는 각각의 레이어별로 표시할 영역 데이터를 생성합니다. 그리고 레이어들을 합성해서 랜드스케이프로 표시합니다.

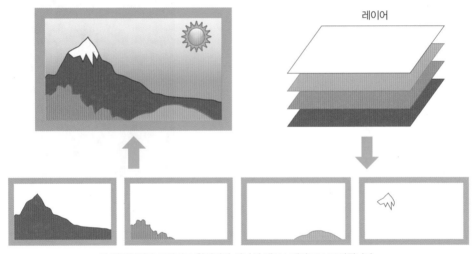

각 레이어별로 그려지고 합성되어 하나의 랜드스케이프로 표시됩니다.

ⓤ 머티리얼 편집하기

페인트 레이어를 만들어봅시다. 이를 위해 랜드스케이프에서 사용하고 있는 머티리얼을 편집합니다. 앞서 만든 [MyLandscapeMaterial1]을 더블 클릭해서 열어주세요.

초기 상태에서는 초원 텍스처인 Texture Sample을 그대로 결과 노드의 베이스 컬러에 연결했습니다. 이 상태에서는 레이어가 표시되지 않습니다.

LandscapeLayerBlend 배치하기

레이어를 사용하기 위해 노드를 추가해봅시다. **[팔레트]**의 **[랜드스케이프]**에서 **[LandscapeLayer Blend]** 항목을 찾아 드래그 앤 드롭해 그래프에 배치합니다. 이것은 레이어를 합성하기 위한 노드 입니다.

그림 4-109 LandscapeLayerBlend를 배치합니다.

🟣 LandscapeLayerBlend 사용하기

LandscapeLayerBlend는 출력이 하나뿐인 노드입니다. 사용할 레이어를 등록하려면 추가 설정을 해야합니다. **[LandscapeLayerBlend]**를 선택하고 **[디테일]** 패널을 확인하면 **[레이어]**라는 설정 항목이 보입니다. 이곳에서 레이어를 추가하고 설정합니다. 추가된 레이어는 랜드스케이프의 페인 트 도구를 쓸 때 사용됩니다.

1. Grass 레이어를 추가합니다

이제 레이어를 추가해봅시다. ❶ **[디테일]** 패널의 **[레이어]**에 있는 ⊕ 표시를 클릭하면 새로운 항목이 추가됩니다. 여기서 등록할 레이어에 관해 설정할 수 있습니다. 기본적인 설정은 제공되므로 이름만 입력하면 됩니다. ❷ 이름을 'Grass'로 설정합니다. 이 레이어는 초원 텍스처 레이어입니다.

그림 4-110 레이어를 추가하고 이름을 'Grass'로 설정합니다.

2. Dirt 레이어를 추가합니다

레이어를 하나 더 만듭니다. ❶ ⊕ 표시를 클릭해 레이어를 추가합니다. ❷ 두 번째 레이어의 이름은 'Dirt'로 설정합니다. 이 레이어는 지면 텍스처 레이어입니다.

그림 4-111 두 번째 레이어를 추가하고 이름을 'Dirt'로 설정합니다.

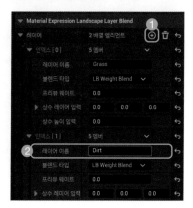

3. T_Ground_Gravel_D를 추가합니다

이어서 두 번째 텍스처를 준비하겠습니다. [콘텐츠 드로어]를 열고 [StarterContent] 폴더 안의 [Textures] 폴더에서 [T_Ground_Gravel_D] 텍스처를 찾아 드래그 앤 드롭하여 그래프에 배치합니다.

그림 4-112 [T_Ground_Gravel_D]를 드래그 앤 드롭해서 그래프에 추가합니다.

🅤 레이어 설정하기

이제 LandscapeLayerBlend에 준비된 2개의 레이어에 각각 표시할 내용을 설정하기만 하면 됩니다. 텍스처도 좋고, 색상의 UV 좌표 데이터도 좋습니다.

다음 순서대로 해봅시다.

① 처음에 만든 초원 텍스처 Texture Sample의 출력 핀을 LayerBlend의 [Layer Grass]에 연결합니다.

② 조금 전에 배치한 지면 텍스처(T_Ground_Gravel_D) Texture Sample의 출력 핀을 Layer Blend의 [Layer Dirt]에 연결합니다. 이것이 두 번째 레이어가 됩니다.

③ Layer Blend의 출력 핀을 결과 노드(MyLandscapeMaterial1)의 [베이스 컬러]에 연결합니다.

이것으로 모든 노드가 연결됐습니다. 완성됐으면 툴바의 [저장] 버튼을 눌러 머티리얼을 저장합니다.

그림 4-113 2개의 Texure Sample과 Layer Blend, 결과 노드(MyLandscapeMaterial1)를 연결합니다.

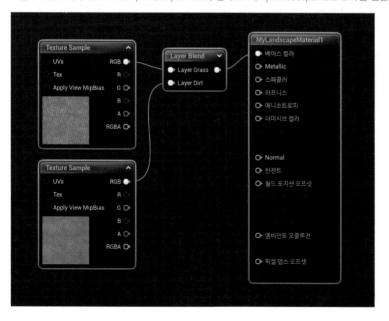

Ⓤ 레이어 정보 설정하기

레벨 에디터로 돌아가 랜드스케이프의 페인트 도구를 확인하세요. [타깃 레이어] 부분에 [Grass]와 [Dirt]라는 항목이 새로 추가되었습니다.

그림 4-114 페인트 도구의 타깃 레이어에 2개의 레이어가 추가됐습니다.

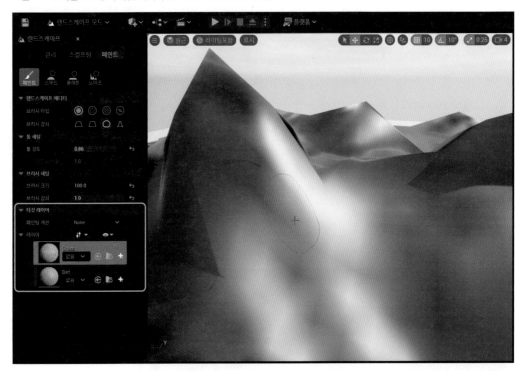

1. 레이어 정보를 추가합니다

레이어에는 **레이어 정보**라는 것이 반드시 있어야 합니다. 두 항목의 이름 아래에는 '없음'이라고 표시되어 있습니다. 이것이 레이어 정보를 나타내는 부분으로, '없음'은 아직 레이어 정보가 없다는 뜻입니다.

그럼 레이어 정보를 만들어봅시다. ❶ [Grass] 레이어 오른쪽 끝에 있는 [+] 표시를 클릭하세요. 메뉴가 나타나면 ❷ [웨이트 블렌딩된 레이어(노멀)] 메뉴를 선택합니다.

파일 저장 대화 창이 나타납니다. 이름을 'Grass_LayerInfo'로 설정하겠습니다. 이제 레이어 정보가 생성됩니다.

그림 4-115 [+]를 클릭해서 [웨이트 블렌딩된 레이어(노멀)]을 선택하고 이름을 'Grass_LayerInfo'로 설정해 저장합니다.

2. 랜드스케이프가 레이어로 칠해졌습니다!

레이어 정보가 생성되면 뷰포트에 표시된 랜드스케이프 전체가 Grass 레이어 텍스처로 칠해져서 표시됩니다. 이것으로 레이어의 작동을 확인할 수 있습니다.

그림 4-116 랜드스케이프 전체가 Grass 레이어로 칠해집니다.

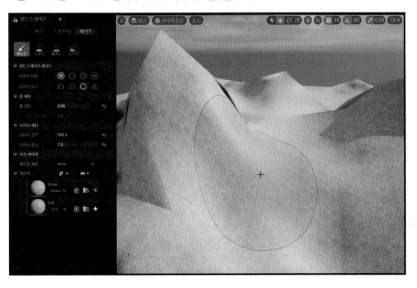

3. 두 번째 레이어 정보를 추가합니다

이번에는 ❶ 두 번째 레이어 [Dirt]의 [+] 표시를 클릭해 ❷ [웨이트 블렌딩 레이어(노멀)] 메뉴를 선택합니다. 이번에는 이름을 'Dirt_LayerInfo'로 설정합니다.

그림 4-117 [+]를 클릭해서 [웨이트 블렌딩된 레이어(노멀)]을 선택하고 이름을 'Dirt_LayerInfo'로 설정해 저장합니다.

페인트 툴에서 레이어 사용하기

이제 페인트 툴을 사용해 랜드스케이프에 색을 칠해봅시다. 이미 랜드스케이프 전체는 Grass 레이어의 텍스처로 칠해져 있습니다. 지금부터는 또 다른 Dirt 레이어로 표시하고 싶은 부분을 페인트 도구로 칠하기만 하면 됩니다.

[레이어]에서 [Dirt] 레이어를 클릭한 다음, 브러시 설정의 [브러시 크기]와 [브러시 감쇠]를 적당히 조절합니다. 브러시 크기는 그리기 편한 크기로, 브러시 감쇠는 '0.5' 정도로 설정하면 좋습니다.

그리고 뷰포트에 있는 랜드스케이프의 지면을 드래그하면서 칠하면 선택한 Dirt의 지면이 칠해지는 것을 볼 수 있습니다. 이런 식으로 레이어에서 사용하고 싶은 레이어를 선택해 칠하면 여러 개의 레이어로 지면을 구분해 칠할 수 있습니다.

그림 4-118 랜드스케이프를 드래그해서 Dirt 레이어를 칠합니다.

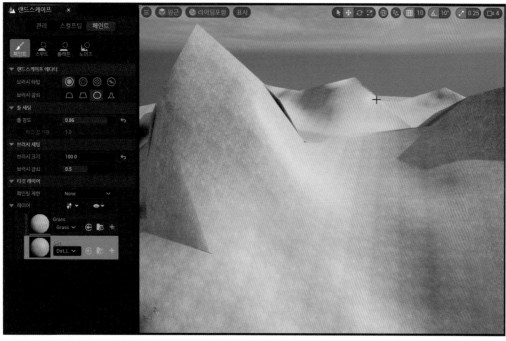

나머지는 머티리얼 레이어에 달렸습니다!

여기서는 레이어를 2개 사용했는데, 기본적인 개념은 레이어 수가 늘어나도 동일합니다. 랜드스케이프에서 사용하는 머티리얼에 필요한 레이어를 만들어두면 이를 페인트 도구에서 사용할 수 있게 됩니다.

여기서는 단순히 텍스처를 그대로 Layer Blend에 연결해 사용했지만, 본격적인 랜드스케이프를 생성하려면 빛 반사나 입체감을 고려해 머티리얼을 만들어야 합니다. 앞서 배운 머티리얼 설명을 참고하여 더욱 실감나는 머티리얼 레이어에 도전해보세요.

CHAPTER1
CHAPTER2
CHAPTER3
CHAPTER4
CHAPTER5
CHAPTER6
CHAPTER7

CHAPTER

5

애니메이션

3D 게임에서는 다양한 **애니메이션**을 제공합니다. 액터를 이동하거나
회전하는 것부터 캐릭터가 달리고 점프하는 것까지 다양한 애니메이
션 기능을 제공합니다. 이 장에서는 애니메이션의 기본을 학습합니다.

5.1 시퀀서로 움직이기

(u) 언리얼 엔진의 애니메이션 기능

3D 모델은 그 자체로는 움직임이 없습니다. 생성된 레벨을 플레이해도 그저 표시만 될 뿐입니다. 여기에 움직임을 부여하는 것이 **애니메이션**입니다. 사실 애니메이션 기능이 한 가지만 있는 것은 아닙니다. 언리얼 엔진에는 **다양한 움직임**을 부여할 수 있는 기능이 몇 가지 있습니다.

언리얼 엔진의 애니메이션 기능은 크게 **일반적인 액터의 이동이나 회전처럼 단순한 움직임을 애니메이션화하는 것**과 **사람 형태의 모델을 걷거나 달리게 하는 것**으로 나누어 생각할 수 있습니다.

우선 기본이 되는 액터를 움직이는 애니메이션에 관해 알아보겠습니다.

액터를 움직이는 시퀀서

액터를 움직이는 애니메이션은 **시퀀서**를 사용해 만들 수 있습니다. 시퀀서는 언리얼 엔진 애니메이션의 가장 기본이 되는 도구로, 애니메이션 데이터를 생성하고 이를 기반으로 액터를 조작합니다.

앞서 나이아가라 시스템을 사용해보면서 **타임라인**과 **커브**로 시간에 따라 효과를 변화시키는 방법을 설명했습니다. 기본적으로 시퀀서도 이와 비슷합니다.

액터는 그 자체에 다양한 정보가 저장되어 있고, 이를 기반으로 표시가 이루어집니다. 여기서 정보의 예로는 액터의 위치, 방향, 크기 등이 있습니다. 그리고 이러한 설정 정보의 값을 시간에 따라 변화시켜 액터를 움직이는 것이 바로 시퀀서입니다.

그림 5-1 시퀀서는 액터의 위치나 방향 등의 값을 시간에 따라 변화시켜 액터를 움직입니다.

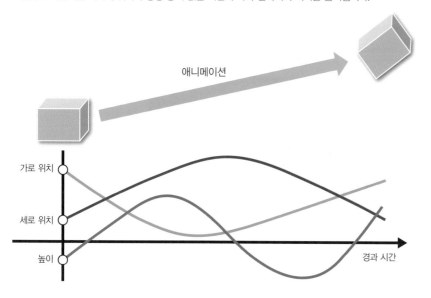

레벨 생성하기

그럼 실제로 시퀀서를 사용해봅시다. 우선 애니메이션을 다룰 새로운 레벨을 준비합시다. ① 상단 메뉴 바의 [파일]을 클릭하고 ②[새 레벨...]을 선택하세요. 새 레벨 대화 창이 나타나면 ③[Basic] 템플릿을 선택한 후 ④[생성] 버튼을 클릭합니다.

그림 5-2 [새 레벨...]을 클릭하면 나타나는 대화 창에서 [Basic] 템플릿을 선택합니다.

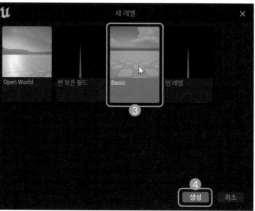

CHAPTER 1
CHAPTER 2
CHAPTER 3
CHAPTER 4
CHAPTER 5
CHAPTER 6
CHAPTER 7

새 레벨이 만들어졌습니다!

뷰포트에 새로운 레벨이 표시됐습니다. 이 레벨을 기반으로 작업하겠습니다.

그림 5-3 새로운 레벨이 만들어졌습니다.

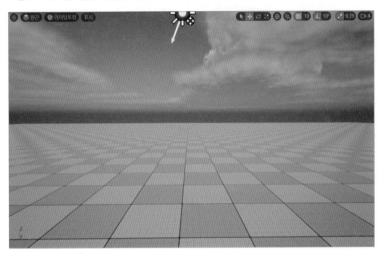

액터 추가하기

이어서 애니메이션을 적용할 액터를 만들겠습니다. 여기서는 큐브 액터를 만들어봅시다. ❶ 툴바의
추가 아이콘(▣)을 클릭하면 표시되는 메뉴에서 ❷ [셰이프] 안에 있는 ❸ [큐브]를 드래그해 뷰포
트에 배치하세요.

그림 5-4 큐브를 배치합니다.

🎮 머티리얼 설정하기

이제 뷰포트에 큐브가 배치되었습니다. 기본값은 그냥 새하얀 정육면체입니다. 이 큐브에 머티리얼을 설정하겠습니다.

레벨에 배치된 큐브를 선택하고 [디테일] 패널에서 [일반]을 클릭합니다. 이때 표시되는 설정 중 [머티리얼] 항목을 찾아보세요. 여기서 [엘리먼트 0]이 선택한 액터에 할당되는 머티리얼입니다.

그림 5-5 [디테일] 패널의 [머티리얼]에 있는 [엘리먼트 0]이 큐브의 머티리얼입니다.

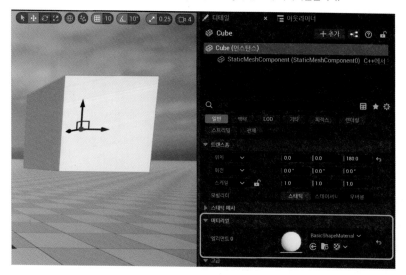

1. mymaterial4를 선택합니다

엘리먼트 0의 머티리얼 이름 부분(기본으로 [BasicShapeMaterial]이 설정되어 있음)을 클릭하면 사용할 수 있는 머티리얼 목록이 표시됩니다. 목록에서 [mymaterial4]를 선택하세요.

이 머티리얼은 〈CHAPTER 3 머티리얼〉에서 만든 그러데이션 샘플입니다. 다른 것을 선택해도 괜찮지만 나중에 애니메이션을 만들 때 머티리얼의 블루프린트 처리를 수정할 것이므로 직접 만든 머티리얼을 선택하세요.

CHAPTER 1
CHAPTER 2
CHAPTER 3
CHAPTER 4
CHAPTER 5
CHAPTER 6
CHAPTER 7

그림 5-6 mymaterial4를 머티리얼로 설정합니다.

2. 레벨을 저장합니다

이제 최소한의 부품이 만들어졌으니 레벨을 저장해둡시다. 툴바 왼쪽 끝에 있는 저장 아이콘(💾)을 클릭하면 대화 창이 표시됩니다. 여기서 [콘텐츠] 폴더 안에 'MyMap2'라는 이름으로 저장합니다.

그림 5-7 이름을 'MyMap2'로 입력한 다음 [저장] 버튼을 클릭합니다.

🌀 시퀀서 생성하기

이제 시퀀서를 만들어봅시다. 시퀀서에는 몇 가지 종류가 있는데, 이번에 만들 것은 레벨 시퀀서입니다. 레벨 시퀀서는 레벨에서 작동하는 기본적인 시퀀서입니다.

툴바에서 ❶ 시퀀서 아이콘(🎬)을 클릭하면 나타나는 풀다운 메뉴에서 ❷ [레벨 시퀀스 추가]를 선택하세요.

화면에 파일 저장 대화 창이 나타납니다. 여기서 [콘텐츠] 폴더에 'MyLevelSequence1'이라는 이름으로 저장합니다.

그림 5-8 [레벨 시퀀스 추가]를 선택하고 파일을 저장합니다.

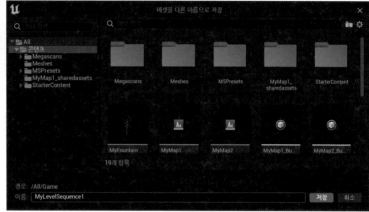

시퀀서 에디터

화면에 새로운 패널이 나타납니다. 이를 시퀀서 에디터라고 하는데, 생성된 시퀀서의 구체적인 내용을 편집하는 곳입니다. 만약 패널이 열리지 않으면 [콘텐츠 드로어]에서 [MyLevelSequence1] 아이콘을 더블 클릭하세요. 그러면 시퀀서 에디터가 열립니다.

그림 5-9 시퀀서 에디터 패널에서 시퀀서의 내용을 편집합니다.

CHAPTER1
CHAPTER2
CHAPTER3
CHAPTER4
CHAPTER5
CHAPTER6
CHAPTER7

시퀀서 역시 몇 가지 요소가 조합된 형태로 되어 있습니다. 어떤 요소로 구성되어 있는지 간단히 설명하고 넘어가겠습니다.

툴바

메뉴 바 바로 아래에 우리에게 친숙한 툴바가 있습니다. 시퀀서 에디터 상단에 아이콘이 가로로 나열되어 있는데 주로 사용되는 기능이 이곳에 모여있습니다.

그림 5-10 툴바에 자주 사용하는 기능이 모여있습니다.

트랙 목록

그 아래 빈 영역에 트랙 목록이 표시됩니다. 트랙은 애니메이션에서 사용할 항목을 준비하는 곳입니다.

조작하고 싶은 액터의 설정 등을 트랙으로 추가한 다음 그 값을 편집하는 방식으로 작업합니다. 애니메이션을 만들 때 어떤 트랙을 여기에 준비하는지가 중요합니다.

그림 5-11 트랙 목록이 표시되는 부분: 아직 아무것도 표시되지 않습니다.

트랙 타임라인

트랙 목록 오른쪽에 타임라인이 표시됩니다. 타임라인은 시간의 경과에 따라 트랙 값이 어떻게 변화하는지 나타냅니다. 여기서 변화 상태를 확인하면서 애니메이션을 편집합니다.

타임라인에는 경과 시간을 나타내는 눈금이 할당되어 있습니다. 또한 왼쪽 끝에는 상단에 갈색 막대 같은 것이 달린 세로선이 있습니다. 이는 **현재 재생 지점**을 나타내는 바입니다. 이 갈색 재생 바를 드래그해서 재생 중인 위치를 이동할 수 있습니다.

그림 5-12 트랙의 타임라인: 아직 아무것도 없습니다.

애니메이션 조작 버튼

패널 제일 아래에는 애니메이션을 조작할 수 있는 버튼이 모여있습니다. 재생, 정지 기능뿐만 아니라 역재생, 한 컷 재생 기능도 있어 세밀하게 재생 상태를 확인할 수 있습니다.

그림 5-13 애니메이션 조작 버튼

트랙에 액터 추가하기

간단한 애니메이션을 만들어봅시다. 애니메이션은 조작할 액터를 트랙에 추가해서 생성하면 됩니다.

트랙 목록 상단에 보이는 ❶ [+트랙] 버튼을 클릭하면 다양한 항목을 추가할 수 있는 메뉴가 나타납니다. 그중 ❷ [액터를 시퀀스로] 항목을 클릭하면 레벨에 배치된 액터 목록이 하위 메뉴로 표시됩니다. 여기서 ❸ [Cube]를 선택하세요.

그림 5-14 [트랙] 버튼을 클릭해 추가할 액터를 선택합니다.

그럼 트랙에 Cube가 추가됩니다. 계층 구조로 보여주므로 왼쪽에 있는 ▼ 표시를 클릭해 펼치면 내부에 Transform이라는 항목이 있음을 확인할 수 있습니다.

그림 5-15 트랙에 추가된 Cube 안에는 Transform 항목이 있습니다.

추가되는 항목

트랙에 추가된 Cube를 살펴봅시다. 그 안에 Transform이 있다는 것은 이미 알고 있습니다. 이번에는 [Transform]을 한 번 더 펼쳐봅시다. 그 안에는 [위치], [회전], [스케일] 항목이 있습니다.

이 항목들은 디테일 패널의 트랜스폼 부분에 있는 것과 동일합니다. 이를 또 펼치면 그 안에 [X], [Y], [Z]와 같은 항목이 들어있는 것을 볼 수 있습니다(회전의 경우 [롤], [피치], [요]가 있습니다). 이는 각 설정의 가로, 세로, 높이를 나타냅니다. 즉, Transform에는 위치, 방향, 크기에 관한 세부 설정이 모여있습니다.

항목을 편집하면 해당 설정의 값이 변화하는 애니메이션을 만들 수 있습니다.

그림 5-16 Transform 안에는 [위치], [회전], [스케일]이 있고, 그 안에 [X], [Y], [Z] 항목이 있습니다.

Ⓤ 커브로 위치 값 편집하기

그럼 시퀀서를 사용해 위치 값을 변화시켜 봅시다. 값의 변화는 **커브 에디터**라는 전용 도구로 설정합니다. 시퀀서 왼쪽에 있는 목록에서 ❶ [위치] 안에 있는 [X] 항목을 선택하고 ❷ 툴바 맨 오른쪽에 있는 커브 아이콘(💹)을 클릭하세요.

그림 5-17 값을 편집할 항목을 선택하고 커브 아이콘을 클릭합니다.

커브 에디터

화면에 새 창이 열립니다. 이것이 커브 에디터입니다. 커브 에디터의 기본적인 표시는 시퀀서와 대체로 비슷합니다. [표 5-1]에 정리된 내용을 살펴보세요.

그림 5-18 커브 에디터

표 5-1 커브 에디터의 각 부분

툴바	커브 에디터 상단에 아이콘이 나열된 부분입니다.
트랙 목록	패널 왼쪽에 커브에서 편집할 항목(트랙)이 표시됩니다. 시퀀서와 동일한 항목(Cube의 Transform 안에 있는 위치, 회전, 스케일)이 준비되어 있습니다. 커브 에디터를 시작할 때 선택했던 [위치]의 [X] 항목이 선택된 상태일 것입니다.
커브 그래프	오른쪽에 있는 넓은 영역은 그래프이며, 중앙에 빨간색 선이 있습니다. 이 선은 목록에서 선택한 항목의 값을 나타냅니다. 이 선을 보면 값이 어떻게 변화하는지 알 수 있습니다.
조작 버튼	항목 이름의 목록 하단에는 애니메이션을 실행하거나 정지하는 버튼이 모여있습니다.

CHAPTER 1
CHAPTER 2
CHAPTER 3
CHAPTER 4
CHAPTER 5
CHAPTER 6
CHAPTER 7

ⓤ X의 커브 편집하기

이제 위치의 X 값을 편집해보겠습니다. 커브 편집은 커브에 키를 추가한 다음 그 위치를 조정하는 방식으로 진행됩니다.

1. 시작 위치에 키를 추가합니다

❶ [위치]의 [X] 항목을 선택한 후 오른쪽 그래프 영역에서 현재 값을 나타내는 빨간색 선의 0 지점을 마우스 오른쪽 버튼으로 클릭합니다. 그런 다음 나타난 메뉴에서 ❷ [키 추가]를 선택합니다.

이렇게 하면 빨간색 선의 0 지점에 ◆ 표시가 추가되는데 이것이 **키**입니다. 혹시 가장자리라서 클릭하기 어렵다면 그래프 빈 공간에서 마우스 오른쪽 버튼을 누르고 움직여보세요. 그래프를 상하좌우로 움직일 수 있습니다.

키가 추가되면 상단에 값을 입력할 수 있는 필드가 2개 표시됩니다. 각각 경과 시간과 현재 값을 보여줍니다. 이것은 **애니메이션 시작된 후 어느 정도 지나면 값이 어떻게 변하는지**를 나타냅니다.

그림 5-19 위치의 [X]를 선택하고 0 지점에 키를 추가합니다.

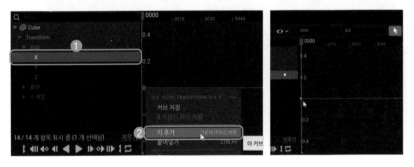

2. 끝 위치에 키를 추가합니다

마찬가지로 끝 부분에도 키를 추가합시다. 상단에 표시된 눈금을 잘 보고 0100 지점의 빨간색 선 위치를 찾아갑니다. 이 위치가 100 프레임(3.3초)이 지난 지점입니다.

❶ 위치를 선택하고 마우스 오른쪽 버튼을 클릭해서 ❷ [키 추가] 메뉴를 선택합니다(그림 5-20).

그림 5-20 100 프레임이 경과한 지점에 키를 추가합니다.

3. 중앙에 키를 추가합니다

마지막으로 그래프 중앙에 0050 지점(50 프레임이 지난 지점)을 마우스 오른쪽으로 클릭하고 [키 추가]를 선택합니다. 이것으로 그래프에 3개의 키가 생겼습니다.

그림 5-21 중앙에 세 번째 키를 추가합니다. 이제 3개의 키가 생겼습니다.

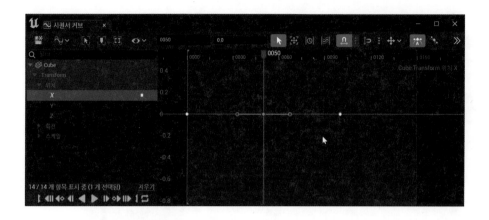

4. 중앙의 키 값을 변경합니다

중앙의 키를 클릭하면 상단에 2개의 필드가 표시됩니다. 필드의 값은 0050과 0.0일 것입니다. 왼쪽의 0050이 경과 시간(50 프레임)을 나타내고, 오른쪽의 0.0이 그 시간이 경과했을 때의 값을 나타냅니다.

오른쪽의 0.0을 '500'으로 변경해봅시다. 그럼 커브가 산 모양으로 바뀝니다. 설정하는 수치에 따라서는 커브의 변화를 거의 알 수 없는 경우도 있습니다. 이 경우에는 그래프의 배율을 조정하는 것이 좋습니다.

왼쪽 가장자리에 보이는 세로 방향의 눈금 부분을 마우스 오른쪽 버튼으로 클릭하고 [맞춤] 메뉴를 선택하세요. 이렇게 하면 배율이 자동으로 조정되어 커브의 변화를 쉽게 알 수 있습니다.

그림 5-22 중앙의 키 값을 '500'으로 변경합니다.

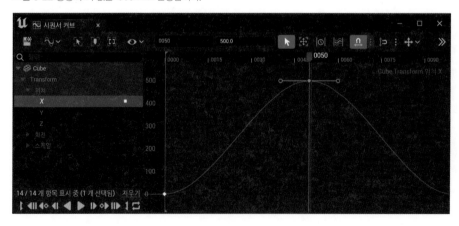

5. 키로 커브를 변형합니다

이처럼 추가한 키를 이용해서 커브를 변형합니다. 커브는 설정된 키와 키를 연결하는 곡선으로 만들어집니다. 그리고 애니메이션에서는 생성된 곡선을 따라 설정된 항목의 값이 변화하게 됩니다. 원하는 대로 변화하는 곡선을 만들 수 있느냐가 시퀀서 활용의 핵심이라고 할 수 있습니다.

키를 자세히 보면 앞뒤로 길쭉한 직선이 뻗어 있습니다. 이것을 **컨트롤 포인트**라 하는데, 컨트롤 포인트를 움직여 곡선의 형태를 바꿀 수 있습니다.

직접 키와 컨트롤 포인트를 움직여보면서 곡선이 어떻게 변화하는지 확인해보세요. 여러 가지 방법을 시도하다 보면 곡선 만드는 원리를 조금씩 이해할 수 있게 될 것입니다.

그림 **5-23** 키의 컨트롤 포인트를 움직이면 커브 형태가 변합니다.

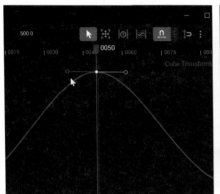 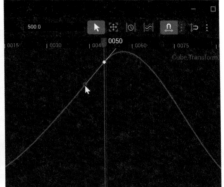

재생 범위 조정하기

커브 에디터에서 값의 변화를 만들었으니 에디터를 닫고 시퀀서로 돌아갑시다.

설정한 3개의 키가 [**위치**]의 [**X**] 항목에 표시되어 있으므로 이미 키를 설정하고 커브를 편집한 상태라는 것을 알 수 있습니다.

다음으로 할 일은 애니메이션 범위를 설정하는 것입니다. 이번에는 시작 위치와 중간, 그리고 100프레임 위치에 키를 추가했습니다. 그러므로 0부터 100프레임까지를 애니메이션 재생 범위로 설정하면, 값이 0부터 500까지 증가하다가 다시 0으로 돌아가는 애니메이션이 만들어집니다.

시퀀서의 그래프 부분을 보면 재생 범위 시작과 끝에 녹색과 빨간색 세로선이 표시되어 있습니다. 이 두 선 사이가 애니메이션을 재생할 범위입니다.

그림 5-24 녹색과 빨간색 선이 재생할 범위를 나타냅니다.

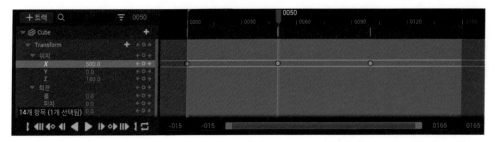

재생 범위 변경하기

시작과 종료를 나타내는 선이 그래프에서 각각 첫 번째 점 위치(0000)와 마지막 점 위치(0100)에 일치하도록 드래그해 조정합니다. 그래프 상단에 표시된 눈금 부분에서 좌우로 드래그하면 이 선들을 움직일 수 있습니다. 두 선을 움직여 추가된 3개의 키 범위를 재생하도록 조정하세요.

그림 5-25 재생 범위가 0000~0100 범위가 되도록 조정합니다.

재생해서 동작 확인하기

시퀀서 하단에 보이는 조작 버튼을 눌러 애니메이션의 움직임을 확인해봅시다. 실행하면 큐브가 천천히 멀어졌다가 다시 돌아오는 애니메이션이 실행됩니다.

재생 버튼 중 맨 오른쪽에 있는 아이콘(재생 범위를 반복)을 클릭하면 반복 재생됩니다. 이렇게 여러 번 반복해서 움직여보면 부드럽게 큐브가 움직이는 것을 확인할 수 있습니다.

그림 5-26 재생하면 큐브가 앞뒤로 이동합니다.

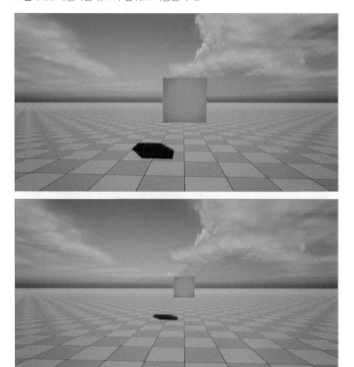

ⓤ 레벨에 추가한 시퀀서

지금까지 시퀀서를 사용해 단순한 애니메이션을 만들어보았습니다. 이번에는 플레이했을 때 애니메이션이 재생되도록 해봅시다.

시퀀서를 레벨에서 사용하려면 당연하지만 시퀀서 액터가 레벨에 있어야 합니다. 레벨 시퀀스를 생성했을 때 이미 액터가 추가되었겠지만 직접 확인해봅시다.

1. 액터가 추가됐는지 확인합니다

레벨에 배치된 액터를 관리하는 [아웃라이너] 패널에서 [MyLevelSequence1] 액터가 있지는 확인하세요. MyLevelSequence1은 레벨 시퀀서를 생성했을 때 추가된 액터입니다.

CHAPTER 1
CHAPTER 2
CHAPTER 3
CHAPTER 4
CHAPTER 5
CHAPTER 6
CHAPTER 7

만약 이 액터가 아웃라이너에 없다면 직접 추가해야 합니다. [콘텐츠 드로어]를 열어 [MyLevel Sequence1]을 레벨의 뷰포트로 드래그 앤 드롭해서 추가합시다.

그림 5-27 레벨에 MyLevelSequence1 시퀀서가 액터로 추가되어 있습니다.

2. 시퀀서를 설정합니다

배치된 [MyLevelSequence1] 액터를 선택해 [디테일] 패널을 살펴보겠습니다. 이곳에는 시퀀서에서 제공하는 각종 설정이 정리되어 있습니다. 그중에서도 [일반]과 [재생]이 가장 중요합니다. 간단히 살펴봅시다.

그림 5-28 [디테일] 패널의 [일반]과 [재생] 항목이 중요합니다.

표 5-2 시퀀서 설정 항목

일반

레벨 시퀀스 에셋	레벨 시퀀서 설정입니다. MyLevelSequence1 아이콘이 표시되는데, 이것이 이 레벨에 레벨 시퀀서로 설정된 에셋입니다. 여기서 다른 시퀀서를 선택하면 다른 에셋을 레벨 시퀀서로 사용할 수 있습니다.

재생

자동 재생	이 설정을 활성화하면 레벨 시작 시 자동으로 애니메이션이 시작됩니다.
루프	반복 재생합니다. [루프 않음], [무한 루프], [정확히 루프] 중 하나를 선택합니다.
재생 속도	재생 속도를 조절합니다.
시작 오프셋	애니메이션 시작 위치를 조절합니다.
무작위 시작 시간	시작 시점을 무작위로 설정합니다.
상태 복원	정지 시 액터의 상태를 복원할지 지정합니다.
끝나면 일시정지	끝까지 재생했을 때 정지가 아니라 일시정지 상태로 둡니다.

여기서는 [**자동 재생**]을 활성화하고 [**루프**]를 [**무한 루프**]로 설정합니다. 플레이를 시작하면 자동으로 시퀀서의 애니메이션이 계속 재생됩니다.

3. 레벨을 재생합니다

설정을 마쳤으면 레벨을 플레이해봅시다. 플레이 버튼을 누르면 자동으로 애니메이션이 재생됩니다. 여러 방향에서 큐브의 움직임을 확인해봅시다.

그림 5-29 레벨을 플레이하면 애니메이션이 자동으로 시작됩니다.

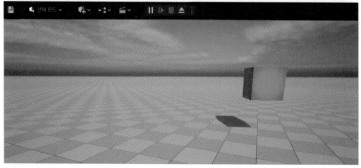

애니메이션의 기본적인 용법을 살펴봤습니다. 시퀀서에 익숙해지기 위해 동작을 하나 추가해봅시다. 이번에는 큐브를 회전시켜 보겠습니다.

다시 시퀀서 에디터를 열어주세요. 이미 닫았다면 [콘텐츠 드로어]에서 [MyLevelSquence1]을 더블 클릭해서 열 수 있습니다.

그림 5-30 다시 MyLevelSquence1을 시퀀서로 엽니다.

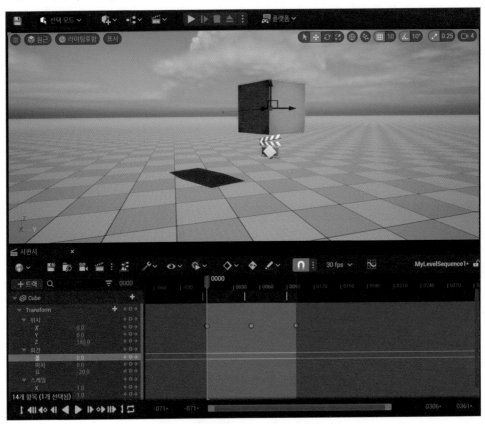

1. 커브 에디터를 엽니다

툴바에서 커브 아이콘(📈)을 클릭해서 커브 에디터를 엽니다. 그리고 [회전]에서 [롤]의 시작점 (0000)과 끝점(0100)에 각각 키를 추가합니다.

그림 5-31 롤의 시작점과 끝점에 키를 추가합니다.

2. 키에 값을 설정합니다

추가한 키에 값을 설정해봅시다. 시작점 키는 0으로 두고, 끝점 키를 선택해서 값을 '180'으로 변경합니다.

그림 5-32 끝점 키의 값을 '180'으로 설정합니다.

3. 선형 보간으로 설정합니다

값의 변화를 보면 시작점에서 끝점까지 매끄러운 곡선을 그립니다. 이번에는 완만하게 변화하는 것이 아니라 일정한 속도로 회전시켜보겠습니다. 이는 키의 보간 방식을 변경해서 구현할 수 있습니다.

시작점 키를 선택하고 도구 모음 오른쪽에 있는 보간 아이콘 중 선형 보간 아이콘(▨)을 선택합니다. 그런 다음 끝점 키를 선택하고 다시 선형 보간 아이콘을 선택합니다.

이제 시작부터 끝까지 선형적으로 값이 변경됩니다.

그림 5-33 두 키의 보간 방식을 선형 보간으로 설정합니다.

4. 피치에 커브를 추가합니다

사용법을 알았으니 [피치]도 동일하게 설정해봅시다. 시작점과 끝점에 키를 추가하고, 끝점 키 값을 '180'으로 지정합니다. 그리고 각 키의 보간 방법을 선형 보간으로 변경합니다.

이제 롤과 피치가 똑같이 변화하도록 설정됐습니다.

그림 5-34 피치도 롤과 동일하게 설정합니다.

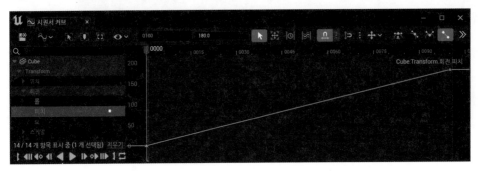

5. 애니메이션을 작동시킵니다

설정이 끝났으면 시퀀서를 저장하고 레벨을 플레이해서 확인해봅시다. 큐브가 회전하면서 왕복 운동을 할 것입니다.

이처럼 액터의 기본적인 값(위치, 방향, 크기)은 시퀀서에서 설정하는 것만으로 쉽게 값을 변화시키고 애니메이션을 적용할 수 있습니다. 또한 동시에 여러 개씩 설정하고 움직일 수 있습니다.

그림 5-35 레벨을 실행하면 회전하면서 왕복 운동을 합니다.

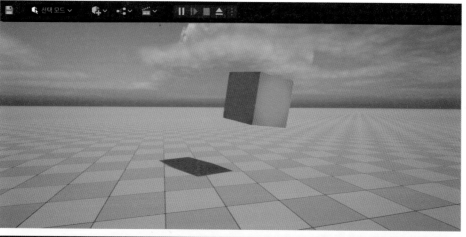

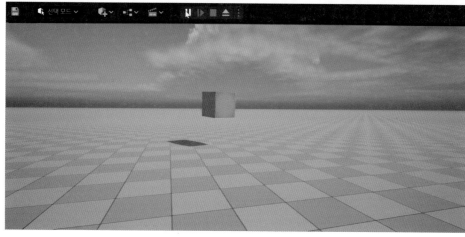

5.2 시퀀서 응용하기

ⓤ 머티리얼 애니메이션

액터는 기본적으로 지금까지 설명한 방법으로 다룰 수 있습니다. 그렇다면 머티리얼은 어떨까요? 머티리얼의 색상이 빨간색에서 노란색으로 변경되는 애니메이션을 만들 수 있을까요?

물론 가능합니다. 다만 머티리얼을 시퀀서에 직접 추가할 수 없으며 머티리얼 내의 값을 외부에서 변경할 수도 없습니다. 그럼 어떻게 해야 할까요? 그 방법은 **머티리얼 파라미터 컬렉션**을 사용하는 것입니다.

머티리얼 파라미터 컬렉션

머티리얼 파라미터 컬렉션은 머티리얼에서 쓸 수 있는 파라미터를 모아 관리하는 것입니다. 이를 머티리얼에 추가하고 준비된 파라미터를 이용해서 머티리얼을 만듭니다.

그런 다음 시퀀서에 머티리얼 파라미터 컬렉션을 추가하고 파라미터 값을 조작하면, 그 값을 사용하는 머티리얼이 애니메이션으로 표현됩니다.

그럼 실제로 해봅시다. [그림 5-36]과 같이 [콘텐츠 드로어] 열고 ❶ [+추가] 버튼을 클릭합니다. 그리고 ❷ [머티리얼] 메뉴에서 ❸ [머티리얼 파라미터 컬렉션]을 선택해 에셋을 생성합니다. 이름은 'MyMaterial Collection1'로 설정합니다.

그림 5-36 MyMaterialCollection1 에셋을 생성합니다.

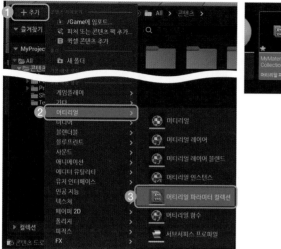

(u) 머티리얼 파라미터 컬렉션 편집하기

추가된 [**MyMaterialCollection1**]을 더블 클릭해서 열어봅시다. 그럼 디테일 패널만 덩그러니 있는 단순한 창이 열립니다.

여기에는 [**스칼라 파라미터**Scalar Parameter]와 [**벡터 파라미터**Vector Parameter]라는 두 가지 항목이 있습니다. 스칼라 파라미터는 값을 하나만 가지는 파라미터이고, 벡터 파라미터는 여러 개의 값을 가지는 파라미터입니다. 여기에 필요한 값을 할당해 파라미터를 생성합니다.

그림 5-37 MyMaterialCollection1을 열면 파라미터를 편집할 수 있는 패널이 나타납니다.

1. 스칼라 파라미터를 추가합니다

파라미터를 추가해봅시다. 여기서는 스칼라 파라미터를 추가해보겠습니다. ❶ [스칼라 파라미터] 오른쪽에 있는 ⊕를 클릭하면 아래에 항목이 하나 추가됩니다.

추가된 항목은 **인덱스[0]**이라고 표시됩니다. 이는 컬렉션(많은 값을 하나로 모아서 관리하는 것)의 값을 나타냅니다. [0]은 '0번째 값'이라는 뜻입니다. 컬렉션은 많은 값에 **인덱스**라는 일련번호를 붙여서 관리합니다. 파라미터를 하나 추가하면 인덱스가 0인 위치에 값이 할당되는 것입니다.

❷ **인덱스[0]** 왼쪽에 있는 ▼을 클릭해 펼쳐보면 [디폴트 값]과 [파라미터 이름]이 있습니다. 각각 추가한 파라미터에 설정되는 값과 이름입니다.

그림 5-38 스칼라 파라미터를 하나 추가합니다.

2. 파라미터를 설정합니다

[스칼라 파라미터]의 ⊕를 한 번 더 클릭해 2개의 파라미터를 추가해봅시다. 그리고 [표 5-3]과 같이 내용을 설정합니다.

그림 5-39 두 파라미터 값과 이름을 설정합니다.

표 5-3 파라미터 설정

인덱스[0]		인덱스[1]	
디폴트 값	1.0	디폴트 값	0.0
파라미터 이름	Param1	파라미터 이름	Param2

파라미터의 값을 모두 설정했다면 머티리얼 파라미터 컬렉션 작업은 끝입니다! 툴바의 [**저장**] 버튼을 눌러 저장하고 패널을 닫습니다.

(ᵁ) 머티리얼에서 파라미터 사용하기

큐브에서 사용할 머티리얼(mymaterial4)을 편집합시다. [**콘텐츠 드로어**]에서 [**mymaterial4**]를 클릭하면 머티리얼 에디터가 열립니다. 이곳에서 머티리얼의 내용을 수정합니다.

그림 5-40 머티리얼 에디터를 엽니다.

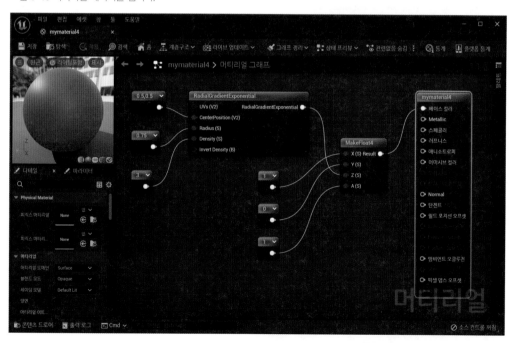

1. CollectionParameter 노드를 추가합니다

준비해 둔 머티리얼 파라미터 컬렉션을 사용해봅시다.

머티리얼 파라미터 컬렉션을 사용하려면 CollectionParameter 노드를 준비해야 합니다. [팔레트]의 [Parameters] 그룹에서 [CollectionParameter]를 선택하세요.

그림 5-41 [CollectionParameter]를 추가합니다.

2. CollectionParameter 노드를 설정합니다

추가된 CollectionParameter 노드는 아직 파라미터 컬렉션이 설정되기 전 상태로, 출력이 하나뿐인 아무것도 표시되지 않은 단순한 노드입니다.

[디테일] 패널을 보면 이 노드에서 [컬렉션] 설정 항목을 제공한다는 것을 알 수 있습니다. 여기서 파라미터 컬렉션을 지정하면 컬렉션으로 준비한 파라미터를 사용할 수 있게 됩니다.

그림 5-42 [컬렉션] 설정에서 머티리얼 파라미터 컬렉션을 지정합니다.

MyMaterialCollection1 사용하기

[디테일] 패널의 [컬렉션] 항목의 값을 방금 전에 만든 [MyMaterialCollection1]로 지정합니다.

그림 5-43 [컬렉션]에서 [MyMaterialCollection1]을 선택합니다.

컬렉션을 선택하면 아래에 있는 [파라미터 이름]을 선택할 수 있게 됩니다. 여기서는 [Param1]을 선택합시다.

그림 5-44 선택한 컬렉션에서 파라미터를 선택합니다.

1. CollectionParameter를 복제합니다

이것으로 CollectionParameter 노드가 완성됐습니다. 이제 똑같은 노드를 하나 더 만들어봅시다. 노드를 선택한 후 마우스 오른쪽 버튼을 클릭해 [복제]를 선택하세요. 노드가 복제되어 2개로 늘어납니다.

그림 5-45 CollectionParameter 노드를 복제해서 2개로 늘립니다.

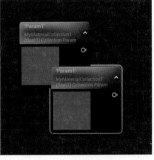

2. Param2를 지정합니다

복제해서 만든 두 번째 CollectionParameter 노드를 선택하고 [디테일] 패널에서 [파라미터 이름]
의 값을 [Param2]로 변경합니다. 이것으로 Param1과 Param2 파라미터가 모두 준비됐습니다.

그림 5-46 두 번째 CollectionParameter의 [파라미터 이름]을 [Param2]로 변경합니다.

🎮 CollectionParameter 연결하기

2개의 CollectionParameter를 사용하도록 머티리얼을 수정해보겠습니다.

Param1 노드의 출력 핀을 MakeFloat4의 [X]에 연결하고, Param2 노드의 출력 핀을 Make
Float4의 [Y]에 연결합니다. 이제 2개의 파라미터가 MakeFloat4에 연결됩니다.

정상적으로 연결되면 기존에 사용하던 Constant 노드는 자동으로 분리됩니다. 더 사용하지 않을 것이므로 삭제해도 상관없습니다.

그림 5-47 2개의 CollectionParameter를 MakeFloat4에 연결합니다.

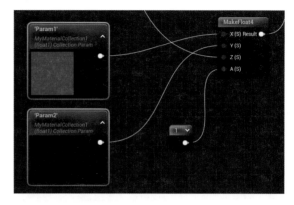

(u) 시퀀서로 파라미터 조작하기

이제 시퀀서로 파라미터를 조작해봅시다. ❶ 시퀀서의 [+트랙] 버튼을 클릭하면 드롭다운 메뉴가 표시됩니다.

여기서 ❷ [머티리얼 파라미터 컬렉션 트랙] 위로 마우스 포인터를 이동하세요. 그럼 이용할 수 있는 머티리얼 파라미터 컬렉션 목록이 하위 메뉴로 표시됩니다.

그리고 조금 전에 만든 ❸ [MyParameter Collection1]을 선택합니다.

그림 5-48 [트랙] 버튼의 메뉴에서 [MyParameterCollection1]을 선택합니다.

1. 트랙에 파라미터를 추가합니다

트랙 목록에 MyParameterCollection1이 추가됩니다. 이 항목의 오른쪽에는 [+] 표시가 있는데, 이곳으로 마우스 포인터를 가져가면 [+파라미터]로 표시가 바뀝니다.

그대로 마우스를 클릭하면 MyParameterCollection1에 준비된 파라미터가 메뉴로 표시됩니다. 여기서 [**Param1**]을 선택하면 Param1이 트랙에 추가됩니다.

그림 5-49 [파라미터]를 클릭하고 [Param1]을 선택해 파라미터를 추가합니다.

2. 파라미터를 하나 더 추가합니다

마찬가지로 Param2도 추가합시다. 이제 파라미터 2개를 시퀀서로 편집할 준비가 끝났습니다!

그림 5-50 Param1과 Param2가 준비됐습니다.

𝐔 파라미터의 커브 편집하기

[**MyParameterCollection1**] 트랙을 선택하고 커브 에디터를 열어봅시다. MyParameter Collection1 안에 [**Param1**]과 [**Param2**] 항목이 준비되어 있습니다. 여기에 키를 설정합니다.

그림 5-51 커브 에디터에서 MyParameterCollection1을 열어줍니다.

1. Param1을 설정합니다

우선 Param1부터 시작합시다. 애니메이션의 시작, 중간, 끝 이렇게 3곳에 키를 추가합니다. 그리고 [표 5-4]와 같이 설정합니다.

표 5-4 Param1 설정

	시간	값
시작	0000	1.0
중간	0050	0.0
끝	0100	1.0

그림 5-52 키를 3개 준비하고 1.0에서 0.0으로, 그리고 다시 1.0으로 돌아오는 커브를 만듭니다.

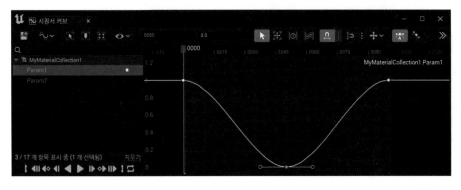

2. Param2를 설정합니다

이어서 Param2를 설정하겠습니다. Param1과 마찬가지로, 시작, 중간, 끝 각 지점에 키를 추가하고 [표 5-5]와 같이 설정합니다.

표 5-5 Param2 설정

	시간	값
시작	0000	0.0
중간	0050	1.0
끝	0100	0.0

그림 5-53 2개의 키를 각각 '0.0', '1.0', '0.0'으로 설정합니다.

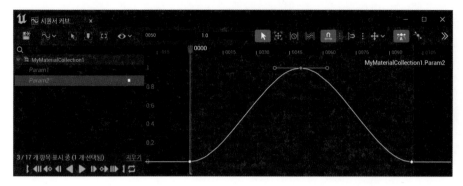

3. 2개의 파라미터 커브가 완성됐습니다!

Param1과 Param2의 커브가 완성됐습니다. 트랙 목록에서 [MyParameterCollection1]을 클릭하면 그 안에 있는 2개의 파라미터 커브가 표시됩니다. 2개의 커브가 선대칭으로 변화하는 것을 볼 수 있습니다.

그림 5-54 2개의 파라미터 커브: 값이 선대칭 형태로 변화됩니다.

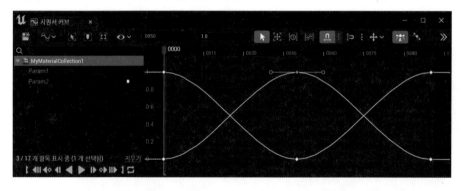

🎨 머티리얼 애니메이션 확인하기

시퀀서를 저장하고 씬을 실행해서 어떻게 표시되는지 확인해보면 큐브가 빨간색에서 청록색으로, 그리고 다시 빨간색으로 변하는 것을 볼 수 있습니다. 이처럼 머티리얼도 파라미터를 사용해 움직일 수 있습니다.

그림 5-55 레벨을 실행하면 큐브의 색이 변화하면서 움직입니다.

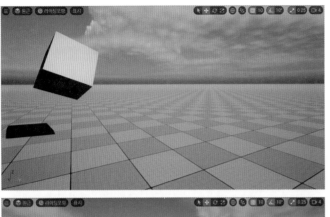

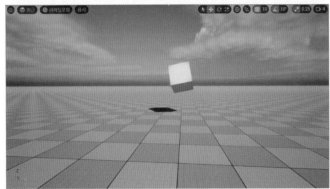

ⓤ 카메라 시점 애니메이션

액터를 움직이는 애니메이션은 이처럼 방법만 알면 비교적 쉽게 만들 수 있습니다. 많은 사람들은 액터를 레벨에 표시되는 부품 정도로 생각하지만 일반적인 액터 외에도 레벨에는 많은 액터가 사용됩니다. 그런 액터도 시퀀서로 조작할 수 있을까요?

카메라를 예로 들어봅시다. 지금까지는 레벨을 플레이할 때 마우스나 키보드로 3D 세계를 자유롭게 움직일 수 있었습니다. 하지만 카메라를 설정해 영화처럼 카메라를 움직이면서 그 시점으로 세상을 바라보고 싶을 때도 있을 것입니다. 이런 경우에는 카메라를 사용한 애니메이션이 필요합니다.

1. 레벨에 카메라 액터를 추가합니다

시퀀서로 카메라를 조작하려면 레벨 내에 카메라 액터가 있어야 합니다. 카메라 액터를 생성해봅시다.

레벨 에디터 툴바에서 ① 추가 아이콘(◪)을 클릭하면 나타나는 메뉴에서 ② [모든 클래스]로 마우스 포인터를 가져갑니다. 그럼 사용할 수 있는 클래스(다양한 부품들)가 하위 메뉴로 표시됩니다. 그중에서 ③ [카메라 액터]를 클릭해 생성합니다.

(또는 뷰포트에서 큐브를 선택한 상태로 ① 뷰포트 왼쪽 상단에 있는 ☰ 아이콘을 클릭합니다. 이때 나타나는 하위 메뉴에서 ② [여기에 카메라 생성]을 찾아 ③ [CameraActor] 메뉴를 선택하면 카메라 액터를 생성할 수 있습니다. 이 경우 카메라 액터는 선택한 큐브 위치에 생성됩니다.)

그림 5-56 툴바 또는 뷰포트에서 메뉴를 선택해 카메라를 추가합니다.

카메라 액터가 레벨 안에 추가됐습니다. 추가된 카메라를 선택하고 [디테일] 패널에서 위치와 방향을 [표 5-6]과 같이 조절합시다.

표 5-6 카메라 설정

위치	−500.0	0.0	100.0
회전	0.0	0.0	0.0
스케일	1.0	1.0	1.0

이제 배치한 큐브가 보일 것입니다. 잘 표시되지 않는다면 큐브 위치를 확인해서 조절해보세요.

그림 5-57 카메라 액터의 위치와 방향을 조절해 큐브가 보이게 설정합니다.

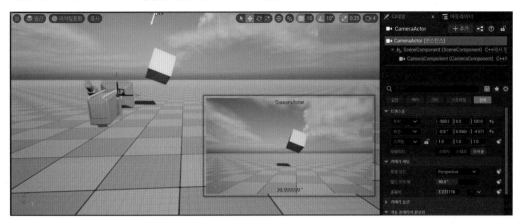

2. 자동 플레이를 활성화합니다

배치된 카메라가 레벨을 시작할 때 사용되도록 합니다. [디테일] 패널에서 ❶ [자동 플레이어 활성화]의 [플레이어 자동활성화] 오른쪽에 있는 ✔를 클릭하고 ❷ 값을 [Player0]으로 지정합니다. 이제 게임 시작 시 플레이어의 시점으로 카메라가 사용됩니다.

그림 5-58 [플레이어 자동 활성화 값]을 [Player0]으로 설정합니다.

3. 실행해서 확인합니다

설정을 마쳤으면 레벨을 실행하여 표시를 확인해봅시다. 배치된 카메라의 시점으로 잘 표시되나요?

그림 5-59 실행해서 추가한 카메라의 시점으로 표시되는지 확인합니다.

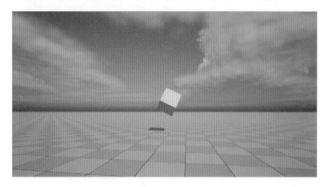

실행해보면 알 수 있듯이, 추가한 카메라를 사용하도록 설정하면 마우스나 키보드로 카메라를 이동시킬 수 없습니다. 이런 카메라 조작은 기본으로 준비된 카메라가 제공하는 기능입니다. 지금처럼 자체적으로 카메라를 추가해서 사용할 경우에는 직접 움직이는 처리까지 준비해야 비로소 카메라를 이동시킬 수 있습니다.

시퀀서에 카메라 추가하기

추가한 카메라를 시퀀서로 움직여보겠습니다.

1. 액터와 카메라 에셋을 추가합니다

[MyLevelSequence1] 에셋을 더블 클릭해 [시퀀서] 패널을 엽니다. 시퀀서의 트랙 목록에서 ❶ [+트랙] 버튼을 클릭하고 ❷ [액터를 시퀀스로] 에서 레벨에 있는 액터를 선택합니다. 카메라는 ❸ [CameraActor]라는 이름으로 준비되어 있으므로 이 항목을 찾아서 선택합니다.

그림 5-60 [+트랙] 버튼을 누르고 [액터를 시퀀스로] 항목 안에 있는 [CameraActor]를 선택합니다.

트랙에 CameraActor가 추가됐습니다. CameraActor에는 [**CameraComponent**]와 [**Transform**] 이라는 항목이 제공되며, 이를 통해 카메라의 시야각, 위치, 방향 등을 조작할 수 있습니다.

또한 트랙에는 CameraActor뿐만 아니라 카메라 컷이라는 것도 추가됩니다. **카메라 컷**은 카메라를 트랙에 추가하면 자동으로 생성되는데, 여러 대의 카메라를 전환하는 등의 작업에 사용됩니다(카메라 컷에 관해서는 나중에 설명하겠습니다).

그림 5-61 CameraActor와 카메라 컷이 트랙에 추가됩니다.

2. 위치 > X의 커브를 생성합니다

그럼 애니메이션 설정을 해봅시다. 우선 [**CameraActor**]를 선택하고 커브 에디터를 열어주세요.

Transform에 있는 위치부터 시작합니다. [**위치**]에서 [**X**]를 선택하고 애니메이션의 시작, 중간, 끝 지점에 각각 키를 추가합니다. 그리고 [표 5-7]과 같이 값을 설정합니다.

표 5-7 CameraActor의 위치(X) 설정

	시간	값
시작	0000	-500.0
중간	0050	0.0
끝	0100	-500.0

이렇게 하면 -500에서 0으로 증가하다가 다시 -500으로 돌아오는 커브가 생성됩니다.

CHAPTER 1
CHAPTER 2
CHAPTER 3
CHAPTER 4
CHAPTER 5
CHAPTER 6
CHAPTER 7

그림 5-62 위치에서 X의 커브를 생성합니다.

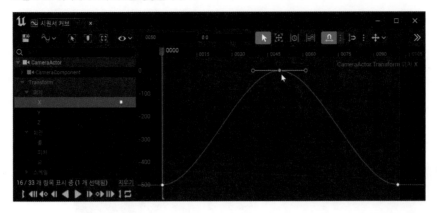

3. 위치 > Y의 커브를 생성합니다

이번에는 [위치]의 [Y]를 선택하고 애니메이션의 시작, 중간, 끝 지점에 각각 키를 추가합니다. 그리고 [표 5-8]과 같이 값을 설정합니다.

표 5-8 CameraActor의 위치(Y) 설정

	시간	값
시작	0000	0.0
중간	0050	500.0
끝	0100	0.0

그림 5-63 위치에서 Y의 커브를 생성합니다.

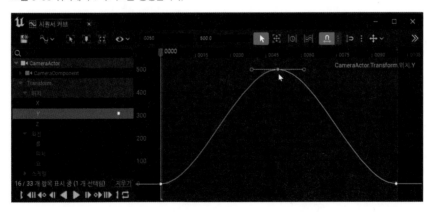

4. 회전 > 요의 커브를 생성합니다

마지막으로 회전의 커브를 생성합니다. [회전]의 [요]를 선택하고 애니메이션의 시작, 중간, 끝 지

점에 각각 키를 추가합니다. 그리고 [표 5-9]와 같이 값을 설정합니다.

표 5-9 CameraActor의 회전 설정

	시간	값
시작	0000	0.0
중간	0050	−45.0
끝	0100	0.0

그림 5-64 회전에서 요의 커브를 생성합니다.

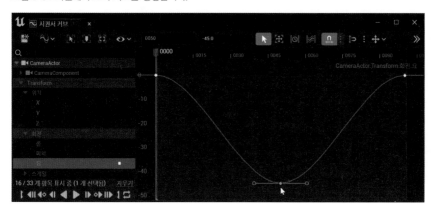

5. 실행해서 확인합니다

설정이 완료되면 저장하고 작동을 확인해봅시다. 실행하면 큐브의 애니메이션에 맞춰 카메라도 오른쪽에서 회전하듯이 큐브를 표시하고 다시 정면을 향합니다.

그림 5-65 실행하면 카메라가 오른쪽으로 회전하듯이 이동하면서 촬영합니다.

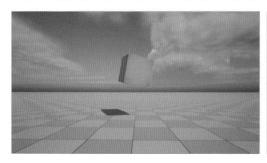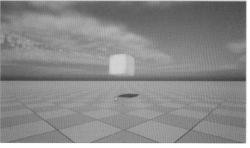

CHAPTER1
CHAPTER2
CHAPTER3
CHAPTER4
CHAPTER5
CHAPTER6
CHAPTER7

시퀀서에는 카메라와 관련된 또 하나의 트랙인 카메라 컷이 있습니다. 카메라 컷은 말 그대로 **카메라 컷 분할**을 위한 것입니다. 어디서부터 어디까지 어떤 카메라를 사용할지, 어느 시점에 어떤 카메라로 전환할지 등을 설정할 수 있습니다.

카메라 컷의 타임라인에는 카메라로 촬영된 장면이 축소되어 표시됩니다. 타임라인을 통해 어떤 장면이 찍히는지 확인할 수 있으며, 여기에 다양한 카메라 컷을 추가해서 컷을 분할할 수 있습니다. 어떻게 하는지 자세히 알아봅시다.

그림 5-66 카메라 컷: 카메라 화면이 작게 표시됩니다.

1. 카메라 액터를 추가합니다

카메라 컷을 분할하려면 여러 대의 카메라가 필요합니다. 두 번째 카메라 액터를 레벨에 추가합시다. [그림 5-67]과 같이 ❶ 추가 아이콘(🖼)을 클릭하고 ❷ [모든 클래스]에 있는 ❸ [카메라 액터]를 선택해서 카메라 액터를 배치해주세요.

다른 방법도 있습니다. 이전에 카메라 액터를 만들어놓았기 때문에 [추가] 메뉴 하단에 있는 [최근 배치됨] 부분에 [카메라 액터]가 추가된 상태일 것입니다. 이것을 선택해도 카메라 액터를 배치할 수 있습니다.

그림 5-67 [카메라 액터]를 선택해서 추가합니다.

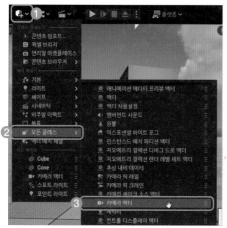
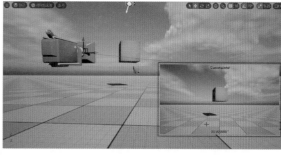

2. CameraActor2의 위치와 방향을 조절합니다

배치된 카메라 액터의 이름은 CameraActor2입니다. (방금 추가한) 이 카메라 액터를 선택한 후 [디테일] 패널에서 [위치], [회전], [스케일]을 [표 5-10]과 같이 설정해봅시다.

표 5-10 CameraActor2 설정

위치	0.0	0.0	500.0
회전	0.0	−30.0	0.0
스케일	1.0	1.0	1.0

그림 5-68 CameraActor2의 위치와 방향을 조절합니다.

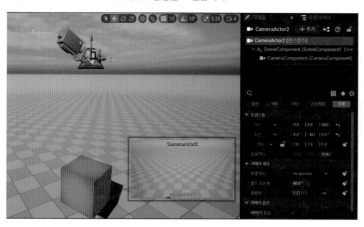

3. 바인딩을 추가합니다

카메라 컷에서 CameraActor2를 추가해 표시가 전환되도록 해봅시다. 먼저 카메라 컷의 타임라인에서 CameraActor2로 전환할 위치에 현재 표시 위치를 설정하세요. 그리고 ❶ [카메라 컷]의 [+카메라] 버튼을 클릭하면 나타나는 메뉴에서 ❷ [새 바인딩 binding] 아래의 ❸ [CameraActor2]를 선택합니다.

그림 **5-69** 현재 위치를 변경하고, [+카메라] 버튼을 클릭해 [새 바인딩]을 선택합니다.

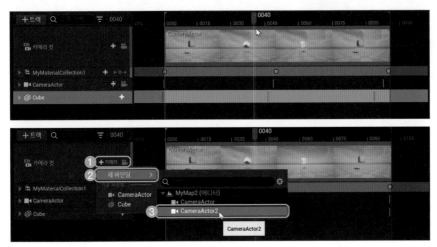

4. CameraActor2로 컷이 전환됐습니다!

현재 위치에서 새로운 컷이 할당되고, CameraActor2의 컷이 추가됩니다. 이제 중간에 Camera Actor에서 CameraActor2로 전환할 수 있습니다.

그림 **5-70** 현재 위치 뒤로 CameraActor2의 컷이 추가됩니다.

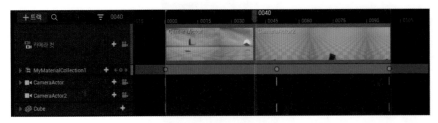

CHAPTER1
CHAPTER2
CHAPTER3
CHAPTER4
CHAPTER5
CHAPTER6
CHAPTER7

5. 다시 CameraActor로 컷을 되돌립니다

사용법을 알았으니 이번에는 CameraActor2에서 CameraActor로 되돌리는 조작도 해봅시다. 현재 표시 위치를 드래그해 조정하고 ❶ [카메라 컷]의 [+카메라] 버튼을 클릭해 ❷ [CameraActor]를 선택합니다. 이렇게 하면 선택한 위치 이후부터 CameraActor로 전환됩니다.

그림 5-71 선택한 위치에 [CameraActor]를 추가합니다.

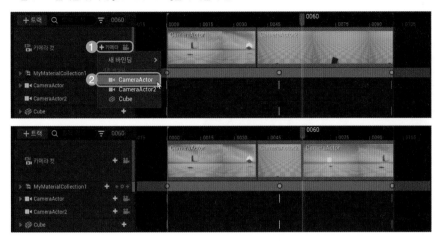

6. 실행해서 확인합니다

CameraActor에서 CameraActor2로, 그리고 다시 CameraActor로 카메라 전환을 설정했습니다.

이제 시퀀서를 저장하고 작동을 확인해봅시다. 실행하면 CameraActor와 CameraActor2를 전환하면서 애니메이션이 표시됩니다.

그림 5-72 도중에 CameraActor2로 바뀌고 다시 CameraActor로 돌아옵니다.

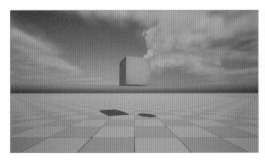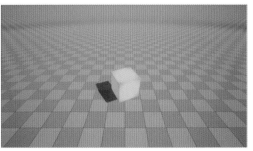

카메라 액터를 추가하고 표시를 전환하면서 이리저리 움직이다 보면 조금 이상한 현상을 발견할 수 있습니다. 바로 씬 안에 회색 구가 나타나는 현상입니다. 이런 건 만든 기억이 없습니다!

이것은 **폰**이라는 액터로, 우리가 만든 것이 아닙니다.

그림 5-73 레벨 안에 수상한 회색 구가 보입니다.

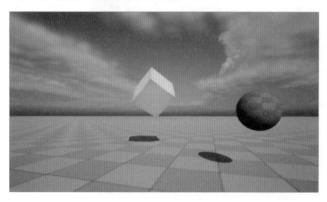

폰이란?

폰Pawn은 플레이어가 제어할 수 있는 액터로, 게임에서 사용되는 캐릭터 등이 바로 폰입니다. 플레이어는 마우스나 키보드로 폰을 조작할 수 있습니다.

카메라 액터를 생성하기 전에도 레벨이 실행되면 마우스나 키보드로 카메라를 조종해 씬 안을 돌아다닐 수 있었습니다. 레벨 안에 기본 카메라가 있어서 그 카메라를 조작하는 거라고 생각했지만 아웃라이너를 살펴봐도 카메라는 존재하지 않습니다.

어째서 레벨을 실행하면 존재하지 않는 카메라로 씬이 표시되고 키보드나 마우스로 조작할 수 있게 되는 걸까요? 그 이유는 카메라 액터가 폰으로 만들어졌기 때문입니다.

언리얼 엔진 프로젝트에서는 게임 시작 시 자동으로 폰이 생성되도록 설정되어 있습니다. 예를 들어 게임에서 플레이할 캐릭터나 일인칭 플레이의 경우 플레이어의 시점으로 사용되는 카메라가 폰으로 설정됩니다. 게임이 실행되면 자동으로 폰 액터가 생성되어 레벨에 편입되고 이를 움직여 게임을 플레이할 수 있게 되는 것입니다.

🎮 게임모드와 월드 세팅

폰은 게임모드에서 관리됩니다. 게임모드는 게임에 사용되는 중요 부품을 설정하기 위한 것으로, 게임모드에서 폰 등을 커스터마이징할 수 있습니다.

카메라 액터를 만들어서 사용하다 보면 아무래도 디폴트 폰이 방해가 됩니다. 이야기가 좀 곁길로 빠지지만, 잠시 게임모드와 폰에 관해 설명하고 넘어가겠습니다.

게임모드는 어디서 설정될까?

게임모드는 프로젝트와 월드 세팅에서 설정됩니다. 프로젝트에는 기본으로 사용되는 게임모드가 설정되어 있어 게임이 실행되면 이 기본 설정이 사용됩니다.

월드 세팅은 3D 공간의 세부 설정을 관리하는 곳입니다. 마찬가지로 게임모드가 준비되어 있으며, 프로젝트 설정을 변경할 수 있습니다.

월드 세팅의 게임모드 설정

에디터 상단에 있는 창 메뉴에서 [월드 세팅]을 선택하면 월드 세팅 패널이 열립니다. 이 패널에는 디테일 패널처럼 여러 가지 설정 목록이 있습니다. 이 안에 [Game Mode] 항목이 있는데, 여기서 게임모드에 관한 설정을 할 수 있습니다.

[게임모드 오버라이드] 항목은 게임모드를 덮어쓰기 위한 설정입니다. 게임 설정의 경우 프로젝트에 설정 된 것이 사용되지만 게임모드는 월드 세팅을 통해 설 정을 덮어쓰고 변경할 수 있도록 되어 있습니다.

그림 5-74 월드 세팅의 [Game Mode] 항목

실제로 게임모드를 생성해봅시다. 게임모드는 블루프린트 프로그램으로 만들어집니다. [콘텐츠 드로어]를 열어 ❶ [+추가] 버튼을 클릭하고 목록에서 ❷ [블루프린트 클래스]를 선택하세요.

그림 5-75 [+추가] 버튼을 클릭한 다음 [블루프린트 클래스]를 선택합니다.

부모 클래스 선택하기

화면에 대화 창이 나타납니다. 이 대화 창은 생성할 블루프린트 클래스의 부모 클래스를 선택하기 위한 것입니다. 부모 클래스는 쉽게 말해서 **작성할 블루프린트의 바탕이 되는 것**이라고 생각하면 됩니다.

표시된 부모 클래스 중 [게임 모드 베이스] 선택하세요. 게임모드의 기반이 되는 부모 클래스입니다. 게임 모드 베이스를 부모 클래스로 해서 만드는 블루프린트의 프로그램은 게임모드 프로그램으로 인식됩니다.

블루프린트 파일이 생성되면 'MyGameMode1'이라는 이름으로 저장합니다.

그림 5-76 부모 클래스로 [게임 모드 베이스]를 선택하고, 'MyGameMode1'이라는 이름으로 파일을 생성합니다.

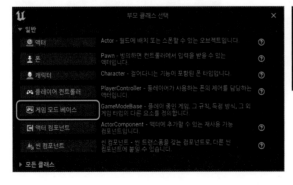

🎮 월드 세팅에서 게임모드 변경하기

생성된 게임모드를 사용해 설정을 변경해봅시다.
[월드 세팅] 패널을 열고, ❶ [게임모드 오버라이
드]의 값을 클릭하세요. 그럼 사용할 수 있는 게
임모드가 표시됩니다. 이 중에서 ❷ [MyGame
Mode1]을 선택합니다.

그림 5-77 [게임모드 오버라이드]에서 [MyGameMode1]
을 선택합니다.

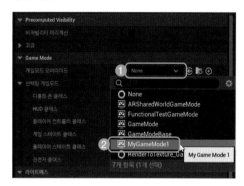

디폴트 폰 클래스

게임모드 오버라이드를 변경하면 그 아래에 있는 [**선택된 게임모드**] 항목의 값을 편집할 수 있게 됩
니다.

이 중에서 [디폴트 폰 클래스]의 값을 변경합시다.
기본으로 사용되는 폰을 설정하는 것입니다. 기본
값으로 [DefaultPawn]이 설정되어 있는데 이것
이 기본으로 사용되는 폰, 즉 '수상한 회색 구'의 정
체입니다.

그림 5-78 게임모드 설정

1. 디폴트 폰 클래스를 None으로 변경합니다

[**디폴트 폰 클래스**]의 값을 [**None**]으로 변경하세
요. 그럼 기본으로 폰이 사용되지 않습니다.

이제 실행 시에 보이던 수상한 회색 구가 나타나지
않습니다!

그림 5-79 [디폴트 폰 클래스]를 [None]으로 변경합니다.

2. 표시를 확인합니다

레벨을 저장하고 실행해서 표시를 확인해봅시다. 뷰포트의 표시 위치를 변경해도 수상한 구가 표시되지 않는지 확인하세요.

그림 5-80 수상한 구가 표시되지 않습니다.

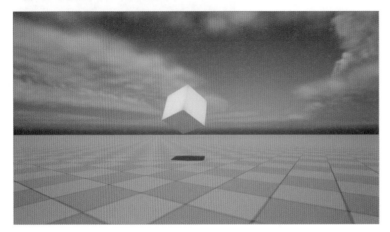

5.3 캐릭터와 애니메이션

Ⓤ 캐릭터와 애니메이션

시퀀서를 사용한 애니메이션은 단순한 움직임을 만드는 데 편리합니다. 하지만 복잡한 움직임을 만들고 싶다면 시퀀서로는 한계가 있습니다.

게임에서는 사람 형태의 캐릭터를 사용하는 경우가 많습니다. 캐릭터가 걷거나, 달리거나, 점프하는 등 여러 동작이 필요한데, 이런 동작들은 시퀀서로 간단히 만들 수 없습니다. 몸을 구성하는 각 부분의 움직임을 세밀하게 설정해야 하기 때문입니다. 단순히 걷는 동작만 해도 허벅지, 정강이, 발목의 움직임과 몸통, 팔이 구부러지는 정도 등을 모두 설정해야 합니다. 이런 복잡한 동작에는 매우 많은 요인이 있기 때문에 시퀀서로 설정하기가 매우 어렵습니다.

대부분의 경우, 전용 모델링 도구로 캐릭터 모델과 애니메이션 파일을 만들고, 이를 바탕으로 동작을 재현합니다. 이런 캐릭터 모델과 애니메이션을 만들기 위해서는 상당히 전문적인 기술이 필요합니다. 또한 전용 모델링 도구를 사용해야 합니다. 언리얼 엔진만으로는 만들어내기 어려우므로 이 부분에 관해서는 별도의 학습이 필요합니다.

언리얼 엔진으로 비교적 쉽게 할 수 있는 것은 미리 만들어진 캐릭터 모델과 애니메이션 데이터를 조합해 캐릭터를 움직이는 것입니다. 예를 들어 걷기, 달리기, 점프하기 등의 애니메이션 데이터를 사용해 플레이어의 조작에 따라 걷거나, 달리거나, 점프하게 만들 수 있습니다.

새로운 레벨을 생성해 캐릭터 애니메이션
을 시험해봅시다. [파일] 메뉴에서 [새 레
벨...]을 선택합니다. 새 레벨 생성 대화 창
이 나타나면 ❶ [Open World] 템플릿을
선택한 후 ❷[생성] 버튼을 클릭합니다.

그림 5-81 [Open World] 템플릿을 선택합니다.

Open World 레벨이 생성됐습니다. Open World는 캐릭터가 마음껏 뛰어 돌아다닐 수 있는 넓은
공간의 레벨입니다. 캐릭터를 다양하게 시험해보기에 최적인 템플릿이죠.

그림 5-82 Open World 템플릿으로 생성한 광활한 레벨

생성한 레벨을 저장합시다. 툴바의 저장 아이콘(🖫)을 클릭하고 대화 창에서 이름을 'MyMap3'이라고 설정한 다음 저장하겠습니다.

그림 5-83 레벨을 'MyMap3'이라는 이름으로 저장합니다.

캐릭터 생성하기

이제 레벨에 캐릭터를 추가해봅시다.

뷰포트 위에 있는 ❶ 추가 아이콘(🖫)을 클릭하면 표시되는 메뉴에서 ❷ [기본]에 있는 ❸ [캐릭터]를 선택합니다. 그럼 캐릭터(Character 액터)가 레벨에 추가됩니다.

캐릭터는 길쭉한 캡슐 모양의 액터입니다. 단, 현 시점에는 아무것도 표시되지 않습니다. 여기에 캐릭터의 스켈레탈 메시^{Skeletal Mesh}를 설정해서 표시를 만들어야 합니다.

그림 5-84 [캐릭터]를 선택해 Character 액터를 추가합니다.

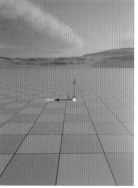

1. 엔진 콘텐츠를 표시합니다

스켈레탈 메시를 설정하기 전에 콘텐츠 드로어에 표시되는 콘텐츠 설정을 변경해야 합니다. 이번에 사용할 스켈레탈 메시는 언리얼 엔진에 준비되어 있는 것이기 때문에 기본 상태로는 표시되지 않습니다. 따라서 엔진 콘텐츠를 사용할 수 있도록 설정을 변경해야 합니다.

❶ [콘텐츠 드로어] 오른쪽 상단의 [세팅] 버튼을 클릭하면 나타나는 메뉴에서 ❷ [엔진 콘텐츠 표시]를 선택해 활성화합니다.

그림 5-85 [세팅]에서 [엔진 콘텐츠 표시]를 선택합니다.

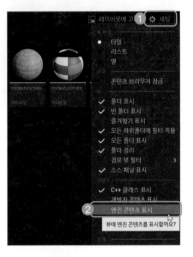

설정을 변경했으면 콘텐츠 드로어 왼쪽의 폴더 목록을 살펴보세요. 맨 아래에 '엔진'이라는 폴더가 추가됐습니다. 이 폴더에는 엔진과 관련된 콘텐츠가 모여있습니다. 이제 엔진 콘텐츠를 프로젝트에서 사용할 수 있게 됐습니다.

그림 5-86 엔진 폴더가 추가됐습니다.

2. 스켈레탈 메시를 설정합니다

먼저 레벨에 배치된 Character 액터를 선택합니다. 그런 다음 [디테일] 패널에서 [일반]을 클릭하면 [메시]라는 항목을 찾을 수 있을 것입니다. 그 아래에 있는 [스켈레탈 메시] 항목에 캐릭터로 표시할 스켈레탈 메시를 설정합니다. **스켈레탈 메시**Skeletal Mesh란 본bone이라 불리는 골격 구조를 가진 스태틱 메시를 가리킵니다. 뼈와 관절에 해당하는 것들이 있어 자유롭게 몸을 움직일 수 있습니다.

❶ [스켈레탈 메시]의 값 부분('없음'으로 표시된 부분)을 클릭하면 사용할 수 있는 스켈레탈 메시 목록이 표시됩니다. ❷ 샘플로 준비된 [TutorialTPP]를 선택하세요.

그림 5-87 [스켈레탈 메시]에서 [TutorialTPP]를 선택합니다.

이제 Character 액터에 몸체가 표시됩니다. 기본으로 Character 액터보다 높은 위치에 캐릭터가 표시될 것입니다. 선택한 TutorialTPP의 위치를 조정해보겠습니다.

그림 5-88 Character 액터보다 높은 위치에 캐릭터가 표시됩니다.

3. 위치를 조정합니다

[디테일] 패널에서 [Character(인스턴스)]를 선택하고 [위치]의 [Z] 값(파란색)을 '90.0'으로 설정합니다. 계속해서 Character 내부에 있는 [Mesh(CharacterMesh0)] 항목을 선택하고 [위치]의 [Z] 값을 '-90.0'으로 설정합니다. 그럼 캐릭터의 발이 지면에 닿게 됩니다.

그림 5-89 Character와 Mesh 위치를 조정해 지면에 발이 닿게 합니다.

4. 실행해서 확인합니다

레벨을 실행해서 확인해봅시다. 아직은 캐릭터가 움직이지 않지만 제대로 지면 위에 선 모습이 표시됩니다. 이제 여기에 애니메이션을 설정해 움직이도록 하는 일만 남았습니다!

그림 5-90 실행하면 캐릭터가 선 상태로 표시됩니다.

📖 캐릭터에 애니메이션 설정하기

이제 Character에 애니메이션을 설정해봅시다. 애니메이션을 설정할 때 가장 먼저 생각해둘 것은 **애니메이션 모드**입니다. Character의 스켈레탈 메시에는 **애니메이션 에셋**과 **블루프린트**라는 두 가지 애니메이션 모드가 있습니다.

● 애니메이션 에셋

애니메이션 정보가 저장된 파일입니다. 이른바 **애니메이션 파일**이라고 하는 것이 바로 애니메이션 에셋입니다. 이 파일을 Character에 설정하면 해당 애니메이션 에셋의 데이터로 애니메이션이 재생됩니다.

● 블루프린트

블루프린트 프로그램으로 애니메이션을 제어하는 모드입니다. 이 역시 내부적으로는 애니메이션 에셋을 이용하지만 필요에 따라 프로그램으로 다양한 처리를 해서 애니메이션을 제어할 수 있습니다.

단순히 정해진 애니메이션을 재생한다면 애니메이션 에셋을 사용하고, 프로그램으로 여러 가지 애니메이션을 제어하고 싶다면 블루프린트를 사용하는 것이 좋습니다.

1. 애니메이션 모드를 변경합니다

애니메이션 모드를 설정해봅시다. 먼저 Character를 선택하고 ❶ [디테일] 패널에서 [애니메이션] 버튼을 클릭하세요. 그러면 애니메이션에 관련된 설정이 나타납니다.

❷ [애니메이션] 항목에 있는 [애니메이션 모드]를 찾아보세요. 이 항목으로 애니메이션 모드를 설정합니다. 기본으로 [Use Animation Blueprint]가 선택되어 있는데, 이 값을 ❸ [Use Animation Asset]으로 바꿔주세요. 이렇게 하면 애니메이션 에셋을 사용할 수 있습니다.

그림 5-91 [애니메이션 모드]를 [Use Animation Asset]으로 변경합니다.

2. 애니메이션 에셋을 지정합니다

애니메이션 모드를 설정하면 그 아래에 [플레이할 애님]$^{Anim\ to\ Play}$]이라는 항목이 추가됩니다. 여기에 재생할 애니메이션 에셋을 지정합니다. ❶ '없음'으로 설정되어 있는 부분을 클릭하면 사용할 수 있는 애니메이션 에셋 목록이 표시됩니다.

표시된 목록에서 ❷[Tutorial_Walk_Fwd]를 찾아보세요. 이 에셋은 앞으로 전진하는 애니메이션입니다. [Tutorial_Walk_Fwd] 에셋을 클릭하면 레벨에 배치된 Character의 스켈레탈 메시가 총을 겨누고 전진하는 모습으로 바뀝니다.

플레이할 애님 아래에는 [루핑^{Looping}], [재생 중^{Playing}]이라는 설정이 있습니다. 각각 반복 재생과 플레이를 나타냅니다. 모두 체크해서 활성화합니다.

그림 5-92 [플레이할 애님]에서 [Tutorial_Walk_Fwd]를 선택하면 캐릭터가 총을 겨누는 모습으로 바뀝니다.

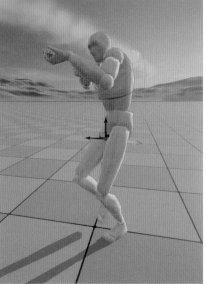

3. 실행해서 확인합니다

설정을 마쳤으면 레벨을 실행해봅시다. 캐릭터가 계속 걷는 애니메이션이 재생됩니다.

단, 애니메이션은 재생되지만 실제로 앞으로 전진하지는 않습니다. 애니메이션과는 별도로 일정 속도로 이동하는 처리가 필요하다는 점을 잊지 마세요.

그림 5-93 실행하면 제자리에서 계속 걷기만 하는 애니메이션이 재생됩니다.

🎬 시퀀서로 애니메이션 만들기

이제 애니메이션 에셋을 설정해서 움직여볼 수 있게 됐습니다. 애니메이션 에셋은 Character에 애니메이션 설정으로 내장됩니다. 설정을 변경하면 다른 애니메이션 에셋으로 작동시킬 수 있습니다.

즉, 설정에 따라 재생되는 애니메이션이 달라집니다. 그렇다면 시퀀서로 애니메이션 설정을 제어해 필요에 따라 애니메이션을 변경할 수도 있지 않을까요? 한번 해봅시다!

1. 레벨에 시퀀스를 추가합니다

이번에도 레벨 시퀀스로 시퀀서를 준비합니다. 툴바에 있는 ❶ 시퀀서 아이콘(🎬)을 클릭해 ❷ [레벨 시퀀스 추가]를 선택합니다. ❸ 그런 다음 'MyLevelSequence2'라고 이름을 설정해 저장합니다.

그림 5-94 이름을 'MyLevelSequence2'로 설정합니다.

2. 액터를 추가합니다

시퀀스가 추가됐으면 [시퀀서] 패널을 열고 트랙에 액터를 추가합니다. ❶ [+트랙] 버튼을 클릭해
❷ [액터를 시퀀스로]에서 ❸ [Character]를 선택해 트랙에 추가합니다.

그림 5-95 [Character]를 추가합니다.

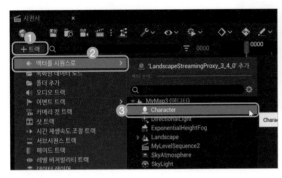

🟢 트랙에 애니메이션 추가하기

이제 애니메이션 트랙을 추가해봅시다. 트랙에 추가된 Character의 오른쪽에 있는 ❶ [+트랙] 버
튼을 클릭하세요. 메뉴가 표시되면 ❷ [애니메이션] 메뉴 위로 마우스 포인터를 이동합니다. 그럼
Character에서 이용할 수 있는 애니메이션 에셋 목록이 하위 메뉴로 나타납니다.

여기서 ❸ [Tutorial_Walk_Fwd]를 선택해 트랙에 추가합니다. 아까도 사용했었죠? 앞으로 걸어
가는 애니메이션입니다.

그림 5-96 Character 트랙에 [Tutorial_Walk_Fwd]를 추가합니다.

1. 정지 애니메이션을 추가합니다

애니메이션을 하나 더 추가하겠습니다. 방금 전에 한 것처럼 Character의 오른쪽에 있는 ❶ [+트랙] 버튼을 클릭하고 ❷ [애니메이션] 메뉴에서 ❸ [Tutorial_Idle]을 선택해 트랙에 추가하세요. 이것은 정지 상태의 애니메이션입니다.

이로써 2개의 애니메이션이 트랙에 추가됐습니다.

그림 5-97 Character 트랙에 [Tutorial_Idle]을 추가합니다.

2. 타임라인을 조정합니다

추가된 두 애니메이션은 모두 타임라인의 0 지점에서 애니메이션 길이만큼 재생되도록 설정된 상태입니다. 마우스를 사용해 타임라인의 양쪽 끝을 좌우로 드래그해서 길이를 변경할 수 있습니다. 또한 타임라인의 바를 드래그해 위치를 옮길 수 있습니다.

두 타임라인의 길이와 위치를 조정해서 Tutorial_Idle을 재생한 다음 Tutorial_Walk_Fwd가 재생되도록 해봅시다.

그림 5-98 타임라인의 바 길이와 위치를 조정합니다.

🎬 레벨 시퀀서로 애니메이션 실행하기

2개의 애니메이션을 재생하는 시퀀서가 완성됐습니다. 이제 저장하고 시퀀서를 사용해봅시다.

그 전에 레벨에 배치된 시퀀서(MyLevelSequence2)를 선택하고 [디테일] 패널에서 필요한 설정을 해둡니다. ❶ [재생] 항목에 있는 [자동 재생]에 체크해서 활성화합니다. 그리고 ❷ [루프] 항목의 [루프 않음]으로 설정되어 있는 값을 클릭해 ❸ [무한 루프]로 변경하세요.

이제 레벨을 시작하면 끝없이 애니메이션이 실행됩니다.

그림 5-99 MyLevelSequence2에 필요한 설정을 합니다.

설정이 끝나면 레벨을 실행해서 애니메이션을 확인해봅시다. 서 있던 캐릭터가 일정 시간이 지나면 걷기 시작하고 다시 멈추는 두 가지 애니메이션이 교차로 실행되는 것을 알 수 있습니다.

그림 5-100 정지와 전진이 번갈아 재생됩니다.

5.4 블루프린트를 사용한 애니메이션

ⓤ 애니메이션 블루프린트란?

지금까지 캐릭터에 애니메이션 에셋을 설정하면 해당 애니메이션을 실행할 수 있다는 것을 알아보았습니다. 또한 애니메이션은 시퀀서를 사용해서 실행할 수도 있었습니다.

이것으로 애니메이션의 기본을 모두 학습한 것일까요? 아닙니다! 애니메이션 모드에는 한 가지가 더 있습니다. 애니메이션 블루프린트입니다.

애니메이션 블루프린트는 **애니메이션 실행에 관한 규칙**과 같은 것입니다. 이전에 머티리얼 표면을 만들 때 여러 개의 노드를 연결해서 만들었던 것을 기억하나요? 애니메이션 블루프린트도 이와 비슷합니다. 다양한 처리 및 동작 노드를 연결해 애니메이션의 표시와 제어 구조를 만들어갑니다.

애니메이션 모드 변경하기

캐릭터가 애니메이션 블루프린트로 움직이도록 설정을 변경해봅시다. 레벨에 배치된 캐릭터를 선택하고 ❶ [디테일] 패널에서 [애니메이션] 버튼을 클릭합니다. 그런 다음 ❷ [애니메이션 모드]를 찾아 값을 ❸ [Use Animation Blueprint]로 변경합니다.

이제 블루프린트를 사용해 애니메이션을 실행할 수 있습니다. 이미 생성된 레벨 시퀀서 등에 의한 애니메이션은 더 이상 적용되지 않습니다.

그림 5-101 [애니메이션 모드]를 [Use Animation Blueprint]로 변경합니다.

🔵 블루프린트 작성하기

애니메이션 블루프린트를 만들어봅시다. 블루프린트는 에셋(파일)로 생성됩니다. [콘텐츠 드로어]를 열고 ❶ [+추가] 버튼을 클릭하면 메뉴가 표시되는데, 블루프린트 메뉴가 아닌 애니메이션 메뉴를 이용한다는 점에 주의하세요.

애니메이션 블루프린트는 일반적인 블루프린트와는 다르기 때문에 전용 메뉴가 있습니다. ❷ [애니메이션] 메뉴 안에 애니메이션 관련 에셋이 모여있습니다. 이곳에서 ❸ [애니메이션 블루프린트]를 선택합니다.

그림 5-102 [애니메이션 블루프린트]를 선택합니다.

스켈레톤 지정하기

애니메이션 블루프린트를 선택하면 대화 창이 나타납니다. 여기서 사용할 스켈레톤Skeleton을 선택합니다. ❶ 상단의 [특정 스켈레톤] 탭을 선택하면 사용할 수 있는 스켈레톤 목록이 표시됩니다.

이 중에서 ❷ [TutorialTPP_Skelteon]을 선택하고 ❸ [생성] 버튼을 클릭합니다. 그러면 애니메이션 블루프린트 파일이 생성됩니다. 이름은 MyTPP_BP1로 붙여둡니다.

그림 5-103 스켈레톤 목록에서 [TutorialTPP_Skeleton]을 선택해 애니메이션 블루프린트를 생성합니다.

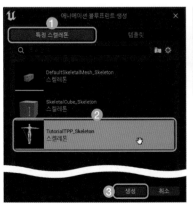

 블루프린트 에디터

생성된 [MyTPP_BP1]을 더블 클릭하면 새로운 창이 열립니다. 중앙에는 커다란 노드 하나가 표시된 그래프가 있습니다. 어디선가 본 적이 있지 않나요? 맞습니다, 머티리얼을 만들 때 비슷한 창을 사용했습니다.

이것이 바로 블루프린트 에디터 창입니다. 여기서 노드를 연결해 애니메이션 처리를 만들 것입니다.

그림 5-104 블루프린트 에디터 화면

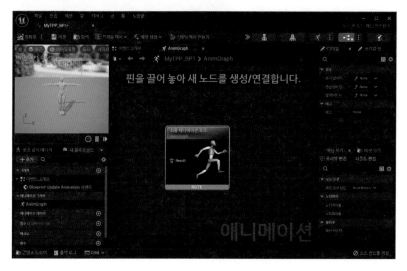

블루프린트란?

블루프린트라는 단어는 지금까지 여러 차례 등장했습니다. 블루프린트는 언리얼 엔진에 탑재된 프로그래밍 시스템입니다. 여러분은 앞서 머티리얼을 만들 때와 노드를 연결해 표면을 만들 때 머티리얼에 특화된 블루프린트를 사용해보았습니다. 그리고 나이아가라에서 이미터 모듈을 만들 때도 블루프린트를 사용했습니다.

여러분은 아직 블루프린트 프로그래밍 시스템을 잘 모르기 때문에, 지금 애니메이션 블루프린트를 사용한 처리에 관해 설명해도 잘 이해되지 않을 것입니다. 따라서 여기서는 **이런 기능들이 준비되어 있으며 정해진 형식대로 만들어가면 애니메이션을 제어할 수 있다**는 정도만 알아도 충분하며, 내용까지 정확하게 이해할 필요는 전혀 없습니다.

블루프린트에 관한 기본 내용은 〈CHAPTER 6 블루프린트〉에서 설명합니다. CHAPTER 6를 학습한 후에 어느 정도 블루프린트 프로그래밍에 익숙해지면 다시 애니메이션 블루프린트에 관한 내용을 읽어보세요. 그때는 **블루프린트로 애니메이션의 구조를 만든다**는 것이 어떤 의미인지 이해할 수 있을 것입니다.

🦄 이벤트 그래프와 AnimGraph

블루프린트 에디터를 살펴봅시다. 먼저 블루프린트 프로그래밍을 하는 곳인 그래프 패널을 살펴봅시다.

그래프 패널을 자세히 보면 2개의 그래프가 열려 있습니다. 그래프 영역 상단에 [이벤트 그래프]와 [AnimGraph](애님 그래프) 탭이 보이나요? 탭을 클릭하면 그래프를 전환할 수 있습니다.

이 두 그래프는 각각 다른 성격을 가지고 있습니다. 간단히 정리해보겠습니다.

그림 5-105 그래프 상단에 있는 탭을 클릭해 표시할 그래프를 전환합니다.

이벤트 그래프

이벤트 그래프는 다양한 조작이나 동작에 따라 발생하는 이벤트를 처리합니다. 기본으로 2개의 노드가 준비되어 있습니다. 이벤트 그래프의 경우 필요해질 때까지는 손대지 않는 게 좋습니다.

그림 5-106 이벤트 그래프: 2개의 노드가 준비되어 있습니다.

AnimGraph

AnimGraph는 애니메이션 그래프로, 구체적인 애니메이션 처리를 작성하는 그래프입니다. 이 그래프에는 기본으로 **최종 애니메이션 포즈**라는 노드가 배치되어 있습니다. 머티리얼의 **결과 노드**가 생각나네요. 결과 노드와 마찬가지로 다양한 처리 결과로 결정된 애니메이션을 이 노드에 연결해서 애니메이션이 재생되게 합니다.

그림 5-107 애니메이션 그래프: 하나의 노드가 준비되어 있습니다.

🎯 최종 애니메이션 포즈에 애니메이션 설정하기

간단한 애니메이션을 만들어봅시다. [AnimGraph] 탭으로 전환해 최종 애니메이션 포즈를 잘 보세요.

이 노드에는 [Result]라는 입력이 하나 준비되어 있습니다. 이곳에 [애니메이션 포즈]를 연결합니다. 애니메이션 에셋으로 재생되는 애니메이션을 나타내는 값이라고 생각하면 이해하기 쉽습니다.

그림 5-108 최종 애니메이션 포즈 노드

1. 캐릭터 관련 콘텐츠를 찾습니다

캐릭터와 관련된 콘텐츠를 찾아봅시다. 이번 사용한 'TutorialTPP_Skeleton'이라는 스켈레톤 메시와 애니메이션 에셋은 다음 위치에 있습니다. 차례대로 폴더를 열어주세요.

> All → 엔진 → 콘텐츠 → Tutorial → SubEditors → TutorialAssets → Character

폴더의 계층이 매우 깊으므로 잘 확인하면서 찾아봅시다. 마지막에 연 [Character] 폴더 안에 애니메이션 관련 파일이 모여있습니다.

이곳에 있는 파일 중에서 [Tutorial_Walk_Fwd]를 찾아보세요. 이 파일이 앞으로 걸어가는 애니메이션 에셋 파일입니다.

그림 5-109 [Character] 폴더 안에 있는 애니메이션 관련 파일

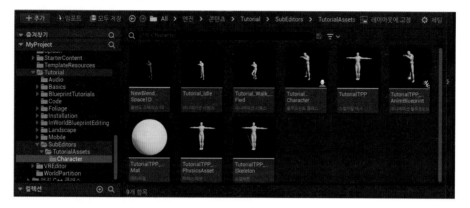

2. 에셋을 그래프에 배치합니다

[Tutorial_Walk_Fwd] 파일을 드래그해서 AnimGraph의 적당한 위치에 드롭하세요. 그럼 Tutorial_Walk_Fwd를 재생하기 위한 노드가 추가됩니다.

그림 5-110 [Tutorial_Walk_Fwd]를 드래그 앤 드롭해서 그래프에 배치합니다.

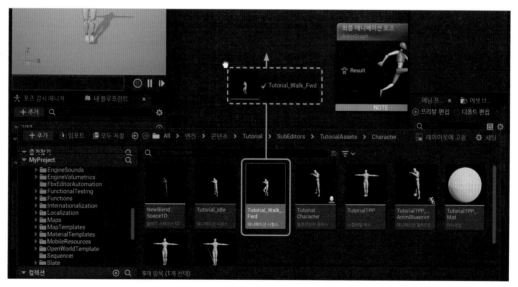

애니메이션 포즈

추가된 노드는 애니메이션 포즈^{Animation Pose}라는 것으로, 출력이 하나뿐인 단순한 노드입니다. 이 재생 노드에 설정되어 있는 애니메이션 에셋을 재생하는 애니메이션 포즈가 출력됩니다.

다시 말해, 이 출력을 최종 애니메이션 포즈에 연결하면 Tutorial_Walk_Fwd를 재생하게 됩니다.

그림 5-111 재생 노드: 출력이 하나뿐인 단순한 노드입니다.

3. 노드를 최종 애니메이션 포즈에 연결합니다

추가한 애니메이션 포즈 노드를 **최종 애니메이션 포즈**의 [Result]로 드래그해서 연결합니다.

그림 5-112 애니메이션 포즈 노드를 최종 애니메이션 포즈와 연결합니다.

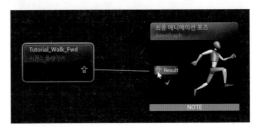

4. 블루프린트를 컴파일합니다

이제 프로그램이 완성됐습니다. 툴바에 있는 [컴파일] 버튼을 클릭해 컴파일하세요. 애니메이션 블루프린트는 이처럼 내용을 변경할 때마다 컴파일해야 합니다. '**편집→ 컴파일 → 저장**'이 기본 작업 순서라고 기억해둡시다.

그림 5-113 블루프린트를 컴파일합니다.

5. 프리뷰를 확인합니다

컴파일을 마쳤으면 프리뷰에서 확인해봅시다. 프리뷰에는 캐릭터가 총을 겨눈 자세로 전진하는 애니메이션이 표시됩니다. 준비한 애니메이션 포즈의 출력이 최종 애니메이션 포즈로 보내져 재생된다는 것을 알 수 있습니다.

그림 5-114 프리뷰에서 애니메이션을 확인합니다.

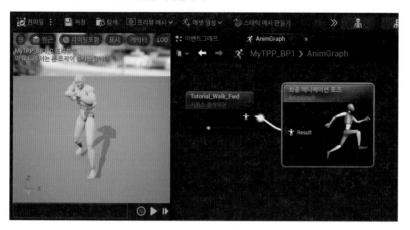

블루프린트로 스켈레탈 메시 움직이기

완성된 애니메이션 블루프린트를 사용해 캐릭터를 움직여봅시다.

우선 애니메이션 블루프린트를 캐릭터에 설정합니다. [그림 5-115]와 같이 레벨 에디터에서 레벨에 배치한 캐릭터(Character)를 선택하고, [디테일] 패널에서 ❶ [애니메이션] 버튼을 클릭합니다. 그런 다음 ❷ [애니메이션 모드]를 [Use Animation Blueprint]로 변경합니다.

그러면 아래에 **애님 클래스**라는 항목이 추가되는데, 애니메이션에서 사용할 블루프린트 클래스를 지정하는 항목입니다. 값을 [MyTPP_BP1]로 바꾸면 뷰포트의 캐릭터가 Tutorial_Walk_Fwd의 포즈로 바뀝니다. 이때 애님 클래스에는 'MyTPP_BP1_C'라고 표시됩니다.

그림 5-115 Character의 [애니메이션 모드]를 [Use Animation Blueprint]로 변경하고, [애님 클래스]를 [MyTPP_BP1]로 지정합니다.

이제 애니메이션 블루프린트가 스켈레탈 메시에 설정되었습니다. 툴바에서 플레이 버튼(▶)을 눌러 재생해봅시다.

배치된 캐릭터를 보면 애니메이션 블루프린트에서 설정한 애니메이션이 재생됩니다.

그림 5-116 애니메이션 블루프린트에 준비한 애니메이션 에셋을 사용해 애니메이션이 표시됩니다.

CHAPTER1
CHAPTER2
CHAPTER3
CHAPTER4
CHAPTER5
CHAPTER6
CHAPTER7

2개의 애니메이션 전환하기

지금까지 애니메이션 블루프린트를 사용해 애니메이션을 재생하는 기본적인 방법을 학습했습니다. 이번에는 약간 변형해보겠습니다.

특정 값을 체크해 애니메이션을 전환하는 처리를 생각해봅시다.

Tutorial_Idle 배치하기

다시 블루프린트 에디터로 돌아갑시다. 그리고 재생 노드를 하나 더 준비해보겠습니다. 이전에 했던 것과 마찬가지로 [콘텐츠 드로어]의 [Character] 폴더에서 [Tutotial_Idle] 에셋을 찾아 애님 그래프에 드래그 앤 드롭합니다.

그림 5-117 [Tutorial_Idle] 에셋을 찾아 그래프에 배치합니다.

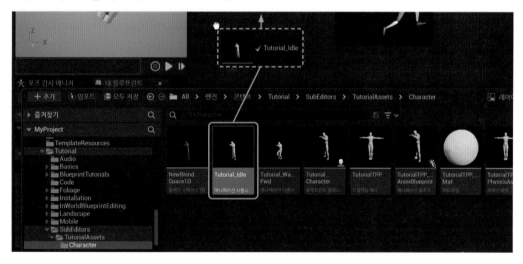

이제 두 번째 애니메이션 재생 노드가 추가됐습니다. 이 2개의 노드를 전환해서 움직여보겠습니다.

그림 5-118 Tutorial_Idle이 추가됐습니다.

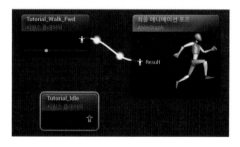

🎮 블렌드 포즈 사용하기

상황에 따라 애니메이션 포즈를 전환하려면 블렌드 포즈$^{Blend\ Pose}$라는 노드를 사용합니다. 이 노드는 값을 확인하고 값에 따라 사용할 애니메이션 포즈를 전환하는 역할을 합니다.

블렌드 포즈 노드 추가하기

블렌드 노드를 추가해봅시다. AnimGraph에서 아무 노드도 없는 부분을 마우스 오른쪽 버튼으로 클릭합니다. 그러면 노드를 선택할 수 있는 메뉴가 나타납니다.

블렌드 포즈는 이 중 Blends 메뉴 안에 정리되어 있습니다. ❶ [Blends] 메뉴 앞의 ▼ 표시를 클릭해 하위 메뉴를 펼친 다음 ❷ [부울로 포즈 블렌딩]을 찾아 선택하세요. 그럼 그 래프에 블렌드 포즈 노드가 생성됩니다.

그림 5-119 [부울로 포즈 블렌딩]을 선택해 노드를 추가합니다.

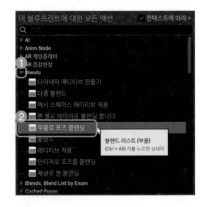

🎮 부울형을 이용하는 포즈 블렌딩

부울로 포즈 블렌딩은 부울^{bool} 값을 체크해서, 그 결과에 따라 재생할 애니메이션 포즈를 설정하는 노드입니다.

부울이란 '참/거짓'과 같은 두 가지 선택 상태를 나타내는 데 사용되는 값입니다(진위값이라고도 합니다). 예를 들어 체크 상자의 ON/OFF 값 등을 나타내는 데 사용할 수 있습니다.

부울로 포즈 블렌딩의 입출력

이 노드는 5개의 입력과 1개의 출력으로 구성되는 상당히 복잡한 노드입니다. [표 5-11]에 각 항목에 관한 설명을 정리했습니다.

그림 5-120 부울로 포즈 블렌딩 노드가 생성됐습니다.

표 5-11 부울로 포즈 블렌딩의 입출력

입력 항목

True 포즈	Active Value가 ON일 때 실행할 애니메이션 포즈를 지정합니다.
False 포즈	Active Value가 OFF일 때 실행할 애니메이션 포즈를 지정합니다.
True 블렌드 시간	값이 True로 변했을 때 애니메이션이 전환되는 데 걸리는 시간입니다.
False 블렌드 시간	값이 False로 변했을 때 애니메이션이 전환되는 데 걸리는 시간입니다.
Active Value	현재 값을 지정합니다. 아무 값도 연결되어 있지 않은 경우, 체크 상자를 클릭하여 ON/OFF 값을 지정합니다.

출력 항목

출력	출력은 하나뿐입니다. 현 시점의 애니메이션 포즈가 출력됩니다.

🎮 블렌드 포즈 설정하기

블렌드 포즈에 필요한 설정을 해봅시다. 우선 조금 전에 연결한 Tutorial_Walk_Fwd와 최종 애니메이션 포즈의 연결을 끊어주세요. [Result] 핀을 마우스 오른쪽 버튼으로 클릭해서 [모든 핀 링크 끊기]를 선택합니다.

그림 5-121 오른쪽 버튼으로 클릭해서 연결을 끊어줍니다.

1. Tutorial_Walk_Fwd를 True 포즈에 연결합니다

이제 다시 연결해보겠습니다. **Tutorial_Walk_Fwd**의 출력 핀을 드래그해서 부울로 포즈 블렌딩의 [Ture 포즈]에 연결합니다.

그림 5-122 Tutorial_Walk_Fwd를 부울로 포즈 블렌딩의 [True 포즈]에 연결합니다.

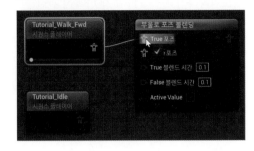

2. Tutorial_Idle을 False 포즈에 연결합니다

또 다른 재생 노드인 **Tutorial_Idle**의 출력 핀을 드래그해서 **부울로 포즈 블렌딩**의 [**False 포즈**]에 연결합니다.

그림 5-123 Tutorial_Idle을 부울로 포즈 블렌딩의 [False 포즈]에 연결합니다.

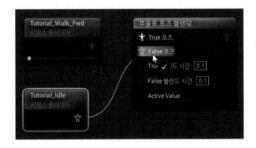

3. 블렌드 시간을 설정합니다

부울로 포즈 블렌딩 노드에 있는 [**True 블렌드 시간**]과 [**False 블렌드 시간**]의 값을 모두 '1.0'으로 변경합니다. 이제 애니메이션이 전환될 때 1초에 걸쳐 매끄럽게 변경됩니다.

그림 5-124 블렌드 시간을 각각 '1.0'으로 설정합니다.

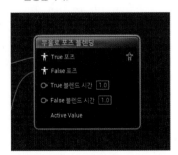

4. 부울로 포즈 블렌딩의 출력을 최종 애니메이션 포즈에 연결합니다

부울로 포즈 블렌딩의 출력 핀을 드래그해서 **최종 애니메이션 포즈**의 [Result]에 연결합니다. 이제 프로그램의 기본 흐름이 만들어졌습니다.

그림 5-125 부울로 포즈 블렌딩의 출력 핀과 최종 애니메이션 포즈의 [Result]를 연결합니다.

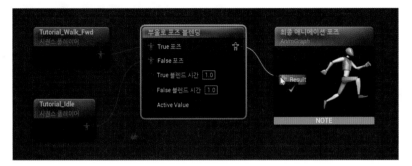

변수 추가하기

기본 구조가 완성됐습니다. 마지막으로 포즈 블렌딩 노드에 값을 설정하기 위한 변수를 추가해봅시다.

에디터 창 왼쪽의 프리뷰 아래에는 내 블루프린트 패널이 있습니다. 같은 위치에 포즈 감시 매니저 패널도 있으므로 만약 이 패널이 표시되어 있다면 [내 **블루프린트**]를 클릭해 표시를 전환합니다.

내 블루프린트 패널에는 변수, 함수, 매크로 등의 설정이 있습니다. 블루프린트 프로그래밍에서 사용하기 위해 추가한 부품을 관리하는 곳이죠.

그림 5-126 내 블루프린트

1. 변수를 추가합니다

❶ [변수] 항목 오른쪽에 있는 ⊕ 버튼을 클릭하세요. 그럼 새로운 변수 항목이 표시되며, 이름을 입력할 수 있는 상태가 됩니다. ❷ 'flag'라고 입력된 상태로 둡시다.

그림 5-127 'flag'라는 이름의 변수를 생성합니다.

2. 변수를 공개합니다

추가된 변수의 오른쪽 끝을 보면 눈을 감고 있는 아이콘이 있습니다. 이는 해당 변수가 비공개(외부에서 이용할 수 없음) 상태라는 것을 나타냅니다. 이 아이콘을 클릭하면 눈을 뜬 모양으로 바뀝니다. 이제 이 변수는 공개되어 외부에서 사용할 수 있습니다.

그림 5-128 변수를 공개 상태로 바꿉니다.

3. 변수 flag를 설정합니다

생성한 [flag]를 선택하면 오른쪽 [디테일] 패널에 자세한 설정이 표시됩니다. [표 5-12]와 같이 설정해봅시다. 나머지 값은 기본값 그대로도 괜찮습니다.

그림 5-129 변수 flag를 설정합니다.

CHAPTER1
CHAPTER2
CHAPTER3
CHAPTER4
CHAPTER5
CHAPTER6
CHAPTER7

표 5-12 flag 설정

변수 이름	변수의 이름입니다. 'flag'라고 설정된 값을 그대로 둡니다.
변수 타입	변수에 저장할 값의 유형입니다. 여기서는 [부울]을 선택합니다. 그럼 부울 값을 저장할 수 있게 됩니다.
인스턴스 편집가능	값의 편집 여부를 지정합니다. 상자에 체크해서 활성화합니다.

4. 변수를 그래프에 배치합니다

설정을 완료했으면 [내 블루프린트]에 있는 [flag]를 AnimGraph의 적당한 위치에 드래그 앤 드롭합니다. 그러면 그 자리에 메뉴가 표시되는데, 이때 [Get flag]를 선택합니다.

그림 5-130 flag 변수를 드래그 앤 드롭해서 배치합니다.

5. 노드가 생성됐습니다!

변수를 드롭한 위치에 Flag라고 표시된 노드가 생성됩니다. flag 변수의 값을 가져오는 노드입니다. 이 노드에는 출력이 하나뿐인데, 여기서 변수의 값을 가져옵니다.

그림 5-131 flag 변수의 값을 가져오는 노드가 생성됐습니다.

6. Flag 노드를 Active Value에 연결합니다

Flag 노드의 출력 핀을 부울로 포즈 블렌딩 노드의 [Active Value]에 연결합니다. 이것으로 애니메이션 처리가 완성됐습니다.

그림 5-132 Flag 노드를 부울로 포즈 블렌딩의 [Active Value]에 연결합니다.

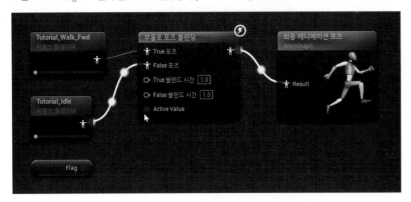

프리뷰로 확인하기

프리뷰로 확인해보겠습니다. 블루프린트 에디터를 닫았다가 다시 열면 프리뷰에 애니메이션이 표시됩니다. 그래프에 배치된 재생 노드의 바를 천천히 움직이면서 애니메이션 상태를 확인할 수도 있습니다.

기본 상태에서는 정지 상태의 애니메이션이 재생됩니다. 부울로 포즈 블렌딩의 값이 False로 설정되어 있기 때문에 False에 연결된 Tutrial_Idle이 재생되는 것입니다.

그림 5-133 포즈 블렌딩 노드에 값을 넘겨주는 flag 변수가 False이므로 False 포즈 애니메이션이 재생됩니다.

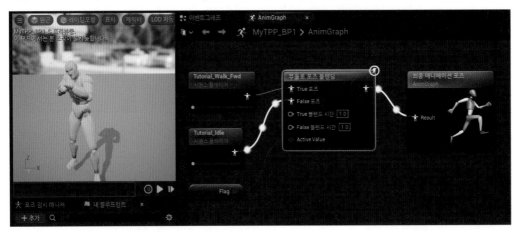

1. flag 변수의 값을 변경합니다

flag 변수의 값을 변경해봅시다. 그래프에 배치되어 있는 [Flag] 노드를 선택하고 오른쪽 [디테일] 패널 아래에 있는 [애님 프리뷰 에디터] 패널을 선택합니다.

이 패널에는 [디폴트]라는 항목이 있는데, 그 안에 [Flag]의 설정 항목이 있습니다. 여기서 애니메이션의 Flag 값을 설정할 수 있습니다.

[Flag]의 오른쪽 박스에 체크해 ON으로 바꾸면 Flag의 값이 True가 됩니다.

그림 5-134 Flag 값을 True로 설정합니다.

2. 애니메이션이 바뀌었습니다!

Flag를 True로 설정하면 애니메이션이 천천히 Tutorial_Walk_Fwd로 전환됩니다. 그래프의 처리 흐름을 나타내는 표시도 True 포즈의 애니메이션으로 바뀐 것을 확인할 수 있습니다.

그림 5-135 flag 변수를 True로 설정하면 애니메이션이 Tutorial_Walk_Fwd로 전환됩니다.

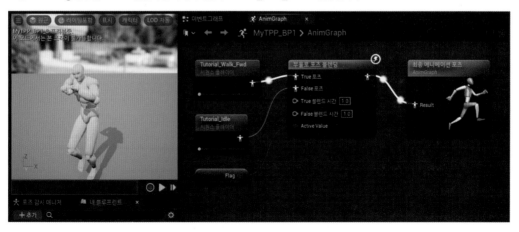

3. 애니메이션의 전환을 확인합니다

이번에는 Flag를 ON/OFF해서 애니메이션이 전환되는 과정을 확인해봅시다. 그래프에서는 현재 실행 중인 연결이 흰색으로 눈에 띄게 표시됩니다.

Flag를 ON/OFF해보면, 포즈 블렌딩 노드에 연결된 애니메이션 에셋이 실행 중임을 나타내는 표시가 한쪽에서 다른 쪽으로 부드럽게 바뀝니다.

그림 5-136 실행 중임을 나타내는 표시가 서서히 전환됩니다.

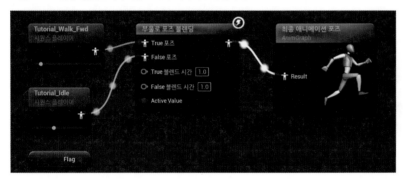

(u) 스테이트 머신 사용하기

지금까지 변수를 사용해서 애니메이션을 조작하는 방법을 알아봤습니다. 이 방법은 변수로 간단하게 애니메이션을 전환할 수 있어 편리합니다. 하지만 캐릭터의 애니메이션이 많아지고 다양한 상황에 맞춰 애니메이션을 전환해야 하는 경우라면 모든 과정을 직접 관리해야 하므로 상당히 복잡해집니다.

이럴 때 언리얼 엔진에서는 상황에 따라 애니메이션을 전환해주는 스테이트 머신^{State Machine}을 많이 사용합니다. 스테이트 머신은 다양한 캐릭터의 상태를 스테이트로 준비하고, 시각적으로 연결해 전환을 만들어갑니다. 각 스테이트의 전환에는 '**특정 조건을 만족하면 전환한다**'와 같은 조건을 설정할 수 있습니다.

다양한 스테이트 전환을 만들고 조건을 붙여 상황에 따라 필요한 상태가 자동으로 표시되게 해봅시다.

1. 스테이트 머신을 생성합니다

스테이트 머신은 AnimGraph에서 생성할 수 있습니다. 그래프 부분을 마우스 오른쪽 버튼으로 클릭하면 나타나는 목록에서 [State Machines] 안에 있는 [새 스테이트 머신 추가]를 선택하세요.

CHAPTER1
CHAPTER2
CHAPTER3
CHAPTER4
CHAPTER5
CHAPTER6
CHAPTER7

그림 5-137 [새 스테이트 머신 추가]를 선택합니다.

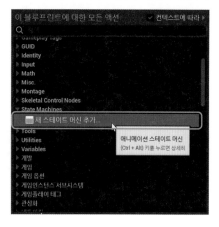

2. 스테이트 머신을 설정합니다

생성된 스테이트 머신을 선택하면 [디테일] 패널에 자세한 설정이 표시됩니다. 여기서 이름을 'MyState1'로 변경합니다.

그림 5-138 스테이트 머신의 이름을 'MyState1'로 설정합니다.

3. 스테이트 머신을 최종 애니메이션 포즈에 연결합니다

생성된 스테이트 머신을 사용해서 애니메이션을 표시하도록 노드 연결을 변경해봅시다. **MyState1**을 **최종 애니메이션 포즈**에 연결합니다. 그럼 기존 연결은 끊어지고 MyState1과 최종 애니메이션 포즈의 연결이 만들어집니다. 이제부터는 MyState1의 결과를 바탕으로 애니메이션이 재생됩니다.

그림 5-139 MyState1을 최종 애니메이션 포즈에 연결합니다.

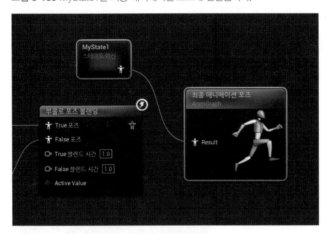

스테이트 머신 열기

생성된 [**MyState1**]을 더블 클릭하면 새로운 그래프가 열립니다. 기본으로 Entry 노드 하나만 표시되어 있습니다. Entry 노드는 스테이트 머신의 시작 지점을 나타냅니다.

이곳에서 애니메이션 설정이 되어 있는 스테이트를 필요에 따라 생성하고, Entry부터 각 스테이트의 전환을 연결합니다.

그림 5-140 스테이트 머신을 열면 Entry 노드 하나가 있습니다.

ⓤ 스테이트 생성하기

첫 번째 스테이트를 만들어봅시다. Entry 노드의 가운데 부분을 마우스 왼쪽 버튼으로 눌러 드래그하면 Entry에서 마우스 포인터까지 직선이 늘어납니다.

그대로 마우스 버튼에서 손을 떼면 생성할 항목이 나타납니다. 여기서 **[스테이트를 추가]**를 선택합니다. 새로운 스테이트 노드가 생성되면 이름을 'Idle'로 설정합니다.

그림 5-141 Entry에서 드래그해서 [스테이트 추가] 메뉴를 선택합니다.

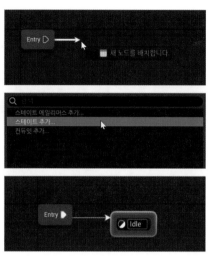

1. 스테이트를 엽니다

생성된 [Idle (스테이트)]를 더블 클릭하면 새로운 그래프가 열립니다. 이곳에는 애니메이션 포즈 출력 노드가 하나 있습니다. 이 노드에 해당 스테이트에서 재생할 애니메이션을 설정합니다. 재생할 애니메이션을 여기에 연결하면 이 상태가 선택될 때 지정된 애니메이션이 재생됩니다.

그림 5-142 스테이트를 열면 애니메이션 포즈 출력 노드가 표시됩니다.

2. Tutorial_Idle을 연결합니다

애니메이션 에셋을 추가해 애니메이션 포즈 출력에 연결합시다. [콘텐츠 드로어]를 열고 튜토리얼
용으로 준비된 [Tutorial_Idle] 에셋을 그래프에 드래그 앤 드롭해서 배치합니다.

그림 5-143 [Tutorial_Idle] 에셋을 드래그 앤 드롭해서 배치합니다.

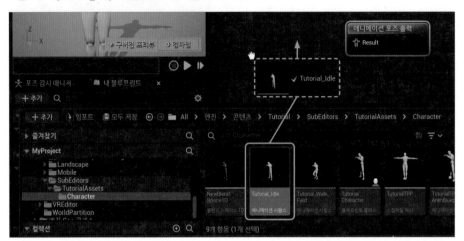

추가된 **Tutorial_Idle의 출력** 핀을 드래그해 **애
니메이션 포즈 출력**의 [Result] 연결합니다. 이
제 Idle 에셋에 Tutorial_Idle이 설정됐습니다.

그림 5-144 Tutorial_Idle을 애니메이션 포즈 출력에 연결합
니다.

3. Walk 스테이트를 생성합니다

두 번째 스테이트를 만들어봅시다. 이 스테이트
는 Idle 스테이트에서 전환하여 사용합니다. 스
테이트 머신을 연 그래프로 돌아가서 Idle 노드
의 테두리 부분을 마우스 왼쪽 버튼으로 클릭하
고 드래그하면 Idle에서 마우스 포인터까지 직
선이 표시됩니다.

그림 5-145 Idle에서 전환할 스테이트를 생성합니다.

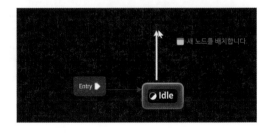

그대로 마우스 버튼에서 손을 떼면 생성할 항목
이 나타납니다. 여기서 [스테이트를 추가]를 선
택합니다. 스테이트가 그래프에 추가되면 이름
을 'Walk'로 설정합니다.

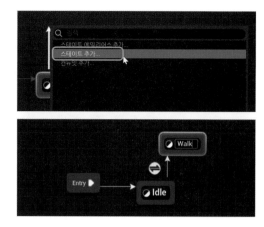

4. Tutorial_Walk_Fwd를 추가합니다

생성된 [Walk 스테이트]를 더블 클릭해서 연 다음, [콘텐츠 드로어]에서 [Tutorial_Walk_Fwd]
애니메이션 에셋을 선택해 그래프에 배치합니다.

그림 5-146 [Tutorial_Walk_Fwd]를 드래그 앤 드롭해서 그래프에 배치합니다.

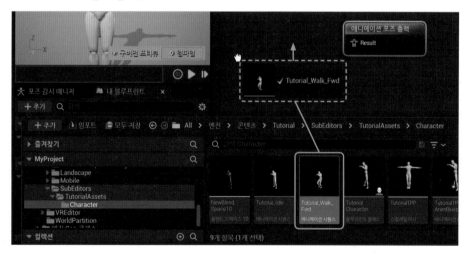

5. Tutorial_Walk_Fwd를 연결합니다

추가된 **Tutorial_Walk_Fwd**의 출력 핀을 드래그해서 애니메이션 포즈 출력의 [Result]에 연결합
니다. 이것으로 Walk 스테이트의 애니메이션을 완성했습니다.

그림 5-147 Tutorial_Walk_Fwd를 애니메이션 포즈 출력에 연결합니다.

(u) 트랜지션 룰 설정하기

이제 전환 조건을 설정할 차례입니다. 전환 조건은 트랜지션 룰^{Transition Rules}이라는 것으로 준비되어 있습니다.

1. 트랜지션 룰 그래프를 엽니다

다시 MyState1 스테이트 머신의 그래프로 돌아갑시다. Idle에서 Walk로의 전환을 나타내는 선이 연결되어 있습니다.

이 선 바로 옆에 있는 아이콘(🔁)이 트랜지션 룰입니다. 트랜지션 룰 아이콘을 더블 클릭해봅시다.

그림 5-148 Idle에서 Walk로 전환되는 트랜지션 룰을 엽니다.

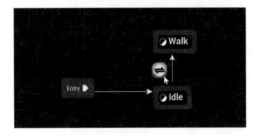

새로 열린 그래프에는 결과 노드가 하나 있습니다. 이 노드에 조건 값을 연결하면 조건에 따라 상태를 전환할 수 있습니다.

그림 5-149 트랜지션 룰 그래프

2. Flag 값에 체크합니다

조건을 만들어봅시다. 그래프 부분을 마우스 오른쪽 버튼으로 클릭해서 Flag와 == 노드를 추가할 것입니다.

Flag는 마우스 오른쪽 버른을 클릭해 나타난 창에서 'flag'를 검색한 다음 **[Get Flag]** 항목을 찾아 선택합니다. ==도 마찬가지로 '=='을 검색한 후 **[같음]**이라는 항목을 찾아 선택합니다.

그림 5-150 Flag와 == 노드를 추가합니다.

3. 노드를 연결합니다

새로 추가한 노드를 연결해봅시다. Flag를 ==의 상부 입력으로, ==를 결과 노드의 입력으로 각각 드래그해서 연결합니다.

핀이 연결되면 ==의 하부 입력(Flag와 연결된 핀 아래에 있는 것)에 체크 상자가 생기는데, 이를 체크해서 활성화합니다. 이제 'Flag == True'를 확인하는 식이 완성됐습니다. 이 식의 결과가 맞으면 전환이 실행됩니다.

그림 5-151 3개의 노드를 연결합니다.

다시 MyState1 그래프로 돌아갑니다. 이제 Idle에서 Walk로 전환하는 조건이 생겼습니다. 이번에는 Walk에서 Idle로 돌아가는 전환을 설정해봅시다.

Walk의 테두리 부분을 마우스 왼쪽 버튼으로 누른 채 Idle까지 드래그하면 Walk에서 Idle로의 전환이 만들어집니다.

그림 5-152 Walk에서 Idle로의 전환을 만듭니다.

 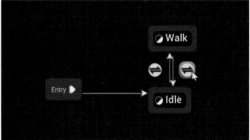

트랜지션 룰 만들기

생성된 전환을 더블 클릭해서 연 다음, 트랜지션 룰을 설정합시다. 조금 전과 마찬가지로 Flag와 == 노드를 추가하고 연결합니다.

이번에는 == 노드의 두 번째 입력에 체크하지 않고 그대로 둡니다. 이렇게 하면 'Flag == False' 조건이 설정됩니다.

그림 5-153 Flag와 == 노드를 만들어 연결합니다. 이번에는 ==의 두 번째 입력에 체크하지 않습니다.

애니메이션 표시 확인하기

이제 Idle과 Walk라는 두 가지 스테이트를 오가는 스테이트 머신이 만들어졌습니다. 이제 툴바 왼쪽 끝에 있는 [컴파일] 버튼을 눌러 컴파일합니다. 그리고 [저장] 버튼을 눌러 저장한 후 다음 동작을 확인해봅시다.

스테이트 머신의 그래프는 프리뷰에서 실행 상황을 확인할 수 있습니다. 그대로 실행하면 Idle 스테이트가 실행되는 것을 확인할 수 있습니다.

그림 5-154 Idle 스테이트가 실행됩니다.

Flag 변수 변경하기

이 상태에서 [Flag]에 체크해 ON으로 설정합니다. 그럼 스테이트가 전환되고, Walk 스테이트가 실행됩니다.

다시 Flag를 OFF로 하면 Idle로 돌아가고, 또 ON으로 하면 Walk로 돌아갑니다.

이처럼 Flag 값에 따라 실행되는 스테이트가 자동으로 전환됩니다.

그림 5-155 [Flag]를 ON으로 설정하면 Walk 스테이트가 실행됩니다.

Ⓤ 나머지는 블루프린트에 달렸습니다!

이렇게 변수 값에 따라 애니메이션이 전환되는 구조를 블루프린트로 만들 수 있습니다. 물론 이것만으로는 구체적으로 어디에 사용해야 할지 감이 오지 않을 수도 있습니다. 하지만 **프로그램에서 필요에 따라 flag 변수의 값을 변경하면 애니메이션을 전환할 수 있다**는 것을 대략적으로 상상할 수 있게 되었을 것입니다.

블루프린트 프로그래밍을 익히면 상황에 따라 값을 변경하고 애니메이션을 전환할 수 있습니다. 그 이상의 작업은 블루프린트에 관한 지식이 없으면 조금 어려울 수 있지만, 일단 지금까지 살펴본 것만으로도 애니메이션 프로그래밍이 무엇인지 알 수 있었을 것입니다.

CHAPTER

6

블루프린트

언리얼 엔진에서 제공하는 프로그래밍 시스템은 **블루프린트**라는 비주얼 언어입니다. 이 장에서는 블루프린트의 기본적인 사용법을 알아보고, UI를 제작하는 **위젯**과 충돌 시 이벤트를 처리하는 **트리거**에 관해 학습합니다.

6.1 블루프린트를 사용합시다!

Ⓤ 블루프린트란?

지금까지는 주로 언리얼 엔진에서 제공하는 3D 그래픽 기능에 관해 설명했습니다. 레벨에 배치하는 액터나 애니메이션도 모두 언리얼 엔진에 내장된 기능만 사용했습니다. 이제 기본적인 3D 게임 씬을 어느 정도 만들 수 있게 된 것입니다. 하지만 그것만으로는 게임을 만들 수 없습니다.

게임을 만들기 위해서는 '이렇게 하면 이렇게 움직인다', '이렇게 되었을 때 처리를 한다'와 같이 게임을 플레이할 때 필요한 여러 가지 동작과 처리를 통합해서 구성해야 합니다. 여기에 필요한 것이 바로 **프로그래밍**인데, 언리얼 엔진에서 제공하는 프로그래밍 시스템을 **블루프린트**라고 합니다.

블루프린트는 비주얼 언어

블루프린트는 앞에서도 여러 차례 등장했습니다. 머티리얼, 이미터, 애니메이션 블루프린트 등을 살펴볼 때 설명했었죠.

블루프린트는 소위 말하는 프로그래밍 언어와는 다루는 방식이 상당히 다릅니다. 블루프린트는 **비주얼 언어**입니다. 마우스를 이용해 시각적으로 부품을 배치해 나가는 방식으로 프로그램을 작성합니다.

물론 어떤 부품이 있는지, 어떤 기능을 하는지 등을 제대로 공부해야 하겠지만, 그래도 어려워 보이는 명령어로 작성하는 것보다는 훨씬 간단합니다. 무엇보다 명령어를 잘못 쓸 일이 없고, 노드와 노드가 제대로 연결되기만 하면 작동하기 때문이죠.

지금부터 이 블루프린트라는 프로그래밍 언어를 배워보도록 하겠습니다.

새로운 레벨 준비하기

이번에도 새로운 레벨을 만들어서 학습해봅시다. 새로운 레벨을 생성하기 위해 **[파일]** 메뉴에서 **[새 레벨...]**을 선택합니다. 그런 다음 템플릿의 대화 창에서 ❶ **[Basic]**을 선택하고 ❷ **[생성]** 버튼을 클릭합니다.

그림 6-1 Basic 템플릿으로 새로운 레벨을 생성합니다.

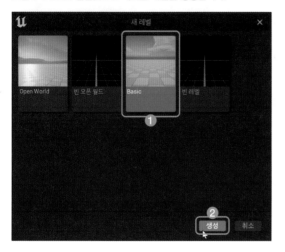

생성된 레벨을 저장해봅시다. **[저장]** 버튼을 클릭하고 이름을 'MyMap4'로 설정합니다.

그림 6-2 'MyMap4'라는 이름의 레벨을 생성합니다.

레벨을 실행하면 자동으로 생성된 카메라를 사용해서 마우스와 키보드로 시점을 자유롭게 움직일 수 있게 됩니다. 바로 일인칭 시점 게임을 만들 때는 편리하지만, 지금은 마우스와 키보드로 액터를 움직일 생각이므로 카메라는 고정해두겠습니다.

우선 [월드 세팅]에서 게임모드를 변경합시다. [Game Mode]의 [게임모드 오버라이드] 값을 이전에 만들어둔 [MyGameMode1]로 변경합니다. 그리고 [선택된 게임 모드]의 [디폴트 폰 클래스]를 [None]으로 설정합니다.

그림 6-3 [월드 세팅]에서 [게임모드 오버라이드]와 [디폴트 폰 클래스]를 설정합니다.

다음으로 레벨에 카메라를 추가합니다. 툴바의 추가 아이콘(🔳)에서 [카메라 액터]를 선택해 레벨에 카메라 액터를 추가하세요. 위치는 [표 6-1]과 같이 설정합니다.

또한 ❶ [플레이어 자동 활성화]의 값을 클릭해 ❷ [Player 0]으로 설정합니다. 이제 시작할 때 이 카메라 액터가 사용됩니다.

표 6-1 카메라 액터의 위치 설정

X	0.0
Y	0.0
Z	200.0

그림 6-4 위치와 플레이어 자동 활성화 값을 변경합니다.

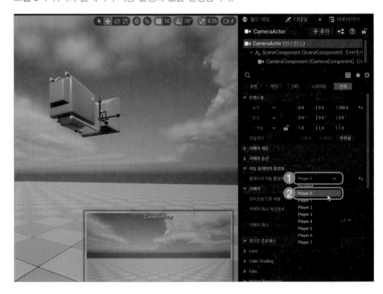

🅤 스피어 준비하기

이번에는 블루프린트로 조작할 액터를 준비하겠습니다. **①** 툴바의 추가 아이콘(🔳)을 클릭한 다음, **②** [셰이프] 메뉴에서 **③** [스피어]를 선택해 화면에 구를 하나 생성합니다. 위치는 카메라에서 보이는 장소에 적당히 배치하면 됩니다.

그림 6-5 스피어 하나를 배치합니다.

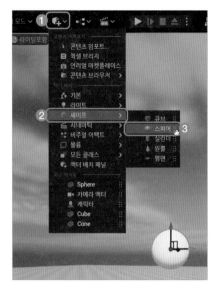

1. 머티리얼을 설정합니다

배치한 스피어에 머티리얼을 설정해봅시다. [콘텐츠 드로어]에서 적당한 머티리얼을 스피어에 드래그 앤 드롭합니다. [StarterContent] 내의 [Materials] 폴더에 있는 것을 이용하면 좋겠죠.

그림 6-6 머티리얼을 스피어에 드래그 앤 드롭합니다.

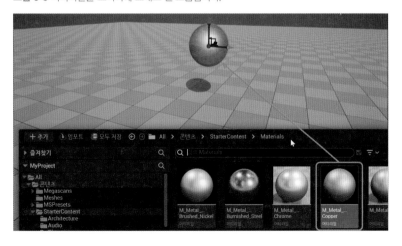

2. 무버블로 변경합니다

스피어의 [디테일] 패널에서 [모빌리티] 항목을 [무버블]로
변경합니다. 이 항목을 변경하면 블루프린트로 스피어를
움직일 수 있게 됩니다.

일단 이것으로 레벨 준비를 마쳤습니다!

그림 6-7 [모빌리티]를 [무버블]로 변경합니다.

레벨 블루프린트 생성하기

드디어 블루프린트를 만들 수 있게 됐습니다. 바로 블루프린트를 만들어봅시다.

앞서 여기저기서 조금씩 등장한 것만 봐도 알 수 있듯이, 블루프린트는 다양한 곳에서 사용됩니다.
게임 프로그래밍에서 사용할 경우에는 레벨 블루프린트가 기본이라고 할 수 있습니다.

레벨 블루프린트는 말 그대로 **레벨에 통합된 블루프린트**입니다. 언리얼 엔진에서는 게임 씬을 레벨
로 만들고 블루프린트로 처리를 통합합니다.

레벨 블루프린트 열기

툴바의 ❶ 블루프린트 아이콘(▦)을 클릭
하면 표시되는 메뉴에서 ❷ [레벨 블루프
린트 열기]를 선택합니다.

그림 6-8 블루프린트 아이콘에서 [레벨 블루프린트 열기]를 선택합
니다.

Ⓤ 블루프린트 에디터

화면에 새로운 창이 나타났을 것입니다. 이 창이 바로 블루프린트 에디터입니다. 새로운 창이라고 하지만, 이미 이와 비슷한 창을 여러 번 봤기 때문에 친숙할 것입니다.

블루프린트 에디터에는 크게 4개의 패널이 있습니다. 각 패널에 관해 간단히 정리해보겠습니다.

그림 6-9 블루프린트 에디터: 이곳에서 블루프린트 프로그램을 만듭니다.

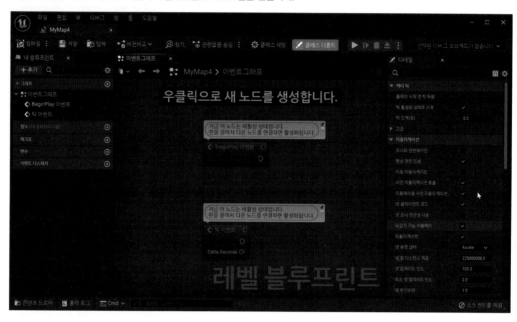

툴바

맨 위에는 아이콘이 나열된 바가 있습니다. 여기서 블루프린트 프로그램을 컴파일하고 실행하는 기본적인 조작을 합니다.

그림 6-10 툴바

내 블루프린트

블루프린트의 프로그램에서 사용하는 변수나 함수 등을 관리하는 곳으로, 복잡한 프로그램을 만들 때 필요합니다. 처음에는 그다지 쓸 일이 없을 것입니다.

그림 6-11 내 블루프린트

디테일

디테일 패널은 선택한 노드의 설정 등을 표시하는 곳입니다. 아직 아무것도 만들지 않았기 때문에 표시된 게 없지만 앞으로 여러 가지 노드를 만들면 다양한 설정 정보가 이곳에 표시될 것입니다.

그림 6-12 디테일 패널에는 블루프린트의 설정이 표시됩니다.

CHAPTER1
CHAPTER2
CHAPTER3
CHAPTER4
CHAPTER5
CHAPTER6
CHAPTER7

그래프

창 중앙에 넓게 표시된 부분이 그래프입니다. 여기에 노드를 배치해서 블루프린트를 만듭니다. 블루프린트 편집 화면이라고 보면 됩니다.

그래프에는 기본으로 이벤트 그래프 탭이 표시되어 있습니다. 그래프는 몇 개든 만들 수 있으며, 이곳에 열려 있는 그래프 탭이 표시되므로 필요에 따라 전환할 수 있습니다.

그림 6-13 이벤트 그래프 화면

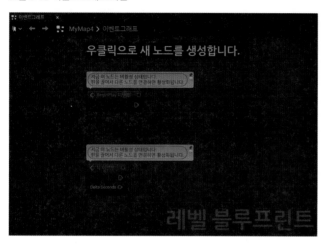

프로그램과 이벤트

블루프린트 프로그래밍의 첫 번째 단계로 간단한 메시지를 표시해보겠습니다. 메시지를 표시하려면 무엇이 필요할까요? 바로 **메시지를 표시하는 노드**와 **노드를 실행하는 이벤트**가 필요합니다.

블루프린트 프로그램은 가만히 있는데 저절로 실행되는 것이 아닙니다. 필요가 없으면 프로그램이 호출되지 않습니다. 그렇다면 언제 호출될까요? 프로그램은 **이벤트**가 발생했을 때 호출됩니다.

이벤트란 다양한 조작이나 상황에 대응해서 발생하는 신호 같은 것입니다. 게임이 시작됐을 때, 사용자가 마우스를 움직였을 때, 키를 눌렀을 때, 액터가 충돌했을 때 등 레벨에 무슨 일이 있으면 언리얼 엔진은 그에 대응하는 이벤트를 발생시킵니다.

블루프린트에는 각각의 이벤트를 포착하는 노드가 있습니다. 어떤 이벤트가 발생하면 그 노드가 이벤트를 포착해서 그곳에 있는 처리를 실행하는 구조로 되어 있습니다.

그림 6-14 게임 씬 내에서 어떤 일이 생기면 그에 대응하는 이벤트가 발생합니다. 그러면 블루프린트 안에서 해당 이벤트를 포착하는 노드가 이벤트를 받아 처리를 실행합니다.

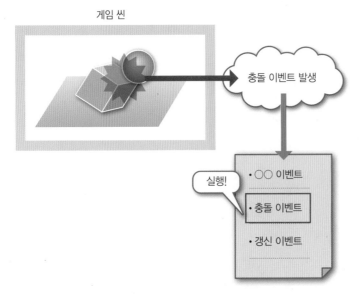

시작 시 메시지 표시하기

그럼 이번에는 메시지를 표시해봅시다. 우선 이벤트를 포착하는 노드부터 만들겠습니다.

여기서 사용할 이벤트는 레벨이 시작될 때 발생하는 'BeginPlay'라는 이벤트입니다. 이벤트 그래프를 잘 보면 기본으로 2개의 노드가 있습니다. 그 중 'BeginPlay 이벤트'라고 쓰여진 것이 BeginPlay 이벤트 노드입니다.

그림 6-15 기본으로 제공되는 BeginPlay 이벤트 노드

BeginPlay 노드

앞서 노드 몇 가지를 사용해봤지만, 이 노드는 지금까지 사용했던 노드와 약간 다른 점이 있습니다. 바로 출력 부분이 흰색 오각형(▶)으로 되어 있다는 점입니다.

이를 **실행 핀**이라고 합니다. 실행 핀은 값을 입출력하는 일반 핀과는 성질이 다릅니다. 실행 핀은 일반 핀과 연결할 수 없고 실행 핀끼리만 연결할 수 있습니다.

사실 이 BeginPlay 이벤트 노드에 있는 핀은 입출력 항목이 아니라 **처리 순서**를 나타냅니다. 실행할 노드를 이곳에 연결하면 왼쪽부터 차례대로 실행됩니다.

프로그램은 단순히 값만 설정하는 게 아니라 필요한 처리를 순서대로 실행할 수 있어야 합니다. 이 흰색 오각형을 이용하면 노드 실행 순서를 설정할 수 있습니다.

1. Print String 노드를 추가합니다

이어서 메시지를 표시하는 노드를 만들어봅시다. 메시지 표시 기능은 Print String을 사용해서 만듭니다. 그래프를 마우스 오른쪽 버튼으로 클릭하면 표시되는 메뉴에서 **개발 → 에디터 → Print String**을 차례로 선택합니다.

그림 6-16 [Print String] 메뉴를 선택합니다.

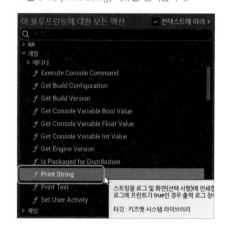

그래프에 Print String 노드가 만들어졌습니다. Print String은 텍스트를 표시하는 노드입니다. 노드 아래 부분에 '개발 전용'이라고 표시되어 있는데, 개발하는 동안에만 사용할 수 있기 때문입니다. 앱으로 공개한 이후에는 작동하지 않습니다.

그림 6-17 추가된 Print String 노드

2. 텍스트를 설정합니다

이제 텍스트를 설정해봅시다. In String 오른쪽에 'Hello'라고 되어 있는 부분을 클릭한 다음, 'This is Sample Message!'라고 입력합니다.

그림 6-18 In String 값을 변경합니다.

3. 노드를 연결합니다

노드를 연결해봅시다. **BeginPlay** 이벤트의 실행 핀에서 **Print String**의 왼쪽 실행 핀까지 마우스로 드래그하여 연결하세요. 이것으로 프로그램이 완성됐습니다!

그림 6-19 BeginPlay 이벤트와 Print String을 연결합니다.

 블루프린트 실행하기

이제 실행해봅시다. 우선 블루프린트 에디터의 툴바 왼쪽 끝에 있는 **[컴파일]** 버튼을 클릭해 프로그램을 컴파일합니다. 만약 작성한 프로그램에 문제가 있으면 이 단계에서 문제가 있는 노드에 'ERROR!'라고 오류 메시지가 표시됩니다. 문제 없이 컴파일됐다면 초록색 체크 마크가 버튼에 표시됩니다.

그림 6-20 프로그램을 컴파일합니다.

레벨 실행하기

레벨을 실행해봅시다. 블루프린트 에디터 창을 어딘가로 움직이거나, 창을 최소화해서 레벨 에디터의 플레이 버튼(▶)을 클릭합니다.

뷰포트에서 레벨이 실행되면 왼쪽 상단 부분에 작게 'This is Sample Message!'라고 하늘색으로 메시지가 표시됩니다. 제대로 프로그램이 작동하고 있네요!

이 메시지는 잠깐 화면에 표시되고 일정 시간이 지나면 사라집니다.

그림 6-21 실행하면 뷰포트 왼쪽 상단 부분에 메시지가 표시됩니다.

 코멘트를 달아 정리하기

지금까지 메시지를 표시하는 처리를 만들어봤습니다. 앞으로 블루프린트 그래프에 이런 식으로 다양한 이벤트 노드를 추가하고 처리를 조합해 나갈 것입니다.

그러다 보면 많은 노드가 뒤섞여 표시되므로 뭐가 뭔지 알 수 없게 될 수 있습니다. 따라서 노드를 묶고 코멘트를 달아 정리해두는 방법을 알아두면 편리합니다.

1. 노드를 묶어서 선택합니다

아까 만든 2개의 노드를 선택합시다. 마우스로 아무것도 없는 빈 곳에서 드래그를 시작하면 드래그한 범위에 있는 노드를 모두 선택할 수 있습니다. 두 노드의 왼쪽 상단에서 시작해 오른쪽 하단까지 드래그한 후 마우스 버튼에서 손을 떼면 노드를 모두 선택할 수 있습니다.

그림 6-22 드래그해서 노드를 한꺼번에 선택할 수 있습니다.

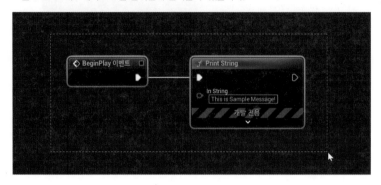

2. 코멘트 추가 메뉴를 선택합니다

그래프에서 마우스 오른쪽 버튼을 클릭하면 나타나는 메뉴에서 **[선택에 코멘트 추가]**를 선택합니다.

그림 6-23 [선택에 코멘트 추가]를 선택합니다.

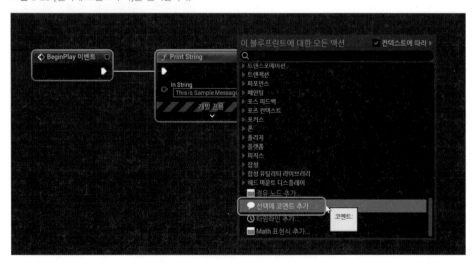

3. 코멘트를 입력합니다

2개의 노드를 에워싸듯이 코멘트 노드가 추가됩니다. 윗부분에 코멘트로 남길 텍스트를 입력할 수 있습니다.

그림 6-24 추가된 코멘트

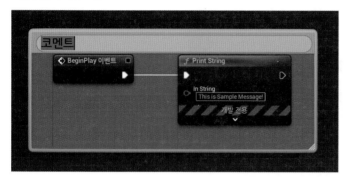

이 상태에서 코멘트 입력란에 텍스트를 입력합니다. 여기서는 '시작 시 메시지를 표시한다'라고 적겠습니다. 입력한 후 Enter 키를 누르거나 그래프의 다른 부분을 클릭하면 텍스트가 설정됩니다.

그림 6-25 코멘트 부분에 텍스트를 입력합니다.

완성된 노드 접기

이번 처리는 이것으로 완성입니다. 나중에 편집할 일도 거의 없겠죠. 이처럼 '완성되어서 더 수정할 일이 없는 처리'를 그래프에 언제까지나 표시해둘 필요는 없습니다.

CHAPTER1
CHAPTER 2
CHAPTER3
CHAPTER4
CHAPTER5
CHAPTER6
CHAPTER7

이런 노드는 접어서 하나의 노드로 묶어둘 수 있습니다. 노드를 접으려면 우선 마우스로 드래그해서 코멘트와 그 안의 두 노드를 모두 선택합니다. 코멘트만 선택하면 그 안에 있는 노드가 선택되지 않습니다. 세 노드 모두 선택해야 한다는 것에 주의하세요.

그림 6-26 마우스로 드래그해 코멘트와 그 안의 두 노드를 선택합니다.

1. 노드 접기 메뉴를 선택합니다

선택된 노드 안 또는 코멘트의 제목 부분을 마우스 오른쪽 버튼으로 클릭하면 메뉴가 나타납니다. 여기서 [노드 접기]를 선택하세요.

그림 6-27 [노드 접기]를 선택합니다.

2. 새로운 노드가 생성됐습니다!

선택한 노드가 사라지고, 새로운 노드가 만들어졌습니다. 이 노드가 접힌 노드입니다. 이 상태에서 노드에 이름을 붙입니다. 이번에는 '시작 시 처리'라고 입력합니다. 입력 후 Enter 키를 누르거나 다른 곳을 클릭하면 이름이 확정됩니다.

그림 6-28 이름을 입력하고 확정합니다.

3. 생성된 노드를 확인합니다

내 블루프린트 패널을 보면 이벤트 그래프 부분에 시작 시 처리 항목이 새로 추가된 것을 알 수 있습니다. 이것이 방금 전에 생성한 노드입니다.

또 그래프에 표시된 노드 위에 마우스 포인트를 가져가면 접힌 노드가 섬네일로 표시됩니다. 이제 어떤 내용이 접혀 있는지 알 수 있게 됐습니다.

그림 6-29 내 블루프린트의 이벤트 그래프에 시작 시 처리가 추가됩니다. 마우스 포인터를 노드 위로 가져가면 섬네일이 표시됩니다.

4. 축소된 노드를 엽니다

축소된 노드를 더블 클릭하면 접혀 있던 내용이 펼쳐집니다. 이때 상단에 있는 (⬅) 아이콘이 선택할 수 있는 상태로 되어 있을 것입니다. 이 아이콘은 웹 브라우저의 '뒤로 가기' 버튼과 같은 역할을 합니다. 클릭하면 원래 이벤트 그래프로 되돌아갑니다.

CHAPTER 1
CHAPTER 2
CHAPTER 3
CHAPTER 4
CHAPTER 5
CHAPTER 6
CHAPTER 7

열린 축소 노드 그래프에는 축소된 노드 좌우에 '입력'과 '출력'이라는 노드가 붙어 있습니다. 예를 들어 어떤 처리를 하는 노드의 일부를 축소하면 그곳에 연결된 입력과 출력 등이 이 두 노드에 설정됩니다. 이 부분은 좀 더 복잡한 처리를 하게 됐을 때 알아두면 됩니다. 지금은 '입출력 노드가 있지만 내버려 둬도 괜찮은가보다'하고 생각하세요.

그림 6-30 축소된 노드를 엽니다.

(u) 디버그와 중단점

블루프린트의 기본적인 사용법을 어느 정도 이해했을 것입니다. 마지막으로 디버그와 관련된 내용도 알아봅시다. 프로그램의 규모가 커지고 복잡해지면, 실행 중에 문제가 발생하더라도 어느 부분이 잘못됐는지 찾아내기 어려워집니다. 그래서 필요한 것이 디버깅입니다. 디버깅은 프로그램에서 버그(문제점)를 찾아내는 작업입니다.

디버깅을 위한 다양한 방법이 있지만, 일단 가장 먼저 배워야 할 것은 **중단점**break point **에서 멈추면서 실행하기**입니다. 블루프린트에서는 노드에 중단점을 설정할 수 있습니다. 중단점은 프로그램을 그 자리에서 잠시 멈추고 디버그 모드로 전환하기 위한 것입니다. 중단점을 설정하면 실행 중인 프로그램을 해당 지점에서 중지시키고 상태를 확인할 수 있습니다.

중단점 추가하기

조금 전에 본 시작 시 처리 그래프를 열고 여기에 중단점을 설정해봅시다. Print String에 중단점을 설정할 것이므로 배치된 [Print String] 노드를 선택합니다.

선택한 노드를 마우스 오른쪽 버튼으로 클릭하면 나타나는 메뉴에서 [중단점 추가]를 선택합니다.

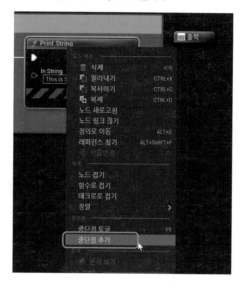

그림 6-31 [중단점 추가]를 선택합니다.

노드 왼쪽 위 모서리에 빨간색 팔각형 기호가 표시됩니다. 이것은 중단점이 설정되어 있다는 표시입니다.

그림 6-32 중단점 기호가 표시됩니다.

중단점 설정을 마쳤으면 툴바의 플레이 버튼(▶)을 클릭해서 실행해봅시다.

시작과 거의 동시에 프로그램이 멈추고, BeginPlay 이벤트 노드에서 Print String 노드로의 연결 부분에 주황색 선이 표시됩니다. 이것은 '현재 이 부분에서 멈췄어요'라는 표시입니다. 프로그램이 중단점을 설정한 Print String에 도달하면 디버그 모드로 전환되고 프로그램이 중지됩니다.

중지된 프로그램은 툴바의 아이콘으로 실행 상태를 제어할 수 있습니다. 재개 아이콘을 누르면 다시 프로그램이 계속 실행됩니다.

지금 단계에서는 노드가 2개뿐이라 순서대로 실행하는 모습을 상상하기 어려울지도 모릅니다. 하지만 디버그 방법을 알아두면 조만간 본격적인 프로그램을 작성할 때 도움이 될 것입니다. 설정된 중단점은 다시 노드를 마우스 오른쪽 버튼으로 클릭한 후 [중단점 제거]를 선택해 삭제합시다.

그림 6-33 디버그 모드로 전환되고 프로그램이 멈춥니다.

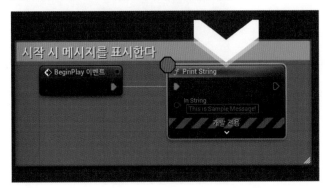

6.2 액터 조작하기

ⓤ 프레임 표시와 틱 이벤트

이제 조금씩 블루프린트를 사용해봅시다. 제일 먼저 생각해볼 것은 **계속 움직이는 처리**입니다.

언리얼 엔진과 같은 3D 게임 소프트웨어에서는 3D 부품이 화면에서 매끄럽게 움직입니다. 물론 각각의 부품이 화면 속에서 생명체처럼 제멋대로 움직이는 것은 아닙니다.

3D 화면은 영화와 같은 메커니즘으로 움직입니다. 먼저 화면에 다양한 부품이 배치된 '그림'을 그립니다. 그리고 각각의 부품이 살짝 움직인 '그림'을 그려서 화면을 갱신합니다. 또 다시 조금 더 움직인 '그림'을 그려서 화면을 갱신합니다. 이처럼 조금씩 변하는 정지 화면을 고속으로 전환하여 표시해서 움직이는 것처럼 보이게 하는 것입니다.

이 한 장 한 장의 정지 화면을 **프레임**이라고 합니다. 만약 실시간으로 움직이는 듯한 처리를 만들고 싶다면 프레임을 전환할 때 필요한 처리를 호출하면 됩니다. 예를 들어 액터가 천천히 움직이는 것처럼 만들고 싶다면 프레임을 전환할 때마다 액터 위치를 조금씩만 이동하도록 처리하면 됩니다.

이 **프레임 전환** 처리를 할 때 발생하는 것을 **틱**Tick 이벤트라고 합니다. 틱 이벤트를 이용해 처리를 준비하면 계속 움직이는 처리를 만들 수 있습니다.

그림 6-34 언리얼 엔진에서는 화면을 짧은 시간에 갱신해서 움직임을 표현합니다. 이 한 장 한 장의 화면을 프레임이라고 하며, 프레임을 전환할 때 틱 이벤트가 발생합니다.

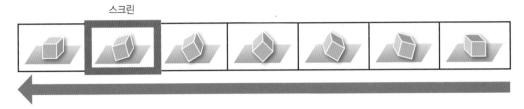

틱 이벤트 사용하기

틱 이벤트를 사용해봅시다. 이벤트 그래프에 기본으로 있던 또 다른 노드가 바로 틱 이벤트 노드입니다.

그림 6-35 틱 이벤트 노드

틱 이벤트 노드

이 노드에는 처리 순서를 설정하기 위한 실행 핀 외에도 'Delta Seconds'라는 출력 핀이 있습니다. 이 출력은 틱 이벤트를 호출하는 간격을 나타내는 값입니다. 틱 이벤트가 항상 일정한 간격으로 호출되진 않습니다. 액터가 많아서 렌더링 처리가 무거워지면 호출 간격이 길어집니다. 또는 CPU 성능에 따라 달라질 수도 있습니다. Delta Seconds로 이전 틱에서 이번 틱까지 어느 정도 시간이 경과했는지를 알 수 있습니다.

'뭐 그래서 어디에 쓰는 건데?'하고 생각할지도 모르겠네요. Delta Seconds 사용법은 나중에 다시 설명할 것이므로 지금은 잊어도 상관없습니다.

🎮 액터 움직이기

이제 틱 이벤트를 사용해 액터가 천천히 이동하는 처리를 만들어봅시다.

1. Add Actor Local Offset 노드를 추가합니다

그래프를 마우스 오른쪽 버튼으로 클릭하면 나타나
는 창에서 맨 위에 있는 [컨텍스트에 따라]의 체크 상
자를 해제하고 검색 필드에 'local offset'을 입력합니
다. 그러면 'offset'이 포함된 항목이 검색됩니다. 그
중에서 [Add Actor Local Offset]을 선택합니다.

그림 6-36 [Add Actor Local Offset]을 선택합니다.

그래프에 Add Actor Local Offset 노드가 추가됩니다. 이는 위치 이동과 관련된 노드입니다. 이
노드에는 여러 개의 입력이 있습니다. 각 항목을 [표 6-2]에 정리했습니다.

그림 6-37 추가된 Add Actor Local Offset 노드

표 6-2 Add Actor Local Offset의 입출력

타깃	Add Actor Local Rotation과 같습니다. 조작할 대상 액터를 지정합니다.
Delta Location	이동할 거리를 지정합니다. 3차원 각 방향으로 이동 폭을 지정할 수 있습니다.
Sweep	뭔가에 부딪히면 멈출지 지정합니다.
Teleport	순간이동(워프)할지 지정합니다.

타깃에는 기본으로 Sphere 노드가 연결되어 있습니다. 나머지는 Delta Location에 이동할 양을
지정하는 것뿐입니다. Sweep과 Teleport는 당분간 사용할 일이 없으므로 넘어갑시다.

2. Sphere 노드를 추가합니다

조작할 구 액터(Sphere) 노드를 추가해봅시다. 레벨 에디터의 [아웃라이너]에서 [Sphere]를 드
래그해 블루프린트 에디터의 그래프에 드롭하면 Sphere 노드가 추가됩니다.

그림 6-38 [Sphere]를 그래프에 드래그 앤 드롭합니다.

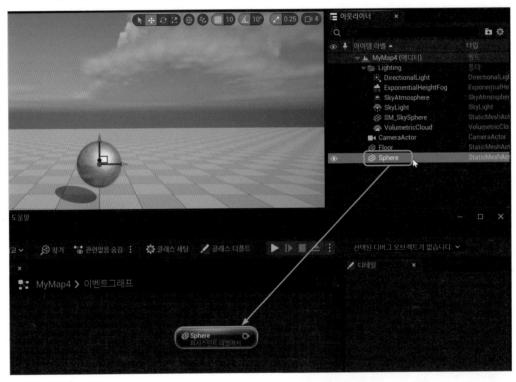

3. 노드를 설정합니다

이번에는 노드를 설정해봅시다. 다음 단
계에 따라 3개의 노드를 각각 연결하고
Add Actor Local Offset을 설정합니다.

그림 6-39 노드를 연결하고 Delta Location 값을 변경합니다.

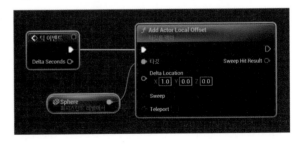

① 틱 이벤트의 실행 핀을 Add Actor Local Offset의 실행 핀에 연결합니다.

② Sphere의 출력 핀을 Add Actor Local Offset의 [타깃]에 연결합니다.

③ Add Actor Local Offset의 [Delta Location] 값을 설정합니다. 이번에는 [X] 항목에 '1.0'을 입력합니다.

4. 실행해서 확인합니다.

툴바의 플레이 버튼(▶)을 클릭해서 동작을 확인해봅시다. 실행하면 액터가 천천히 멀어집니다.

그림 6-40 실행하면 액터가 천천히 멀어집니다.

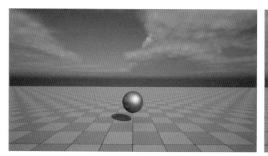 

🎮 환경에 따른 차이를 없애려면?

이제 액터를 조작의 기본인 '이동'을 할 수 있게 됐습니다. 아직 원하는 대로 움직이기는 어렵지만, 어떻게 하면 움직일 수 있는지는 이해했을 것입니다.

하지만 단순히 이동이나 회전 노드로만 움직이는 경우 문제가 있습니다. 환경에 따라 움직이는 속도가 달라지기 때문입니다. 움직이는 각도나 폭은 변하지 않지만 호출 빈도가 달라지면 이동량이 달라집니다.

틱 이벤트는 화면 표시가 전환될 때 호출되는 이벤트입니다. 이 말은 전환에 걸리는 시간이 다르면 실행되는 빈도도 달라진다는 것입니다.

예를 들어 Add Actor Local Offset에서 1.0만큼 이동하도록 설정되어 있다고 해봅시다. 1초에 10

번 틱이 호출되는 느린 컴퓨터의 경우 1초에 10.0만큼 이동하게 됩니다. 하지만 1초에 30번이나 틱이 호출되는 빠른 컴퓨터의 경우에는 1초에 30.0이나 이동하게 됩니다.

이런 식으로 틱이 호출되는 간격이 달라지면 실제 속도가 달라집니다. 그렇다면 어떻게 그 차이를 조정할 수 있을까요? 바로 Delta Seconds를 사용하는 것입니다.

Delta Seconds는 이전 틱과의 간격을 나타내는 값입니다. 느린 컴퓨터는 1초에 10회 틱이 호출되므로 Delta Seconds는 0.1이 되겠죠. 빠른 컴퓨터는 1초에 30번 호출되므로 Delta Seconds는 0.0333…이 됩니다.

다시 말해, 이동량을 Delta Seconds×100으로 설정하면 1초당 이동량은 느린 컴퓨터에서는 $0.1 \times 100 \times 10 = 100$, 빠른 컴퓨터에서는 $0.0333\cdots \times 100 \times 30 = 100$이 되어 둘 다 이동량이 같아집니다!

그림 6-41 Delta Seconds 값은 느린 컴퓨터에서는 커지고, 빠른 컴퓨터에서는 작아집니다.

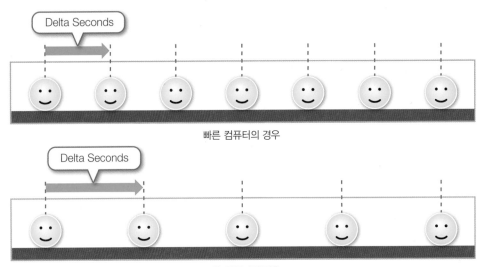

Delta Seconds를 곱해서 사용하기

방금 전에 설명한 Add Actor Local Offset 처리를 Delta Seconds를 사용해 개선해보겠습니다. 이를 위해 몇 가지 노드를 추가해야 합니다.

1. Make Vector를 추가합니다

우선 Delta Seconds에 설정할 값을 추가해봅시다. 이 값은 Vector로 준비하겠습니다. 머티리얼을 학습할 때 Constant4Vector 등의 값을 사용했던 것을 기억하나요? 여러 개의 값을 하나로 묶어서 다루는 것이 Vector였습니다.

Add Actor Local Offset의 Delta Location 입력 항목을 드래그해주세요. 그럼 드래그한 마우스 포인터 부분에 '새 노드를 배치합니다'라고 표시됩니다. 그대로 그래프의 빈 곳에 드롭하면 메뉴가 나타납니다. 메뉴의 검색 필드에 'make vector'라고 입력하면 [**Make Vector**] 항목을 찾을 수 있는데, 이를 선택합니다.

그림 6-42 [Make Vector]를 선택합니다.

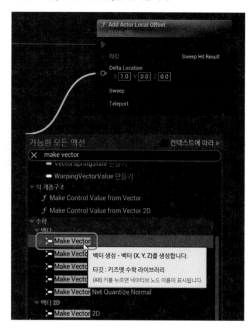

그래프에 Make Vector 노드가 추가됐습니다. 이 노드는 이미 Delta Location에 연결되어 있으므로 직접 연결할 필요가 없습니다.

Make Vector는 3개의 입력을 바탕으로 Vector 값을 만들어 출력합니다. 입력값은 직접 작성해도 되고 외부에서 입력해도 상관없습니다.

그림 6-43 Make Vector 노드가 추가됩니다.

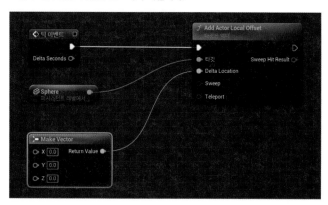

CHAPTER1
CHAPTER2
CHAPTER3
CHAPTER4
CHAPTER5
CHAPTER6
CHAPTER7

2. 곱하기 노드를 추가합니다

이어서 곱셈을 할 노드를 추가해봅시다. 그래프를 마우스 오른쪽 버튼으로 클릭하면 메뉴가 나타납니다. 이 메뉴의 검색 필드에 '*'을 입력하면 [곱하기] 항목을 찾을 수 있는데, 이를 선택합니다.

그림 6-44 [곱하기]를 선택합니다.

곱하기 노드가 추가됐습니다. 이 노드는 플로트^{Float}(실수) 값끼리 곱해주는 노드입니다. 플로트 값 2개가 입력이며, 이 두 값을 곱한 결과가 출력입니다.

그림 6-45 곱하기 노드: 2개의 입력을 곱한 결과를 출력합니다.

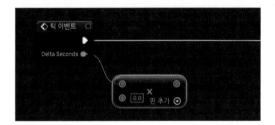

3. 노드를 연결합니다

지금까지 추가한 노드를 연결해서 프로그램을 완성해봅시다. 다음 단계에 따라 작업해주세요.

① 곱하기 노드의 두 번째 입력 항목에 '10.0'을 입력합니다.

② 곱하기 노드의 출력 핀을 Make Vector의 [X]까지 드래그해서 연결합니다.

그림 **6-46** 완성된 프로그램: Delta Seconds 값을 10배해서 Vector로 만들고 Delta Location에 설정합니다.

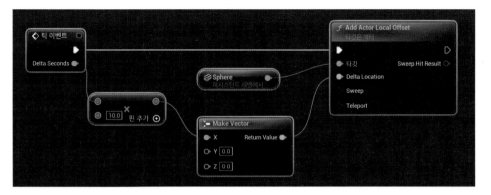

노드 연결을 마치면 프로그램이 완성됩니다. Delta Seconds 값에 10을 곱한 결과를 X에 지정해 Vector로 만들고 Add Actor Local Offset의 Delta Location에 설정하는 일련의 흐름이 만들어졌습니다.

덧붙이자면, 곱하기 노드에서 곱하는 값에 따라 움직이는 속도가 달라집니다. 여기서는 10.0을 곱했지만, 실제로 움직여보고 값을 조정하기 바랍니다.

4. 실행해서 확인합니다

실행해서 동작을 확인해봅시다. 조금 전과 움직임 자체는 거의 같지만 하드웨어 등에 의한 속도 차이가 없어졌습니다. 만약 컴퓨터를 여러 대 사용할 수 있는 환경이라면 비교를 통해 이전과 차이를 알 수 있을 것입니다.

그림 **6-47** 겉으로는 변한 게 없지만 환경에 영향을 받지 않고 같은 속도로 움직이게 됩니다.

CHAPTER1
CHAPTER2
CHAPTER3
CHAPTER4
CHAPTER5
CHAPTER6
CHAPTER7

ⓤ 마우스 사용하기

틱 이벤트 사용법을 어느 정도 이해했나요? 그럼 다른 이벤트도 사용해봅시다. 이번에는 마우스와
관련된 이벤트입니다.

언리얼 엔진에서는 실행 중에 뷰포트 안을 마우스로 클릭하면 마우스 포인터가 사라지는데, 그렇다
고 해서 마우스를 사용할 수 없는 것은 아닙니다. 마우스 포인터가 보이지 않을 뿐이지 마우스 버튼
을 클릭하면 제대로 클릭이 되고 확실히 작동합니다. 하지만 화면에 표시되지 않으니 마우스를 게
임에서 사용하기 어렵죠. 마우스가 표시되도록 해봅시다.

게임 중 마우스 사용은 그 게임의 **플레이어 컨트롤러**에 의해 관리됩니다. 플레이어 컨트롤러를 기
억하나요? 앞서 게임모드를 작성할 때 Game Mode의 설정 항목으로 준비되어 있었죠.

플레이어 컨트롤러를 만들고, 마우스를 사용할 수 있도록 설정해봅시다.

ⓤ 플레이어 컨트롤러 추가하기

플레이어 컨트롤러를 만들어봅시다. 우선 레벨 에디터에서 **[월드 세
팅]**을 표시합니다. 블루프린트 에디터 창은 방해되지 않는 곳으로
옮겨도 되고 닫아버려도 상관없습니다.

[콘텐츠 드로어]를 열고 ❶ **[+추가]** 버튼을 클릭해서 ❷ **[블루프린트
클래스]**를 선택하세요.

그림 6-48 [블루프린트 클래스]를
선택합니다.

1. 플레이어 컨트롤러를 생성합니다

부모 클래스 선택 창이 나타나면 [**플레이어 컨트롤러**]를 선택하세요. 파일이 생성되면 이름을 'MyController1'로 설정합니다.

그림 6-49 [플레이어 컨트롤러]를 선택하고 이름을 'MyController1'로 설정합니다.

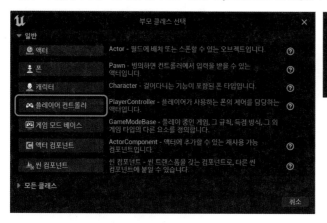

플레이어 컨트롤러가 생성되면 동시에 블루프린트 에디터에서 MyController1이 열립니다. 사실은 플레이어 컨트롤러도 **블루프린트 프로그램**이었던 것입니다. 여기서 필요한 처리를 작성할 수 있게 되어 있네요! 블루프린트 창이 열리지 않으면 [**콘텐츠 드로어**]에서 [**MyController1**]을 더블 클릭하세요.

그림 6-50 MyController1이 블루프린트 에디터에서 열립니다.

2. 마우스 인터페이스를 변경합니다

이번에는 마우스 설정을 변경해봅시다. 에디터 오른쪽의 [디테일] 패널에서 [마우스 인터페이스] 섹션을 찾아보세요. 여기에 마우스 조작과 관련된 설정이 모여있습니다. [표 6-3]과 같이 값을 변경합니다.

표 6-3 마우스 조작 설정 항목

마우스 커서 표시	마우스 커서(마우스 포인터)를 표시하는 설정입니다. 박스에 체크해서 ON으로 변경합니다.
디폴트 마우스 커서	마우스 포인터 모양을 설정합니다. 풀다운 메뉴에서 [Hand]를 선택합니다.

이것으로 블루프린트 에디터에서 MyController1 설정을 마쳤습니다. 컴파일하고 파일을 저장합니다.

그림 6-51 [마우스 커서 표시]와 [디폴트 마우스 커서] 값을 변경합니다.

3. 플레이어 컨트롤러 클래스를 설정합니다

다음으로 완성된 MyController1을 플레이어 컨트롤러에 설정해봅시다. [월드 세팅]을 열고 [Game Mode] 섹션의 [플레이어 컨트롤러 클래스] 값을 [MyController1]로 변경하세요. 이제 MyController1을 사용할 수 있게 되었습니다.

그림 6-52 [플레이어 컨트롤러 클래스]를 [MyController1]로 변경합니다.

4. 실행해서 확인합니다

레벨 에디터에서 실행해 작동을 확인해봅시다. 뷰포트를 클릭하면 마우스 포인터가 손 모양으로 바뀝니다. 이제 실행 중에도 마우스를 사용할 수 있게 되었습니다!

그림 6-53 마우스 포인터가 항상 표시됩니다.

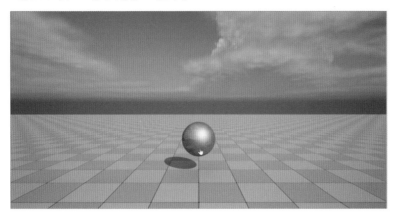

Ⓤ 클릭해서 처리하기

이번에는 클릭해서 무언가를 처리하도록 해봅시다. 먼저 [레벨 블루프린트]를 열어주세요. 조금 전에 작성한 틱 이벤트 처리는 더 이상 사용하지 않을 것이므로 삭제합니다. 마우스로 드래그해서 틱과 관련된 노드를 선택하세요. Sphere를 제외하고 모두 선택하면 됩니다(Sphere는 나중에 사용할 것이므로 남겨둡니다). 그리고 Delete 키를 눌러 삭제합니다.

그림 6-54 틱 이벤트 관련 노드를 삭제합니다.

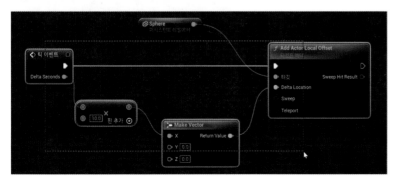

CHAPTER1
CHAPTER2
CHAPTER3
CHAPTER4
CHAPTER5
CHAPTER6
CHAPTER7

1. 왼쪽 마우스 버튼 메뉴를 선택합니다

그래프를 마우스 오른쪽 버튼으로 클릭해서 메뉴를
호출합니다. 그런 다음 ❶ 검색 필드에 '마우스'라고
입력하세요. 마우스 관련 항목이 표시되면 ❷ 그중
에서 [왼쪽 마우스 버튼]을 선택합시다.

그림 6-55 [왼쪽 마우스 버튼]을 선택합니다.

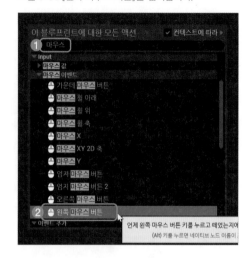

그래프에 왼쪽 마우스 버튼 노드가 만들어졌습니다.
이 노드에는 실행 핀인 출력이 2개 있습니다. 바로
[Pressed]와 [Released]입니다. Pressed는 마우
스 왼쪽 버튼을 눌렀을 때, Released는 버튼에서
손가락을 뗐을 때 처리를 실행하기 위한 것입니다.

그림 6-56 왼쪽 마우스 버튼 노드: 출력에 [Pressed]와
[Released]라는 실행 핀이 있습니다.

2. 액터를 회전시키기 위해 Add Actor Local Rotation를 추가합니다

그럼 마우스 이벤트를 사용해봅시다. 이번에는 액
터를 회전시켜보겠습니다. 우선 그래프를 마우스
오른쪽 버튼으로 클릭해 메뉴를 호출합니다. 그
런 다음 ❶ 검색 필드에 'local rotation'을 입력
하세요. 항목이 표시되면 ❷ [Add Actor Local
Rotation]을 찾아 선택합니다.

그림 6-57 [Add Actor Local Rotaion] 노드를 추가합니다.

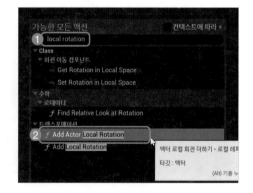

추가된 Add Actor Local Rotation은 액터의 **회전**과 관련된 노드입니다. 이 노드에는 조금 전에 사용한 Add Actor Local Offset과 마찬가지로, **[타깃]**과 **[Delta Rotation]**이라는 입력이 있습니다. 타깃에서 조작할 액터를 지정하고, Delta Rotation에서 회전 각도를 X, Y, Z 축에 대해 각각 설정할 수 있습니다.

그림 6-58 Add Actor Local Ratation 노드: [타깃]과 [Delta Rotation]이라는 입력이 있습니다.

3. 노드를 설정하고 연결합니다

프로그램을 완성해봅시다. 추가한 2개의 노드와 앞에서 남겨둔 Sphere 노드를 다음 단계에 따라 연결 및 설정합니다.

① **왼쪽 마우스 버튼** 노드의 **[Pressed]**를 Add Actor Local Rotation의 실행 핀에 연결합니다.

② **Sphere의 출력 핀**을 Add Actor Local Rotation의 **[타깃]**에 연결합니다.

③ Add Actor Local Rotation에서 **[Delta Rotation]**의 **[X]** 값을 '10.0'으로 변경합니다.

이것으로 마우스 왼쪽 버튼을 누르면 액터가 회전하는 처리가 완성됐습니다. **[컴파일]** 버튼을 클릭해 컴파일해둡시다.

그림 6-59 노드를 연결하고 값을 변경합니다.

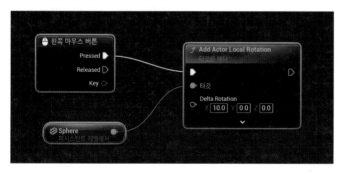

4. 실행해서 확인합니다

그럼 레벨을 실행해봅시다. 뷰포트를 마우스로 클릭하면 액터가 살짝 회전합니다. 조금씩 회전하기 때문에 여러 번 클릭해야 움직임을 확인할 수 있을 것입니다.

그림 6-60 마우스 왼쪽 버튼을 클릭하면 액터가 살짝 회전합니다.

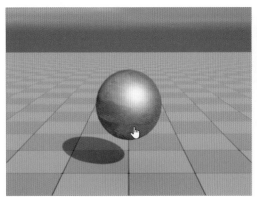 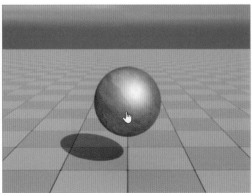

🎮 버튼을 누르는 동안 움직이게 만들기

회전도 물론 움직이는 것이지만, 여러분이 상상했던 것과 조금 차이가 있죠? 마우스로 액터를 회전한다고 하면 아마도 '버튼을 누르는 동안 회전하다가 손을 떼면 멈춘다' 이런 식의 처리를 상상했을 것입니다.

사실 이런 처리는 마우스 Pressed와 Released 이벤트로 잘 작동하지 않습니다. 이 이벤트들은 마우스 버튼을 '눌렀을 때'와 '버튼에서 손을 뗐을 때' 한 번씩만 발생하는 이벤트이기 때문입니다. 따라서 누르는 동안 계속 실행되지 않습니다.

그렇다면 누르는 동안 계속 뭔가를 처리하려면 어떤 이벤트를 사용해야 할까요? 이미 여러분이 사용해본 것입니다. 맞습니다, 바로 **틱 이벤트**입니다!

연결 끊기

프로그램을 개선해봅시다. 우선 왼쪽 마우스 버튼 노드의 [Pressed]를 마우스 오른쪽 버튼으로 클릭해서 [**모든 핀 링크 끊기**]를 선택합니다. 그럼 연결이 끊어질 것입니다.

그림 **6-61** Pressed에서 Add Actor Local Rotation으로 향한 연결을 끊어줍니다.

ⓤ 변수 사용하기

'버튼을 누르는 동안 회전한다', '버튼에서 손을 떼면 멈춘다' 이 두 처리는 변수를 사용해 쉽게 만들 수 있습니다.

변수는 값을 보관해두는 상자입니다. 프로그래밍을 본격적으로 해본 적이 없는 사람이라도 '변수'라는 단어를 어디선가 들어본 적이 있을 것입니다.

언리얼 엔진에서는 값을 보관하기 위해 변수를 만들 수 있습니다. 변수에 값을 보관하고 필요할 때 꺼내거나 값을 변경할 수 있습니다. 또한 변수를 사용해 다양한 처리에서 값을 공유할 수 있습니다.

그렇다면 이번에는 마우스 버튼의 상태를 보관해둘 변수를 만들면 되겠죠. 왼쪽 마우스 버튼의 Pressed에 '눌렀다', Released에 '떨어졌다'라는 값을 보관해두고, 틱 이벤트에서 이 변수의 값이 '눌렀다'로 되어 있으면 회전하도록 하는 것입니다.

1. 변수를 준비합니다

필요한 변수를 만들어봅시다. 변수 생성은 아주 간단합니다. [**내 블루프린트**] 패널에서 [**변수**] 항목의 ⊕ 버튼을 클릭하기만 하면 됩니다.

CHAPTER1
CHAPTER2
CHAPTER3
CHAPTER4
CHAPTER5
CHAPTER6
CHAPTER7

그림 6-62 [내 블루프린트]에서 변수를 생성합니다.

2. 변수에 이름을 붙입니다

내 블루프린트의 변수 부분에 새로운 항목이 추가되는데, 이것이 바로 변수입니다. 이름을 설정할
수 있으므로 'flag'라고 입력해둡시다. 옆에 있는 부울은 값의 종류를 나타냅니다. 이번에는 부울을
그대로 사용하겠습니다.

그림 6-63 변수 이름을 'flag'라고 설정합니다.

3. flag 변수를 그래프에 추가합니다

이 flag 변수를 그래프에 추가해서 사용해봅시다. [내 블루프린트] 패널에서 [flag]를 그래프에 드래
그 앤 드롭해서 배치합니다. 그럼 그 자리에 Get flag와 Set flag 메뉴가 나타납니다. Get flag 메뉴
는 flag 변수의 값을 가져오고, Set flag 메뉴는 변수에 값을 저장하기 위한 것입니다. 이번에는 [Set
flag]를 선택합니다.

그림 6-64 flag 변수를 그래프에 배치하고, [Set flag] 메뉴를 선택합니다.

4. 2개의 SET 노드를 생성합니다

Set flag 메뉴를 선택하면 값을 설정할 수 있는 SET 노드가 생성됩니다. 같은 방식으로 변수를 추가해 SET 노드를 2개 준비하세요.

그림 6-65 2개의 flag 변수를 설정하는 SET 노드를 준비합니다.

5. 왼쪽 마우스 버튼 노드와 연결합니다

앞서 준비한 **왼쪽 마우스 버튼 노드**의 [Pressed], [Released]를 **두 SET 노드의 실행** 핀에 각각 연결하세요. 그리고 Pressed와 연결된 SET 노드의 Flag에 있는 박스에 체크하여 ON으로 설정하세요.

이제 마우스의 왼쪽 버튼을 누르면 flag 변수가 ON으로, 버튼에서 손을 떼면 OFF로 변경되는 시스템이 만들어졌습니다.

그림 6-66 왼쪽 마우스 버튼 노드를 SET에 각각 연결하고 Pressed와 연결된 SET의 Flag를 ON으로 변경합니다.

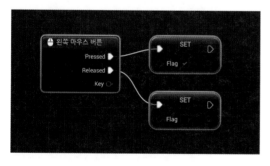

계속해서 틱 이벤트 처리를 만들겠습니다. 그래프를 마우스 오른쪽 버튼으로 클릭하면 나타나는
❶ 검색 필드에 '틱'이라고 입력한 다음, ❷ [이벤트 틱]을 찾아 선택하세요.

그림 6-67 틱 이벤트를 생성합니다.

1. Branch 노드를 추가합니다

flag 변수가 ON인지 OFF인지에 따라 처리를 변경하
기 위해 Branch라는 노드를 만들겠습니다. Branch는
조건별로 실행할 처리를 설정하는 노드입니다.

그래프를 마우스 오른쪽 버튼으로 클릭하면 나타나는
검색 필드에 ❶ 'if'라고 입력한 다음, ❷ [Branch] 항
목을 찾아서 그래프에 배치합니다.

그림 6-68 [Branch]를 선택합니다.

Branch 노드

Branch 노드는 조건에 따라 실행할 처리를 변경합니다. 입력에는 실행 핀과 [**Condition**] 항목이 있습니다. Condition은 부울값을 연결하는 항목입니다. 그리고 출력에는 True와 False라는 실행 핀 2개가 있습니다.

Branch는 Condition에 연결된 값을 확인한 다음, 그 값이 True이면 True, False이면 False를 각각 실행합니다.

그림 **6-69** Branch 노드: [Condition] 값을 체크해 True 또는 False를 실행합니다.

2. flag 변수의 값을 가져오는 노드를 추가합니다

이번에는 Branch 노드에서 이용할 flag 변수 노드를 만들어보겠습니다. [**내 블루프린트**]에서 [**flag**]를 그래프에 드래그 앤 드롭해서 배치하고, [**Get flag**] 메뉴를 선택해서 노드를 추가합니다.

그림 **6-70** flag 변수를 그래프에 배치하고, [Get flag]를 선택해 노드를 추가합니다.

3. 노드를 연결합니다

준비한 노드들을 연결합시다. 노드 수가 많으므로 빠뜨리지 않도록 다음 순서대로 작업하세요!

그림 **6-71** 노드를 모두 연결하면 완성입니다.

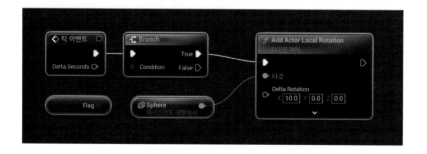

CHAPTER1
CHAPTER2
CHAPTER3
CHAPTER4
CHAPTER5
CHAPTER6
CHAPTER7

① 틱 이벤트 노드의 실행 핀을 Branch 노드의 실행 핀에 연결합니다.

② Flag의 출력 핀을 Branch의 [Condition]에 연결합니다.

③ Branch의 [True]를 Add Actor Local Rotation의 실행 핀에 연결합니다.

④ Sphere를 Add Actor Local Rotation의 [타깃]에 연결합니다(이미 연결되어 있을 것입니다).

4. 실행해서 확인합니다

모두 연결했으면 실행해서 동작을 확인해봅시다! 이번에는 마우스 버튼을 누르는 동안 계속 물체가 회전합니다. 그리고 버튼에서 손을 떼면 정지합니다. 마우스 버튼의 상태에 따라 동작이 정확히 바뀌게 됐습니다!

그림 6-72 버튼을 누르는 동안 액터가 계속 회전합니다.

ⓤ 키보드로 카메라 움직이기

이번에는 키보드도 이용해보겠습니다. 키보드의 경우에도 키마다 이벤트 노드가 준비되어 있습니다. 준비된 이벤트 노드를 사용해서 특정 키를 눌렀을 때의 처리를 간단히 만들 수 있습니다.

그럼 이벤트 노드를 만들어봅시다. 그래프를 마우스 오른쪽 버튼으로 클릭하면 나타나는 검색 필드에 ❶ '오른' 이라고 입력하세요. 그럼 ❷ [input]의 [키보드 이벤트] 아래에 [오른쪽]이라는 항목이 표시됩니다. 이 이벤트를 선택합니다.

그림 6-73 [오른쪽]을 선택합니다.

오른쪽 방향키 이벤트 노드

오른쪽 노드가 생성됐습니다. 이 노드는 오른쪽 방향을 나타
내는 화살표 키를 눌렀을 때의 이벤트입니다. 마찬가지로 '왼
쪽', '위', '아래'와 같은 화살표 키에 대한 이벤트가 준비되어
있습니다. 이 노드들을 모두 생성해봅시다. 그럼 상하좌우 키
에 대한 이벤트가 모두 준비됩니다.

생성된 키 이벤트 노드는 모두 3개의 출력을 가지고 있으며,
각 항목을 [표 6-4]에 정리했습니다.

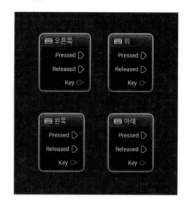

그림 6-74 오른쪽, 위, 왼쪽, 아래 방향키
의 이벤트 노드

표 6-4 방향키 노드의 설정 항목

Pressed	키를 눌렀을 때 실행할 처리를 만듭니다.
Released	키에서 손을 뗐을 때 실행할 처리를 만듭니다.
Key	이벤트가 발생한 키가 전달됩니다.

Pressed와 Released 같은 실행 핀에 처리를 연결하면 키를 눌렀을 때나 키에서 손을 뗐을 때의 처
리를 만들 수 있습니다. 그럼 이 방법으로 처리를 만들어봅시다.

1. Add Actor Local Offset을 추가합니다

우선 액터를 움직이는 데 필요한 노드를 준비해야
합니다. 그래프를 마우스 오른쪽 버튼으로 클릭하
면 나타나는 메뉴에서 [**Add Actor Local Offset**]
항목을 찾아 선택합니다. 이 노드도 이미 사용해본
것입니다.

그림 6-75 Add Actor Local Offset 노드

2. 카메라 액터 노드를 추가합니다

조작할 카메라 액터를 그래프에 추가해봅시다. 레벨 에디터의 [아웃라이너]에서 [CameraActor]를 블루프린트 에디터의 그래프에 드래그 앤 드롭합니다. 그럼 CameraActor 노드가 생성됩니다.

6-76 [CameraActor]를 그래프에 드래그 앤 드롭해서 노드를 추가합니다.

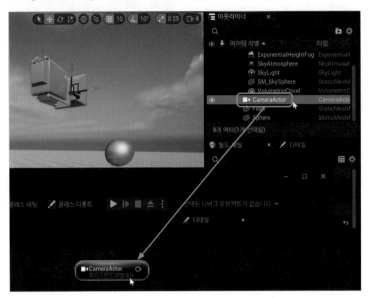

3. 이벤트, 액터, Add Actor Local Offset을 연결합니다

다음으로 프로그램을 만들겠습니다. 4개의 이벤트 노드가 있으며, 각각 동일하게 프로그램을 작성하면 됩니다. 프로그램은 이벤트용 노드, 액터(CameraActor), 그리고 Add Actor Local Offset 이렇게 3개가 한 묶음이 됩니다.

우선은 다음 단계에 따라 오른쪽 방향키에 대한 이벤트 처리를 만들어봅시다.

　① 오른쪽 노드의 [Pressed]를 Add Actor Local Offset에 연결합니다.

　② CameraActor를 Add Actor Local Offset의 [타깃]에 연결합니다.

　③ Add Actor Local Offset의 [Delta Location]의 [Y] 값을 '10.0'으로 설정합니다.

이것으로 오른쪽 방향키 이벤트 처리를 완성했습니다.

그림 6-77 오른쪽 방향키 이벤트 처리를 만듭니다.

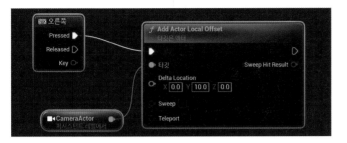

4. 상하좌우 이벤트 처리를 만듭니다

마찬가지로 왼쪽, 위, 아래 방향키에 대한 처리를 만들어봅시다. 먼저 CameraActor와 Add Actor Local Offset을 각각 3개씩 추가합니다. 그래프에 배치된 노드를 복사해서 만들면 편리하겠죠.

노드 연결 방법은 같지만 Add Actor Local Offset의 Delta Location의 값은 다릅니다. [표 6–5] 와 같이 설정합시다. 이제 상하좌우 방향키 처리가 완성됐습니다. 남은 것은 컴파일하고 저장하는 것뿐입니다.

표 6-5 Delta Location의 값 설정

	X	Y	Z
오른쪽 이벤트	0.0	10.0	0.0
왼쪽 이벤트	0.0	−10.0	0.0
위 이벤트	10.0	0.0	0.0
아래 이벤트	−10.0	0.0	0.0

그림 6-78 상하좌우 방향키 처리를 만듭니다.

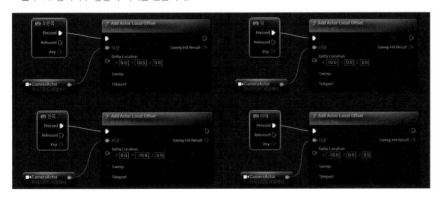

6.2 액터 조작하기 **451**

5. 실행해서 확인합니다

레벨을 실행해서 작동을 확인해봅시다. 뷰포트를 클릭하면 뷰포트에서 키 이벤트를 받게 됩니다. 그대로 상하좌우 방향키를 누르세요. 그러면 조금씩 전후좌우로 이동합니다. 여러 번 키를 반복해서 누르면 누른 횟수만큼 이동합니다.

이것으로 키를 이용한 이벤트 처리도 해냈습니다. 여러 번 누르는 게 귀찮다면 〈버튼을 누르는 동안 움직이게 만들기〉에서 사용한 방법을 떠올려 프로그램을 개선해보세요. 가로와 세로의 이동량을 나타내는 변수를 준비하고 상하좌우 키를 눌렀을 때 그 값을 변경하도록 하면 자유롭게 움직일 수 있을 것입니다.

키 조작의 기본 지식을 바탕으로 다양하게 프로그램을 개선해봅시다.

그림 6-79 방향키를 누르면 전후좌우로 카메라가 이동합니다.

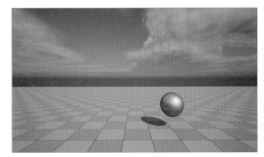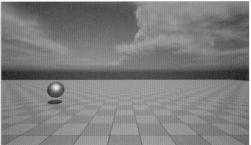

6.3 HUD와 위젯

(u) UI와 위젯

3D 공간에 표시되는 액터만으로 게임을 구성하는 모든 것이 만들어지는 것은 아닙니다. 3D 공간이 아닌 곳에서 필요한 것도 있습니다. 바로 UI라고 불리는 사용자 인터페이스^{user interface} 입니다.

예를 들어 점수 표시를 생각해봅시다. 점수는 항상 화면 위나 아래에 표시되며, 3D 공간에서 어떻게 움직이든 이 표시는 변하지 않습니다. 즉, 점수는 3D 공간과 분리된 공간에 있는 것입니다. 감각적으로 묘사하자면 3D 공간을 촬영하는 카메라 앞에 투명한 판이 있고, 거기에 점수가 표시되는 느낌일 것입니다.

이처럼 '3D 공간 앞에 표시되는 UI'가 필요한 경우가 종종 있습니다. 단순히 점수와 같은 텍스트를 표시하는 것뿐만 아니라 게임 아이템 조작이나 설정 변경 등을 위한 UI가 필요할 수도 있는 것이죠.

언리얼 엔진에서는 HUD^{Head Up Display}, 즉 3D 전면에 표시되는 UI를 만들 수 있도록 지원하고 있습니다. 그리고 이를 위해 준비된 것이 바로 **위젯**^{widget} 입니다.

언리얼 엔진에는 UMG^{Unreal Motion Graphics}라는 그래픽 렌더링 기능이 있습니다. 이것은 3D 세계와는 별개로 항상 전면에 표시되는 평면 그래픽입니다. 위젯은 이 UMG를 이용해 표시되는 UI 부품입니다. 미리 위젯 에디터를 사용해 표시할 UI를 위젯으로 만들어놓고, 이를 UMG로 3D 앞에 겹쳐서 표시합니다. 이렇게 하면 3D 표시와 관계없이 항상 화면 전면에 표시되는 UI를 준비할 수 있습니다.

그림 6-80 HUD의 개념: 3D 공간 전면에 있는 사각형 투명 디스플레이에 텍스트 등의 UI가 표시됩니다.

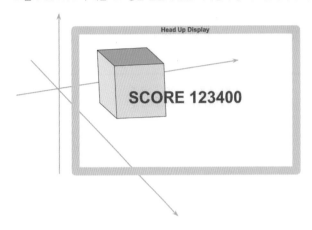

위젯 블루프린트 생성하기

위젯은 **위젯 블루프린트**라는 에셋으로 만듭니다. 이름에서 알 수 있듯이, 이는 블루프린트 프로그램입니다. 단, 전용 UI 디자인 툴이 있어 프로그래밍 없이도 UI를 작성할 수 있습니다.

그럼 위젯 블루프린트를 만들어봅시다. [콘텐츠 드로어]를 열고 ❶ [+추가] 버튼을 클릭합니다. 그리고 ❷ [유저 인터페이스]에서 ❸ [위젯 블루프린트] 메뉴를 선택하세요.

화면에 [새 위젯 블루프린트의 루트 위젯 선택] 창이 나타나면 ❹ [사용자 위젯] 버튼을 클릭합니다. 위젯 블루프린트 에셋이 생성되었으면 파일 이름을 'MyWidget1'이라고 설정합니다.

그림 6-81 [위젯 블루프린트]를 선택하면 표시되는 대화 창에서 [사용자 위젯]을 클릭합니다. 파일 이름은 'MyWidget1'로 설정합니다.

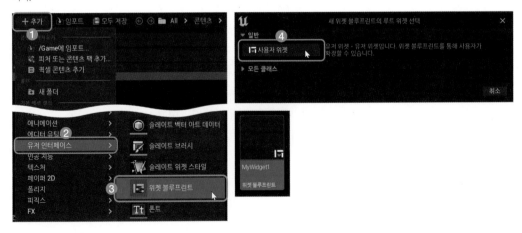

위젯 에디터

추가된 위젯 블루프린트 파일을 더블 클릭하면, 화면에 전용 에디터가 열립니다.

이 에디터는 블루프린트 에디터와 비슷하게 생겼습니다. 상단에 툴바가 있고 화면 중앙에 그래프와 같은 표시가 있으며, 왼쪽에는 여러 가지 항목을 나열한 패널이 있습니다.

왼쪽에는 위아래로 2개씩 총 4개의 패널이 있습니다. 지금 당장 각 패널의 사용법을 다 알 필요는 없습니다. 작업하면서 사용법을 하나씩 배워나가면 됩니다.

그리고 화면 오른쪽에는 친숙한 디테일 패널이 있습니다.

언뜻 보기에 블루프린트 에디터와 비슷하지만, 중앙에 그래프처럼 생긴 부분은 블루프린트 그래프가 아닙니다. 위젯 에디터에는 [디자이너]와 [그래프]라는 2개의 모드가 있는데, 오른쪽 상단 버튼으로 전환할 수 있습니다.

기본값은 디자이너입니다. 블루프린트 그래프와 똑같아 보이지만, 마우스로 UI를 디자인하는 곳이며 이곳에 노드를 배치할 수 없습니다.

그림 6-82 위젯 에디터: 화면 중앙에 그래프 또는 디자이너가 표시됩니다.

이제 UI를 만들어봅시다. 위젯 왼쪽 상단에 보이는 **팔레트**에는 각종 UI 부품이 모여있으며, 그중에는 '패널'이라는 항목이 있습니다. 이곳은 다양한 UI 부품을 배치할 패널을 모아놓은 곳입니다.

❶ **[패널]** 항목 왼쪽의 ▼를 클릭하면 그 안에 준비된 패널 목록이 펼쳐집니다. ❷ 그중에서 **[캔버스 패널]** 항목을 디자이너(중앙에 그래프처럼 생긴 영역)에 드래그 앤 드롭해서 배치하세요. 그럼 캔버스 패널이라는 부품이 배치됩니다. 캔버스 패널의 크기를 적당히 조절해주세요.

캔버스 패널은 다양한 UI 부품을 배치하는 기초가 됩니다. UI 설계는 캔버스 패널을 먼저 화면에 배치하고 그 안에 각종 UI를 추가하는 방식으로 진행됩니다.

그림 **6-83** 캔버스 패널을 배치합니다.

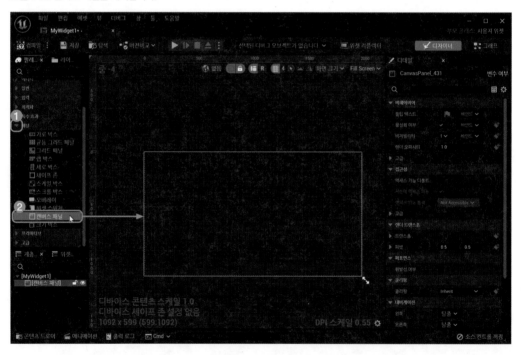

1. 텍스트를 추가합니다

캔버스 패널에 텍스트를 표시해봅시다. 텍스트 등의 UI는 **[일반]** 항목에 있습니다. 이 항목을 펼치면 다양한 UI 부품을 볼 수 있습니다.

그중에서 [텍스트]를 디자이너에 배치된 캔버스 패널 안에 드래그 앤 드롭해서 배치하세요. 그럼 캔버스 패널 안에 텍스트 블록이 만들어집니다. 블록의 위치와 크기를 3D 공간을 조절해주세요.

그림 6-84 [텍스트]를 드래그 앤 드롭해서 추가합니다.

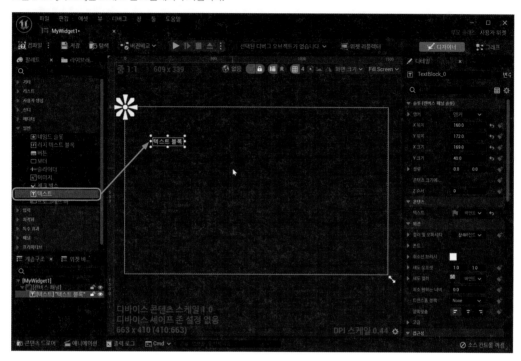

2. 디테일 패널에서 표시를 조정합니다

배치된 [텍스트]를 선택해 표시를 조정해봅시다. 텍스트 표시는 오른쪽 디테일 패널에서 조정합니다.

[디테일] 패널의 [콘텐츠] 항목에서 표시할 텍스트를 설정합니다.

그런 다음 [외관] 항목을 펼치면 [폰트] 항목을 찾을 수 있습니다. 이 항목 안에는 폰트, 텍스트 크기, 스타일, 컬러 등의 설정이 모여있습니다. 이 설정값을 변경하기만 하면 텍스트의 기본적인 표시를 조정할 수 있습니다.

아직 텍스트를 하나 배치했을 뿐이지만 뭔가 표시하는 위젯이 만들어졌습니다. 이번에는 이 위젯을 화면에 표시해봅시다.

그림 6-85 [텍스트]의 [디테일] 패널에서 [폰트] 항목의 설정을 조정합니다.

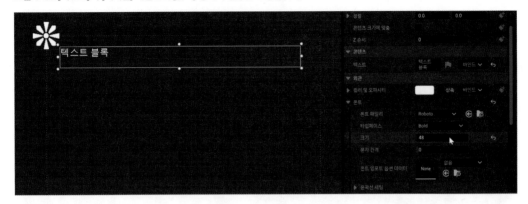

그림 6-85 [텍스트]의 [디테일] 패널에서 [폰트] 항목의 설정을 조정합니다.

🇺 레벨 블루프린트로 위젯 표시하기

작성된 위젯이 그대로 화면에 표시되는 것은 아닙니다. 블루프린트를 이용해서 화면에 집어넣어야
합니다.

따라서 레벨 블루프린트에 필요한 처리를 준비해야 합니다. 레벨 에디터의 툴바에서 블루프린트 아
이콘(▦)을 클릭하고 [레벨 블루프린트 열기]를 선택해 레벨 블루프린트 에디터를 엽니다.

시작할 때 텍스트를 표시하기로 정하겠습니다. 앞서 BeginPlay 이벤트 노드를 사용해 시작 시에
메시지를 표시하는 처리를 만들었죠? 그것을 사용해봅시다. 우선 BeginPlay 이벤트 노드와 Print
String 노드의 연결을 끊습니다. 연결된 핀 부분을 마우스 오른쪽 버튼으로 클릭하고 [모든 핀 링크
끊기]를 선택하면 끊을 수 있습니다. 필요 없어진 Print String 노드는 삭제하거나 적당한 곳으로
치워둡니다.

그림 6-86 레벨 블루프린트에서 BeingPlay 이벤트와 Print String의 연결을 끊어줍니다.

1. 위젯 노드를 생성합니다

위젯을 사용하기 위해 노드를 준비해봅시다. ❶ 그래프 안을 마우스 오른쪽 버튼으로 클릭하면 나타나는 검색 필드에 '위젯 생성' 또는 'create widget'이라고 입력합니다. ❷ 검색 결과 중 [위젯 생성]을 찾아 선택하세요.

그림 6-87 [위젯 생성]을 선택합니다.

위젯 생성 노드

이 노드에는 실행 핀 외에 2개의 입력과 1개의 출력이 있습니다. 각 항목을 [표 6-6]에 정리했습니다.

표 6-6 위젯 생성 노드의 입출력

Class	생성할 위젯의 클래스를 지정합니다.
Owining Player	위젯을 소유할 플레이어를 지정합니다.
Return Value	생성된 위젯 오브젝트를 출력합니다.

위젯을 생성하기 위해서는 Class를 반드시 지정해야 합니다. Owning Player의 경우, 플레이어의 뷰포트에 그대로 표시하기만 한다면 특별히 지정할 필요는 없습니다.

그림 6-88 위젯 생성 노드

2. Class에 MyWidget1을 설정합니다

생성할 위젯의 클래스를 지정해봅시다. Class에서 [**클래스
선택**]을 클릭하면 이용할 수 있는 위젯 클래스 목록이 나타
납니다. 그중에서 [**My Widget1**]을 선택합니다. 그러면 노
드 이름이 'My Widget 1 위젯 생성'으로 변경됩니다.

그림 6-89 위젯 생성 노드의 Class에서
[MyWidget1]을 선택합니다.

3. Add to Viewport 노드를 생성합니다

My Widget 1 위젯 생성 노드의 출력인 [**Return value**]를 그래프의 적당한 곳에 드래그 앤 드롭
해서 버튼을 배치한 후 그 자리에 나타나는 메뉴의 검색 필드에 'add to'를 입력합니다. 항목이 표
시되면 [**Add to Viewport**]를 찾아 선택합니다.

그림 6-90 My Widget 1 위젯 생성 노드에서 메뉴를 호출한 다음 [Add to Viewport]를 선택합니다.

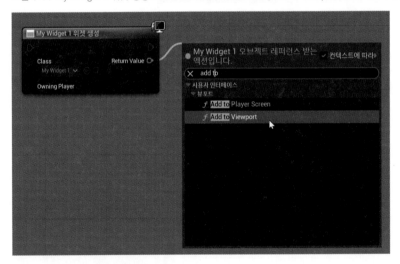

이제 Add to Viewport 노드가 생성됐습니다. 이 노드는 입력으로 전달된 위젯을 뷰포트에 추가합
니다. 다시 말해, 화면에 표시해주는 역할을 합니다.

생성된 노드에는 '타깃'이라는 입력이 있습니다. 타깃과 실행 핀은 노드 생성 단계에서 이미 My Widget 1 위젯 생성 노드에 연결되어 있습니다.

이것으로 MyWidget1 위젯을 생성하고 화면에 표시하는 처리를 완료했습니다. 마지막으로 **BeginPlay 이벤트 노드의 실행 핀**과 **My Widget 1 위젯 생성 노드의 실행 핀**을 연결하면 완성입니다.

그림 6-91 Add to Viewport 노드가 생성되면 BeginPlay 이벤트 노드와 My Widget 1 위젯 생성 노드를 연결해 완성합니다.

4. 실행해서 확인합니다

MyWidget1과 레벨 블루프린트를 각각 툴바에서 컴파일하고 파일을 저장합시다. 그런 다음 레벨을 실행해서 표시를 확인해보세요.

화면에 MyWidget1에 배치한 텍스트의 문자열이 표시됩니다. 이제 위젯을 HUD로 화면에 표시할 후 있게 됐습니다!

그림 6-92 텍스트의 문자열이 화면에 표시됩니다.

ⓤ 텍스트 위젯의 텍스트 변경하기

설정된 텍스트를 그대로 표시할 수 있게 됐습니다. 그런데 만약 필요에 따라 표시되는 텍스트를 변경하고 싶다면 어떻게 해야 할까요?

이는 텍스트 위젯의 콘텐츠 값을 조작하는 방식으로 구현할 수 없습니다. 위젯은 UI를 화면에 표시하기만 하는 것이지 액터처럼 직접 접근하여 조작할 수 있는 것이 아닙니다.

텍스트 위젯에서의 텍스트 조작은 '표시할 텍스트'를 다루는 방식 자체를 바꿔야 합니다. 미리 위젯 안에 텍스트를 저장할 변수를 만들어놓고, 이 변수를 표시하도록 설정해놔야 합니다. 그리고 표시할 텍스트를 변경하고 싶을 때는 위젯에 준비해둔 변수를 조작하면 됩니다. 이렇게 하면 해당 변수를 사용하는 텍스트 위젯의 표시도 변경됩니다. 직접 해봅시다!

1. 텍스트 위젯의 콘텐츠를 바인딩합니다

위젯 설정에서는 바인딩을 설정할 수 있습니다. **바인딩**은 위젯 설정 항목의 값을 블루프린트로 작성하고 표시하도록 하는 기능입니다.

텍스트 위젯을 선택하고 [디테일] 패널에서 ❶ [콘텐츠] 항목 오른쪽에 있는 [바인드]를 클릭하세요. 그런 다음 풀다운 메뉴에서 ❷ [바인딩 생성]을 선택합니다.

그림 6-93 [콘텐츠]에서 [바인딩 생성]을 선택합니다.

2. 함수 그래프가 열립니다

바인딩이 생성되고 위젯 블루프린트가 열립니다. 이것은 블루프린트로 작성된 함수의 그래프입니다. 왼쪽 내 블루프린트 패널의 함수 항목을 보면 'GetText_0'이라는 이름의 함수가 생성되어 있을 것입니다(다른 이름으로 되어 있을 수도 있습니다). 다시 짚고 넘어가자면, **바인딩**은 값을 설정하는 함수를 작성하고, 그 함수를 사용해 값을 설정하는 것입니다.

이 그래프에는 함수명으로 된 노드 Get Text 0과 반환 노드가 있습니다. 함수명 노드는 이 함수가 호출될 때 시작 노드가 되는 노드입니다. 여기서부터 처리를 연결해가면 되는 것이죠. 반환 노드는 실제로 사용될 값을 반환하는 노드로, 이곳의 Return Value 값이 콘텐츠에 값으로 설정됩니다.

그림 6-94 생성된 바인딩용 함수 그래프입니다.

3. 변수를 준비합니다

콘텐츠에 표시에 사용할 변수를 준비해봅시다. [내 블루프린트]의 [변수]에 있는 ⊕를 클릭해서 새 변수를 만듭니다. 이름은 'message'로 설정하고, 값의 종류는 [스트링]으로 변경해둡니다.

그림 6-95 이름이 'message'인 변수를 만듭니다.

4. message 변수 노드를 추가합니다

이번에는 message 변수를 그래프에 추가해봅시다. 변수 항목에 있는 [message]를 그래프에 드래그 앤 드롭해서 배치하면 메뉴가 나타납니다. 여기에서 [Get message]를 선택합니다. 이제 message 노드가 만들어졌습니다.

그림 6-96 [message] 변수를 드래그 앤 드롭해서 배치하고, [Get message]를 선택해 노드를 추가합니다.

CHAPTER1
CHAPTER2
CHAPTER3
CHAPTER4
CHAPTER5
CHAPTER6
CHAPTER7

5. message 노드를 반환 노드에 연결합니다

새로 추가한 **message 노드**를 반환 노드의 **[Return Value]**에 연결합니다. 그러면 그 사이에 자동으로 To Text라는 노드가 삽입되어 'message → To Text → 반환 노드'의 연결이 완성됩니다.

To Text 노드는 String을 Text로 변환하는 것입니다. message 변수는 String이므로 이를 텍스트 위젯에 연결하면 To Text 노드와 같이 값의 종류를 변환하는 노드가 자동으로 추가됩니다.

바인딩 처리를 마쳤습니다. 단순히 변수의 값을 Return Value에 연결하기만 하면 되니 간단하네요!

그림 6-97 message를 반환 노드의 [Return Value]에 연결하면 To Text 노드가 자동으로 삽입됩니다.

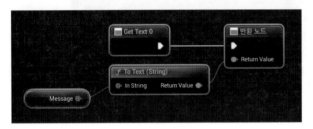

ⓤ 변수 message 조작하기

이제 message 변수의 값을 변경해서 표시할 메시지를 설정하기만 하면 됩니다. 우선 레벨 블루프린트로 표시를 전환하고 그래프를 마우스 오른쪽 버튼으로 클릭합니다. 나타난 메뉴의 검색 필드에서 ❶ **[컨텍스트에 따라]** 왼쪽에 있는 박스의 체크 표시를 없애고(OFF로 설정합니다) ❷ 'message'를 검색하세요(그림 6-98).

그러면 MyWidget1에 있는 **[Get Message]**, **[Set Message]** 항목을 찾을 수 있습니다. Get Message는 message 값을 가져오기 위한 것이고, Set Message는 message 값을 변경하기 위한 것입니다.

이번에는 값을 변경할 것이므로 ❸ **[Set Message]**를 선택합니다. 그럼 SET 노드가 추가되는데, SET 노드에는 Message 값을 설정하는 입력(Message)과 타깃이 될 위젯을 설정하는 입력(타깃) 이렇게 두 가지가 제공됩니다.

그림 6-98 [Set Message]를 선택합니다.

1. SET 노드를 연결합니다

앞서 만든 BeginPlay 이벤트 처리의 마지막에 SET 노드를 연결해봅시다. **Add to Viewport**의 실행 핀을 SET 노드의 실행 핀에 연결합니다. 그리고 **My Widget 1 위젯 생성 노드**의 [Return Value]를 **SET 노드**의 [타깃]에 연결합니다. 이것으로 연결이 모두 끝났습니다.

마지막으로 SET 노드의 [Message] 값에 표시하고 싶은 텍스트를 입력하세요.

그림 6-99 SET에 연결합니다.

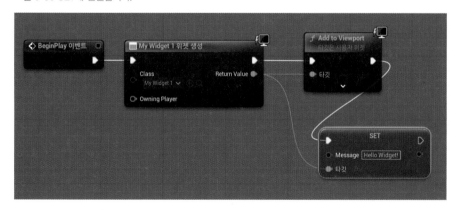

2. 실행해서 확인합니다

컴파일하고 저장한 후 레벨을 실행해봅시다. 뷰포트에 SET 노드의 Message에 입력해둔 텍스트가 표시될 것입니다. 이제 외부에서 표시 텍스트를 조작할 수 있게 됐습니다.

그림 6-100 설정한 텍스트가 표시됩니다!

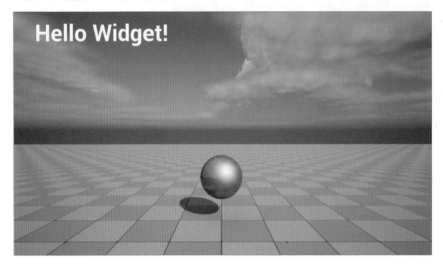

6.4 트리거 다루기

🔵 Sphere 다루기

텍스트 처리의 기본을 이해했다면 실제로 액터를 사용해 텍스트 표시가 바뀌도록 프로그램을 개선해봅시다.

우선 지금까지 키보드로 카메라를 움직였던 방식을 수정해서 키보드로 액터(Sphere)를 조작해보겠습니다. 레벨 에디터의 [아웃라이너]에서 [Sphere]를 레벨 블루프린트의 그래프에 드래그 앤 드롭해서 Sphere 노드를 추가합니다.

그림 6-101 [Sphere]를 레벨 블루프린트에 추가합니다.

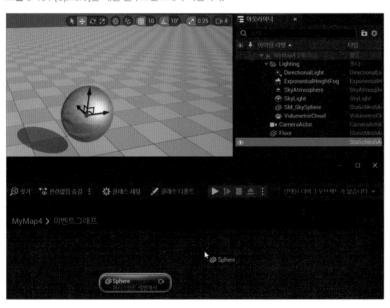

1. 상하좌우 이벤트를 수정합니다

방향키를 눌렀을 때의 상, 하, 좌, 우 이벤트를 모두 수정해봅시다. 이 이벤트들은 각각 타깃에 CameraActor 노드가 연결되어 있습니다. 우선 이 연결을 모두 끊어주세요.

그리고 추가한 Sphere 노드를 4개의 이벤트 노드 타깃에 각각 연결합니다. 이렇게 하면 방향키로 Sphere를 움직일 수 있게 됩니다.

그림 6-102 이벤트 노드의 [타깃]에 Sphere를 연결합니다.

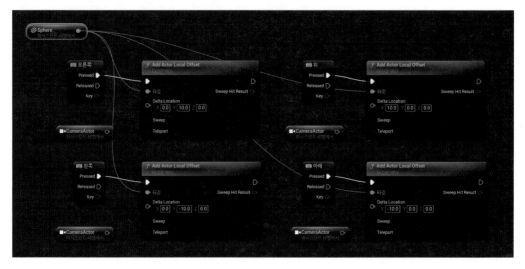

2. 실행해서 확인합니다

컴파일하고 저장한 다음, 레벨을 실행해서 동작을 확인해봅시다. 뷰포트를 클릭해 키 이벤트를 받을 수 있게 하고 방향키를 눌러 움직여보세요. 상하좌우 방향키를 누르면 구가 전후좌우로 움직이는 것을 확인할 수 있습니다.

참고로, 앞에서 작성한 틱 이벤트 처리가 남아 있으면 회전의 영향으로 움직이는 방향이 변화해 예상과 다른 방향으로 움직이게 됩니다. 동작을 확인하기 전에 틱 이벤트 처리가 실행되지 않게 해두어야 합니다.

CHAPTER1
CHAPTER2
CHAPTER3
CHAPTER4
CHAPTER5
CHAPTER6
CHAPTER7

그림 6-103 방향키로 구를 움직일 수 있습니다.

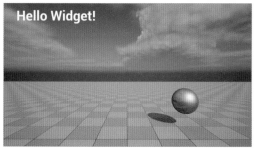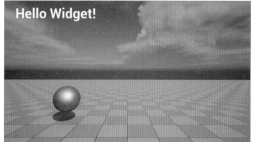

(u) 트리거 사용하기

액터를 움직여 어떤 처리를 실행할 경우 '어떤 상황에서 처리가 실행되는가'를 고려해야 합니다. 이 때 **이벤트**를 사용합니다.

언리얼 엔진의 액터에는 다양한 상황에 대응해 발생하는 이벤트가 있습니다. 지금까지 방향키를 눌렀을 때 처리를 실행했는데, 이는 키나 버튼을 눌렀을 때 발생하는 이벤트를 이용한 것입니다.

그럼 이번에는 액터의 이벤트를 사용해봅시다. 우선 **트리거**를 사용해보겠습니다.

트리거란?

트리거는 **터치하면 이벤트를 발생시키지만 보이지 않고 존재하지 않는 액터**입니다. 무슨 말이냐고요? 레벨 에디터에서 위치 등을 조정할 수 있지만 실제로 레벨을 실행하면 화면에는 전혀 표시되지 않고 다른 액터와 부딪히지도 않는, 마치 존재하지 않는 것처럼 취급되는 액터입니다.

'그런 게 무슨 소용이 있겠어?'라고 생각할 수도 있지만 만질 수 없을 뿐이지 실제로 분명히 존재합니다. 트리거가 있는 곳에 액터가 겹치면 '트리거를 터치했다!'라는 이벤트가 발생해 처리를 실행할 수 있습니다.

예를 들어보겠습니다. 어드벤처 게임 등에서 어떤 장소에 가면 특정 아이템을 얻는다거나 다음 스테이지로 넘어간다거나 하는 경우가 있습니다. 이럴 때 트리거가 활용됩니다.

1. 트리거 박스를 추가합니다

트리거에는 기본으로 트리거 박스와 트리거 스피어가 있습니다. **트리거 박스**는 큐브 형태의 트리거이고, **트리거 스피어**는 구 형태의 트리거입니다.

여기서는 트리거 박스를 사용하겠습니다. 레벨 에디터에서 ❶ 툴바의 추가 아이콘(⬛)을 클릭해 풀다운 메뉴가 나타나면 ❷ [기본] 안에 있는 ❸ [트리거 박스]를 선택합니다. 그럼 레벨에 트리거 박스가 추가됩니다.

그림 6-104 [트리거 박스]를 선택합니다.

2. 트리거 박스를 배치합니다

트리거 박스는 몇 개라도 추가할 수 있습니다. 생성된 트리거 박스를 복사해서 몇 개 더 만들어봅시다. 예제 그림에는 4개의 트리거 박스를 만들었습니다. 트리거 박스를 적당한 위치에 배치하되, 구 액터에 닿아야 이벤트가 발생하므로 구와 비슷한 높이로 조정합시다.

그림 6-105 4개의 트리거 박스를 배치했습니다.

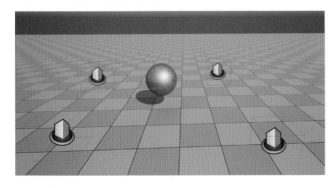

3. 오버랩 이벤트 생성을 활성화합니다

트리거와 닿았을 때 발생하는 이벤트를 **오버랩 이벤트**^{Overlap Event}라고 합니다. 이 이벤트는 디테일 패널에 있는 오버랩 이벤트 생성 항목에 체크해서 ON으로 바꿔야 발생합니다.

레벨에 배치된 구(Sphere) 액터와 모든 트리거 박스의 [디테일] 패널에서 ❶ [피직스] 버튼을 누른 다음, ❷ [오버랩 이벤트 생성]의 박스에 체크해 ON으로 설정합시다.

그림 6-106 [오버랩 이벤트 생성]에 체크해 ON으로 설정합니다.

Ⓤ 위젯을 변수에 보관하기

트리거를 사용하는 처리를 만들어봅시다. 이번에는 트리거에 닿으면 숫자를 하나씩 증가시키는 처리를 만들겠습니다.

1. 변수를 생성합니다

이렇게 하려면 레벨 블루프린트를 열고 위젯을 변수에 저장해서 외부에서 사용할 수 있게 해야 합니다. [그림 6-107]과 같이 ❶ [내 블루프린트] 패널의 [변수]에 있는 ⊕를 클릭해 변수를 하나 추가합니다. 이름을 'mywidget'으로 설정하고, ❷ 오른쪽 끝의 눈 모양 아이콘을 클릭해서 눈을 뜬 상태(공개된 상태)로 변경합니다.

다음으로 변수 타입을 클릭하면 나타나는 메뉴의 검색 필드에 ❸ 'my'라고 입력해서 ❹ [오브젝트 타입] 항목 아래에 있는 [My Widget 1]을 찾습니다. 여기로 마우스 포인터를 가져가면 하위 메뉴가 나타나는데, 그중 ❺ [오브젝트 레퍼런스]를 선택합니다. 그럼 My Widget 1이 변수 타입으로 설정됩니다.

그림 6-107 변수 이름은 'mywidget'으로, 변수 타입은 [My Widget 1]의 [오브젝트 레퍼런스]로 설정합니다.

2. Set mywidget을 준비합니다

이번에는 블루프린트 처리를 만들어봅시다. 앞서 작성한 BeginPlay 이벤트를 사용한 처리를 표시해주세요. 여기에 처리를 추가하겠습니다.

[내 블루프린트] 패널에서 ❶ [이벤트 그래프]의 ▼를 클릭해서 목록을 펼칩니다. 그리고 ❷ [BeginPlay 이벤트]를 찾아 더블 클릭하면 이 이벤트의 처리가 표시됩니다. 생성한 이벤트가 많아지면 그래프를 움직여서 찾기가 힘들어집니다. 이때 내 블루프린트의 이벤트 그래프를 이용하면 편집하고 싶은 이벤트로 빠르게 이동할 수 있습니다.

그림 6-108 [내 블루프린트]의 [이벤트 그래프]에서 [BeginPlay 이벤트]를 더블 클릭합니다.

[내 블루프린트]의 [mywidget] 변수를 그래프에 드래그 앤 드롭해서 배치하고, [Set mywidget]을 선택해 SET 노드를 생성합니다.

그림 6-109 [mywidget] 변수를 그래프에 드래그 앤 드롭해서 배치하고, [Set mywidget]을 선택해 SET 노드를 생성합니다.

3. SET을 연결합니다

추가한 Mywidget의 SET 노드를 처리 마지막에 연결해봅시다. 앞서 Message 변수의 SET 노드를 마지막에 연결했는데, 그 뒤에 **Mywidget 변수의 SET 노드의 실행** 핀을 연결합니다. 그리고 **SET 노드의 Mywidget 입력** 핀과 **My Widget 1 위젯 생성** 노드의 [Return Value]를 연결합니다.

그림 6-110 Mywidget의 SET 노드를 처리 마지막에 연결합니다.

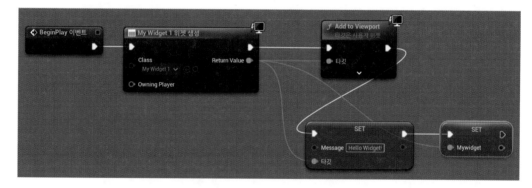

(u) OnActorBeginOverlap 이벤트 생성하기

트리거 이벤트를 만들어봅시다. 트리거와 접촉할 때 발생하는 이벤트는 다음 두 가지입니다(표 6-7).

표 6-7 트리거 이벤트의 종류

OnActorBeginOverlap	트리거와 접촉했을 때의 이벤트
OnActorEndOverlap	접촉한 트리거에서 떨어졌을 때의 이벤트

CHAPTER1
CHAPTER2
CHAPTER3
CHAPTER4
CHAPTER5
CHAPTER6
CHAPTER7

트리거에 닿았을 때와 떨어졌을 때의 이벤트가 준비되어 있습니다. 이번에는 트리거에 닿았을 때 발생하는 이벤트를 사용해보겠습니다.

❶ 레벨 에디터의 [아웃라이너]에서 배치된 [TriggerBox]를 선택하세요. 그 상태에서 ❷ 레벨 블루 프린트의 그래프를 마우스 오른쪽 버튼으로 클릭합니다. 추가할 수 있는 목록이 표시되면 ❸ [Trigger Box 0에 대한 이벤트 추가] → [콜리전] → [On Actor Begin Overlap 추가]를 차례로 선택합니다(참고로 [Trigger Box 0에 대한 이벤트 추가]에서 [Trigger Box 0]은 선택한 트리거 박스의 이름입니다. 경우에 따라서는 다른 이름이 될 수도 있습니다).

생성된 노드에는 Overlapped Actor와 Other Actor라는 출력이 있으며, 이벤트가 발생한 액터와 그 액터에 충돌한 액터가 전달됩니다.

그림 6-111 [On Actor Begin Overlap 추가]를 선택해서 노드를 추가합니다.

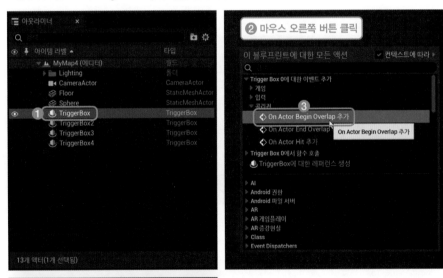

이제 본격적으로 이벤트를 생성해봅시다!

1. counter 변수를 준비합니다

우선 숫자를 보관할 변수를 준비해봅시다. [내 블루프린트]의 [변수]에 있는 를 클릭한 다음, 이름을 'counter'로 설정해 변수를 만듭니다. 변수 타입은 [인티저]로 설정해 정숫값을 보관하도록 합니다. 그리고 오른쪽 끝에 있는 눈 모양 아이콘을 클릭해 눈을 뜬 상태(공개 상태)로 바꿉니다.

그림 6-112 counter 변수를 준비합니다.

2. message 변수의 SET 노드를 준비합니다

처리에 사용할 노드를 만들겠습니다. 먼저 message 변수의 값을 변경할 SET 노드를 만듭니다. 앞서 만들었던 것을 복제해서 사용해도 됩니다.

그림 6-113 message 변수의 SET 노드를 만듭니다.

3. counter 변수의 노드를 준비합니다

이번에는 counter 변수 노드와 SET 노드를 만들겠습니다. 이 노드들은 [counter] 변수를 그래프에 드래그 앤 드롭한 후, [Get counter]와 [Set counter]를 선택해서 만들 수 있습니다.

그림 6-114 counter 변수 노드를 준비합니다.

CHAPTER1
CHAPTER2
CHAPTER3
CHAPTER4
CHAPTER5
CHAPTER6
CHAPTER7

4. mywidget 변수 노드를 준비합니다

조금 전에 추가한 mywidget 변수의 노드를 추가하겠습니다. 그래프를 마우스 오른쪽 버튼으로 클릭하고 ❶ 'mywidget'이라고 검색하면 [Variables]의 [디폴트] 항목에 있는 Get Mywidget과 Set Mywidget을 찾을 수 있습니다. 이 중에서 ❷ [Get Mywidget]을 선택해 노드를 생성합니다.

그림 **6-115** [Get Mywidget]을 선택해 노드를 추가합니다.

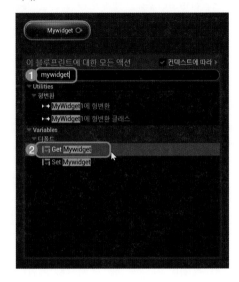

5. 더하기 노드를 준비합니다

더하기 노드를 준비해봅시다. 그래프를 마우스 오른쪽 버튼으로 클릭한 다음, ❶ '+'라고 검색합니다. 그 중 ❷ [추가] 항목을 찾아 선택합니다.

이 항목은 입력 핀에 연결한 값을 모두 더하는 노드입니다. 기본으로 2개의 핀을 제공하지만, 필요에 따라 핀을 늘릴 수 있습니다.

그림 **6-116** 더하기(+) 노드를 준비합니다.

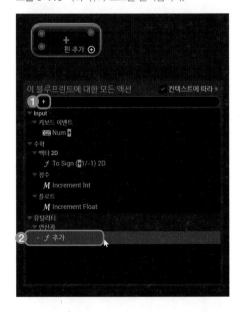

6. 덧붙이기 노드를 준비합니다

다음으로 준비할 것은 덧붙이기 노드입니다. 그래프
를 마우스 오른쪽 버튼으로 클릭한 다음, ❶ 'append'
또는 '덧붙이기'를 검색합니다. 그중 ❷ [스트링^{String}]
항목에 있는 [덧붙이기]가 이번에 사용할 노드입니
다. 추가해줍시다.

이 노드는 입력 핀에 연결한 텍스트를 하나의 텍스트
로 붙여줍니다. 더하기 노드와 마찬가지로, 핀을 얼
마든지 늘릴 수 있습니다.

그림 6-117 덧붙이기 노드를 준비합니다. 이 노드는
텍스트를 하나로 연결합니다.

7. 노드를 연결합니다

이제 추가한 노드들을 연결해봅시다. 이번에는 노드가 상당히 많으므로 틀리지 않게 순서대로 연결
해주세요.

- **실행 핀 연결**

  ◦ OnActorBeginOverlap → SET(Counter) → SET(Message)

- **입출력 핀 연결**

  ◦ Counter의 출력 핀 → +의 첫 번째 입력 핀

  ◦ +의 출력 핀 → SET(Counter)의 [Counter]

  ◦ SET(Counter)의 [Counter] → 덧붙이기의 [B](중간에 값을 변환하는 노드가 자동으로 추가됩
    니다)

  ◦ 덧붙이기의 [Return Value] → SET(Message)의 [Message]

  ◦ Mywidget의 출력 핀 → SET(Message)의 [타깃]

- **핀의 값 설정**
  - +의 두 번째 입력 핀: '1' 입력
  - 덧붙이기의 [A] → 'Count:' 입력

그림 6-118 준비한 노드를 연결해 프로그램을 완성합니다.

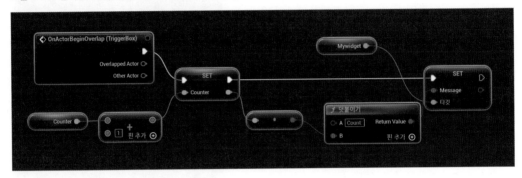

8. 나머지 트리거 박스의 이벤트를 연결합니다

기본적인 프로그램이 완성했습니다. 이제 나머지 트리거 박스에도 같은 처리를 할당하기만 하면 됩니다. 레벨 에디터에서 이번에 사용한 트리거 박스(Trigger Box 0) 이외의 트리거 박스를 차례로 선택하고 [레벨 블루프린트] 메뉴에서 [On Actor Begin Overlap 추가]를 선택하면, 각 트리거 박스의 OnActorBeginOverlap 이벤트 노드가 추가됩니다. 추가된 노드의 실행 핀을 SET(Counter) 노드의 실행 핀에 연결합니다. 이제 모든 트리거 박스에서 같은 처리가 실행될 것입니다.

그림 6-119 각 트리거 박스의 OnActorBeginOverlap을 SET 노드에 연결합니다.

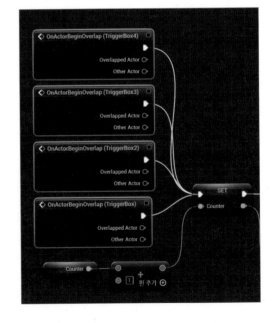

9. 실행해서 확인합니다

레벨을 실행해서 방향키로 구를 움직여봅시다. 구가 트리거 박스에 닿을 때마다 'Counter:○○'의
숫자가 1씩 증가하는 것을 볼 수 있을 것입니다.

그림 6-120 트리거에 닿으면 숫자가 증가합니다.

ⓤ 트리거로 다양한 처리 만들기

이제 트리거를 사용해 다양한 처리를 만들 수 있게 됐습니다. 아직 사용법을 아는 노드는 적지만,
간단한 계산을 할 수 있게 된 것만으로도 여러 가지 처리를 만들 수 있습니다. 더하기 노드를 검색
한 것처럼 −, *, /를 검색해 빼기, 곱하기, 나누기 노드도 찾을 수 있습니다. 이런 사칙 연산은 다양
한 처리를 만드는 데 매우 중요한 역할을 합니다. **트리거 이벤트**와 **값 계산**, 이 두 가지만은 여기서
확실하게 기억해둡시다.

CHAPTER1
CHAPTER2
CHAPTER3
CHAPTER4
CHAPTER5
CHAPTER6
CHAPTER7

CHAPTER

7

본격 게임 개발

게임을 만들기 위해 알아야 할 것들이 아직 남았습니다! 이 장에서는 **템플릿 프로젝트**나 **마켓플레이스**에서 배포되는 프로젝트를 이용해 실제로 간단한 게임을 만들면서 게임 제작 방법을 학습합니다.

7.1 템플릿 프로젝트 이용하기

템플릿 프로젝트로 시작해봅시다!

액터의 배치, 머티리얼 생성, 이펙트 및 지형 생성, 블루프린트를 활용한 기본 프로그래밍 등 지금까지 설명한 내용으로 언리얼 엔진의 기본 사용법을 어느 정도 이해했을 것입니다.

물론 어떤 기능이든 아직 초급 단계이므로 본격적인 개발을 하기에는 지식도 경험도 부족할 것입니다. 그렇지만 매우 간단한 '게임처럼 움직이는 것' 정도는 만들 수 있게 됐습니다. 이제부터는 실제로 만들어보면서 부족한 부분을 채워 나가면 됩니다.

하지만 갑자기 뭔가를 만들어보라고 하면 당황할 수 있습니다. 애초에 무엇부터 시작해야 할지 전혀 감이 오지 않는 사람이 분명히 많을 것입니다.

이런 사람을 위해 게임 제작의 첫걸음으로 권하고 싶은 방법은 **템플릿 프로젝트**를 활용하는 것입니다. 언리얼 엔진에서는 새로운 프로젝트를 생성할 때 이용할 수 있는 템플릿을 제공합니다. 템플릿을 활용하면 '바로 작동하는 게임의 기반'을 만들 수 있습니다.

1. 새 프로젝트를 생성합니다

직접 새로운 프로젝트를 만들어봅시다. 에픽게임즈 런처가 열려 있다면 [라이브러리]의 [엔진 버전]에 있는 언리얼 엔진의 [실행] 버튼을 클릭해 지정한 엔진 프로그램을 시작합니다. (이미 언리얼 엔진 프로젝트가 열려 있다면 ❶ [파일] 메뉴에서 ❷ [새 프로젝트...]를 선택하세요.)

그림 7-1 에픽게임즈 런처의 엔진 버전에서 [실행] 버튼을 누르거나 레벨 에디터의 [파일] 메뉴에서 [새 프로젝트...]를 선택해 새로운 프로젝트를 생성합니다.

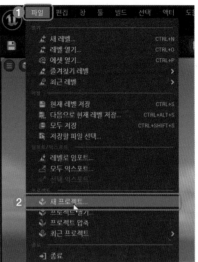

2. 프로젝트 브라우저로 생성합니다

화면에 프로젝트를 생성하기 위한 프로젝트 브라우저가 나타납니다(그림 7-2). 여기서 ❶ 왼쪽에 있는 [게임]을 선택하면 게임용 프로젝트 템플릿이 표시됩니다. 이 중 캐릭터를 조종하는 형태의 게임을 만들기 위한 템플릿은 [표 7-1]과 같습니다.

표 7-1 캐릭터를 조종할 수 있는 템플릿

일인칭	플레이어 캐릭터의 시점으로 움직이는 형태. 캐릭터 자신은 화면에 표시되지 않고 캐릭터가 보는 세계가 표시됩니다.
삼인칭	플레이어 캐릭터를 조금 떨어진 곳에서 표시하는 형태. 항상 일정한 거리를 유지한 채 캐릭터가 표시됩니다.
내려보기	플레이어 캐릭터를 위에서 내려다보듯이 표시하는 형태. 플레이어의 움직임에 맞춰 항상 따라다니며 표시됩니다.

세 가지 템플릿 모두 캐릭터 조작에 따라 실시간으로 화면이 움직이는 게임으로, 차이점은 자신의 시점(일인칭)인지, 제3자의 시점(삼인칭)인지, 전지적 시점(내려보기)인지 여부입니다. 템플릿에서 제공하는 기능 자체는 거의 동일합니다.

CHAPTER1
CHAPTER2
CHAPTER3
CHAPTER4
CHAPTER5
CHAPTER6
CHAPTER7

그림 7-2 프로젝트 브라우저: [게임]에서 이용하고 싶은 템플릿을 선택해 프로젝트를 생성합니다.

이번에는 삼인칭 템플릿을 사용해보겠습니다. ❷ [삼인칭] 템플릿을 선택하고, ❸ 프로젝트 이름을 'My3rdPerson'으로 설정한 후 ❹ [생성] 버튼을 클릭합니다.

샘플 레벨

프로젝트가 생성되면 샘플로 준비된 레벨이 열립니다. 사각형으로 나누어진 영역 안에 몇 개의 장애물이 있는 단순한 레벨입니다. 여기서 삼인칭 캐릭터를 조종해 동작을 확인할 수 있습니다.

그림 7-3 샘플로 준비된 레벨

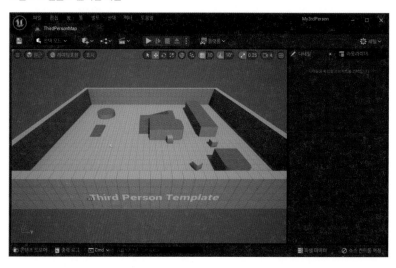

1. 레벨을 실행합니다

레벨을 실행해봅시다. 사각형 영역 안에 캐릭터가 생성되고, 캐릭터의 뒤에서 카메라가 촬영하는 듯한 화면이 표시됩니다. 이 캐릭터가 삼인칭 템플릿에 준비된 캐릭터입니다.

그림 7-4 실행하면 삼인칭 캐릭터가 표시됩니다.

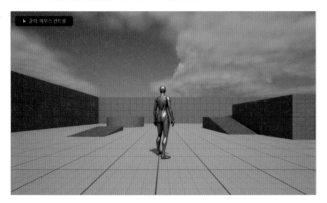

2. 캐릭터를 조작합니다

이 캐릭터에는 기본 동작이 내장되어 있습니다. 키보드의 방향키를 눌러 상하좌우로 움직일 수 있으며 스페이스 바를 누르면 점프할 수 있습니다.

마우스는 시점(카메라)을 이동할 때 사용합니다. 마우스를 움직이면 카메라 위치를 상하좌우로 움직일 수 있습니다.

마우스와 키보드를 사용해 캐릭터를 이리저리 움직여보세요.

그림 7-5 방향키로 달리고 스페이스 바로 점프합니다.

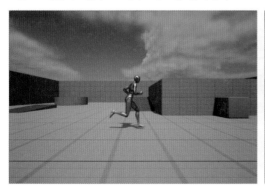 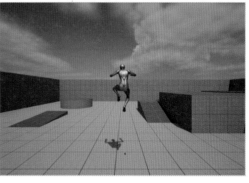

CHAPTER1
CHAPTER2
CHAPTER3
CHAPTER4
CHAPTER5
CHAPTER6
CHAPTER7

🅤 새 레벨에서 캐릭터 사용하기

이 캐릭터를 기본 레벨에서만 사용할 수 있는 것은 아닙니다. 직접 레벨을 만들고 그곳에서 사용할 수도 있습니다.

1. Open World 레벨을 생성합니다

새 레벨을 만들어봅시다. [파일] 메뉴에서 [새 레벨...]을 선택하세요. 그럼 새 레벨 대화 창이 나타납니다. 이번에는 ❶ [Open World] 템플릿을 선택한 후 ❷ [생성] 버튼을 클릭합니다.

그림 7-6 Open World 레벨을 생성합니다.

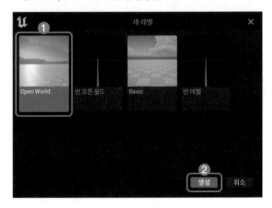

이제 새로운 Open World 레벨이 만들어집니다. Open World 레벨은 이미 사용해본 적이 있습니다. 매우 광활한 공간이 펼쳐져 있고, 카메라의 시점으로 자유롭게 이동할 수 있습니다.

그림 7-7 Open World 레벨

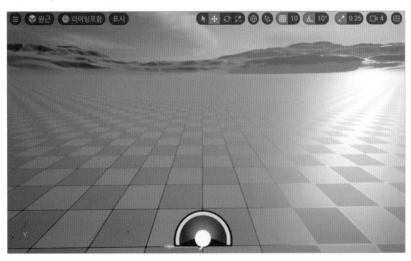

2. Open World를 탐색합니다

Open World 레벨을 실행하면 삼인칭 캐릭터가 만들어집니다. 이 캐릭터를 키보드와 마우스로 조작해 주변 일대를 돌아다녀봅시다.

상당히 넓은 공간이지만 계속 돌아다니다 보면, 멀리 보이는 산이 그냥 그림이 아니라 제대로 만들어진 지형이라는 것을 알 수 있습니다. 산(언덕) 위로 올라갈 수도 있습니다.

그림 7-8 자유롭게 뛰어날 수 있습니다. 멀리 보이는 산은 그림이 아니며 올라갈 수도 있습니다.

3. 맵을 이동합니다

Open World는 매우 넓기 때문에 이동하려면 꽤 힘이 듭니다. 레벨 오른쪽에는 **월드 파티션**이라는 패널이 있는데, 이곳에는 레벨 전체 맵이 표시됩니다.

맵을 보면 다수의 정사각형 지표가 가로세로로 나열되어 지형을 형성하고 있음을 알 수 있습니다. 앞서 랜드스케이프를 생성할 때 가로세로 섹션 수를 지정해 생성한 것을 떠올려보세요. 그렇습니다, Open World는 랜드스케이프 툴로 만들어진 것입니다.

월드 파티션은 맵을 이동할 때 사용됩니다. 맵에는 현재 표시된 위치와 방향을 나타내는 작은 화살표 같은 것이 표시되어 있습니다. 맵에서 이동하고 싶은 장소를 더블 클릭하면 해당 구획으로 이동합니다. 여러 곳을 더블 클릭하여 이동해보세요. 쉽게 이곳저곳으로 이동할 수 있습니다.

참고로, 이동은 손쉽게 할 수 있지만 높이까지 조정해주진 않습니다. 그래서 주위가 산인 곳으로 이동하면 산 아래로 묻혀버리는 경우도 있습니다. 높이는 수동으로 조정해주세요.

CHAPTER 1
CHAPTER 2
CHAPTER 3
CHAPTER 4
CHAPTER 5
CHAPTER 6
CHAPTER 7

그림 7-9 월드 파티션에서 이동하고 싶은 장소를 더블 클릭하면 그 장소로 이동합니다.

4. 레벨을 저장합니다

Open World에 관해 어느 정도 파악했으니, 이제 생성한 레벨을 저장합시다. 툴바의 저장 아이콘
(🖫)을 클릭하고 이름을 'MyMap1'로 설정한 다음 저장합니다.

그림 7-10 이름을 'MyMap1'로 설정해 레벨을 저장합니다.

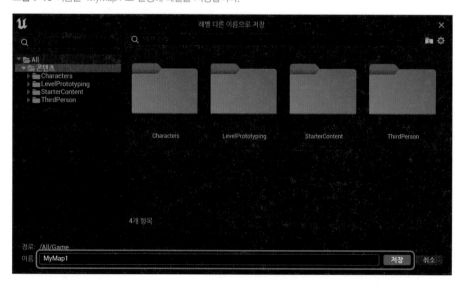

(U) 지표 머티리얼 설정하기

이 상태로는 너무 샘플 티가 나니, 지표에 머티리얼을 설정해서 좀 더 자연스럽게 바꿔보겠습니다.

아웃라이너에서 배치된 액터를 보면 [Landscape] 항목 안에 많은 액터가 들어있는 것을 볼 수 있습니다. 모두 랜드스케이프로 배치된 액터입니다. 이 액터들을 모두 선택합니다. 그리고 [디테일] 패널에서 [랜드스케이프 머티리얼]을 원하는 머티리얼로 변경합니다. 이렇게 하면 선택된 모든 구획의 지표가 변경됩니다.

여기서는 [M_Ground_Grass]라는 머티리얼을 사용하겠습니다. 이 머티리얼은 기본으로 제공되는 초원 머티리얼입니다.

그림 7-11 [Landscape]에 있는 액터를 모두 선택하고 [랜드스케이프 머티리얼]을 설정합니다.

머티리얼을 변경했으면 레벨을 실행해서 어떻게 표시되는지 확인해봅시다. 무미건조한 체크 무늬가 아닌 현실 세계와 더 가까운 자연스러운 풍경으로 바뀌었습니다. 실제 게임을 만들 때는 여기에 필요한 것을 이것저것 추가하면 됩니다.

그림 7-12 레벨을 실행하면 더 자연스러운 풍경으로 변합니다.

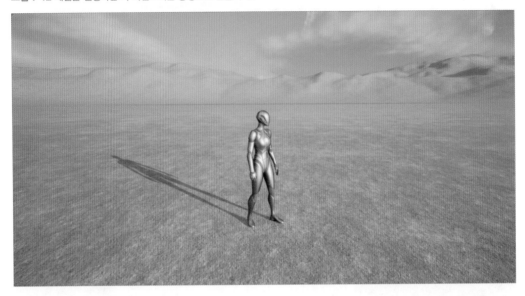

(u) 풀과 나무 심기

자연을 표현하려면 지표뿐만 아니라 다양한 요소들이 필요합니다. 그중에서도 중요한 것은 식생입니다. 땅에 풀이나 나무가 심어져 있으면 더욱 자연스러운 풍경이 됩니다.

언리얼 엔진에는 식물 배치 툴인 **폴리지**^{Foliage}가 있습니다. 폴리지 툴을 활용하면 풀과 나무를 간편하게 배치할 수 있습니다.

다만, 이를 위해서는 **식물 데이터**가 필요합니다. 식물의 스태틱 메시나 그에 할당할 머티리얼 등입니다. 식물 데이터를 직접 만들 수도 있지만, 간단하게 끝내려면 Megascans을 이용하는 것이 가장 좋습니다. Megascans 데이터는 퀵셀 브리지로 쉽게 가져올 수 있었습니다.

1. 퀵셀 브리지를 엽니다

툴바의 추가 아이콘( )을 클릭해 [퀵셀 브리지]를 선택합니다. 그럼 퀵셀 브리지 창이 열립니다.

그림 **7-13** 퀵셀 브리지 창

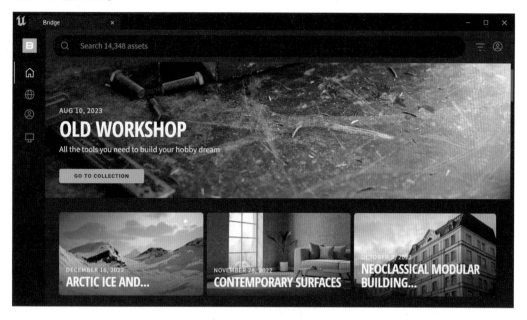

2. 3D Plants를 엽니다

왼쪽 목록의 [**3D Plants**]를 클릭하면 여러 가지 식물 데이터가 표시됩니다. 이 중에서 사용하고 싶은 것을 선택하세요.

그림 **7-14** [3D Plants]를 클릭하면 식물들이 표시됩니다.

3. Boxwood를 선택합니다

이번에는 ❶ 왼쪽 목록의 [Shrub] 카테고리를 클릭합니다. 그런 다음 ❷ [Boxwood]를 선택하고 ❸ 오른쪽 패널 하단의 [Download] 버튼을 클릭합니다. 그리고 다운로드가 완료될 때까지 기다립니다.

그림 7-15 [Boxwood]를 선택하고 [Download]를 클릭합니다.

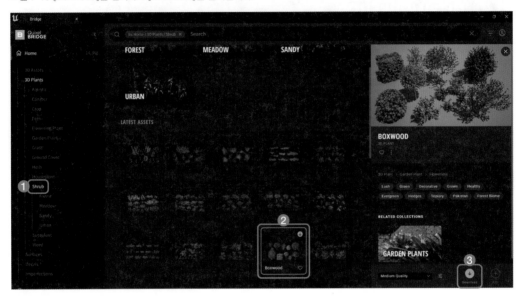

4. 식물을 프로젝트에 추가합니다

다운로드가 완료되면 다운로드 버튼이 체크 표시로 바뀌고, 오른쪽에 있는 [Add] 버튼이 활성화됩니다. 이 버튼을 클릭하면 프로젝트에 Boxwood가 추가됩니다.

그림 7-16 [Add] 버튼을 클릭해 프로젝트에 추가합니다.

5. 콘텐츠 브라우저에서 확인합니다.

설치가 완료되면 콘텐츠 브라우저 창이 열립니다. 평소 사용하던 콘텐츠 드로어의 패널을 분리한 창입니다. 여기서 **[콘텐츠]**의 **[Megascans]** 폴더 내에 **[3D_Plants]**라는 폴더가 추가되고, 그 안에 'Boxwood_xxx(xxx는 임의의 문자열)'라는 이름의 폴더가 생성된 것을 확인할 수 있습니다.

이 폴더 안에는 스태틱 메시와 머티리얼, 폴리지 데이터 파일 등이 저장되어 있습니다. 이 폴더가 설치된 Boxwood의 본체라고 할 수 있습니다.

그림 7-17 폴더 안에 Boxwood 파일들이 저장되어 있습니다.

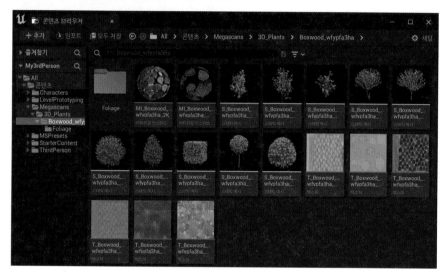

🎮 폴리지 툴

식물을 심는 도구인 폴리지 툴을 사용해봅시다. 툴바의 저장 아이콘 오른쪽에 있는 ❶ **[선택 모드]** 버튼을 클릭하세요. 그리고 풀다운 메뉴가 표시되면 ❷ **[폴리지]**를 선택합니다.

그림 7-18 [선택 모드]에서 [폴리지]를 선택합니다.

폴리지

폴리지 툴은 이전에 사용했던 랜드스케이프 툴과 구조가 비슷합니다. 상단에 각종 조작을 선택할 수 있는 버튼이 줄지어 있고, 특정 조작을 선택하면 그 아래에 필요한 설정이 나타납니다.

우선 맨 앞에 있는 [선택] 버튼을 클릭해봅시다. 그러면 사용할 수 있는 폴리지가 표시됩니다. 폴리지란 **배치할 식물의 설정 데이터**라고 생각하면 됩니다. 폴리지 패널에는 사용할 수 있는 스태틱 메시와 생성할 식물에 관한 자세한 설정 등이 모여 있으며, 그 정보를 바탕으로 식물을 생성합니다.

그림 7-19 폴리지 툴에서 [선택]을 클릭하면 Boxwood에 들어있는 폴리지가 표시됩니다.

기본으로 제공되는 폴리지는 앞서 가져온 Boxwood에 들어있던 것입니다. 이처럼 Megascans의 3D Plants는 설치하면 바로 폴리지 툴을 사용해 식물을 배치할 수 있습니다.

메시 설정

준비된 폴리지 중 하나를 선택하세요. 그럼 아래에 선택한 폴리지에 관한 상세 설정이 나타납니다.

그림 7-20 [메시] 설정에서 폴리지의 스태틱 메시를 지정합니다.

처음에 있는 것은 메시 설정으로, 선택한 폴리지에 사용할 스태틱 메시를 지정합니다. Boxwood에 있는 폴리지는 모두 처음부터 메시가 설정되어 있지만, 직접 폴리지를 생성할 경우에는 [+폴리지] 버튼으로 새 폴리지를 만든 후 메뉴에 있는 [메시]에서 적용할 스태틱 메시를 지정해야 합니다. 여기서 선택한 스태틱 메시가 그대로 식물로 배치됩니다.

페인팅 설정

메시 아래에는 페인팅 설정이 있습니다. 페인팅 설정은 폴리지 툴의 '페인트'를 사용해 식물을 그릴 때 필요합니다. 페인트 툴은 마우스로 드래그해서 넓은 영역에 식물을 배치하는데, 페인팅은 그때 사용되는 설정입니다. 페인팅 설정의 각 항목을 [표 7-2]에서 확인해봅시다.

그림 7-21 [페인팅] 설정에는 식물을 그릴 때 필요한 설정이 모여 있습니다.

표 7-2 페인팅 설정 항목

밀도/1Kuu	식물의 밀도를 지정합니다. 1,000×1,000 영역에 몇 개의 식물을 배치할지 설정합니다.
반경	식물의 경계를 지정합니다. 이 반경 내에는 다른 식물이 배치되지 않습니다.
스케일링	확대 및 축소 설정입니다. 기본값은 [Uniform]이며, 가로세로 높이를 같은 배율로 확대/축소합니다. 또한 각각 다른 배율을 지정하거나 특정 축만 확대/축소하는 모드도 있습니다.
X 스케일	확대율을 지정합니다. 스케일링에서 선택한 모드에 따라 필요한 항목이 준비됩니다.

페인팅 설정 이후에도 많은 설정이 있지만, 페인팅 설정만 마치면 바로 식물을 배치할 수 있습니다.

🎔 페인트 툴

폴리지 툴 상단에는 몇 가지 버튼이 나열되어 있습니다. 식물을 배치할 때는 [표 7-3]에 있는 세 가지 기능을 사용합니다.

표 7-3 식물 배치 기능

페인트	마우스로 그려서 배치합니다.
단일	클릭한 장소에 하나씩 배치합니다.
채우기	지정한 레이어 전체에 배치합니다.

채우기는 미리 레이어를 준비해야 하므로 바로 사용할 수 없습니다. 언제 어디서든 사용할 수 있는 것은 '단일'과 '페인트'입니다.

단일은 하나하나 배치하는 것이므로 미리 특정한 위치에 배치하거나 페인트로 채운 후 세밀하게 조정할 때 사용하기 좋습니다. 넓은 범위에 식물을 배치할 때는 페인트를 사용합니다.

[페인트]를 선택하면 그 아래에 [브러시 옵션]이 표시됩니다. 여기서 그리기에 사용할 브러시를 선택할 수 있습니다. 브러시 옵션은 [표 7-4]에 정리했습니다.

표 7-4 브러시 옵션

브러시 크기	브러시 크기를 지정합니다. 숫자가 클수록 브러시가 크며, 한 번에 넓은 영역을 그릴 수 있습니다.
페인트 밀도	어느 정도의 밀도로 그릴지 지정합니다. 앞서 밀도/1Kuu에서 배치할 밀도를 지정했습니다. 이 값을 변경해 밀도를 조정할 수 있습니다.
지우기 밀도	페인트에서는 Shift 키를 누른 채로 드래그하면 그려진 식물을 지울 수 있는데, 이때 지우는 밀도를 지정할 수 있습니다. 0으로 지정하면 드래그한 영역의 식물을 완전히 삭제합니다.

우선 브러시 크기와 페인트 밀도를 설정합시다. 이 두 항목은 그리기 전에 반드시 확인해야 합니다.

그림 7-22 페인트 설정: 브러시 크기와 페인트 밀도를 확인합시다.

폴리지 지정하기

페인트로 그림을 그릴 때는 어느 폴리지를 사용할지 설정해야 합니다. 이때 단순히 폴리지를 클릭하는 것만으로는 설정되지 않으므로 주의합시다.

폴리지 부분에 표시되는 폴리지 아이콘은 모두 약간 어둡게 되어 있습니다. 이 중에서 사용하고 싶은 아이콘을 더블 클릭하거나 아이콘 위에 마우스 포인터를 올렸을 때 표시되는 왼쪽 상단 상자에 체크하면 해당 폴리지의 색상이 밝아집니다. 이것이 '선택된 상태'입니다.

페인트에서는 여러 개의 폴리지를 조합해서 그릴 수 있습니다. 원하는 폴리지를 더블 클릭해서 사용할 모든 폴리지를 선택된 상태로 만든 후 그리면 됩니다. 선택된 폴리지를 다시 더블 클릭하면 선택되지 않은 상태로 되돌릴 수 있습니다.

그림 7-23 여러 개의 폴리지를 선택할 수 있습니다.

🎮 폴리지 그리기

브러시 크기와 페인트 밀도를 적절히 조절하고, 사용할 폴리지를 선택한 상태로 화면을 드래그합니다. 이렇게 하면 폴리지가 배치됩니다.

처음에는 페인트 밀도를 작게 설정하여 그려보는 것이 좋습니다. [브러시 크기]를 크게(1000 이상으로), [페인트 밀도]를 '0.01'로 설정하세요. 캐릭터의 크기를 고려하여 폴리지의 스케일을 몇 배정도 크게 설정하는 것이 좋습니다.

그림 7-24 뷰포트 내에서 드래그하여 폴리지를 배치합니다.

식물들을 적당히 배치했으면 레벨을 실행해 어떻게 표시되는지 확인해봅시다. 캐릭터를 움직여서 식물 사이로 돌아다녀 보면 식물들이 어떤 느낌으로 배치됐는지 알 수 있습니다.

원하는 대로 식물을 배치하려면 폴리지 선택, 스케일링, 밀도 등의 설정을 세밀하게 조정해야 합니다.

마음에 들지 않으면 실행을 취소해 배치한 식물을 지울 수 있습니다. 이런 식으로 몇 번 반복해서 최적의 배치를 찾아보세요.

그림 7-25 생성된 식물 사이로 돌아다녀봅시다. 마치 공원 같이 생성되었네요!

ⓤ 캐릭터 생성하기

레벨을 실행하면 자동으로 캐릭터가 배치됩니다. 레벨이 시작될 때 지정된 캐릭터가 자동 생성되도록 설정되어 있기 때문입니다. 이 설정은 [Game Mode]를 통해 이루어집니다. 전에 간단히 사용해본 적이 있죠?

Game Mode는 게임의 규칙을 정의하는 역할을 합니다. 플레이어가 어떻게 게임에 참여할지, 플레이어를 어떻게 제어할지, 게임의 설정 정보를 어디에서 관리할지 등 게임의 기본 규칙을 설정하는데 사용됩니다.

Game Mode는 프로젝트 세팅에서 기본값을 설정하는 것 외에도 [월드 세팅]에서 레벨별로 설정을 변경할 수 있습니다. [월드 세팅]을 열고 [Game Mode]에 어떤 항목이 있는지 살펴봅시다(표 7-5).

표 7-5 Game Mode 설정 항목

게임모드 오버라이드	특정 레벨에 적용할 게임모드를 지정합니다. 여기서 게임모드의 에셋을 선택하면 이 레벨의 게임모드가 해당 에셋으로 변경됩니다.
디폴트 폰 클래스	폰(플레이어가 조작 가능한 액터)으로 사용할 클래스를 지정합니다.
HUD 클래스	HUD로 사용할 클래스를 지정합니다.
플레이어 컨트롤러 클래스	플레이어 조작을 정의하는 클래스를 지정합니다.
게임 스테이트 클래스	게임 설정 정보를 관리하는 클래스를 지정합니다.
플레이어 스테이트 클래스	플레이어 설정 정보를 관리하는 클래스를 지정합니다.
관전자 클래스	관전 중에 플레이어가 사용할 폰 클래스를 지정합니다.

그림 7-26 [월드 세팅]에서 [Game Mode]를 설정할 수 있습니다.

필요한 설명을 했으니 직접 게임 시작 설정을 해봅시다.

1. 폰을 None으로 설정합니다

우선 기본으로 자동 생성되는 폰을 제거합니다.

[그림 7-27]과 같이 [월드 세팅]에서 ❶ [게임모드 오버라이드] 값을 [**BP_ThirdPersonGame Mode**]로 변경합니다. 이 값은 삼인칭에 기본으로 준비된 게임모드 에셋입니다. 이 설정으로 게임 모드 설정을 변경할 수 있습니다. 프로젝트 세팅에서 지정한 것과 같은 게임모드 에셋이지만 이처럼 같은 에셋에 덮어쓸 수도 있습니다.

이제 [선택된 게임모드]에 있는 모든 설정을 변경할 수 있습니다. ❷ [**디폴트 폰 클래스**]의 값을 [**None**]으로 변경하세요. 폰이 None이 되면, 레벨 시작 시 폰이 자동으로 생성되지 않습니다.

그림 7-27 [게임모드 오버라이드]와 [디폴트 폰 클래스]를 변경합니다.

2. 실행해서 확인합니다

레벨을 실행해보세요. 3D 장면은 뷰포트에 표시되지만 캐릭터는 표시되지 않습니다. 그리고 마우스나 방향키를 사용해도 전혀 이동하지 않습니다. 폰이 생성되지 않았기 때문이죠. 기본 상태로는 아무것도 움직이지 않을 것입니다.

직접 해보면 알 수 있듯이, 3D 표시의 상단 절반에는 지형이나 식물 등이 표시되고, 하단 절반은 전부 푸른색으로 표시됩니다. 이는 카메라 시점이 지표와 동일한 0 지점에 있기 때문입니다. 폰이 없기 때문에 실행 시 카메라 시점은 가로, 세로, 높이 모두 0인 위치에 놓이게 됩니다. 그리고 지표와 동일한 높이에 있기 때문에 상단 절반에는 지표의 모습이 나타나고 하단 절반에는 지표 아래 (즉, 아무것도 없는 공간)가 표시되는 것입니다.

그림 7-28 실행하면 상단 절반에는 지상의 모습이, 하단 절반에는 단순히 푸른 공간이 표시됩니다.

ⓤ 카메라 액터 준비하기

게임을 시작했을 때 지상의 모습이 보이는 위치에 카메라를 배치해봅시다. ❶ 툴바의 추가 아이콘
(🖼)을 누르고 ❷ [모든 클래스]의 ❸ [카메라 액터]를 선택해 카메라를 추가하세요.

그림 7-29 [카메라 액터]를 추가합니다.

1. 카메라 위치와 플레이어 자동 활성화를 설정합니다

배치한 [CameraActor(인스턴스)]를 선택하고 [디테일] 패널에서 설정을 진행합니다. 보기 편한
위치로 적당히 조절한 다음, [플레이어 자동 활성화]를 [Player 0]으로 변경하는 것을 잊지 마세요.
이제 이 카메라가 Player 0의 시점으로 사용됩니다.

그림 7-30 배치된 카메라 액터의 위치와 플레이어 자동 활성화를 설정합니다.

2. 실행해서 확인합니다

카메라가 준비됐으면 실행해서 표시를 확인해봅시다. 이제 배치한 카메라의 시선으로 표시될 것입니다. 플레이어의 시점 설정은 이것으로 완료됐습니다.

그림 7-31 배치한 카메라에서 바라본 화면이 표시됩니다.

🎮 시작 지점 지정하기

이어서 게임 시작 지점을 조정합시다. 시작 지점이란 플레이어 캐릭터가 배치되는 장소입니다.

1. 플레이어 스타트 액터를 추가합니다

시작 지점은 플레이어 스타트 액터를 사용해 설정됩니다. ❶ 툴바의 추가 아이콘(⬛)을 클릭한 다음 ❷ [기본] 메뉴에서 ❸ [플레이어 스타트]를 찾아 선택하세요. 이 액터에 플레이어의 시작 지점을 지정할 것입니다.

그림 7-32 [플레이어 스타트] 액터를 배치합니다.

2. 위치를 조정합니다

[디테일] 패널에서 플레이어 스타트 액터(PlayerStart)의 위치를 조절합시다. 조금 전에 추가한 카메라 액터에서 보이는 위치로 설정하겠습니다. 나중에 캐릭터 스폰^{spawn}을 설정할 때 카메라에 보이지 않으면 조작할 수 없기 때문입니다.

그림 7-33 PlayerStart의 위치를 조절합니다.

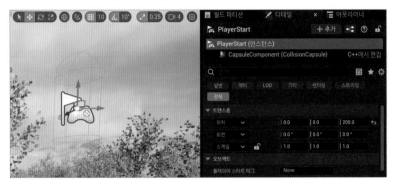

3. 디폴트 폰 클래스를 변경합니다

플레이어 스타트는 폰이 출현하는 장소를 지정합니다. ❶ [월드 세팅]에서 [디폴트 폰 클래스]의 값을 클릭합니다. 이번에는 ❷ [Tutorial Character]를 선택할 것입니다. 이는 〈CHAPTER 5 애니메이션〉에서 캐릭터 애니메이션을 설정할 때 사용해본 것으로, 샘플로 제공되는 캐릭터입니다.

그림 7-34 [디폴트 폰 클래스]를 변경합니다.

4. 실행해서 확인합니다

실행해서 표시를 확인합시다. 실행하면 플레이어 스타트가 있던 장소에 TutorialCharacter가 생성됩니다. 이 캐릭터에는 조작 기능이 전혀 없으며 단순히 표시만 됩니다. 하지만 디폴트 폰 클래스의 캐릭터가 플레이어 스타트 지점에 배치되는 기본 메커니즘은 이해했을 것입니다.

그림 7-35 플레이어 스타트 지점에 캐릭터가 생성됩니다.

5. 다시 BP_ThirdPersonCharacter를 폰으로 설정합니다

[디폴트 폰 클래스]의 값을 [BP_ThirdPersonCharacter]로 변경하세요. 이는 BP_ThirdPerson GameMode의 게임모드에서 기본으로 설정되는 폰입니다. 실행하면 플레이어 스타트 지점에 삼인 칭 캐릭터가 배치됩니다. 이 캐릭터는 마우스와 키보드로 움직일 수 있습니다.

이제 게임모드와 폰, 그리고 플레이어 스타트의 관계를 잘 이해했을 것입니다. 이 세 가지를 조합해 게임을 어떻게 시작할지 설정할 수 있습니다.

그림 7-36 [디폴트 폰 클래스]를 [BP_ThirdPersonGameMode]로 변경하면 익숙한 캐릭터가 표시됩니다.

🎮 마켓플레이스의 프로젝트

이제 기본으로 제공되는 템플릿 프로젝트로 레벨을 생성하는 방법에 관해 어느 정도 이해했을 것입니다. 그럼 더 나아가기 전에 마켓플레이스에서 배포되는 프로젝트도 다뤄봅시다.

템플릿으로 사용할 수 있는 프로젝트가 새 프로젝트의 템플릿만 있는 것은 아닙니다. 마켓플레이스에서도 템플릿으로 사용할 수 있는 프로젝트가 배포되고 있습니다. 이를 활용해 더 본격적인 게임 프로젝트를 만들 수도 있습니다.

앞서 〈CHAPTER 2 레벨과 액터의 기본〉에서 Stack O Bot 프로젝트를 사용했습니다. Stack O Bot도 마켓플레이스에서 배포되는 프로젝트입니다. 다만 Stack O Bot은 완성도가 매우 높아서 이를 수정해 게임을 만들기엔 너무 복잡했을지도 모릅니다. 좀 더 단순하게 조작 가능한 캐릭터만 제공되는 프로젝트가 '나만의 게임을 만들기 위한 기반'으로 적합할 것입니다.

Windwalker Echo

이번에는 Windwalker Echo 프로젝트를 사용해보겠습니다. 이 프로젝트는 에인션트의 협곡^{Valley of the Ancient}이라는 프로젝트에서 등장한 캐릭터를 단독으로 사용할 수 있게 만든 것입니다.

에픽게임즈 런처를 실행해 [마켓플레이스]에서 'Windwalker'를 검색합니다. Windwalker Echo는 에픽게임즈에서 제공하는 무료 에셋입니다. [Windwalker Echo]를 찾은 다음, [무료] 버튼을 클릭해서 가져옵시다.

그림 7-37 [Windwalker Echo]를 찾은 다음, [무료] 버튼을 클릭해서 가져옵니다.

프로젝트 생성하기

❶ [프로젝트 생성] 버튼을 눌러 프로젝트를 생성해봅시다. 프로젝트 이름과 저장할 위치를 지정하는 화면이 표시되면 적당한 이름을 설정한 후 ❷ [생성] 버튼을 눌러 프로젝트를 생성합니다. 여기서는 기본값인 [WindwalkerEcho]를 그대로 사용하겠습니다. 프로젝트 생성이 끝나면 내 프로젝트에 추가되어 언제든지 시작할 수 있습니다.

그림 7-38 [프로젝트 생성] 버튼을 클릭해서 이름과 저장 위치를 설정합니다. 그럼 내 프로젝트에 WindwalkerEcho 프로젝트가 추가됩니다.

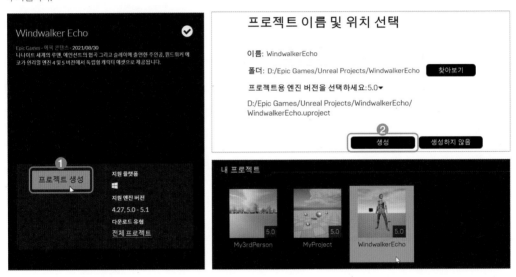

🎮 Windwalker Echo 사용하기

생성된 Windwalker Echo 프로젝트를 열어봅시다. 이 프로젝트는 기본으로 지면, 간단한 장애물, Windwalker Echo 캐릭터를 제공합니다. 캐릭터만 있는 단순한 레벨이므로 여러분이 원하는 대로 만들기가 쉽습니다.

그림 7-39 Windwalker Echo에 기본으로 준비된 레벨

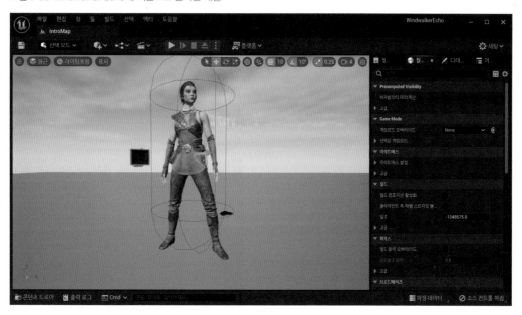

레벨을 실행해 캐릭터를 움직여봅시다. 캐릭터 조작 방법은 앞서 다룬 삼인칭 캐릭터와 같습니다. 마우스로 카메라 시점을 움직이고 키보드로 캐릭터를 이동시킵니다.

그림 7-40 마우스와 키보드를 사용해 캐릭터를 조작합니다.

새 레벨 생성하기

이 프로젝트에서도 새 레벨을 만들어봅시다.

1. Open World 레벨을 생성합니다

[파일] 메뉴의 [새 레벨...]을 선택합니다. 템플릿
선택 화면이 나타나면 ❶ [Open World]를 선택
하고 ❷ [생성] 버튼을 클릭해 새 레벨을 생성합
니다.

그림 7-41 Open World 레벨을 생성합니다.

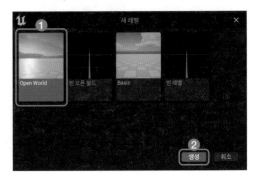

새 Open World 레벨이 생성되었으면 이 레벨을 기반으로 여러분만의 오리지널 월드를 만들 수
있습니다.

그림 7-42 생성된 Open World 레벨

2. Open World 표시를 확인합니다

Open World 레벨을 실행하면 화면에 Windwalker Echo 캐릭터가 생성됩니다. 이것은 게임모드

에서 Windwalker Echo 캐릭터가 디폴트 폰으로 설정되어 있다는 뜻입니다. 새 레벨을 만들었을 뿐인데 자동으로 캐릭터가 배치되고 움직일 수 있게 된 것입니다!

게임모드와 폰의 관계는 앞에서 설명했습니다. 템플릿 프로젝트나 마켓플레이스에서 다운로드한 프로젝트에서도 게임모드 사용 방법은 동일합니다.

그림 7-43 자동으로 나타난 캐릭터를 조작할 수 있습니다.

3. 레벨을 수정합니다

생성된 레벨을 원하는 대로 수정해봅시다. 우선 삼인칭 프로젝트에서 했던 것처럼 랜드스케이프의 머티리얼을 변경해보겠습니다.

참고로 삼인칭 프로젝트와 동일한 머티리얼은 제공되지 않습니다. 이미 있는 것 중에서 고르거나 직접 새로 만들어야 합니다.

그림 7-44 지표에 머티리얼을 설정합니다.

CHAPTER1
CHAPTER2
CHAPTER3
CHAPTER4
CHAPTER5
CHAPTER6
CHAPTER7

앞서 MyProject에서 사용한 초원 머티리얼 등은 Windwalker Echo 프로젝트에 없습니다. 왜냐하면 StarterContent가 없기 때문입니다. MyProject 프로젝트가 저장된 폴더 아래에 있는 [Content] 폴더를 보면 [StarterContent]라는 폴더를 찾을 수 있습니다. 이 폴더를 복사해서 [Windwalker Echo] 폴더의 [Content] 폴더 아래에 붙여 넣으면 MyProject에서 사용한 머티리얼 등을 모두 사용할 수 있습니다.

그림 7-45 [Windwalker Echo] 폴더의 [Content] 폴더 아래에 MyProject에서 사용한 [StarterContent] 폴더를 붙여 넣습니다.

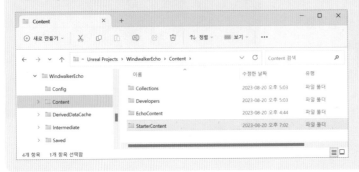

4. 폴리지를 그립니다

이번에는 폴리지 툴을 사용해 식물을 배치합시다. 순서는 삼인칭 프로젝트일 때와 같습니다. 우선 퀵셀 브리지를 사용해 3D Plant 데이터를 설치합니다. 그리고 툴바의 [선택 모드]를 클릭해 [폴리지]로 변경한 후 폴리지를 그립니다.

그림 7-46 폴리지를 배치합니다. 예제 화면은 Black Locust라는 3D Plants를 5~10배로 확대해서 배치한 것입니다.

5. 실행해서 확인합니다

어느 정도 레벨을 수정했으면 실행해서 움직여봅시다. Windwalker Echo 캐릭터가 Open World 세계를 돌아다니는 모습은 꽤 흥미로운 광경입니다. 이렇게 쉽게 멋진 캐릭터를 사용하는 레벨을 만들어낼 수 있다니 말이죠!

그림 7-47 실행하면 Windwalker Echo 캐릭터가 Open World 세계를 돌아다닐 수 있습니다.

지금까지 삼인칭 프로젝트와 Windwalker Echo 프로젝트를 사용해 레벨을 준비했습니다. 이제 여기에 다양한 기능을 추가해서 실제 게임처럼 만들어나가면 됩니다. 어떤 프로젝트든 개발 진행 과정은 기본적으로 같습니다. 이제부터는 여러분이 원하는 프로젝트의 레벨에서 작업을 진행해보세요.

CHAPTER 1
CHAPTER 2
CHAPTER 3
CHAPTER 4
CHAPTER 5
CHAPTER 6
CHAPTER 7

7.2 물리 엔진으로 액터 움직이기

ⓤ 물리 엔진이란?

지금까지 여러 가지로 액터를 조작해보았지만, 움직이는 방법에 관해서는 다루지 않았습니다. 바로 **물리 엔진에 의한 움직임** 말입니다.

3D 세계에서 물체를 움직인다고 하면 아무래도 애니메이션 기능을 떠올리기 쉽지만, 그런 인위적인 움직임이 전부는 아닙니다. 더 자연스러운 움직임도 있습니다. 바로 물리적인 힘에 의한 움직임입니다.

예를 들어 우리가 사는 세계에서는 물체를 들었다가 놓으면 아래로 떨어집니다. 이것은 아래로 이동하는 애니메이션이 설정되어 있어서가 아니라 중력의 영향 때문입니다.

또는 어떤 물체가 다른 물체에 충돌하면 튕겨져 나갑니다. 부딪힌 물체도 마찬가지로 튕겨 나가죠. 이러한 현상은 '작용 반작용'이라는 물리적인 힘 때문입니다. 던진 공이 멀리까지 날아가는 것은 '관성의 법칙'으로 설명할 수 있겠죠. 우리는 이러한 물리 법칙에 지배되고 있으며, 그 법칙을 따라 다양한 물체들이 움직입니다.

'물리적 영향에 의한 움직임을 3D 세계에서 구현할 수 없을까?'라는 고민에서 나온 것이 바로 물리 엔진입니다.

물리 엔진은 3D 공간에 있는 물체에 물리적인 힘을 부여합니다. 이를 통해 위에 있는 물체는 아래로 떨어지고, 다른 물체에 부딪치면 튕겨 나가게 됩니다.

그림 7-48 3D 공간의 물체는 기본 상태로는 공중에 둬도 그대로 있으며 닿아도 충돌하지 않습니다. 물리 엔진을 도입하면 중력이나 작용 반작용 등의 힘이 작용하게 됩니다.

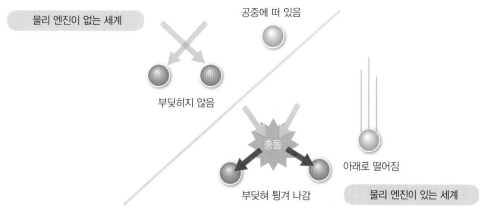

CHAPTER 1
CHAPTER 2
CHAPTER 3
CHAPTER 4
CHAPTER 5
CHAPTER 6
CHAPTER 7

🎮 스피어 액터 배치하기

실제로 액터를 배치하고 물리 엔진을 사용해봅시다. 여기서는 스피어(Sphere) 액터를 하나 배치하겠습니다. 툴바의 추가 아이콘(🔲)을 누르고 [셰이프]에 있는 [스피어]를 선택해서 레벨에 스피어 액터를 추가합시다. 그리고 추가된 액터에 머티리얼을 적절히 설정합니다.

그림 7-49 스피어 액터를 하나 추가하고 머티리얼을 설정합니다.

렌더링이 끝나면 프리뷰에 머티리얼을 설정한 상태가 표시됩니다. 렌더링이 정상적으로 완료될 때까지 조금 시간이 걸립니다.

그림 7-50 프리뷰에서 렌더링한 상태를 확인합니다.

ⓤ 물리 엔진 설정하기

물리 엔진을 설정해봅시다. 스피어 액터의 [디테일] 패널에 있는 [피직스] 버튼을 클릭하면 물리 엔진 설정이 나타납니다. 피직스에 준비된 설정은 다시 [피직스]와 [콜리전]으로 나뉩니다.

피직스에는 해당 액터에 관한 물리적인 정보를 설정하는 항목이 있습니다. 주요 설정 항목은 [표 7-6]과 같습니다.

표 7-6 피직스 설정 항목

피직스 시뮬레이트	물리 엔진을 활성화합니다.
질량	이 항목에 체크하면 액터의 질량을 수치로 설정할 수 있습니다.
선형 댐핑	평행 이동의 힘을 감소시키는 저항값을 지정합니다. 예를 들어 공기 저항을 생각하면 됩니다.
각 댐핑	회전력을 감소시키는 저항값을 지정합니다. 예를 들어 마찰력을 생각하면 됩니다.
중력 활성화	중력을 활성화합니다.

이 외에도 많은 설정이 있지만, 방금 소개한 것만 이해하고 설정할 수 있어도 물리 엔진을 사용할 수 있습니다. [피직스 시뮬레이트]와 [중력 활성화]에 체크하면 힘을 가하면 굴러가고, 중력에 의해 아래로 낙하한다'는 것만 꼭 기억해둡시다. [질량]이나 [댐핑]은 기본값으로도 문제 없습니다.

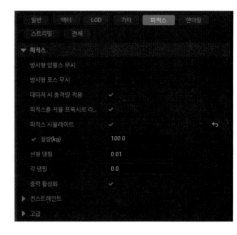

그림 7-51 피직스 설정: [피직스 시뮬레이트]와 [중력 활성화]에 체크하면 중력의 영향을 받게 됩니다.

콜리전

콜리전은 액터에 **물체로서의 경계**를 부여하는 것입니다. 언리얼 엔진에서 레벨에 표시되는 액터가 모두 물체로 존재하는 것은 아닙니다. 단지 3D로 표시되어 있을 뿐이며 실제 물체는 아닙니다. 따라서 액터의 충돌이 발생해도 서로 부딪히지 않고 무게도 없으며 단순히 **형태**만 있습니다.

그래서 액터에 물체로서의 특성을 부여하고자 제공하는 것이 바로 **콜리전(충돌)**입니다. 콜리전은 보이지 않는 막과 같습니다. 즉, 액터의 형태에 맞춰 콜리전의 막으로 전체를 덮는 것입니다.

콜리전은 액터에 물체로서의 성질을 부여합니다. 콜리전에 부딪히면 튕겨 나가게 되며, 다른 액터와의 충돌을 탐지해서 프로그램 등을 실행할 수도 있습니다.

그림 7-52 콜리전에 의해 액터는 충돌할 수 있게 됩니다.

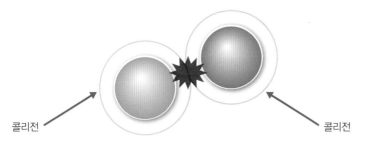

콜리전   콜리전

1. 콜리전을 설정합니다

콜리전은 [디테일] 패널의 [콜리전] 섹션에서 설정합니다. 여기에도 많은 설정이 있으며, 주요 설정 항목은 [표 7-7]과 같습니다.

표 7-7 콜리전 설정 항목

오버랩 이벤트 생성	오버랩(액터가 서로 겹치는 것) 이벤트를 활성화합니다.
Can Character Step Up On	캐릭터가 이 위를 걸어갈 수 있는지 지정합니다.
콜리전 프리셋	콜리전 기본 설정을 지정합니다. 기본값은 [PhysicsActor]입니다.
시뮬레이션 중 히트hit 이벤트 생성	시뮬레이션 중 액터가 충돌했을 때 히트 이벤트를 발생시킬지 지정합니다.
피직스 머티리얼 오버라이드	피지컬 머티리얼을 덮어쓰기 위한 설정입니다.

이 중에서 특히 중요한 것은 [오버랩 이벤트 생성]과 [시뮬레이트 중 히트 이벤트 생성]입니다. 이 설정들은 액터가 충돌했을 때 발생하는 이벤트에 관한 설정입니다. 이 항목을 설정하지 않으면 충돌했을 때 이벤트가 발생하지 않으므로 처리를 할 수 없습니다.

오버랩 이벤트 생성은 오브젝트가 겹치는 이벤트 전반을 지정하는 항목으로, 오버랩 이벤트를 사용할 때는 반드시 활성화해야 합니다. 그리고 시뮬레이트 중 히트 이벤트 생성을 활성화하면 충돌 시 히트 이벤트를 발생시킵니다. 히트 이벤트는 무엇인가에 부딪쳤을 때 한 번 발생하는 이벤트입니다. 이것도 오버랩 이벤트 생성이 활성화되어 있지 않으면 발생하지 않으므로 주의하세요.

그림 7-53 콜리전 설정: 이벤트 관련 설정은 확실하게 알아두세요.

콜리전 설정에는 '피직스 머티리얼'이라는 것이 있습니다. 이것은 물리적인 세부 설정을 위한 것입니다.

예를 들어 물체가 떨어지면 튀어 오르는데, 배구공과 볼링공은 느낌이 전혀 다르죠? 이것은 물체의 소재에 따라 달라집니다. 이런 더 상세한 물리적 설정 정보를 만든 것이 피직스 머티리얼입니다.

여기서 사용되는 Open World의 랜드스케이프나 캐릭터 등은 기본으로 피직스 머티리얼이 설정되어 있기 때문에 별도의 설정이 필요하지 않습니다. 새로 만든 액터 또한 피직스 머티리얼을 설정하지 않아도 물리 엔진의 기능을 문제 없이 사용할 수 있습니다.

피직스 머티리얼은 기본 상태로는 어색해서 세밀하게 조정하고 싶을 때 사용하면 좋습니다.

2. 모빌리티를 설정합니다.

물리 엔진을 이용할 때 설정해야 하는 항목이 하나 더 있습니다. 바로 액터의 모빌리티(가동성)입니다. 이 항목은 액터의 [디테일] 패널에 있는데, [피직스]가 아닌 [일반]에 있습니다.

모빌리티는 스태틱 메시를 고정할 것인지 움직일 수 있게 할 것인지 설정합니다. 물리 엔진과는 직접적인 관계없지만 중요한 설정 항목입니다. 이 값이 [무버블]이면(움직일 수 있으면) 중력의 영향을 받아 움직이고, [스태틱]이면(고정하면) 아무리 중력이 있어도 움직이지 않습니다.

따라서 배치한 스피어의 [모빌리티]를 [무버블]로 설정하겠습니다. 이제 물리 엔진의 힘으로 움직일 수 있습니다.

그림 7-54 [모빌리티]를 [무버블]로 설정합니다.

CHAPTER7

3. 실행해서 확인합니다

그럼 동작을 확인해봅시다. 실행하면 공중에 있던 스피어가 바닥에 떨어지면서 살짝 튕겨 오릅니다. 또한 캐릭터를 움직여 스피어에 닿게 하면 스피어가 앞으로 구르기 시작합니다. 물리적인 힘이 제대로 작동한다는 것을 알 수 있습니다.

그림 7-55 스피어가 지면에 떨어지고 캐릭터에 부딪치면 굴러갑니다.

Ⓤ 물리 엔진으로 움직이려면?

물리 엔진을 적용하면 액터는 어떻게 될까요?

지금까지의 설명으로 액터를 어느 정도 이동시킬 수 있게 됐습니다. 하지만 주의해야 할 점은 이것이 '물리 엔진을 사용하지 않을 때의 이동'이라는 점입니다. 물리 엔진을 사용하는 경우에는 이런 방식을 사용하지 않습니다.

물리 엔진은 현실의 물리 현상을 재현하기 위한 것입니다. 앞서 사용한 방법은 어떻게 보면 액터를 다른 위치로 순간 이동시키는 방법입니다.

현실을 시뮬레이션하는 물리 엔진을 사용한다면 현실과 동일한 방식으로 움직여야 합니다. '현실과 같은 방식이 도대체 뭔데?'라고 생각했나요? 답은 간단합니다. **밀어주는 것**입니다!

그림 7-56 일반 액터는 위치를 변경하면 순간적으로 그 장소로 이동합니다. 물리 엔진을 사용하는 경우에는 액터를 밀어서 그 위치까지 이동시킵니다.

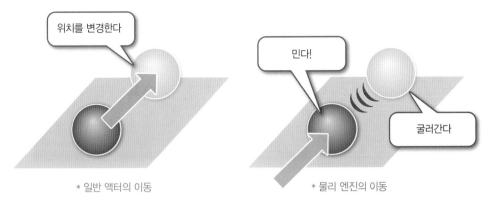

* 일반 액터의 이동   * 물리 엔진의 이동

ⓤ 스피어를 밀어서 움직이기

실제로 레벨에 배치한 스피어를 밀어서 움직여봅시다. 툴바의 블루프린트 아이콘(▦)에서 [레벨 블루프린트 열기] 메뉴를 선택해 레벨 블루프린트 에디터를 불러옵니다. 캐릭터 쪽으로 스피어가 천천히 굴러오는 처리를 만들어보겠습니다.

이 처리는 캐릭터와 스피어의 위치를 확인한 다음, 그 차이를 바탕으로 스피어에 힘을 가하면 됩니다. 바로 블루프린트 프로그램을 만들어봅시다.

1. Get Actor Location을 생성합니다

먼저 스피어(Sphere)의 위치 값을 구합니다. [그림 7-57]과 같이 레벨 에디터에서 배치된 [Sphere]를 선택하고 블루프린트 에디터의 그래프에서 마우스 오른쪽 버튼을 클릭한 뒤 ❶ 'location'을 검색합니다. 그러면 [Static Mesh Actor UAID...] 섹션에서 ❷ [Get Actor Location] 항목을 찾을 수 있습니다. Static Mesh Actor UAID...는 선택한 액터를 나타내며, 이 안에 선택한 액터와 관련된 항목이 모여 있습니다.

여기서 사용할 Get Actor Location은 대상 액터의 위치 값을 구하는 노드입니다. 메뉴를 선택하면

CHAPTER1
CHAPTER2
CHAPTER3
CHAPTER4
CHAPTER5
CHAPTER6
CHAPTER7

Sphere 노드에 Get Actor Location 노드가 연결된 상태로 그래프에 추가됩니다. 선택한 노드의 Location을 가져오는 형태로 노드가 생성되는 것이죠.

그림 7-57 [Get Actor Location]을 선택하면 선택한 액터의 노드에 연결된 형태로 노드가 만들어집니다.

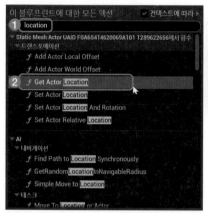

2. Get Player Character에 Get Actor Location을 연결합니다

이어서 캐릭터의 위치를 구합니다. 그래프를 마우스 오른쪽 버튼으로 클릭해 ❶ 'character'라고 검색하면 ❷ [Get Player Character]라는 항목이 나타나는데, 이를 선택해서 추가합니다.

그리고 방금 전에 추가한 Get Actor Location 노드를 복제해 [타깃]에 Get Player Character를 연결합니다. 이것으로 플레이어 캐릭터의 위치를 구하는 노드가 생성됐습니다.

그림 7-58 Get Player Character를 생성해 Get Actor Location의 [타깃]에 연결합니다.

3. 빼기 노드로 위치의 차를 계산합니다

다음은 빼기(뺄셈) 노드를 만들어 두 위치의 차를 계산합니다. 빼기 노드는 그래프를 마우스 오른쪽 버튼으로 클릭해 '−'를 검색하면 바로 찾을 수 있습니다.

추가된 빼기 노드의 첫 번째 입력 핀에 Get Player Character의 위치 값을 연결하고, 두 번째 입력 핀에 Sphere의 위치 값을 각각 연결합니다. 이렇게 하면 캐릭터 위치에서 스피어 위치를 빼서 그 차이를 구할 수 있습니다. 즉, 이 값은 Sphere에서 Get Player Character로의 벡터 값이 됩니다.

그림 7-59 빼기 노드를 사용해 캐릭터의 위치에서 스피어의 위치를 뺍니다.

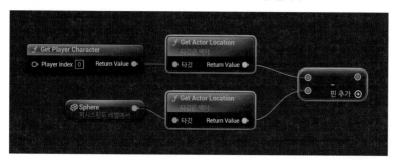

4. 곱하기 노드로 값을 10배합니다

이렇게 구한 벡터 값을 바탕으로 힘을 가하면 되지만, 아직 힘이 약해서 구가 움직이지 않을 수도 있습니다. 그래서 곱하기 노드를 사용해 방금 전에 구한 결과를 10배로 늘리겠습니다.

그래프를 마우스 오른쪽 버튼으로 클릭해 '∗'을 검색하면 곱하기 항목을 찾을 수 있습니다. 이 항목을 선택해 노드를 배치하고 첫 번째 입력 핀에 조금 전 빼기 노드의 출력을 연결합니다. 그리고 두 번째 입력 핀의 [X], [Y], [Z]에 모두 '10.0'을 입력합니다.

이제 두 위치의 차이를 10배한 값을 얻을 수 있습니다.

그림 7-60 곱하기 노드를 사용해 결과를 10배로 늘립니다.

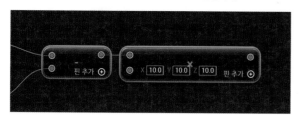

ⓤ Add Force로 힘 가하기

남은 일은 액터에 힘을 가해 움직이는 것입니다. 이 처리에는 Add Force 노드가 사용됩니다. 그래프를 마우스 오른쪽 버튼으로 클릭해 ❶ 'add force'를 입력해서 노드를 검색합니다. 이때 팝업 창 상단의 ❷ [컨텍스트에 따라]의 체크를 해제합니다.

Add Force 항목이 두 군데에 등장합니다. 그중 캐릭터 무브먼트에 있는 Add Force는 캐릭터를 움직이는 것이므로 이번에는 사용하지 않을 것입니다. ❸ [피직스]에 있는 또 다른 [Add Force]를 추가하세요.

이 Add Force는 타깃으로 설정한 대상에 Force의 힘을 가합니다. 물리 엔진을 이용해 물체를 움직일 때 기본이 되는 노드라고 생각하면 됩니다.

그림 7-61 [피직스]의 [Add Force] 노드를 생성합니다.

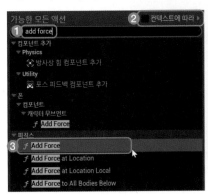 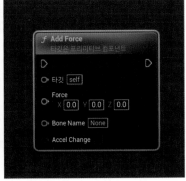

1. Add Force에 연결합니다

배치한 Add Force 노드에 연결해봅시다. 이번에는 3개의 연결을 합니다.

Add Force의 입력 실행 핀에 **틱 이벤트의 실행 핀**을 연결합니다. 틱 이벤트 노드는 레벨 프린트에 기본으로 준비되어 있습니다.

조금 전에 만든 **곱하기 노드의 출력 핀**을 **Add Force의 [Force]**에 연결합니다. 그리고 **[Sphere]**를 **[타깃]**에 연결합니다. 그럼 타깃의 스태틱 메시 컴포넌트를 가져오는 노드가 자동으로 중간에 삽입됩니다.

그림 **7-62** Add Force에 노드를 연결합니다.

이제 Add Force를 사용해 Sphere에 힘을 가하는 처리가 완성됐습니다. 틀린 곳이 없는지 전체를 꼼꼼히 확인합시다.

그림 **7-63** 완성된 프로그램(잘못 연결한 곳이 없는지 다시 확인해보세요)

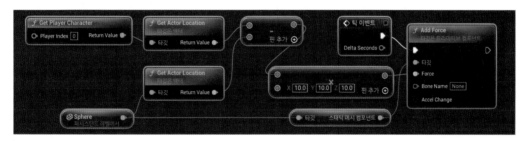

2. 실행해서 확인합니다

실행해서 움직여보세요. 배치된 스피어가 캐릭터 쪽으로 천천히 굴러올 것입니다. 캐릭터를 움직여 장소를 이동해도 항상 그 자리를 향해서 다가오는 것을 알 수 있습니다.

정말 간단한 프로그램이지만 Add Force를 사용하면 액터에 힘을 가해 움직일 수 있습니다.

그림 **7-64** 스피어가 천천히 캐릭터 쪽으로 굴러옵니다.

7.3 트리거와 충돌

u 충돌 처리하기

이번에는 게임에서 필요한 액터 간 이벤트 처리에 관해 생각해봅시다.

게임에서는 액터의 충돌에 의해 다양한 처리가 실행됩니다. 예를 들어 아이템을 획득하거나, 던전의 입구로 들어가거나, 미사일로 적의 기체를 파괴하는 처리 등은 모두 액터와 액터의 충돌로 발생합니다. '충돌'이라는 단어가 조금 거창하게 느껴진다면 **접촉**이라고 생각해도 됩니다. 액터가 다른 액터와 접촉함으로써 다양한 처리가 이루어지는 것입니다.

이러한 충돌(접촉) 처리 역시 블루프린트로 만들 수 있습니다. 스피어(Sphere)와 캐릭터가 충돌했을 때 수행할 처리를 만들어볼까요? 먼저 Sphere의 [디테일] 패널에서 [오버랩 이벤트 생성]과 [시뮬레이션 중 히트 이벤트 생성]에 체크되어 있는지 확인하세요.

그림 7-65 Sphere의 [디테일] 패널에서 필요한 이벤트 설정에 체크되어 있는지 확인합니다.

1. On Actor Hit을 추가합니다

레벨 에디터에서 [Sphere]를 선택한 상태에서 레벨 블루프린트의 그래프를 마우스 오른쪽 버튼으로 클릭합니다. 그러면 메뉴 상단에 'Static Mesh Actor UAID…'로 시작되는 항목이 2개 표시됩니다. 이 두 항목은 선택한 Sphere 액터에 준비된 함수와 이벤트를 모은 것입니다.

이 중에서 ❶ [Static Mesh Actor UAID…에 대한 이벤트 추가]를 펼치면 [콜리전] 안에 ❷ [On Actor Hit 추가]라는 항목이 보입니다. 이것을 선택합니다.

그림 7-66 [Sphere]를 선택한 상태에서 그래프를 마우스 오른쪽 버튼으로 클릭하면 선택한 액터의 함수와 이벤트가 첫 줄에 표시됩니다.

2. OnActorHit 노드가 생성됐습니다!

그래프에 OnActorHit(Sphere)라고 표시된 노드가 추가됩니다. Sphere의 충돌 이벤트를 위한 노드입니다.

이 노드에는 실행 핀 이외에 4개의 출력 핀이 있습니다. [표 7–8]에 입출력 항목을 정리했습니다.

그림 7-67 OnActorHit(Sphere)에는 4종류의 출력 항목이 있습니다.

표 7-8 OnActorHit(Sphere)의 입출력

Self Actor	충돌한 자신의 액터를 가져옵니다.
Other Actor	충돌한 상대 액터를 가져옵니다.
Normal Impulse	충돌한 힘을 나타내는 값입니다. X, Y, Z 각 방향의 힘을 벡터 값으로 가져옵니다.
Hit	충돌에 관한 정보를 모은 구조체라는 특별한 값이 전달됩니다. 아직은 몰라도 됩니다.

ⓤ 충돌 시 액터 지우기

이제 충돌했을 때의 처리를 만들어봅시다. 충돌하면 액터가 화면에서 사라지게 해보겠습니다.

1. Set Actor Hidden in Game 노드를 추가합니다

레벨 블루프린트의 그래프를 마우스 오른쪽 버튼으로 클릭해 ❶ 'hidden'을 검색하세요. 그럼 [렌더링]에서 ❷ [Set Actor Hidden in Game] 항목을 찾을 수 있습니다. 이 항목을 선택하면 그래프에 Set Actor Hidden in Game 노드가 만들어집니다.

Set Actor Hidden in Game 노드를 보면 'New Hidden'이라는 입력이 하나 있습니다. 이 설정은 표시 상태를 나타내기 위한 것입니다. 이 설정에 체크해 ON으로 하면 숨김 상태가 되고, 다시 클릭해 OFF로 바꾸면 표시된 채로 유지됩니다.

그림 7-68 [Set Actor Hidden in Game] 노드를 추가합니다.

2. 나머지 노드를 추가합니다

이제 액터를 숨기는 노드가 생겼습니다. 나머지 노드도 준비합시다. 다음 3개의 노드를 추가하세요.

- **Branch**

  마우스 오른쪽 버튼으로 클릭하면 나타나는 메뉴에서 'if'를 검색하면 찾을 수 있습니다. 조건에 따라 처리를 분기하는 노드입니다.

- **Get Player Character**

  조금 전에 사용했던 캐릭터 노드입니다.

- **==**

  마우스 오른쪽 버튼으로 클릭하면 나타나는 메뉴에서 '='을 입력하면 [같음]이라는 항목을 찾을 수 있습니다.

  각 항목을 선택하면 노드가 생성됩니다.

그림 7-69 나머지 노드를 준비합니다.

3. 노드를 연결합니다

준비한 노드를 다음과 같이 연결합니다.

그림 7-70 노드를 연결합니다.

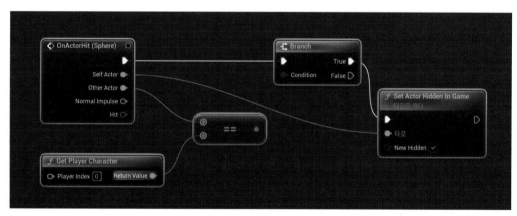

- **실행 핀 연결**

  ◦ OnActorHit → Branch (True) → Set Actor Hidden In Game

- **값 핀 연결**

  ◦ OnActorHit의 [Self Actor] → Set Actor Hidden In Game의 [타깃]
  ◦ OnActorHit의 [Other Actor] → ==의 첫 번째 입력 핀

- Get Player Character의 [Return Value] → ==의 두 번째 입력 핀
- ==의 출력 핀 → Branch의 [Condition]

• **노드 설정**

- OnActorHit의 [New Hidden]을 ON으로 설정합니다(박스에 체크합니다).

여기서는 Sphere에 OnActorHit 이벤트가 발생하면 Set Actor Hidden In Game에서 액터를 보이지 않게 합니다. 하지만 단순히 이벤트가 발생했을 때 표시하지 않도록 설계하면 시작하자마자 Sphere가 사라져 버릴 것입니다. 왜냐하면 처음에 Sphere가 떨어져서 지면에 닿을 때 이 이벤트가 발생하기 때문입니다. 따라서 충돌한 상대가 캐릭터일 때만 사라지게 해야 합니다.

Branch를 사용해 이벤트에서 충돌한 상대방(Other Actor)이 캐릭터일 경우에만 Set Actor Hidden In Game을 실행하도록 합니다.

4. 실행해서 확인합니다

실행해서 동작을 확인해봅시다. 캐릭터를 움직여 스피어(Sphere)에 부딪히게 만들면 부딪힌 순간에 스피어가 화면에서 사라집니다.

하지만 화면에서만 보이지 않을 뿐이지 물체는 게임상에 분명히 존재합니다. 삭제된 것과는 다릅니다!

현재 상태에서는 실행할 때 'Add Force' 또는 '힘 추가'와 관련된 경고가 표시될 수도 있습니다. 나중에 게임 종료 처리까지 모두 완성되면 사라지니 지금은 신경 쓰지 않아도 됩니다.

그림 7-71 스피어가 캐릭터와 부딪히면 화면에서 사라집니다.

🅤 존재를 지우려면 콜리전을 삭제하면 됩니다

이제 충돌하면 사라지는 처리를 할 수 있게 됐습니다. 그런데 조금 아쉬운 부분이 있습니다.

보이지만 않을 뿐 액터는 존재하고 여전히 부딪힙니다. 따라서 부딪히지 않도록 아예 존재를 지워봅시다.

이 처리는 콜리전을 변경해서 구현할 수 있습니다. 애초에 3D 세계에서 '물체가 부딪히는 것'은 콜리전을 통해 실현된 것이었습니다. 따라서 콜리전을 사용할 수 없게 하면 그 세계에 존재하지 않는 것과 마찬가지가 됩니다.

1. 콜리전 노드를 생성합니다

레벨 에디터에서 [Sphere]를 선택한 상태로 블루프린트 에디터의 그래프를 마우스 오른쪽 버튼으로 클릭해서 메뉴를 불러옵니다. 메뉴 상단의 [Static Mesh Actor UAID… 에서 함수 호출]에 있는 [콜리전]에서 [Set Actor Enable Collision] 메뉴를 선택합니다. 그러면 그래프에 Set Actor Enable Collision 노드가 생성됩니다.

Actor Enable Collision 노드가 타깃에 Sphere 노드가 연결된 상태로 생성됩니다. 선택한 액터의 노드가 같이 생성된 것입니다. 이번에는 사용하지 않을 것이므로 Sphere 노드는 삭제합시다.

그림 7-72 [Set Actor Enable Collision] 메뉴를 선택해 노드를 생성합니다.

2. Set Actor Enable Collision 노드에 연결합니다

SetActorEnable Collision 노드에는 New Actor Enable Collision 항목이 준비되어 있습니다. 이 것으로 콜리전의 상태를 설정합니다. 이 항목이 ON이면(체크되어 있으면) 콜리전을 사용할 수 있는 상태가 되고, OFF로 하면 사용할 수 없는 상태(즉, 부딪히지 않는 상태)가 됩니다.

그럼 노드를 연결해봅시다. **Set Actor Hidden In Game** 노드의 실행 핀을 **Set Actor Enable Collision**의 실행 핀에 연결합니다. 그리고 **OnActorHit (Sphere)**의 [Self Actor]를 **Set Actor Enable Collision**의 [타깃]에 연결합니다.

Set Actor Enable Collision의 입력인 [**New Actor Enable Collision**]은 OFF로 해둡니다. 그럼 이제 콜리전을 사용할 수 없는 상태가 됩니다.

그림 7-73 노드를 연결해서 완성합니다.

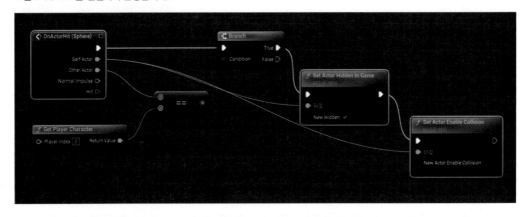

3. 실행해서 확인합니다

실행해서 동작을 확인해봅시다. 캐릭터를 스피어(Sphere)에 부딪혀보세요. 사라짐과 동시에 충돌도 더 이상 하지 않게 됩니다. 둘 다 눈에 보이지 않는 상황이므로 변경된 동작을 잘 모를 수도 있습니다.

오버랩

사실은 액터의 충돌 이벤트에는 히트 이벤트 말고 또 다른 이벤트가 있습니다. 바로 **오버랩 이벤트** 입니다. 액터끼리 부딪히면 튕겨 나가기도 하지만 서로 겹치는 경우도 있을 수 있습니다. 액터가 겹칠 때 발생하는 이벤트가 바로 오버랩 이벤트입니다.

예를 들어 아이템이 있고, 아이템에 닿으면 아이템을 획득하는 상황을 생각해보세요. 아이템에 접촉할 때마다 튕겨 나간다면 아무래도 어색하겠죠. 이런 경우에 아이템 액터는 일종의 표식과 같은 것이므로, 그냥 통과하는 편이 자연스럽습니다. 이런 상황에 오버랩 이벤트를 활용하면 됩니다.

오버랩 이벤트는 이미 사용해본 적이 있습니다. 〈CHAPTER 6 블루프린트〉에서 트리거를 사용했죠? 트리거도 오버랩 이벤트를 활용한 기능입니다. 트리거는 기본으로 오버랩으로 처리되도록(즉, 액터에 겹치도록) 설정되어 있습니다. 물론 액터를 트리거처럼 오버랩해서 사용할 수도 있습니다.

그럼 오버랩을 사용해봅시다.

1. 액터를 오버랩으로 설정합니다

툴바의 추가 아이콘(🖼)을 클릭하면 나타나는 메뉴에서 [셰이프]에 있는 [원뿔]을 선택합니다. 원뿔이 생성되면 적당히 위치를 조절하고 머티리얼을 설정합니다.

그림 **7-74** 레벨에 원뿔을 하나 배치합니다.

2. 액터의 콜리전을 설정합니다

생성된 원뿔(Cone)을 선택하고 [디테일] 패널의 [콜리전] 항목을 [표 7-9]와 같이 설정하여 오버랩 이벤트를 사용할 수 있게 합시다.

그림 7-75 [디테일] 패널에서 [콜리전]을 설정합니다.

표 7-9 콜리전의 값 설정

오버랩 이벤트 생성	오버랩 이벤트를 발생시킵니다. 오버랩을 사용하려면 반드시 상자에 체크하여 ON으로 설정합니다.
콜리전 프리셋	오버랩을 하려면 다른 액터를 차단하지 않고 겹치도록 설정해야 합니다. [OverlapAll] 메뉴를 선택하여 모든 액터와 오버랩이 가능해지도록 합니다.

이제 액터와 겹쳐도 충돌하지 않고 그대로 통과하게 됩니다. 그리고 이어서 설명할 오버랩 관련 이벤트로 접촉했을 때의 처리를 할 수 있게 됐습니다. 바로 오버랩 관련 이벤트에 관해 알아봅시다.

(u) 오버랩 이벤트 생성하기

오버랩 이벤트를 만들어봅시다. 레벨 에디터에서 [원뿔]을 선택한 후, 블루프린트 그래프를 마우스 오른쪽 버튼으로 클릭해 메뉴를 불러옵니다. 맨 위에 있는 ❶ [Static Mesh Actor UAID…에 대한 이벤트 추가]에서 [콜리전]에 있는 ❷ [On Actor Begin Overlap 추가]와 [On Actor End Overlap 추가] 메뉴를 차례로 선택하세요(그림 7-76).

오버랩 이벤트는 [표 7-10]과 같이 두 종류가 있습니다.

표 7-10 오버랩 이벤트의 종류

OnActorBeginOverlap	다른 액터와 접촉해 오버랩된 순간에 한 번만 발생합니다.
OnActorEndOverlap	오버랩 상태에서 액터가 벗어나는 순간에 한 번만 발생합니다.

그림 7-76 [콜리전]에 있는 오버랩 관련 이벤트를 추가합니다.

1. Set Actor Hidden In Game 액터를 준비합니다

여기서도 액터를 숨기는 처리를 해보겠습니다. 앞서 사용했던 Set Actor Hidden In Game 액터를 추가합니다. 이번에는 두 이벤트에서 각각 사용할 것이므로 2개를 준비합니다.

그림 7-77 Set Actor Hidden In Game을 2개 준비합니다.

2. 노드를 연결합니다

생성된 노드를 연결해봅시다. **OnActorBeginOverlap**과 **OnActorEndOverlap** 노드의 실행 핀을 각각 **Set Actor Hidden In Game**의 실행 핀에 연결합니다. 그리고 각 이벤트의 **Overlapped Actor**를 Set Actor Hidden In Game의 [타깃]에 연결합니다.

마지막으로, OnActorBeginOverlap에 연결된 Set Actor Hidden In Game의 [**New Hidden**]에 체크해 ON으로 변경하고, 액터를 표시하지 않도록 설정합니다. 이제 프로그램이 완성됐습니다.

그림 7-78 노드를 연결하고 [New Hidden]을 ON으로 설정합니다.

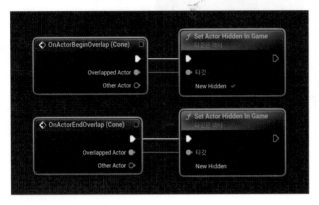

3. 실행해서 확인합니다

완성됐으면 실행해서 동작을 확인해보세요. 캐릭터가 원뿔에 닿는 순간 원뿔이 사라집니다. 그리고 원뿔이 있던 장소를 벗어나면 다시 원뿔이 표시됩니다. 캐릭터가 원뿔 자리에 있는 동안에만 원뿔이 표시되지 않습니다.

이처럼 액터를 트리거처럼 이용할 수도 있게 됐습니다. 액터의 히트 이벤트와 트리거로 사용할 오버랩 이벤트 사용법을 이해했다면 게임의 기본적인 이벤트 처리를 만들 수 있습니다!

그림 7-79 캐릭터가 원뿔에 닿으면 사라지고 지나가면 다시 표시됩니다.

게임처럼 구와 원뿔 여러 개 배치하기

이제 충돌하러 오는 물체(스피어)와 접촉하면 사라지는 트리거(원뿔)가 완성됐습니다. 이것들은 말하자면 가장 단순한 적 캐릭터와 아이템인 셈이죠. 스피어와 원뿔을 몇 개 더 준비하고 제어할 수 있게 되면 좀 더 게임다워질 것입니다.

실제로 스피어와 원뿔을 복사 및 붙여 넣기하여 배치해봅시다.

그림 7-80 스피어와 원뿔을 복사해서 여러 개를 준비합니다.

1. 블루프린트 처리를 준비합니다

레벨 블루프린트를 열고 지금까지 만든 이벤트 처리를 각 액터에 설정합니다. 사용할 이벤트는 액터별로 준비됩니다. 따라서 복사해서 붙여 넣은 액터마다 히트 이벤트와 오버랩 이벤트를 만들고 각각 같은 처리를 추가해야 합니다. 조금 귀찮겠지만 하나씩 만들어보세요.

그림 7-81 원뿔(Cone)마다 이벤트를 작성합니다.

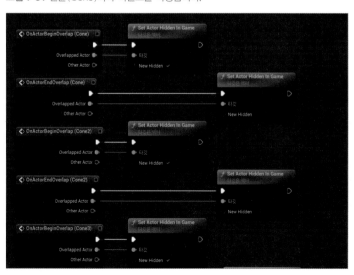

그림 7-82 스피어(Sphere)마다 히트 이벤트를 작성합니다.

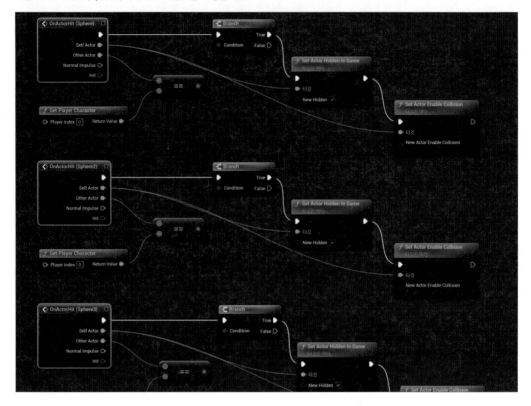

2. 실행해서 확인합니다

노드를 다 연결했으면 실행해서 동작을 확인해보세요. 모든 스피어에 닿으면 사라지는지, 모든 원뿔에 닿으면 닿는 순간 사라졌다가 지나가면 다시 나타나는지 등 동작을 하나하나 확인합니다. 참고로, 아직 새로 추가한 스피어에 굴러가는 처리를 하지 않았습니다. 이 처리는 나중에 작성할 것입니다.

그림 7-83 실행해서 모든 스피어와 원뿔에서 이벤트가 올바르게 작동하는지 확인합니다.

7.4 게임답게 정리하기

🎮 프로그램 함수화하기

액터와 캐릭터를 배치하고, 움직이고, 이벤트를 처리할 수 있다면 점점 더 게임다워질 것입니다. 그렇다면 더 게임답게 만들기 위해 고민해야 할 점은 무엇일까요? 이번에는 '게임답게 정리하는 것'에 관해 생각해봅시다.

가장 먼저 생각해야 할 것은 **프로그램 정리**입니다. 앞서 몇 개의 구와 원뿔을 만들고, 각각에 처리 프로그램을 넣었습니다. 모든 액터가 제대로 동작했겠지만 각 액터의 이벤트에 동일한 처리를 만들어 넣는 것은 좋은 방법이 아닙니다. 예를 들어 구의 충돌 처리를 바꾸려면 구마다 처리를 일일이 변경해야 합니다. 이는 매우 번거로울 뿐만 아니라 자칫 잘못 작성할 위험도 있습니다.

이처럼 같은 처리를 여러 번 사용해야 할 경우, 해당 처리를 **함수**로 정의해서 사용하는 것이 가장 좋습니다. 이번에는 스피어에 접촉했을 때의 OnActionHit 이벤트 처리를 함수로 만들어봅시다.

1. OnActionHit 처리를 함수로 접습니다

레벨 블루프린트 편집기에서 OnActionHit(Sphere) 처리를 표시해주세요. 여기에 연결된 노드를 모두 선택한 다음(OnActionHit 이벤트를 제외한 노드를 모두 선택합니다). [Ctrl] 키를 누른 채로 각 노드를 개별적으로 선택하거나 해제할 수 있습니다), 마우스 오른쪽 버튼으로 클릭하면 나타나는 메뉴에서 **[함수로 접기]**를 선택하세요.

그림 7-84 함수로 만들 노드를 모두 선택하고 [함수로 접기] 메뉴를 선택합니다.

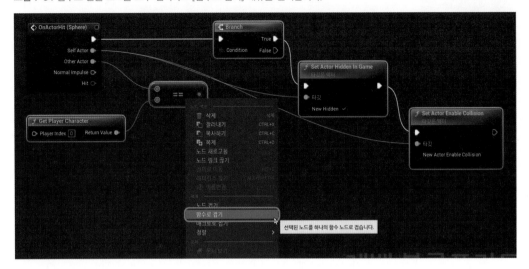

2. 함수가 만들어졌습니다!

선택한 노드가 모두 사라지고 그 대신 'New Function 0'이라는 노드가 생성됩니다. 이제 OnAction Hit의 출력은 모두 새로 만들어진 노드에 연결됩니다. 이 노드가 바로 함수입니다. 함수도 이렇게 노드로 만들어집니다.

그림 7-85 함수 노드(New Function 0)가 생성되고, OnActionHit 이벤트의 출력이 모두 여기에 연결됩니다.

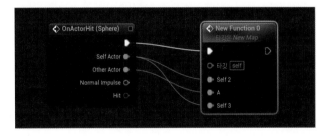

3. 내 블루프린트를 확인합니다

왼쪽 내 블루프린트 패널에서 함수 항목을 살펴봅시다. 'NewFunction_0'이라는 함수가 추가된 것을 알 수 있습니다. 마우스 오른쪽 버튼으로 이 함수를 클릭해서 [이름 변경] 메뉴를 선택하면 함수 이름을 바꿀 수 있습니다. 'SphereHit'이라는 이름으로 변경하겠습니다.

그림 7-86 내 블루프린트의 함수 섹션에 새로 만든 함수가 추가되어 있습니다.

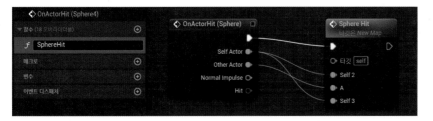

(u) Sphere Hit 함수 열기

그래프에서 Sphere Hit 함수 노드를 더블 클릭해서 열어보세요. 함수 내용이 그래프에 표시됩니다.

여기서는 맨 왼쪽에 Sphere Hit 노드가 있고, 여기에 함수로 만든 처리가 연결되어 있습니다. 함수로 만들기 전에 있던 처리가 그대로 함수에 들어있는 것이죠.

맨 왼쪽에 있는 Sphere Hit 노드는 이 함수의 입구가 되는 노드입니다. OnActionHit에서 Sphere Hit에 몇 개의 값이 연결되어 있었죠? 이러한 '함수 입력 핀에 연결된 값'을 이 Sphere Hit 노드에서 가져올 수 있도록 되어 있습니다.

그림 7-87 Sphere Hit 함수를 열고, Sphere Hit 노드에서 입력한 값을 가져옵니다.

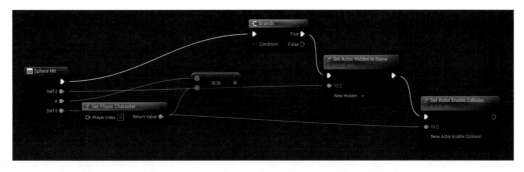

1. Sphere Hit 노드를 설정합니다

함수의 입구인 Sphere Hit 노드를 선택하고 **[디테일]** 패널을 살펴봅시다. 그러면 이 노드에 관한 세부 설정이 표시됩니다.

그래프 노드의 이름에는 함수 이름이 설정되어 있습니다. **[그래프]** 섹션에는 이 노드에 관한 정보 (카테고리, 설명, 키워드 등)가 모여 있습니다.

그리고 그 아래 있는 **[입력]** 섹션에는 입력 항목이 정의되어 있습니다. 여기에 설정한 값이 실제로 Sphere Hit 노드에 준비되는 입력 핀이 됩니다. 여기서 어떤 값을 준비하는가에 따라 함수를 호출 할 때 받을 수 있는 값이 결정됩니다.

여기서는 [표 7-11]의 항목 2개를 입력으로 준비하겠습니다.

표 7-11 Sphere Hit의 입력 설정

actor	타입을 [액터]로 지정합니다.
other	역시 타입을 [액터]로 지정합 니다.

이제 actor와 other라는 두 항목이 입 력 핀으로 준비됐습니다.

그림 7-88 입력에 actor와 other라는 2개의 핀을 준비합니다.

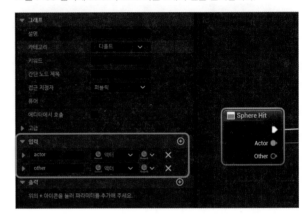

2. 함수의 처리 내용을 수정합니다

입력 핀이 변경됐으니 그에 맞춰 실행 처리 연결을 수정해봅시다. 그리 어렵지 않습니다. **Sphere Hit**의 **[Actor]**를 **Set Actor Hidden In Game**과 **Set Actor Enable Collision**의 **[타깃]**에 각각 연결합니다. **Sphere Hit**의 **Other**는 **==**의 첫 번째 입력 핀에 연결합니다.

그림 7-89 함수의 처리를 완성합니다.

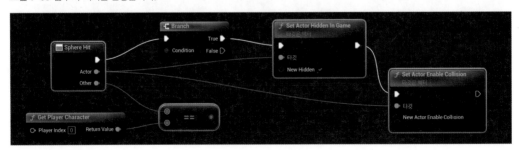

3. Sphere Hit 함수의 연결을 확인합니다

수정을 마치고 그래프 좌측 상단의 뒤로 가기 버튼(◀)을 클릭하면 레벨 에디터를 열었던 원래 화면으로 돌아갑니다. 여기서 OnActionHit(Sphere)와 Sphere Hit의 연결을 확인합니다. Sphere Hit 함수의 입력 핀이 하나 줄었으므로 삭제한 핀의 연결을 끊고 다시 연결해야 합니다.

그림 7-90 OnActionHit(Sphere)와 Sphere Hit을 다시 연결합니다.

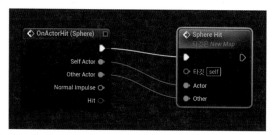

4. 각 Sphere의 이벤트와 Sphere Hit 함수를 연결합니다

다른 Sphere의 OnActionHit 이벤트를 Sphere Hit 함수에 다시 연결해봅시다. 이벤트에 연결된 노드를 모두 삭제하고 Sphere Hit 함수의 이벤트를 복사해 붙여 넣는 식으로 각 이벤트에 다시 연결합니다.

이제 OnActionHit 이벤트 처리가 꽤 깔끔하게 정리됐습니다!

그림 7-91 각 Sphere의 OnActionHit 이벤트와 Sphere Hit 함수 노드를 다시 연결합니다.

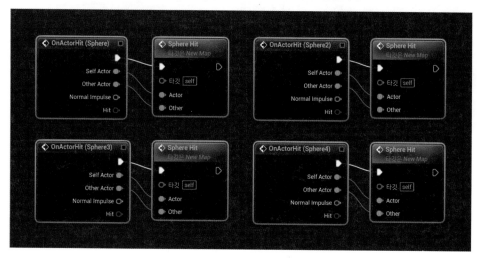

 오버랩 이벤트를 함수로 만들기

이번에는 오버랩 이벤트를 함수로 만들어봅시다. 오버랩 이벤트는 Set Actor Hidden In Game을 호출하기만하므로 함수로 만들지 않아도 되지만, 앞으로 이런 처리를 확장하게 되면 함수로 만드는 것이 관리하기 편리합니다.

1. 오버랩 이벤트를 함수로 접습니다

OnActorBeginOverlap 이벤트에 연결되어 있는 노드(Set Action Hidden In Game)를 선택하고 마우스 오른쪽 버튼을 클릭합니다. 메뉴가 나타나면 **[함수로 접기]**를 선택합니다.

그림 7-92 OnActorBeginOverlap에 연결되는 노드를 선택해 함수로 접어줍니다.

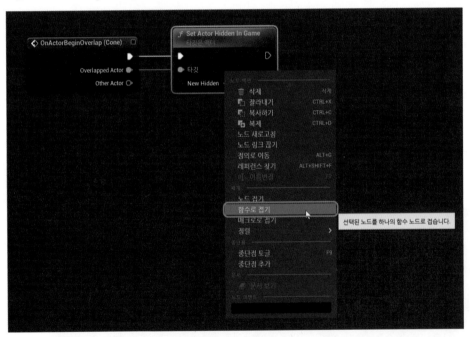

2. Cone Begin Overlap 함수를 설정합니다

생성된 함수 노드를 더블 클릭해서 연 다음, [디테일] 패널에서 함수를 설정해보겠습니다. 이름은 'Cone Begin Overlap'으로 설정합니다. 입력으로는 'actor'라는 이름의 항목을 하나만 준비합니다. 타입은 [액터]로 지정하세요. 그리고 이 Actor를 Set Action Hidden In Game 노드의 [타깃]에 연결합니다.

그림 7-93 함수 이름을 'Cone Begin Overlap'으로, 입력을 'actor'로 설정합니다.

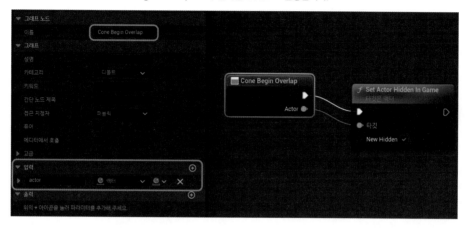

3. Cone End Overlap 함수를 작성합니다

방법을 알았으니 OnActorEndOverlap 이벤트 처리도 함수로 만들 수 있습니다. 이름은 'Cone End Overlap'으로 설정하고, 입력은 조금 전과 같이 이름을 'actor', 타입을 [액터]로 합니다. 그리고 이 [Actor]를 Set Action Hidden In Game의 [타깃]에 연결합니다.

그림 7-94 OnActorEndOverlap 처리를 Cone End Overlap 함수로 만듭니다.

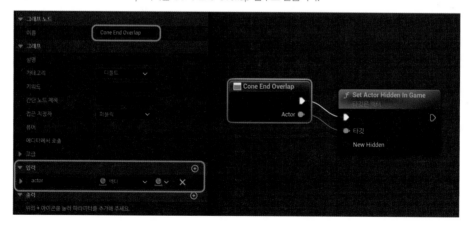

4. 오버랩 이벤트를 함수에 다시 연결합니다

Cone마다 작성한 모든 오버랩 이벤트를 함수로 만든 두 노드에 다시 연결합시다. 이제 오버랩 이벤트 처리가 2개의 함수로 정리됐습니다.

그림 7-95 모든 오버랩 이벤트를 두 함수에 다시 연결합니다.

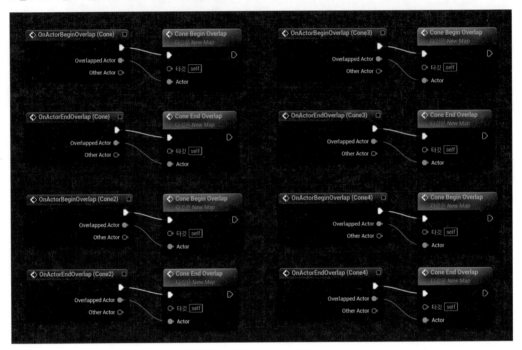

🔵 함수로 스피어 굴리기

틱 이벤트에 만들어둔 스피어(Sphere)를 캐릭터 쪽으로 굴리는 처리를 함수로 만들어봅시다. 틱 이벤트와 Sphere 노드를 제외하고 틱 이벤트와 관련된 노드를 모두 선택한 다음, 마우스 오른쪽 버튼을 클릭해 [함수로 접기] 메뉴를 선택합니다.

그림 7-96 스피어를 굴리는 처리를 함수로 만듭니다.

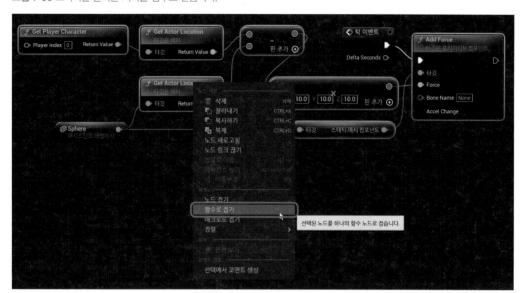

1. Sphere Move 함수를 설정합니다

만들어진 함수를 더블 클릭해서 열고 이름을 'Sphere Move'로 설정합시다. 입력에는 'actor' 항목을 하나 준비하고, 타입은 [**스태틱 메시 액터**]로 설정합니다. 그냥 액터가 아닙니다!

그림 7-97 함수 이름과 입력 항목을 설정합니다.

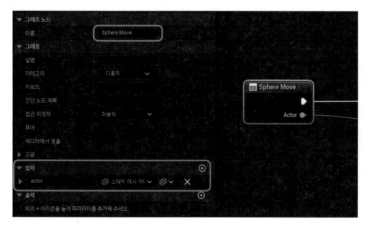

2. Sphere Move와 노드를 다시 연결합니다

수정한 Sphere Move 노드와 함수에 준비된 노드를 다시 연결합니다. 입력이 Actor 하나이므로, 이 **Actor**를 **Get Actor Location**과 **Add Force**의 [타깃]에 각각 연결합니다.

그림 7-98 Sphere Move 함수의 연결을 완성합니다.

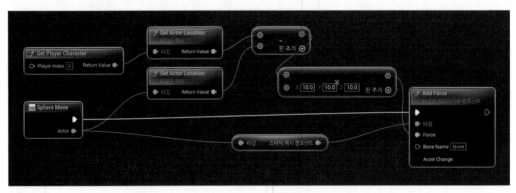

3. 틱 이벤트에 Sphere Move를 연결합니다

Sphere를 움직이는 처리를 틱 이벤트에 연결해봅시다. 추가한 Sphere의 수만큼 Sphere Move 함수 노드를 만들고, 모든 스피어를 차례로 실행하도록 연결합니다. 그리고 각각의 Actor에 굴러갈 Sphere 노드를 연결해갑니다.

이제 준비된 모든 스피어(Sphere)가 캐릭터를 향해 굴러가게 될 것입니다.

그림 7-99 모든 스피어(Shpere)를 Sphere Move로 굴러가게 합니다.

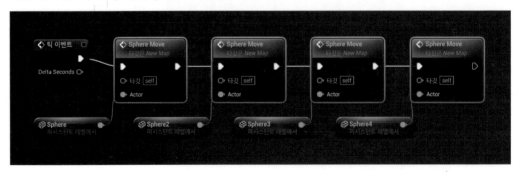

4. 실행해서 확인합니다

그럼 실행해서 작동을 확인해봅시다. 배치된 여러 개의 스피어가 캐릭터를 향해 굴러오게 됩니다. 또한 여러 개의 원뿔은 캐릭터가 닿으면 사라졌다가 멀어지면 다시 표시됩니다. 문제 없이 작동하는지 확인해보세요.

그림 7-100 실행해서 작동을 확인합니다. 모든 스피어가 캐릭터를 향해 굴러옵니다.

ⓤ HUD로 표시하기

함수를 사용하니 프로그램이 많이 정리됐습니다. 이제 여러 가지 기능을 집어넣기가 쉬워졌습니다.

게임을 만들 때는 우선 게임을 어떤 식으로 진행할지 결정하는 것이 중요합니다. 예를 들어 적 캐릭터를 파괴하는 게임인지, 아이템을 획득하는 게임인지 등 진행 방식을 결정하고 이를 구현하는 처리에 관해 생각해야 합니다.

그리고 이러한 게임 진행을 위한 처리를 만들 때 함께 고려해야 할 것이 바로 **표시**입니다. 표시는 '게임 진행 상황을 플레이어에게 어떻게 전달할지'에 관한 문제입니다. 점수, 획득한 아이템 수와 같은 정보가 표시되지 않으면 플레이어는 게임 진행 상황을 알 수 없어 불안해집니다.

'게임을 어떻게 진행할 것인가', '진행 상황을 어떻게 표시할 것인가' 이 두 가지를 제대로 결정하지 않으면 게임 프로그램을 만들 수 없습니다.

CHAPTER1
CHAPTER2
CHAPTER3
CHAPTER4
CHAPTER5
CHAPTER6
CHAPTER7

게임 진행과 표시를 결정하기

이번에는 '적 캐릭터를 피하면서 아이템을 획득하는 게임'을 만들어봅시다. 이 게임의 진행 방식과 표시는 다음과 같습니다.

- **게임 진행 방식**
  - 레벨에 배치한 아이템(Cone)과 접촉해서 아이템을 모은다. 전부 모으면 게임이 종료된다.
  - 적 캐릭터(Sphere)가 캐릭터를 향해 굴러온다. 적 캐릭터와 충돌하면 게임이 종료된다.

- **게임 표시**
  - 게임 점수로서 게임 시작부터 경과된 시간을 실시간으로 표시한다.
  - 진행 상황을 파악하기 위해 획득한 아이템 수를 표시한다.

ⓤ 게임 종료 구현하기

가장 먼저 생각해야 할 것은 **게임 종료**에 관한 것입니다. 게임을 어떻게 끝내면 좋을까요? 그걸 모른다면 '적 캐릭터와 충돌하면 게임 종료'라는 것도 실현할 수 없습니다.

게임을 종료할 때는 플레이 중인지 나타내는 변수를 마련해두고, 그 값을 확인해서 처리하도록 하면 됩니다. 이를 실제로 구현해봅시다.

1. 게임 종료를 위한 노드를 생성합니다

레벨 블루프린트 에디터를 열고, [내 블루프린트]의 [변수]에 있는 ⊕를 클릭해 변수를 하나 생성합니다. 이름은 'KissOfDeath', 타입은 [부울]로 설정합니다. 기본값은 OFF(체크되지 않은 상태)이므로 그대로 둡니다.

[인스턴스 편집가능]은 값을 블루프린트에서 변경할 수 있는지 나타내는 항목입니다. 이 항목에 체크해서 ON으로 설정합니다.

KissOfDeath 변수가 ON이면 게임 종료, OFF면 아직 플레이 중이라고 판단합니다.

그림 7-101 내 블루프린터에서 변수를 하나 만들고 디테일 패널에서 설정합니다.

2. Is Finished? 매크로를 생성합니다

다음으로 KissOfDeath 변수 값을 확인하는 매크로를 만들어봅시다. **매크로**는 함수처럼 처리를 정의하고 언제든지 호출 가능한 노드입니다. 또한 함수와 달리 입출력을 위한 실행 핀을 얼마든지 준비할 수 있습니다. 예를 들어 Branch 노드에는 True와 False라는 2개의 실행 출력 핀이 있죠? 이렇게 여러 개의 실행 핀을 준비할 수 있습니다.

[내 블루프린트]의 [매크로]에서 ⊕를 클릭해 새 매크로를 생성합니다. 생성과 동시에 매크로 그래프가 열리며 편집할 수 있게 됩니다. 생성된 매크로에는 기본으로 '새 매크로_0'과 같은 이름이 설정되어 있습니다. [내 블루프린트]에서 [매크로]를 마우스 오른쪽 버튼으로 클릭해서 이름을 변경해봅시다. 여기서는 이름을 'ls Finished?'로 설정했습니다.

그림 7-102 내 블루프린트에서 매크로를 하나 생성하고 디테일 패널에서 설정합니다.

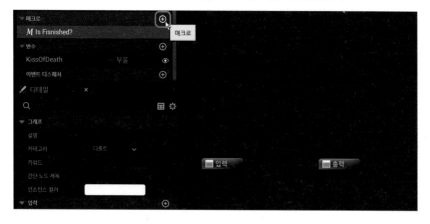

그래프에는 입력, 출력이라는 노드가 준비됩니다. 각각 매크로의 입구와 출구를 나타내는 노드입니다. 두 노드 중 하나를 선택하면 [디테일] 패널에 [매크로] 설정이 표시됩니다.

설정 항목의 아래쪽에 있는 입력, 출력 부분에 [표 7-12]와 같이 실행 핀을 준비합니다.

표 7-12 생성할 핀

입력	Exec
출력	Playing, Finished

입력에는 하나, 출력에는 2개의 핀을 준비했습니다. 타입은 모두 [실행]으로 설정합니다. 이제 1개의 입력과 2개의 출력 실행 핀 준비가 끝났습니다.

그림 7-103 입력과 출력에 실행 핀을 준비합니다.

3. 노드를 준비해서 연결합니다

매크로 처리를 만들어보겠습니다. 여기서는 KissOfDeath 변수와 Branch 노드를 준비하고, 다음과 같이 연결합니다.

- **실행 핀 연결**
  - 입력 → Branch
  - Branch의 [True] → 출력의 [Finished]
  - Branch의 [False] → 출력의 [Playing]

- **값 핀 연결**
  - KissOfDeath → Branch의 [Condition]

이제 KissOfDeath 값에 따라 Finished와 Playing 중 하나를 실행하는 처리를 완성했습니다.

그림 7-104 Is Finished? 노드를 작성합니다.

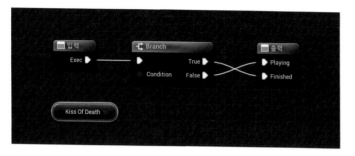

Is Finished? 매크로 사용하기

그럼 완성된 Is Finished? 매크로를 사용해봅시다. 우선 틱 이벤트 처리에 넣어보겠습니다.

이 이벤트는 틱 이벤트 노드에서 Sphere Move 노드로 실행 핀이 연결되어 있습니다. 이 연결을 끊고 그 사이에 [내 블루프린트] 패널에 있는 [Is Finished?] 매크로를 드래그 앤 드롭해서 삽입합니다.

다시 말해, 다음과 같이 실행 핀을 연결합니다(그림 7-105).

틱 이벤트 → Is Finished? (Playing) → Sphere Move

이제 틱 이벤트가 시작되면 Is Finished?에서 먼저 플레이 중인지 확인하고, 플레이 중이면 Sphere Move 노드 이후의 처리를 실행하게 됩니다.

그림 7-105 틱 이벤트 시작 부분에 Is Finished? 매크로를 삽입합니다.

1. 함수에 매크로를 삽입합니다

다른 이벤트에도 매크로를 넣어봅시다. Overlap 이벤트도 Hit 이벤트도 여러 개이므로 일일이 매크로를 집어넣으려면 꽤나 번거롭습니다.

다행히 이들은 모두 함수를 호출해서 실행됩니다. 따라서 함수 안에 Is Finished?를 넣어서 확인하도록 하면 됩니다.

Cone Begin Overlap, Cone End Overlap의 경우, 시작 노드와 Set Actor Hidden in Game 노드 사이에 Is Finished? 노드를 삽입하고 다음과 같이 연결합니다.

시작 노드 → Is Finished?의 [Playing] → Set Actor Hidden In Game

Sphere Hit 함수 역시 같습니다. 시작 노드와 Branch 노드 사이에 Is Finished? 노드를 삽입해 [Playing]과 [Branch]를 연결합니다.

그림 7-106 Cone Begin Overlap, Cone End Overlap, Sphere Hit 함수에 Is Finished?를 삽입합니다.

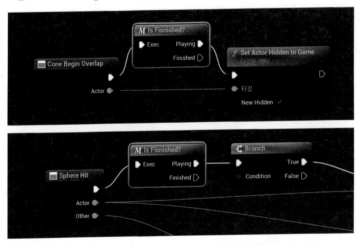

2. 실행해서 확인합니다

실행해서 작동을 확인해봅시다. KissOfDeath 변수가 기본값인 False인 채로(체크 표시 해제) 실행하면 액터는 모두 설정한 대로 작동합니다. 스피어는 캐릭터를 향해 굴러오고, 원뿔에 닿으면 원뿔이 사라졌다가 멀어지면 다시 나타납니다.

이번에는 KissOfDeath를 True(체크 표시)로 변경하고 실행해봅시다. 그러면 스피어는 움직이지 않고 충돌해도 사라지지 않습니다. 또한 원뿔에 부딪혀도 원뿔이 사라지지 않습니다. 이런 기능이 모두 작동하지 않는 것을 알 수 있습니다.

그림 **7-107** 변수를 True로 설정하면 원뿔에 닿아도 사라지지 않습니다.

𝓤 HUD로 표시 작성하기

게임을 종료할 수 있게 됐으면 다음은 표시에 관해 생각해볼 차례입니다. 게임 진행 상황을 텍스트 등으로 표시해봅시다.

여기서는 경과 시간과 획득한 아이템 수를 표시하겠습니다. 또한 게임 종료 이후를 나타내는 표시도 준비하는 것이 좋습니다.

1. 위젯 블루프린트를 생성합니다

그럼 HUD용 위젯 블루프린트를 만들어보겠습니다. [그림 7-108]과 같이 [콘텐츠 드로어]를 열어 [+추가] 버튼을 누르고 ❶ [유저 인터페이스] 안의 ❷ [위젯 블루프린트] 메뉴를 선택하세요. 루트 위젯 선택 대화 창이 표시되면 ❸ [사용자 위젯] 버튼을 눌러 새로운 에셋을 생성합니다. 이름은 'MiniGameUI'로 설정합니다.

CHAPTER1
CHAPTER2
CHAPTER3
CHAPTER4
CHAPTER5
CHAPTER6
CHAPTER7

그림 7-108 [위젯 블루프린트] 메뉴에서 [사용자 위젯] 버튼으로 에셋을 생성합니다.

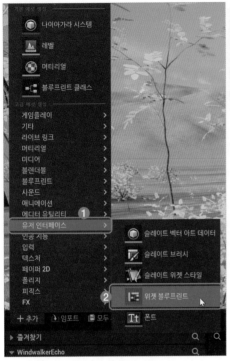

2. 위젯으로 텍스트를 표시합니다

생성한 위젯을 열어 디자인 툴에서 표시할 텍스트를 작성합시다. 우선 [팔레트]의 [패널]에서 [캔버스 패널]을 화면에 추가하고, [일반]에서 [텍스트]를 3개 가져와 배치합니다. 각 텍스트 블록은 [표 7-13]과 같은 역할을 합니다.

표 7-13 텍스트 블록의 위치와 역할

첫 번째	좌측 상단에 배치합니다. 경과 시간을 표시합니다.
두 번째	우측 상단에 배치합니다. 획득한 아이템 수를 표시합니다.
세 번째	가운데 배치합니다. 게임 종료 메시지를 표시합니다.

그림 7-109 캔버스 패널을 준비하고 3개의 텍스트 블록을 배치합니다.

각 텍스트의 폰트나 크기 등을 보기 좋게 조정합시다. 세 번째로 배치한 메시지 표시용 텍스트는 다른 것보다 크게 설정하는 것이 좋습니다. 텍스트는 기본값 그대로는 구별하기 어려울 수 있으므로 알아보기 쉬운 이름으로 바꾸는 것을 권합니다. 여기서는 각각 'Textblock_Time', 'Textblock_Item', 'Textblock_Msg'로 변경했습니다.

앵커

텍스트를 배치할 때는 **텍스트 정렬**도 고려해야 합니다. 좌측 상단은 그나마 괜찮지만, 우측 상단이나 가운데 배치할 때 정확히 오른쪽 끝에 맞춰 텍스트 표시하거나 항상 가운데로 표시하려면 어떻게 해야 할까요?

이런 레이아웃 설정은 폰트의 정렬 기능만으로는 잘 되지 않습니다. 먼저 앵커^{Anchor} 기능을 이해해야 합니다.

앵커는 'UI 부품의 어느 지점을 기준으로 위치나 크기를 조정할 것인지'를 나타냅니다. [디테일] 패널에서 [앵커]의 값 부분을 클릭하면, UI 부품이 어느 위치에 정렬되는지 보여주는 그림이 팝업되어 표시됩니다. 예를 들어 우측 상단 앵커를 선택하면 화면 우측 상단을 기준으로 위치가 조정됩니다.

이 앵커를 우측 상단이나 중앙으로 설정하고 위치를 조정하면, 화면 크기 등이 변해도 항상 우측 상단, 중앙에 부품이 배치됩니다.

그림 7-110 앵커로 어느 지점을 기준으로 위치를 조정할지 지정합니다.

🎮 콘텐츠 바인딩 생성하기

텍스트가 배치됐으면 표시할 콘텐츠를 설정합니다. 콘텐츠 설정에는 **바인딩**을 사용합니다. 바인딩은 이전에도 사용했습니다. 블루프린트에서 변수 등을 사용해 표시할 콘텐츠를 만들고 설정하는 기능이었죠.

1. 텍스트 바인딩을 생성합니다

좌측 상단의 경과 시간을 표시하는 텍스트의 바인딩을 생성하겠습니다. [디테일] 패널의 [콘텐츠]에서 [**텍스트**] 항목의 [**바인드**]를 클릭하고 [**바인딩 생성**]을 선택합니다.

그림 7-111 [텍스트]의 [바인딩 생성] 메뉴를 선택합니다.

그럼 텍스트에 값을 설정하는 바인딩이 생성되면서 그래프가 열립니다. 이 그래프에는 값을 입력하는 노드와 결과를 반환하는 노드가 있습니다. 값을 입력해서 반환 노드의 [Return Value]에 설정하면 그 값이 텍스트로 표시됩니다.

그림 7-112 텍스트의 바인딩 그래프: 이곳에서 처리를 작성합니다.

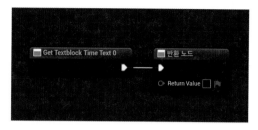

2. 바인딩에서 처리할 내용을 작성합니다

바인딩 처리를 작성해봅시다. 여기서는 값을 설정하는 변수와 노드를 몇 개 만들어 연결하겠습니다.

그림 7-113 TimeValue 변수를 생성하고, TimeValue와 덧붙이기 노드를 그래프에 추가해서 연결합니다.

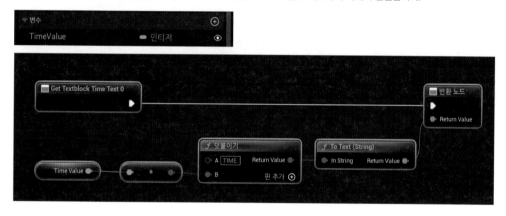

- **추가할 변수**
  - 이름: TimeValue
  - 타입: 인티저Integer, 맨 오른쪽에 있는 눈 모양 아이콘을 클릭해 공개로 설정합니다.

- **추가할 노드**
  - TimeValue: [변수]에서 [Get TimeValue]로 추가합니다.
  - 덧붙이기: [스트링] 항목의 [덧붙이기 (Append)]를 선택합니다.

- **실행 핀 연결**
  - 입력 노드 → 반환 노드

CHAPTER1
CHAPTER2
CHAPTER3
CHAPTER4
CHAPTER5
CHAPTER6
CHAPTER7

- **값 핀 연결 및 설정**

  - 덧붙이기의 [A]에 'TIME:'을 입력합니다.

  - TimeValue → 덧붙이기의 [B], 사이에 값 변환 노드가 자동으로 삽입됩니다.

  - 덧붙이기의 [Return Value] → 반환 노드의 [Return Value], 두 노드 사이에 To Text 노드가 삽입됩니다.

3. 아이템 수 텍스트의 바인딩을 생성합니다

어떻게 하는지 알았으니 아이템 수를 표시하는 텍스트의 콘텐츠에도 바인딩을 생성해봅시다. 이것도 조금 전 경과 시간 표시 텍스트와 거의 비슷합니다.

그림 7-114 ItemValue 변수를 추가하고, ItemValue와 덧붙이기 노드를 추가해 연결합니다.

- **추가할 변수**

  - 이름: ItemValue

  - 타입: 인티저, 맨 오른쪽 눈 모양 아이콘을 클릭해 공개로 설정합니다.

- **추가할 노드**

  - ItemValue: [변수]에서 [Get ItemValue]로 추가합니다

  - 덧붙이기: [스트링] 항목의 [덧붙이기 (Append)]를 선택합니다

- **실행 핀 연결**

  - 입력 노드 → 반환 노드

- **값 핀 연결 및 설정**

  - 덧붙이기의 [A]에 'ITEM:'을 입력합니다.

  - TimeValue → 덧붙이기의 [B], 사이에 값 변환 노드가 자동으로 삽입됩니다.

• 덧붙이기의 [Return Value] → 반환 노드의 [Return Value], 두 노드 사이에 To Text 노드가
  삽입됩니다.

4. 메시지 텍스트의 바인딩을 생성합니다

남은 것은 메시지 표시용 텍스트 바인딩입니다. 텍스트 값의 바인딩을 생성하고, 변수와 노드를 다
음과 같이 연결합니다. 이번에는 텍스트 변수이므로 타입 변환이 필요 없어 노드가 간결해집니다.

그림 7-115 변수와 노드를 추가해서 처리를 작성합니다.

- **추가할 변수**

  - 이름: MsgValue
  - 타입: 텍스트

- **추가할 노드**

  - MsgValue: [변수]에서 [Get MsgValue]로 추가합니다.

- **실행 핀 연결**

  - 입력 노드 → 반환 노드

- **값 핀 연결 및 설정**

  - MsgValue → 반환 노드의 [Return Value]

🎮 화면에 HUD 표시하기

위젯 블루프린트가 완성됐으면 이제 이를 화면에 통합하는 처리를 만들어봅시다. [레벨 블루프린
트]를 열고 [변수]와 [이벤트 BeginPlay] 이벤트 프로세스를 추가합니다.

1. 변수를 생성합니다

우선 변수부터 만들겠습니다. [내 블루프린트]의 [변수]에 있
는 ◉를 클릭해 다음과 같은 변수를 생성합니다.

- **이름:** UI
- **타입:** Mini Game UI의 레퍼런스

이 변수는 HUD용 위젯을 보관하기 위한 변수입니다. 작성
한 위젯 블루프린트를 보관합니다.

그림 7-116 Mini Game UI를 보관할 UI 변
수를 만듭니다.

2. BeginPlay 이벤트 처리를 작성합니다

HUD를 표시하는 처리를 작성해봅시다. 이번에는 3개의 노드를 추가해서 연결합니다. 앞서 해본
적이 있으므로 간단하게 정리만 하겠습니다.

그림 7-117 BeginPlay 이벤트에 위젯을 표시하는 처리를 추가합니다.

- **추가할 노드**
  - **Mini Game UI 위젯 생성:** UI 위젯을 생성하는 노드입니다(생성 방법은 〈6.3 HUD와 위젯〉을 참
    고하세요).
  - **SET:** 변수 Mini Game UI를 SET 노드로 그래프에 추가합니다.
  - **Add to Viewport:** 뷰포트에 위젯의 HUD를 통합합니다.

- **실행 핀 연결**

  ◦ BeginPlay 이벤트 → Mini Game UI 위젯 생성 → SET → Add to Viewport

- **값 핀 연결**

  ◦ Mini Game UI 위젯 생성의 Return Value → SET의 [UI]

  ◦ UI의 출력 핀 → Add to Viewport의 [타깃]

3. 실행해서 확인합니다

실제로 레벨을 실행해서 표시를 확인해봅시다. 경과 시간과 아이템 수를 나타내는 텍스트가 화면에 표시될 것입니다.

아직 값을 업데이트하는 처리를 만들지 않아 아무런 변화가 없지만, 일단은 HUD로 텍스트를 표시할 수 있게 됐습니다.

그림 7-118 경과 시간과 아이템 수가 표시됩니다.

👾 경과 시간 표시하기

그럼 HUD에 표시할 텍스트를 업데이트하는 처리를 만들어보겠습니다. 경과 시간 표시부터 시작하겠습니다. 경과 시간 표시는 다음과 같이 틱 이벤트 처리 끝에 노드를 추가해 작성하세요.

그림 7-119 틱 이벤트 끝에 TimeValue를 갱신하는 처리를 추가합니다.

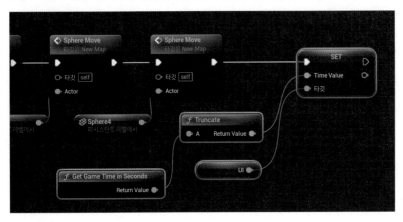

- **추가할 노드**

  - Get Game Time in Seconds: 게임이 시작된 후 경과 시간을 구합니다.
  - SET: 변수 TimeValue의 [Set Time Value] 메뉴로 추가합니다(마우스 오른쪽 버튼을 클릭하면 나타나는 패널에서 [컨텍스트에 따라]의 체크를 해제하고 'TimeValue'를 검색하세요).

- **실행 핀 연결**

  - Sphere Move → SET

- **값 핀 연결**

  - Get Game Time in Seconds → SET의 [TimeValue], 두 노드 사이에 Truncate 노드가 자동으로 삽입됩니다.
  - UI → SET의 [타깃]

Get Game Time in Seconds를 사용하면 게임이 시작되고 몇 초가 지났는지 실숫값으로 구할 수 있습니다. 이렇게 구한 값을 SET 노드의 [**TimeValue**]에 설정하려고 하면, 자동으로 값의 타입을 변환하는 노드가 추가됩니다.

그리고 TimeValue에 값을 설정하면 경과 시간을 표시하는 텍스트 값이 갱신됩니다.

이제 레벨을 실행해봅시다. 시간의 경과가 'TIME: OO' 형식으로 화면에 실시간으로 표시됩니다.

그림 7-120 경과 시간 표시 처리가 추가됐습니다.

ⓤ 스피어에 닿았을 때 게임 종료 처리하기

계속해서 적 캐릭터가 될 스피어(Sphere)에 캐릭터가 충돌하면 게임 종료되는 처리를 만들어봅시다. 이 처리는 스피어 충돌 처리를 담당하는 Sphere Hit 함수에 추가하겠습니다.

Sphere Hit 함수를 열고 노드를 추가한 다음, 처리 마지막에 연결합니다.

그림 7-121 Sphere Hit 함수 끝에 게임 종료를 위한 처리를 추가합니다.

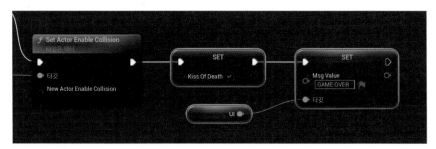

- **추가할 노드**

  - **SET (Kiss Of Deaht)**: KissOfDeath 변수를 [Set Kiss Of Death] 메뉴로 추가합니다.

  - **SET (Msg Value)**: MsgValue 변수를 [Set Msg Value] 메뉴로 추가합니다.

  - **UI**: UI 변수를 [Get UI] 메뉴로 추가합니다.

- **실행 핀 연결**

  - Set Actor Enable Collision → SET (Kiss Of Deaht) → SET (Msg Value)

- **값 핀 연결**

  - SET (Kiss Of Death)의 [Kiss Of Death] 핀을 ON으로 변경합니다.
  - UI → SET(Msg Value)의 [타깃]

- **핀 값 설정**

  - SET (Msg Value)의 Msg Value 값에 'GAME OVER'라고 입력합니다.

이것으로 스피어에 충돌하면 KissOfDeath 변수를 ON으로 하고, Msg Value에 'GAME OVER' 라고 설정하는 처리가 완성됐습니다. 이제 Sphere와 충돌하면 게임이 종료됩니다.

그림 7-122 스피어와 충돌하면 게임이 종료됩니다.

원뿔에 닿았을 때 게임 종료 처리하기

다음으로 원뿔에 닿으면 아이템을 획득하고 종료하는 처리를 만들어봅시다.

1. Get Game Item 함수를 생성합니다

[내 블루프린트] 패널의 [함수]에 있는 ❶ ➕를 클릭해 ❷ [Get Game Item] 함수를 생성합니다.

그림 **7-123** [Get Game Item] 함수를 생성합니다.

생성한 [**Get Game Item**] 함수를 더블 클릭해서 열고, 다음과 같이 노드를 준비해서 연결합니다.

그림 **7-124** 새로 Get Game Item 함수를 작성합니다.

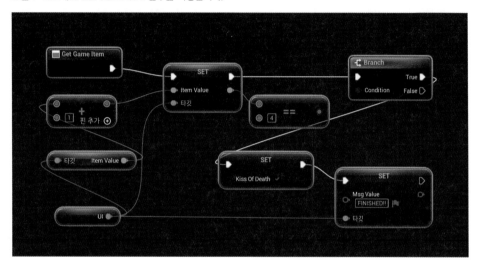

● **추가할 노드**

  + Item Value: ItemValue 변수를 [Get Item Value] 메뉴로 추가합니다.

  + SET (Kiss Of Death): KissOfDeath 변수를 [Set Kiss Of Death] 메뉴로 추가합니다.

  + SET (Item Value): ItemValue 변수를 [Set Item Value] 메뉴로 추가합니다.

  + SET (Msg Value): MsgValue 변수를 [Set Msg Value] 메뉴로 추가합니다.

  + +, ==: '+', '=='로 검색합니다.

  + Branch: 'if'로 검색합니다.

  + UI: UI 변수를 [Get UI] 메뉴로 추가합니다.

● **실행 핀 연결**

  + Get Game Item → SET (Item Value) → Branch → SET (Kiss Of Death) → SET (Msg Value)

- **값 핀 연결**

  - UI → Item Value의 [타깃]

  - UI → SET (Item Value)의 [타깃]

  - UI → SET (Msg Value)의 [타깃]

  - Item Value → +의 첫 번째 핀

  - +의 두 번째 핀에 '1' 입력

  - + → SET (Item Value)의 [Item Value] → ==의 첫 번째 입력 핀

  - == → Branch의 [Condition]

- **핀 값 설정**

  - SET (Kiss of Death)의 값을 ON으로 설정합니다.

  - SET (Msg Value)의 [Msg Value]에 'FINISHED!!'라고 입력합니다.

  - ==의 두 번째 입력 핀에 아이템인 원뿔 수(여기서는 '4')를 입력합니다.

2. Cone Begin Overlap 함수에 처리를 추가합니다

작성한 Get Game Item 함수를 사용해봅시다. 우선 [Cone Begin Overlap] 함수를 열어주세요. 그런 다음 [Set Actor Enable Collision] 노드와 [Get Game Item] 노드를 추가하고, 처리 마지막에 있는 [Set Actor Hidden In Game] 노드 뒤에 연결해서 실행되도록 합니다. 또한 Set Actor Enable Collision의 [타깃]에 ([Set Actor Hidden In Game]과 마찬가지로) Cone Begin Overlap의 [Actor]를 연결합니다.

그림 **7-125** Cone Begin Overlap 마지막에 Get Game Item을 실행합니다.

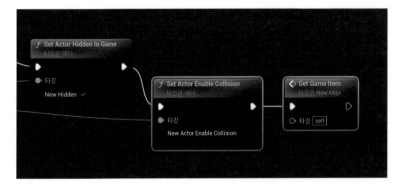

3. Cone End Overlap 함수를 실행하지 않습니다

설정이 끝났으면 [Cone End Overlap] 함수를 열어주세요. 그리고 Cone End Overlap과 Is Finished? 노드 사이의 연결을 끊습니다. 이제 Cone에서 멀어질 때 Cone End Overlap 처리가 실행되지 않게 됩니다.

그림 7-126 Cone End Overlap 처리가 실행되지 않게 합니다.

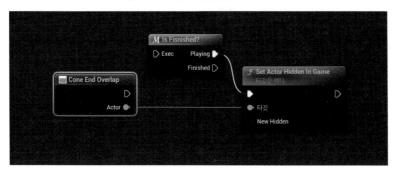

4. 실행해서 확인합니다

이제 원뿔에 닿으면 아이템을 획득할 수 있게 됩니다. 레벨을 실행해서 확인해볼까요? 캐릭터를 움직여 원뿔에 닿으면 원뿔이 사라지고 아이템 수가 1만큼 증가합니다.

그림 7-127 원뿔에 닿으면 원뿔이 사라지고 아이템 수가 증가합니다.

그대로 모든 원뿔을 획득하면 'FINISHED!!'라고 표시되고 게임이 종료됩니다. 종료되면 경과 시간이 정지되고, 스피어에 닿아도 사라지지 않게 됩니다.

그림 7-128 모든 원뿔을 획득하면 게임이 종료됩니다.

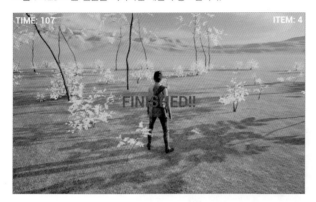

모든 원뿔(아이템)을 획득하기 전에 스피어와 충돌하면 그 자리에서 게임이 종료됩니다. 이후에는 캐릭터를 움직여 원뿔에 닿아도 더는 아이템을 획득할 수 없습니다.

그림 7-129 게임 도중에 스피어와 출동하면 게임이 종료됩니다.

🎮 게임 개선에 도전해봅시다!

이제 간단한 게임이 작동합니다. 어느 정도 익숙해졌다면 세부적인 조정을 해봅시다.

예를 들어 Sphere Move 함수에서 X 노드의 곱하는 값을 변경하면 스피어가 굴러가는 속도가 달라집니다. 지금까지는 [벡터]의 세 가지 값을 모두 '10.0'으로 설정했습니다. 하지만 이 값을 '100.0'으로 설정하면 그에 맞게 빠른 속도로 스피어가 굴러옵니다.

또한 아이템인 원뿔과 적 캐릭터인 스피어의 수를 늘리거나 더 넓은 범위에 원뿔을 배치하면 게임의 난도가 더 높아질 것입니다. 스피어 이외의 적 캐릭터를 추가해도 좋고, 특수한 작용을 하는 아이템을 만들어봐도 좋습니다.

그림 7-130 Sphere Move 함수의 벡터 값을 곱하는 노드의 값을 늘리면 스피어가 굴러오는 속도가 빨라집니다.

이런 식으로 조금씩 독자적인 기능을 추가해 더 재미있는 게임으로 개선해봅시다. 다양한 기능을 어떻게 구현할 수 있을지 고민해보고 시행 착오를 거치다 보면 조금씩 게임 제작 테크닉이 몸에 익어갈 것입니다.

이 책에서 소개한 언리얼 엔진의 기능은 극히 일부입니다. 언리얼 엔진에는 아직도 많은 기능이 숨어 있습니다. 일단 가장 기본적인 기능을 사용할 수 있게 됐으니 이제부터는 여러분이 사용하고 싶은 기능을 직접 찾아보고, 조금씩 여러분의 것으로 만들어가기 바랍니다.

CHAPTER1
CHAPTER2
CHAPTER3
CHAPTER4
CHAPTER5
CHAPTER6
CHAPTER7

집필 후기

앞으로 어떻게 해야 할까요?

언리얼 엔진의 기초를 모두 학습했습니다. '어, 아직 혼자선 아무 것도 못 만들겠는데?'라고 생각했나요? 맞습니다, 지금 상태에서 제대로 된 게임을 만드는 건 정말 어려운 일입니다. 애초에 이 책에서 설명한 것은 언리얼 엔진 전체의 10%도 안 되는 수준이니까요.

'아직 아무것도 만들 수 없다'는 말이 틀린 건 아니지만, '지금 당장 무언가를 만들 수 있다'는 것은 분명한 사실입니다. 우리는 지금까지 미로 게임과 어드벤처 게임의 원형을 만들어봤으니까요. 그런 건 게임 기초의 기초 단계에 불과하다고요? 물론 그렇기는 합니다.

하지만 그런 것들도 게임입니다. 제대로 플레이할 수 있는 게임이죠. 예를 들어 공을 굴려서 목표 지점으로 운반하는 미로 게임은 아주 단순한 게임이지만 오래전 대히트를 친 오락실 게임 〈마블 매드니스〉도 기본적으로 이와 같은 콘셉트입니다. 만약 공을 굴리지 않고 공중으로 띄운다면 〈앵그리 버드〉의 원형이 만들어질 것입니다.

요컨대 **멋진 게임**은 아이디어와 센스에서 나옵니다. 단순히 '이렇게 하면 만들 수 있다'와 같은 **지식의 문제가 아닙니다.**

지식은 시간과 노력으로 해결할 수 있습니다. '저 미로게임을 이렇게 변형하면 정말 재밌겠다'라는 아이디어가 있다면, 이를 실현하는 데 필요한 지식은 언리얼 엔진을 계속 다루며 자연스레 습득할 수 있습니다.

만들고 싶은 것을 정확하게 상상할 수 있다면 누구나 게임을 만들 수 있습니다. 필요한 지식과 기술을 어떻게 습득할 것인지만 알면 됩니다. 그럼 지식과 기술은 어떻게 얻을 수 있을까요? 그 지름길을 간단히 정리해보겠습니다.

1. 처음부터 새로 만들어보기

새로운 기술을 가장 확실하게 터득하는 방법은 입문서 여러 권을 읽는 것이 아닙니다. **한 권의 입문서를 여러 번 꼼꼼히 읽는 것**입니다. 이 책을 다시 처음부터 읽어보세요. 이번에는 잊어도 상관없다고 했던 부분까지 이해해보도록 합시다.

그리고 더욱 중요한 것은 읽는 것에 그치지 않고 **손을 움직이는 것**입니다. 언리얼 엔진을 실행하고, 책에서 설명하는 것들을 직접 따라 해보아야 합니다. 실제로 손을 움직여보지 않으면 중요한 것을 이해하지 못합니다. 머리가 아닌 **몸으로 이해하는 것**이 정말 중요합니다.

2. 샘플을 변형해보기

어느 정도 이해했다면 이 책에서 만든 미니 게임에 새로운 기능을 넣어봅시다. 예를 들어 샘플에서는 적 캐릭터인 구가 플레이어 쪽으로만 굴러가는데, 애니메이션 기능을 사용해 일정한 경로로 움직이게 해보세요. 원뿔 아이템을 개량해서 파워 또는 스피드를 향상시키는 아이템을 만들 수도 있겠죠.

이렇게 작은 기능을 하나씩 만들다 보면 여러분의 '테크닉 서랍'이 채워질 것입니다.

테크닉은 '나만의 서랍에 부품을 모아두는 것'이라고 할 수 있습니다. 뭔가를 만들려고 할 때 나만의 테크닉 서랍에서 필요한 것을 꺼내어 조립하는 것, 그것이 프로그래밍입니다. 서랍 속 내용물을 늘리려면 실제로 직접 뭔가를 만들어봐야 합니다.

3. 오리지널 게임에 도전해보기

다양한 방식으로 변형해보며 서랍에 지식을 꽤 쌓았다면, 오리지널 게임 제작에 도전해봅시다. 이미 있는 게임이 아닌 새로운 게임을 만드는 것입니다. 어떤 새로운 게임을 만들지 고민하는 것부터 시작해보세요.

이미 있는 것을 합치기만 하는 방식으로는 새로운 게임을 만들 수 없습니다. 어떻게 만들어야 할지 상상이 되지 않을 수도 있겠지만, 여러 가지 문제를 스스로 해결하다 보면 게임 개발 실력이 비약적으로 향상될 것입니다.

어떤가요? 앞으로 어떻게 공부하면 좋을지 어느 정도 감이 잡혔나요?

중요한 것은 정해진 길을 따라가는 것이 아닙니다. 다양한 경험을 통해 여러분의 서랍 속 내용물을 꾸준히 늘려가는 것입니다. 여러분 안에 충분한 기술이 축적되면 앞으로 어떤 어려움을 만나더라도 반드시 극복할 수 있습니다.

만약 불가능하다고 느껴진다면, 그건 아직 서랍 속 내용물이 부족하다는 뜻입니다. 더 많은 지식을 쌓고, 다음에 다시 도전하면 됩니다. 포기할 필요는 없습니다. 벽에 부딪혔을 때 이 문장을 꼭 기억해주세요.

그것은 불가능하다는 뜻이 아니라 '지금의 나'에게 아직 이르다는 것일 뿐입니다.

이 세상에 정말로 불가능한 일은 그리 많지 않습니다. 시간과 노력이 많이 들 뿐이죠. 이 사실을 늘 기억한다면 여러분의 앞날은 찬란할 것입니다.

찾아보기

찾아보기